3e

14-15 ANS

Chouette

Le Tout-en-un du Brevet

Français
Hélène Maggiori-Kalnin

Mathématiques
Gérard Bonnefond
Daniel Daviaud
Bernard Revranche

Histoire-Géographie
Éducation civique
Guillaume Joubert
Vanessa Lebrun

Anglais
Nicole Nemni-Nataf
Corinne Touati

Histoire des arts
Laure Péquignot-Grandjean

Hatier

Maquette de principe : Frédéric Jély
Mise en pages : STDI
Cartographie et schémas : Domino, STDI, Dominique Defranchi
Illustrations : Adrien Siroy (dessins de la chouette), Caroline Ayrault, Mathieu de Muizon
Iconographie : Hatier illustration
Édition : Brigitte Brisse

ISBN 978-2-218-97635-3

Quand tu as terminé le travail sur un chapitre, reporte le score total obtenu aux exercices.

Sommaire

FRANÇAIS

GRAMMAIRE

CONJUGAISON

ORTHOGRAPHE

LECTURE ET EXPRESSION ÉCRITE

VERS LE BREVET

OUTILS

MATHS

HISTOIRE-GÉO/ÉD. CIVIQUE

GÉOGRAPHIE

ÉDUCATION CIVIQUE

VERS LE BREVET

REPÈRES

ANGLAIS

VERS LE BREVET

OUTILS

HISTOIRE DES ARTS

CINQ ŒUVRES

MÉTHODE

FRANÇAIS

Cette partie te propose une préparation progressive à l'épreuve de français du brevet. Tu y trouveras des rappels de cours et des exercices sur les **notions du programme** auxquels font appel les sujets et qui concernent :

La partie comprend aussi :

1 La structure d'un groupe verbal

Qu'est-ce qu'un groupe verbal ? De quels éléments est-il composé ?

- L'élément de base d'un groupe verbal (GV) est un **verbe conjugué**.
- À cet élément peuvent s'ajouter :
  – un ou plusieurs **compléments d'objet**, introduits directement (sans préposition = **COD**) ou indirectement (avec préposition = **COI** ou **COS**) ;

	Groupe verbal (GV)			
	Verbe	**COD**	**COI**	**COS**
Verbe suivi d'un complément	*Je lis*	*un livre.*		
	Je pense		*à mes amis.*	
Verbe suivi de deux compléments	*Je donne*	*un conseil*		*à mon frère.*
	Je parle		*de mes amis*	*à mon frère.*

  – un **attribut du sujet**, lorsque le verbe conjugué est le verbe *être*, un verbe d'état (*sembler, rester, paraître...*) ou un autre verbe attributif (*être fait, être nommé...*).

  Théo est sympathique. → *GV = V (est) + attribut du sujet (sympathique).*

★ **1** **Ajoute dans les proverbes suivants les GV manquants et indique de quels éléments ils se composent** (verbe + complément d'objet ou verbe + attribut).

1. Qui vole un œuf .... → ....

2. La nuit, tous les chats .... → ....

3. L'habit ne .... pas .... → ....

4. Les bons comptes .... → ....

SCORE .... / 4

★★ **2** **Dans le texte suivant, souligne les GV** (verbe seul, verbe + CO, ou verbe + attribut).

Chaque lundi matin, le brocanteur qui logeait sous l'allée étalait par terre ses ferrailles. Puis la ville se remplissait d'un bourdonnement de voix. Vers midi, au plus fort du marché, un vieux paysan de haute taille, la casquette en arrière, le nez crochu, apparaissait sur le seuil. Robelin était le fermier de Geffosses. Peu après, arrivait Liébard, le fermier de Toucques, petit, rouge et obèse ; il portait une veste grise.

D'après G. Flaubert, « Un cœur simple », in *Trois contes*, 1877.

SCORE .... / 8

COUP DE POUCE
Dans la première phrase, tu dois souligner *logeait* mais aussi un groupe verbal constitué d'un verbe et d'un complément d'objet.

★★ **3** **Classe dans le tableau suivant les GV que tu as soulignés dans l'exercice 2.**

Verbe seul	Verbe + complément d'objet	Verbe + attribut
....	....	....
....	....	....
....	....	....

SCORE .... / 8

COUP DE POUCE
Tu dois relever trois groupes verbaux composés du verbe seul.

Corrigés p . 68

TOTAL .... / 20

GRAMMAIRE

2 Reconnaître un attribut du COD

À quoi sert un attribut du COD ?

- L'attribut du sujet exprime une caractéristique du sujet par l'intermédiaire d'un verbe attributif (voir l'unité 1). L'attribut du COD, lui, exprime **une caractéristique du COD par l'intermédiaire d'un verbe d'opinion** comme *trouver, juger, considérer comme, estimer, croire...* et aussi après des verbes tels que : *nommer, appeler, élire, rendre.*

  Ils jugèrent la maison ***trop petite.***
  sujet verbe COD attribut du COD
  → *Trop petite* qualifie *la maison*, c'est un attribut du COD *la maison*.

FRANÇAIS

★ 1 Coche la bonne case selon la fonction des mots en couleur.

	COD	Attribut du sujet	Attribut du COD
J'ai trouvé ce livre génial !			
Les élèves ont élu Lola déléguée de classe.			
Ils les jugent trop petites pour partir.			
Ils pensent qu'elles sont trop jeunes pour participer.			
Ils appellent leur chat Hercule.			

SCORE ..../ 5

★ 2 Souligne les COD des verbes en couleur ; encadre les attributs de ces COD.

Sur la planète Mars, on estime l'éducation des enfants très importante. Les collèges préparent les élèves en tenant compte de leurs capacités : on considère chacun comme apte à poursuivre des études longues. Parce qu'ils jugent primordiale la découverte des métiers, les Martiens organisent des stages tout au long de la scolarité.

SCORE ..../ 6

ATTENTION
Dans un cas, l'attribut du COD est placé après le COD.

Où se place-t-il ?

- L'attribut du COD se place **à côté du COD** qu'il caractérise, **sauf si ce dernier est un pronom** : il faut veiller dans ce cas à ne pas faire de faute d'accord.

  Elle trouva les fleurs ***si belles*** *qu'elle les crut* ***fausses.***
  L'attribut du COD *fausses* s'accorde avec le COD *les* (mis pour *fleurs*).

★ 3 Accorde les adjectifs attributs du COD.

1. Nous avons tous trouvé les exercices (facile) ....
2. Je crois Magali très (doué) .... sur le plan artistique.
3. Ils estiment ces mesures (nécessaire) ....
4. Je ne les crois pas (capable) .... de commettre cet acte.
5. En réussissant ses études, Scarlett rend (fier) .... d'elle ses parents.

SCORE ..../ 5

COUP DE POUCE
Repère d'abord le COD avec lequel s'accorde l'adjectif attribut du COD.

Corrigés p. 68

TOTAL ..../ 16

GRAMMAIRE

3 Complément de verbe et complément de phrase

Comment distinguer un complément de verbe et un complément de phrase ?

- Un **complément de verbe** complète un verbe **de manière obligatoire** : on ne peut ni le supprimer ni le déplacer. Les compléments d'objet sont des compléments de verbe.

  Vous avez reçu ***un document d'information.*** → *Vous avez reçu...* (phrase incomplète)

- Un **complément de phrase**, lui, complète une phrase **de manière facultative**. Il peut être non seulement déplacé mais aussi supprimé.

  Vous avez reçu un document d'information ***le mois dernier****.*
  → ***Le mois dernier****, vous avez reçu un document d'information.*
  → *Vous avez reçu un document d'information.* (phrase possible)

★★ **1** **Analyse les phrases et complète le tableau.**

La victoire de la Révolution russe.
En janvier 1918, les bolcheviks dissolvent l'Assemblée constituante par un coup de force. Une guerre civile les oppose alors aux « Blancs ». Le parti bolchevique devient le parti unique. En 1921, l'Armée rouge, recrutée par Trotski, l'emporte sur les Blancs.

Verbe	Complément(s) de verbe (CO, attribut du sujet)	Complément de phrase
dissolvent	l'Assemblée constituante	par un coup de force
....	....	....
....	....	....
....	....	....

SCORE .... / 9

Comment classer les compléments circonstanciels ?

- Les compléments circonstanciels (CC) **apportent des précisions sur les circonstances de l'action** exprimée par le verbe. Ce sont le plus souvent des compléments de phrase, **facultatifs** (par exemple, *le mois dernier* dans la phrase précédente est un CC de temps). Certains cependant sont **obligatoires**.

  Je vais ***à Paris****.* (complément de verbe exprimant le lieu)

★ **2** **Indique, pour chaque complément de temps ou de lieu en couleur, s'il s'agit d'un complément de verbe** (CV) **ou d'un complément de phrase** (CP).

1. À la mort de Lénine en 1924 (..............), Staline et Trotski s'opposent.

2. Trotski est exclu du Parti communiste (..............), puis chassé d'URSS (..............).

3. Les paysans doivent travailler dans de vastes exploitations collectives (..............).

SCORE .... / 4

COUP DE POUCE
Si tu ne peux ni supprimer ni déplacer le complément, il s'agit d'un CV.

Corrigés p. 68

TOTAL .... / 13

GRAMMAIRE

4 Les expansions du nom

FRANÇAIS

Comment un nom peut-il être complété ?

- Parmi les expansions du nom, on distingue l'**épithète** et le **complément du nom**.

  *Ce matin brille un **chaud** soleil **d'été**.*

  → L'adjectif *chaud* est épithète du nom *soleil*.

  → Le GN *d'été* est complément du nom *soleil*.

- Construite de façon détachée, le plus souvent entre virgules, l'**apposition** est ajoutée à un GN. C'est une expansion du GN.

  *Ce matin brille un chaud soleil d'été, **bien agréable**.*

  → L'apposition, isolée par une virgule, complète le GN un chaud soleil d'été.

- La **proposition subordonnée relative** est une expansion du nom ou du GN.

  *Le soleil est l'étoile **qui est au centre du système solaire**.*

  → La proposition relative complète le nom *étoile*.

1 Dans le texte suivant, souligne les expansions des noms en couleur et indique s'il s'agit d'épithètes, de compléments du nom ou de propositions relatives.

> Chaque année, la fête municipale de Livry-Gargan, tout le monde s'y prépare longtemps
>
> ....
>
> à l'avance. Les parents, les enfants et surtout les commères du quartier parce qu'à la ker-
>
> ....
>
> messe, tu refais ta réserve de ragots. Y avait [...] des groupes de musique qui défilaient. Des
>
> ....
>
> jeunes de la cité sont venus rapper. Y avait même des filles qui chantaient avec eux.
>
> ....

F. Guène, *Kiffe kiffe demain* © Hachette littératures, 2004. © Librairie Arthème Fayard, 2010.

COUP DE POUCE Parmi les expansions à relever, il y a cinq compléments du nom.

SCORE ..../ 6

2 Complète les proverbes, puis indique la classe et la fonction de l'expansion utilisée.

1. Au royaume ...., les borgnes sont rois. → ....
2. Après la pluie, le .... temps. → ....
3. Pierre .... n'amasse pas mousse. → ....

SCORE ..../ 6

3 Réécris la phrase en ajoutant les expansions suivantes :
émouvants – de théâtre – qui ont été adaptés au cinéma – du XIXᵉ siècle – français.

Victor Hugo est un écrivain. Il a écrit des poèmes, des pièces et des romans.

....

....

ATTENTION Veille au sens de la phrase et aux accords.

SCORE ..../ 5

Corrigés p. 68

TOTAL ..../ 17

GRAMMAIRE

5 Les formes de phrase

Qu'est-ce qui caractérise la forme négative ?

- Quel que soit son type (déclaratif, interrogatif, exclamatif ou impératif), une phrase peut se présenter sous une forme affirmative ou négative.
  Je suis en vacances. → Forme affirmative.
  *Je **ne** suis **pas** en vacances.* → Forme négative.
- Toute phrase de forme affirmative peut devenir négative **si l'on ajoute une négation** comme *ne... pas ; ne... plus ; ne... jamais ; ne... rien...*

★ 1 Mets les phrases suivantes à la forme négative en faisant porter la négation sur le terme souligné.

1. Tout le monde est d'accord sur ce point. ....
2. J'ai appris quelque chose d'intéressant. ....
3. Cherche encore le stylo perdu. ....
4. Tu es allé chez lui une seule fois. ....

SCORE .... / 4

ATTENTION
Tu dois changer tous les termes soulignés pour obtenir des phrases à la forme négative.

Qu'appelle-t-on la forme emphatique ?

- Dans la **forme neutre**, aucun mot n'est mis en relief.
  Il se promène dans la rue sans but précis.
- Dans la **forme emphatique**, l'un des constituants est mis en relief :
  – par la tournure présentative ; ***C'est** sans but précis **qu'**il se promène dans la rue.*
  – par le déplacement en tête de phrase. ***Dans la rue déserte** marchait un homme courbé.*

★ 2 Indique la forme de chacune de ces phrases.

1. Ce fut pour elle seule qu'il fit tous ces exploits. ....
2. Amélie ne s'occupe jamais de ses petits frères. ....
3. Voilà qu'il pleut à nouveau ! ....
4. Je ne connais pas ses pensées. ....
5. Je partirai de bonne heure pour éviter la foule. ....
6. Ce n'est pas lui que j'ai vu l'autre jour. ....

SCORE .... / 6

INFO
Une phrase peut être neutre ou emphatique et négative ou affirmative.

★★ 3 Transforme les phrases emphatiques suivantes en phrases neutres.

1. C'est bien elle que tu as vue partir. ....
2. Vraiment, moi, ton histoire, je n'y crois pas un instant ! ....
3. C'est bien avant que tout a commencé. ....

4. Est-ce que c'est vous qui m'avez téléphoné ? ....

....

SCORE .... / 4

4 **Transforme les phrases neutres en phrases emphatiques.**

1. Je suis l'aîné de cinq garçons. ....

2. Ce footballeur est un futur champion. ....

3. L'éruption du Vésuve a détruit Pompéi. ....

4. Cet acteur a joué dans des films et des séries américaines. ....

....

SCORE .... / 4

COUP DE POUCE
Utilise la tournure courante *c'est... qui* ou *que*.

FRANÇAIS

5 **Dans les phrases suivantes, indique quel procédé de mise en relief est utilisé.**

	Déplacement d'un CC en tête de phrase	Utilisation d'un présentatif
C'est toi qui remplaces ton frère.		
Dans les champs paissent des vaches.		
Par habitude, l'enfant traverse sans regarder.		
C'est une histoire que tu m'as déjà racontée.		
Du haut des gradins, je vois tout le stade.		

SCORE .... / 5

À quoi sert la forme passive ?

La forme passive permet de **mettre en valeur l'objet qui subit l'action du verbe**.

- **Voix active** : *Les médecins ont pris en charge* ***les blessés***.
- **Voix passive** : ***Les blessés*** *ont été pris en charge par les médecins.*
  → *Les blessés*, COD de *ont pris en charge*, devient sujet dans la phrase passive. Placé en tête de phrase, il est mis en relief.

6 **Mets les phrases à la forme passive, puis souligne l'élément mis en valeur.**

1. Le lycée organise un voyage en Espagne chaque année.

....

2. Un archéologue a récemment retrouvé de rares manuscrits antiques.

....

3. Le gouvernement annoncera prochainement une série de réformes.

....

SCORE .... / 6

ATTENTION
Un verbe au passif est conjugué avec l'auxiliaire *être*.

7 ***Des attentats ont frappé les États-Unis.*** **Réécris cette phrase en mettant en relief** ***les États-Unis*** **grâce aux procédés indiqués entre parenthèses.**

1. (présentatif) ....

2. (passif) ....

SCORE .... / 2

Corrigés p. 69

TOTAL .... / 31

GRAMMAIRE

6 La structure d'une phrase complexe

Quels peuvent être les liens entre deux propositions ?

- Une phrase complexe contient **au moins deux verbes conjugués**.
  Elle est donc composée d'**au moins deux propositions** qui peuvent être :
  – **juxtaposées**, c'est-à-dire séparées par une virgule, un point virgule ou deux-points ;
  Il rit, il a enfin gagné.
  – **coordonnées**, c'est-à-dire reliées par une conjonction de coordination (*mais*, *ou*, *et*…) ou un adverbe de liaison (*puis*, *ainsi*…) ; *Il rit car il a enfin gagné.*
  – **subordonnées**, c'est-à-dire reliées par un mot subordonnant (conjonction de subordination, pronom relatif ou mot interrogatif). *Il rit parce qu'il a enfin gagné.*
- Dans une phrase composée de deux propositions juxtaposées ou coordonnées, chaque proposition est **indépendante** des autres.
  Une proposition **subordonnée**, elle, ne peut fonctionner toute seule : elle complète une autre proposition, appelée **principale**, dont elle dépend.

★ 1 **Lis le texte suivant, souligne les verbes conjugués, puis complète le tableau.**

Igor Beshevich, obsédé par le mot « paliure », se rend chaque jour au musée où il travaille comme gardien, sans rien voir de la foule grouillante autour de lui.

> Le service d'Igor Beshevich commençait à six heures et l'encombrement des rues du quartier Mlanecsz l'avait déjà bien trop retardé (a). La foule lambinait comme un gros serpent le long des boutiques d'écriture et de bougies ; chacun essayait tant bien que mal d'éviter les mares formées par la neige fondante dans le ruisseau (b). Les femmes surtout étaient les plus lentes à force de relever leurs jupons pour qu'ils ne soient pas crottés (c).

P. Claudel, *Les Petites Mécaniques*, « Paliure », © Mercure de France, 2003.

Phrase du texte	Nombre de verbes conjugués	Mot ou signe reliant les propositions	Juxtaposition, coordination, ou subordination ?
(a)	....	....	....
(b)	....	....	....
(c)	....	....	....

SCORE ..../ 5

COUP DE POUCE
Il y a six verbes conjugués.

★★ 2 **Transforme chaque couple de propositions en une phrase complexe en suivant l'indication entre parenthèses.**

1. Je me lève. Il est déjà neuf heures. → (subordination)

....

2. Je souris. Il me rend mon sourire. → (coordination)

....

3. Igor est énervé. Tout l'irrite. → (juxtaposition)

....

SCORE ..../ 3

ATTENTION
C'est le sens des propositions qui te permet de trouver la bonne réponse.

Corrigés p. 69

TOTAL ..../ 8

GRAMMAIRE

7 Les subordonnées (1) : natures

Quelles sont les différentes natures de subordonnées ?

- Une proposition **subordonnée** est reliée à la **principale** par un **mot subordonnant**.
- Selon le cas, le mot subordonnant est :
  – un **pronom relatif** (*qui, que, quoi, dont, où, lequel* et ses composés) qui introduit une **proposition subordonnée relative** (voir l'unité 4) ;
  *L'homme [**qui** est venu] est grand et barbu.*
  – un **mot interrogatif** (*qui, quoi, lequel, quel, si, quand, comment, pourquoi…*) qui introduit une **proposition subordonnée interrogative indirecte** ;
  *Il me demande [**qui** est venu].*
  – une **conjonction de subordination** (*que, quand, parce que, pour que, après que…*) qui introduit une **subordonnée conjonctive.**
  *Je sais [**que** tu viendras] [**quand** tu pourras].*

1 Souligne tous les mots subordonnants puis classe-les dans le tableau.

Un après-midi, ma mère m'avait demandé si j'aimerais aller à Luna Park. […] Quand j'y repense aujourd'hui, je crois qu'elle voulait tout simplement que je la laisse seule cet après-midi-là. […] elle m'a tendu un grand billet de banque et elle m'a dit : « Va t'amuser à Luna Park. » […]
Quand j'ai acheté le ticket, à l'entrée, le monsieur a paru surpris que je paye avec un aussi gros billet. Il m'a rendu la monnaie et il m'a laissée passer. Une journée d'hiver. On aurait dit qu'il faisait nuit. […] Ce qui me frappait surtout, c'était le silence.

P. Modiano, *La Petite Bijou* © Gallimard, 2001.

Pronom relatif	Mot interrogatif	Conjonction de subordination
....	....	....
....	....	....

SCORE .... / 16

COUP DE POUCE
Tu dois trouver huit mots subordonnants. Certains sont semblables.

2 Complète les phrases suivantes avec le mot subordonnant qui convient.

1. (pronom relatif) Des garçons .... les chaussures étaient trouées me regardaient.
2. (conjonction de subordination) Je suis parti en courant .... j'ai eu peur.
3. (mot interrogatif) Ils m'ont demandé .... j'avais peur.
4. (pronom relatif) J'ai donné les billets .... me restaient.

SCORE .... / 4

COUP DE POUCE
Pour la phrase 2, plusieurs réponses sont possibles.

3 Coche l'intrus.

1. ❑ qui ❑ que ❑ quel ❑ dont ❑ lequel ❑ où
2. ❑ que ❑ parce que ❑ qui ❑ pour que ❑ lorsque ❑ après que
3. ❑ si ❑ pourquoi ❑ dont ❑ qui ❑ comment ❑ quand

SCORE .... / 3

COUP DE POUCE
Garde bien en mémoire la liste des pronoms relatifs.

Corrigés p . 69-70

TOTAL .... / 23

GRAMMAIRE

8 Les subordonnées (2) : fonctions

Quelle est la fonction d'une subordonnée relative ?

- Une subordonnée relative est le plus souvent **complément du nom**.
  Le pronom relatif qui l'introduit représente ce nom appelé **antécédent**.

  *Il n'a pas vu le taureau [**que** cachait le brouillard].*
  sub. relative compl. de l'antécédent

1 Souligne les propositions compléments d'un nom et entoure le nom complété.

On contait de lui qu'à Corte, où il avait pris femme, il s'était débarrassé fort vigoureusement d'un rival qui passait pour aussi redoutable en guerre qu'en amour : du moins on attribuait à Mateo certain coup de fusil qui surprit ce rival comme il était à se raser devant un petit miroir pendu à sa fenêtre. L'affaire assoupie, Mateo se maria. Sa femme Giuseppa lui avait donné d'abord trois filles (dont il enrageait), et enfin un fils, qu'il nomma Fortunato : c'était l'espoir de sa famille, l'héritier du nom.

P. Mérimée, *Mateo Falcone*, 1829.

SCORE .... / 10

COUP DE POUCE
Tu dois trouver cinq propositions subordonnées relatives.

Quelle subordonnée complète un verbe ou une phrase ?

- Une proposition **complément** d'un verbe est une **subordonnée complétive** (interrogative indirecte ou conjonctive).

  *Il a compris [**que** le brouillard cachait un taureau].*
  sub. complétive COD

- Une proposition **complément d'une phrase** est une **subordonnée circonstancielle** (de temps, de cause, de but...).

  *Il n'a pas vu le taureau [**parce qu'**il y avait du brouillard].*
  sub. circonstancielle CC de cause

2 Dans le texte de l'exercice 1, relève une subordonnée COD et une subordonnée CC.

1. Subordonnée complétive : ....

2. Subordonnée circonstancielle : ....

SCORE .... / 2

3 Coche la fonction de la proposition en couleur.

	COD	CC
1. J'entendais ses sabots quand il marchait sur le chemin.		
2. Je ne sais pas si je pourrai lui échapper.		
3. Si j'arrive au bout du chemin, je suis sauvé.		
4. Pendant que tu cours, tu ne peux pas voir le taureau.		
5. Le taureau quoi que tu en penses n'est pas une bête sauvage.		
6. Je pense que tu as éprouvé la peur de ta vie.		

SCORE .... / 6

ATTENTION
Une subordonnée CC est déplaçable et supprimable à l'inverse d'une subordonnée complétive.

Corrigés p. 70

TOTAL .... / 18

9 Exprimer la cause et la conséquence

Par quels procédés exprime-t-on la cause ?

- Dans une phrase complexe, la cause est exprimée par une **proposition subordonnée circonstancielle de cause (= causale)**, introduite le plus souvent par les conjonctions de subordination *parce que*, *comme*, *puisque*... + indicatif.

  *Le juge pleure [**parce que** son fils est malade].*

- Si les propositions sont coordonnées, elles peuvent être reliées par *car*, *en effet*...

1 Lis ce texte et souligne les propositions subordonnées de cause.

– Vous voulez mon avis ? Ils sont malheureux parce qu'ils ne se laissent pas aller. Et je sais ce que je dis.

– Il sait en effet ce qu'il dit, ajoutait Tarrou. [...] Autant qu'il est possible, il est à l'aise dans la terreur. Mais parce qu'il a ressenti tout cela avant eux, je crois qu'il ne peut pas éprouver tout à fait avec eux la cruauté de cette incertitude. [...] Puisque lui-même a vécu dans la terreur, il trouve normal que les autres la connaissent à leur tour. Plus exactement, la terreur lui paraît alors moins lourde à porter que s'il y était tout seul.

A. Camus, *La Peste* © Gallimard, 1947.

SCORE .... / 3

COUP DE POUCE
Tu dois trouver trois propositions subordonnées de cause.

Par quels procédés exprime-t-on la conséquence ?

- Dans une phrase complexe, la conséquence est exprimée par une **proposition subordonnée de conséquence (= consécutive)**, introduite par les conjonctions de subordination *si bien que*, *de sorte que*, *si... que*, *tant... que*, *tellement... que*... + indicatif.

  *Son fils est **si** malade [**que** le juge pleure].*

- Si les **propositions** sont **coordonnées**, elles peuvent être reliées par *donc*, *c'est pourquoi*...

2 À l'oral, reprends chaque phrase complexe du texte de l'exercice 1 contenant une causale (soulignée) et transforme-la de façon à mettre en évidence l'idée de conséquence.

Ex. : *Tous sont malades parce que la peste sévit.* → *La peste sévit si bien que tous sont malades.*

SCORE .... / 3

INFO
La causale devient proposition principale tandis que la proposition principale devient une consécutive introduite par *si bien que* ou *de sorte que*.

3 Les phrases suivantes sont constituées de deux propositions coordonnées. Indique le lien logique exprimé (cause ou conséquence).

1. Le client de l'hôtel est en colère car il y a du désordre dans sa chambre. → ....
2. Le temps était orageux, j'ai donc pris mon parapluie. → ....
3. Il a froid, c'est pourquoi il tremble. → ....
4. Les rats font peur aux gens, car ils apportent la peste. → ....

SCORE .... / 4

Corrigés p . 70

TOTAL .... / 10

GRAMMAIRE

10 Exprimer le but

Par quels procédés exprime-t-on le but ?

- Dans une phrase simple, le but est exprimé par un **GN** ou un **infinitif** introduit par la préposition *pour*.

  *Il choisit un livre [**pour** le lire].*

- Dans une phrase complexe, le but est exprimé par une **proposition subordonnée circonstancielle de but (= finale)**, introduite par les conjonctions de subordination *pour que ou afin que...* + subjonctif.

  *Le père marche doucement [**pour que** son enfant puisse le suivre].*

★ 1 **Lis le texte et délimite par des crochets les propositions subordonnées de but.**

Un peintre a pris comme modèle sa femme, qui pose pour lui des heures durant.

La pose fut ainsi pour elle une torture. La bonne vie à deux avait cessé, comme s'il eût introduit dans la maison une maîtresse. Il la tuait à la pose pour embellir l'autre. [...] Quelle souffrance de prêter sa chair, pour que l'autre naquît, pour que le cauchemar de cette rivale les hantât, fût toujours entre eux !

D'après É. Zola, *L'Œuvre*, 1886.

SCORE ..../ 3

COUP DE POUCE
Une des propositions à trouver n'est pas introduite par une conjonction (pour éviter une répétition).

★ 2 **Souligne dans le texte de l'exercice 1 une phrase simple contenant un CC de but.**

SCORE ..../ 1

★★ 3 **Transforme chaque couple de phrases simples en une phrase complexe contenant une principale et une subordonnée de but.**

ATTENTION
Attention au sens et au mode des verbes.

1. Le tableau progresse. Claude peint beaucoup.

→ ....

2. La jeune femme garde la pose. Claude la peint.

→ ....

SCORE ..../ 2

Pour que exprime-t-il toujours le but ?

- **Différencier but et conséquence** est parfois difficile, en raison de l'utilisation de la même conjonction *pour que*.

  *Le père marche trop vite [**pour que** son enfant puisse le suivre].*
  → *Pour que* annoncé par *assez* ou *trop* exprime la conséquence.

★ 4 ***Pour que* introduit-il une subordonnée de but ou de conséquence ?**

1. Claude fait des efforts pour que le tableau soit parfait. → ....
2. Le tableau n'est pas assez beau pour que Claude soit content. → ....

SCORE ..../ 2

Corrigés p. 70

TOTAL ..../ 8

11 Exprimer l'opposition

Par quels procédés exprime-t-on l'opposition ?

- Dans une **phrase simple**, l'opposition est exprimée par **un GN ou un infinitif** introduit par l'une de ces prépositions : *malgré, en dépit de, au lieu de…*

  *[**Malgré** son goût pour la solitude,] il a de nombreux amis.*

- Dans une **phrase complexe**, l'opposition peut être exprimée par **une proposition coordonnée** à l'aide de la conjonction de coordination *mais* ou d'un adverbe comme *pourtant, cependant, néanmoins.*

  *Il est souvent entouré d'amis [**mais** il aime parfois rester seul].*

- On peut recourir aussi à **une proposition subordonnée d'opposition** introduite par l'une des conjonctions de subordination suivantes : *bien que, quoique, même si, quand bien même, tandis que…*

  *[**Bien qu'**il aime la solitude,] il est souvent entouré d'amis.*

1 Dans chaque phrase, souligne l'ensemble des mots qui expriment l'opposition.

1. Malgré tous ses efforts, il n'a pas gagné.
2. Même s'il ne participe pas à cette compétition, il s'y intéresse vivement.
3. La maison paraît inoccupée, mais des grincements réguliers prouvent le contraire.

SCORE ..../ 3

2 Transforme chaque couple de phrases simples en une phrase complexe comportant une proposition subordonnée d'opposition.

1. Je suis pressé. Je prends mon temps.

→ ....

2. La lampe reste éteinte. Il fait nuit.

→ ....

3. Il est triste au fond de lui. Il sourit à son enfant.

→ ....

SCORE ..../ 3

INFO

Une proposition subordonnée d'opposition qui contient le verbe *être* peut être elliptique (sans verbe) si elle a le même sujet que la principale : *Bien qu'[elle soit] en retard, elle ne se presse pas.*

3 Après avoir souligné la proposition subordonnée d'opposition, réécris le texte sur ton cahier de brouillon, de façon à obtenir deux propositions coordonnées exprimant la même idée.

Avant de maîtriser le feu et cuire les aliments, les hommes préhistoriques, habitués à manger des végétaux, doivent se débrouiller comme ils peuvent pour manger de la viande crue.

Et, bien que les meilleurs morceaux ne soient pas faciles à déchirer ni à manger avec une dentition d'herbivore, on peut auparavant les dépecer et les émietter avec des pierres et finir de les mastiquer tant bien que mal avec les molaires.

D'après R. Lewis, *Pourquoi j'ai mangé mon père* (1960), trad. Vercors et R. Barisse © Actes Sud, 1990.

SCORE ..../ 2

COUP DE POUCE

Pense à transformer soient.

Corrigés p. 71

TOTAL ..../ 8

GRAMMAIRE

12 Exprimer la condition

Par quel procédé exprime-t-on la condition dans une phrase simple ?

- Dans une **phrase simple**, la condition est exprimée par **un GN ou un infinitif** introduit par l'une des prépositions suivantes : *avec, sans, en cas de, à condition de, à moins de…*

  *[**En cas de** pluie,] l'excursion sera annulée.*

★ 1 Complète chaque phrase en ajoutant une préposition devant le CC de condition.

1. .... grève, les cours sont suspendus pour la journée.
2. .... message de ta part d'ici demain, je considère que tu es d'accord.
3. Je peux aller à son mariage, ... y être invité.

SCORE ..../ 3

Par quel procédé exprime-t-on la condition dans une phrase complexe ?

- Dans une **phrase complexe**, la condition est exprimée par **une proposition subordonnée de condition** introduite le plus souvent par la conjonction de subordination *si* (voir l'unité 8).

  *[**Si** la mer est agitée,] le bateau reste au port.*

- On peut recourir également à d'autres conjonctions de subordination : *au cas où, à condition que, suivant que, à supposer que, à moins que, soit que… soit que…*

  *[**Au cas où** on nous donnerait le choix,] je préférerais rester au lit.*

★ 2 Souligne les propositions subordonnées de condition du texte.

Sur le penchant de quelque agréable colline bien ombragée, j'aurais une petite maison blanche avec des contrevents verts, si j'étais riche ; et quoique une couverture de chaume soit en toute saison la meilleure, je préférerais magnifiquement, non la triste ardoise, mais la tuile, parce qu'elle a l'air plus propre et plus gai que le chaume.
Si quelque fête champêtre rassemblait les habitants du lieu, j'y serais des premiers avec ma troupe ; si quelques mariages se faisaient à mon voisinage, on saurait que j'aime la joie, et j'y serais invité.

D'après J.-J. Rousseau, *Émile ou De l'éducation*, 1761.

SCORE ..../ 3

COUP DE POUCE
Tu dois trouver trois subordonnées de condition.

★★ 3 Transforme les CC de condition en propositions subordonnées de condition.

1. Sauf contrordre de votre part, je me présenterai à votre bureau demain matin.

→ ....

2. Mets un message sur mon répondeur en cas de nécessité.

→ ....

3. Le crédit sera accordé sous réserve d'acceptation du dossier.

→ ....

SCORE ..../ 3

ATTENTION
Le verbe d'une proposition subordonnée de condition introduite par *si* est toujours à l'indicatif.

Corrigés p. 71

TOTAL ..../ 9

CONJUGAISON

13 L'indicatif présent : cas difficiles

Quelles règles retenir pour conjuguer des verbes du 3e groupe au présent ?

- À l'indicatif présent, les verbes du **3e groupe** ont ceci de particulier que leur radical n'est pas fixe ; par ailleurs, aux **personnes du singulier**, les terminaisons les plus fréquentes (*-s*, *-s*, *-t*) ne sont pas systématiques.
- Observe ce tableau.

Verbes	1re personne du sing.	2e personne du sing.	3e personne du sing.
verbes en *-tir* (perdent le *-t*)	**-s** : *je mens*	**-s** : *tu mens*	**-t** : *il ment*
verbes en *-dre*	**-ds** : *je perds*	**-ds** : *tu perds*	**-d** : *il perd*
verbes en *-indre* et *-soudre* (perdent le *-d*)	**-s** : *je peins*, *je résous*	**-s** : *tu peins*, *tu résous*	**-t** : *il peint*, *il résout*
battre, *mettre* (+ dérivés)	**-ts** : *je bats*, *je mets*	**-ts** : *tu bats*, *tu mets*	**-t** : *il bat*, *il met*
vaincre (+ dérivés)	**-cs** : *je vaincs*	**-cs** : *tu vaincs*	**-c** : *il vainc*
rompre (+ dérivés)	**-ps** : *je romps*	**-ps** : *tu romps*	**-pt** : *il rompt*
pouvoir, *vouloir*, *valoir*	**-x** : *je peux*, *je veux*, *je vaux*	**-x** : *tu peux*, *tu veux*, *tu vaux*	**-t** : *il peut*, *il veut*, *il vaut*

★ 1 Complète le tableau suivant en conjuguant les verbes à l'indicatif présent.

	partir	craindre	convaincre	permettre
1re pers. sing.	....	....	....	....
3e pers. sing.	....	....	....	....
3e pers. plur.	....	....	....	....

SCORE ..../ 12

ATTENTION
Certains verbes changent de radical entre le singulier et le pluriel.

★ 2 Raye l'intrus.

1. résoudre – coudre – absoudre – dissoudre – éteindre
2. éteindre – joindre – craindre – tendre – résoudre

SCORE ..../ 2

COUP DE POUCE
Observe la structure des verbes et pense à l'orthographe de leur présent.

★★ 3 Dans ces vers de Paul Verlaine, écris au présent les verbes entre parenthèses.

Éloigné de vos yeux, Madame, par des soins / Impérieux (j'en (prendre) .... tous les dieux à témoins) / Je (languir) .... et je (mourir) ...., comme c'est ma coutume / En pareil cas, et (aller) ...., le cœur plein d'amertume / À travers des soucis où votre ombre me (suivre) .... / Le jour dans mes pensers, dans mes rêves la nuit.

D'après P. Verlaine, *Fêtes galantes*, « Lettre », 1869.

SCORE ..../ 5

COUP DE POUCE
Un des verbes est à la 3e personne du singulier.

Corrigés p. 71

TOTAL ..../ 19

CONJUGAISON

14 Le passé simple

Comment forme-t-on le passé simple ?

- Pour les verbes des 1er et 2e groupes, les terminaisons du passé simple sont stables.
  1er groupe : *-ai, -as, -a, -âmes, -âtes, -èrent*
  2e groupe : *-is, -is, -it, -îmes, -îtes, -irent*
- Les verbes du **3e groupe** se terminent par : *-is, -is, -it, -îmes, -îtes, -irent,*
  ou *-us, -us, -ut, -ûmes, -ûtes, -urent.*
  Sauf *aller, venir, tenir* et les dérivés de ces deux verbes.
  aller : j'allai, tu allas, il alla, nous allâmes, vous allâtes, ils allèrent
  venir : je vins, tu vins, il vint, nous vînmes, vous vîntes, ils vinrent
  tenir : je tins, tu tins, il tint, nous tînmes, vous tîntes, ils tinrent

★ 1 Complète le tableau suivant en conjuguant les verbes au passé simple.

	suivre	courir	faire	devoir	finir
1re pers. sing.	....	....	....	....	....
3e pers. sing.	....	....	....	....	....
3e pers. plur.	....	....	....	....	....

SCORE ..../ 15

INFO
Le passé simple est essentiellement utilisé à l'écrit. Il faut mémoriser les formes des verbes les plus courants.

★ 2 Raye l'intrus dans chaque série.

1. voulus – dus – venus – pus – crus
2. posa – récupéra – criera – erra

SCORE ..../ 2

COUP DE POUCE
Dans chaque série, un des verbes n'est pas au passé simple.

★★ 3 Écris les verbes entre parenthèses au passé simple pour retrouver le texte original.

Quand l'inspecteur (revenir) ...., il (trouver) .... Maigret campé sur le balcon [...]. Maigret (poser) .... le miroir debout sur la table et, à l'aide de deux chandeliers qu'il (prendre) .... sur la cheminée, il (dresser) .... vis-à-vis la feuille de papier buvard.

D'après G. Simenon, *Le Chien jaune* © 1931 Georges Simenon Limited, une société du groupe Chorion.

SCORE ..../ 5

COUP DE POUCE
Le verbe *revenir* se conjugue comme *venir*.

★★ 4 Réécris cette phrase au passé simple un remplaçant « les enfants » par « je ».

Arrivés au grenier, les enfants demeurent saisis d'étonnement, puis bondissent vers une vieille malle. Ils ne parviennent pas à l'ouvrir, si bien qu'ils se mettent à imaginer un trésor caché.

→ Arrivé(e) au grenier, je ....

....

....

SCORE ..../ 10

Corrigés p. 71

TOTAL ..../ 32

CONJUGAISON

15 Employer le passé simple et l'imparfait

Comment choisir entre le passé simple et l'imparfait ?

Pour éviter toute confusion entre imparfait et passé simple, il faut connaître les formes et le sens de chaque temps.

- **Les formes** : à la différence de celles du passé simple (voir unité 14), les terminaisons de l'imparfait sont stables, quel que soit le verbe : ***-ais, -ais, -ait, -ions, -iez, -aient***. Attention à l'**homophonie**, pour les verbes du 1re groupe, entre la 1re personne du singulier du **passé simple** et celle de l'**imparfait**.

  *parler → je parlai **(passé simple)**, je parlais **(imparfait)***

- **Le sens** : le passé simple exprime une action achevée, alors que l'imparfait exprime une action non achevée, qui dure ou qui se répète.

  Il voyagea. → Le passé simple décrit l'action de *voyager* **du début à la fin**.
  Il voyageait. → L'imparfait envisage l'action de *voyager* **dans son déroulement**.

★ 1 Indique à quel temps sont les verbes en couleur, puis justifie chaque emploi.

1. Olivier salua (....................) Mme Lucien qui frottait (....................) avec son index les gencives de son bébé. • **2.** À l'épicerie, on grillait (....................) du café et toute la rue embaumait (....................).

D'après R. Sabatier, *Les Allumettes suédoises* © avec l'aimable autorisation des Éditions Albin Michel, 1969.

1. ....

2. ....

SCORE .... / 8

INFO
Le passé simple s'emploie en général pour exprimer des actions de premier plan tandis que l'imparfait permet de décrire un arrière-plan.

★ 2 Réécris les phrases au passé, en utilisant le passé simple ou l'imparfait, selon le cas.

1. Pendant que je le regarde, il lit la lettre.

→ ....

2. Quand je vois la vitrine, je change soudain d'avis.

→ ....

3. Je passe chez eux chaque année de délicieuses vacances.

→ ....

SCORE .... / 5

COUP DE POUCE
Repère les mots qui indiquent la durée ou la répétition, ce qui te permet d'utiliser l'imparfait.

★ 3 Conjugue les verbes entre parenthèses au passé simple ou à l'imparfait, selon le cas.

Ackroyd vient de recevoir une lettre. Il refuse de la lire devant le narrateur.

Ackroyd (être) .... fort entêté ; plus on le (pousser) .... à accomplir un acte, plus il s'y (refuser) .... [...] La main sur la poignée de la porte, j'(hésiter) .... et (regarder) .... en arrière. [...] Je (sortir) .... en hochant la tête et je (fermer) .... la porte derrière moi.

D'après A. Christie, *Le Meurtre de Roger Ackroyd*, trad. M. Dou-Desportes © Le Masque, 1927.

SCORE .... / 7

COUP DE POUCE
Comprends bien le texte : le narrateur hésite, regarde en arrière puis sort.

Corrigés p. 72

TOTAL .... / 20

CONJUGAISON

16 Les temps composés de l'indicatif

Comment les temps composés se forment-ils ?

- Un temps composé se forme avec l'**auxiliaire** (*avoir* ou *être*) à un temps simple et le **participe passé (p.p.)** du verbe.
- Il existe **quatre temps composés à l'indicatif**.

Temps composé	Composition verbale	Exemples
passé composé	auxiliaire au présent + p.p.	*tu as pris ; il est parti*
plus-que-parfait	auxiliaire à l'imparfait + p.p.	*tu avais pris ; il était parti*
futur antérieur	auxiliaire au futur + p.p.	*tu auras pris ; il sera parti*
passé antérieur	auxiliaire au passé simple + p.p.	*tu eus pris ; il fut parti*

- Un temps composé permet de présenter une action comme accomplie par rapport au moment de référence.

Aussitôt que l'enfant ***avait fini*** *ses devoirs, il se* ***mettait*** *à jouer.*
L'action de finir les devoirs est antérieure à celle de se mettre à jouer.

★ 1 Complète le tableau suivant avec des formes à la 3e personne du singulier.

Présent	....	Passé composé	....
Imparfait	....	....	....
Futur	....	Futur antérieur	....
....	elle connut	Passé antérieur	....

SCORE .... / 9

★ 2 Lis le texte et souligne les verbes conjugués à un temps composé.

Beaucoup plus tard, par le capitaine de Victor lui-même, Félicité connut les circonstances de la fin de son neveu. On l'avait trop saigné à l'hôpital, pour la fièvre jaune. Quatre médecins le tenaient à la fois, il était mort immédiatement.
Félicité ne voulut pas revoir les parents de Victor, pensant qu'ils avaient toujours traité leur fils avec barbarie.

D'après G. Flaubert, *Trois contes*, « Un cœur simple », 1877.

SCORE .... / 3

COUP DE POUCE
Tu dois souligner trois verbes.

★★ 3 Réponds aux questions suivantes.

1. À quel temps sont les verbes que tu as soulignés dans le texte ?

....

2. Comment peux-tu justifier l'emploi de ce temps ?

....

SCORE .... / 4

COUP DE POUCE
Exercice 3 : le temps de base du récit est le passé simple. Demande-toi comment se situent les actions exprimées à un temps composé par rapport à celles exprimées au passé simple.

Corrigés p. 72

TOTAL .... / 16

17 Indicatif présent et subjonctif présent

Comment un verbe au subjonctif présent se conjugue-t-il ?

- Les terminaisons du subjonctif présent sont : *-e, -es, -e, -ions, -iez, -ent*.
  Seuls les verbes *être* et *avoir* ont une conjugaison particulière.

1 Souligne les verbes au subjonctif présent.

Orgon est en colère contre sa famille et surtout contre son fils qui a mis en cause Tartuffe.

ORGON : « Ah ! je vous brave tous, et vous ferai connaître
Qu'il faut qu'on m'obéisse et que je suis le maître.
Allons, qu'on se rétracte, et qu'à l'instant, fripon,
On se jette à ses pieds pour demander pardon. »

Molière, *Le Tartuffe ou l'Imposteur*, 1664.

SCORE .... / 3

COUP DE POUCE
Si tu hésites, remplace la forme douteuse par un verbe qui se prononce différemment au subjonctif et à l'indicatif.

Qu'est-ce qui différencie le présent de l'indicatif du présent du subjonctif ?

- Aux personnes du singulier et à la 3e personne du pluriel :
  - les verbes du 1er groupe ont des formes identiques ;
  - quatorze verbes (et leurs dérivés) ont des **formes homophones** mais présentent des **orthographes différentes**, ce qui est source d'erreur. Retiens les six plus courants.

	courir	croire	fuir	mourir	rire	voir
Indicatif présent	je cours tu cours il court ils courent	je crois tu crois il croit ils croient	je fuis tu fuis il fuit ils fuient	je meurs tu meurs il meurt ils meurent	je ris tu ris il rit ils rient	je vois tu vois il voit ils voient
Subjonctif présent	que je coure que tu coures qu'il coure qu'ils courent	que je croie que tu croies qu'il croie qu'ils croient	que je fuie que tu fuies qu'il fuie qu'ils fuient	que je meure que tu meures qu'il meure qu'ils meurent	que je rie que tu ries qu'il rie qu'ils rient	que je voie que tu voies qu'il voie qu'ils voient

2 Coche la bonne orthographe.

1. Chaque fois qu'il ❑ voie ❑ voit ce paysage, il s'extasie. • **2.** Bien qu'il ❑ sourie ❑ sourit, il s'ennuie. • **3.** Il prend un air sérieux pour qu'on le ❑ croie ❑ croit.

SCORE .... / 3

INFO
Après *pour que* et *il faut que*, on a toujours le subjonctif. Mais *après que* est toujours suivi de l'indicatif.

3 Replace les verbes suivants : disparaissaient – ait – parcoure – invente – prenne.

Il faut que l'homme .... conscience de la destruction progressive de son environnement pour qu'il .... envie de lutter et de chercher des solutions. Albert Einstein a écrit que, si les abeilles .... un jour, l'homme n'aurait plus que quatre années à vivre. Pour que l'humanité .... encore des millénaires, il faut qu'elle .... des remèdes durables.

SCORE .... / 5

Corrigés p . 72

TOTAL .... / 11

CONJUGAISON

18 Les autres temps du subjonctif

Quels sont les différents temps du mode subjonctif ?

- Le mode subjonctif comprend deux temps simples : **présent** (voir l'unité 17) et **imparfait**, et deux temps composés : **passé** et **plus-que-parfait**.
- L'**imparfait** du subjonctif est de plus en plus rarement employé. On le rencontre surtout à la 3e personne.
  - *parler* (1er groupe) : *qu'il parl**ât**, qu'ils parl**assent***
  - *finir* (2e groupe) : *qu'il fin**ît**, qu'ils fin**issent***
  - *courir* (3e groupe) : *qu'il cour**ût**, qu'ils cour**ussent***
  - *avoir* : *qu'il eût, qu'ils eussent*
  - *être* : *qu'il fût, qu'ils fussent*
- Les **temps composés** se forment avec l'auxiliaire conjugué à un temps simple du subjonctif et le participe passé du verbe :
  - passé : *que j'aie parlé, que tu aies fini, qu'il ait été... ; que je sois allé...*
  - plus-que-parfait : *qu'il eût fini, qu'ils eussent fini... ; qu'il fût allé...*

★ 1 Complète le tableau au subjonctif.

Verbes	Présent	Imparfait	Passé
obéir	que tu	qu'il	que tu ....
être	que vous	qu'ils	que vous ....
avoir	qu'ils	qu'il	qu'ils ....

SCORE .... / 9

ATTENTION
N'oublie pas l'accent circonflexe à la 3e personne du singulier de l'imparfait du subjonctif.

★ 2 Souligne tous les verbes au subjonctif.

Nous sommes à Paris depuis un mois, et nous avons toujours été dans un mouvement continuel. Il faut bien des affaires avant qu'on soit logé, qu'on ait trouvé les gens à qui on est adressé et qu'on se soit pourvu des choses nécessaires, qui manquent toutes à la fois. Ne crois pas que je puisse, quant à présent, te parler à fond des mœurs et des coutumes européennes : je n'en ai moi-même qu'une légère idée, et je n'ai eu à peine que le temps de m'étonner.

Montesquieu, *Lettres persanes*, lettre 24, 1721.

SCORE .... / 4

COUP DE POUCE
Un verbe est au passif et un à la voix pronominale.

★ 3 Place les verbes soulignés dans l'exercice 2 ; complète les formes manquantes.

Présent	Imparfait	Passé	Plus-que-parfait
....	....	....	qu'on eût été logé
....	....	....	....
....	qu'on se pourvût	....	....
....	que je pusse	....	....

SCORE .... / 13

INFO
Se pourvoir de signifie *se munir de* et se conjugue comme *voir*.

Corrigés p. 72

TOTAL .... / 26

CONJUGAISON

19 Les emplois du subjonctif

Quand faut-il employer le subjonctif ?

- **Dans une proposition indépendante ou principale**, pour exprimer le souhait ou le regret [*Pourvu qu'elle (ne)* ***vienne*** *(pas)*], l'ordre ou la défense [*Qu'il (ne) vienne (pas) ici !*], l'indignation [*Moi, que l'on me* ***traite*** *ainsi !*].
- **Dans une proposition subordonnée :**
  – **complétive**, après un verbe de volonté, de doute, de sentiment ;
  Je veux que tu ***viennes****.*
  – **relative,** pour exprimer un fait virtuel.
  Je cherche un appartement qui ***ait*** *vue sur la mer.*
- **Après certaines conjonctions de subordination** introduisant une proposition subordonnée **circonstancielle** : *avant que, en attendant que, jusqu'à ce que, bien que, quoique, afin que, pour que, à condition que, pourvu que, à moins que...*
  Bien que le soleil ***soit levé****, il fait encore sombre.*

1 Lis le texte et souligne les verbes au subjonctif.

Ce matin-là, craignant que le réveil me jouât un mauvais tour en restant muet, j'avais demandé à ma mère de me réveiller au moment où elle partait. Il fallait absolument que je sois à l'heure à la gare, et que je ne rate pas le train. C'était le jour de mon dernier examen... Le téléphone a sonné, avant que mon réveil se soit déclenché. Je me suis précipité hors du lit. C'était ma mère qui s'assurait que tout était en ordre et que j'étais prêt à partir ! Je filai à la gare, redoutant que le moindre retard mît fin à mes espoirs d'avenir.

SCORE ..../ 5

ATTENTION
Un des verbes au subjonctif ressemble à un verbe à l'indicatif.

2 Mets le verbe entre parenthèses au mode qui convient et justifie ton choix.

1. Le chef ordonne que les troupes (faire) .... demi-tour. ....
2. J'ai très peur que tu me (croire) .... coupable. ....
3. S'il veut partir avec nous, qu'il (être) .... à l'heure ! ....
4. Bien qu'il (faire) .... de bonnes études, il n'a pas l'emploi dont il rêvait.

....

SCORE ..../ 8

COUP DE POUCE
Tu dois mettre au subjonctif les verbes qui complètent un verbe de volonté comme *vouloir*.

3 Remplace *Il dit* par *Il veut*. Quelles transformations interviennent ?

1. Il dit que tu as du courage.

→ Il veut ....

2. Il dit que tu pars très tôt le matin et que tu cours toujours pour conserver la forme.

→ Il veut ....

SCORE ..../ 2

Corrigés p . 73

TOTAL ..../ 15

CONJUGAISON

20 Indicatif futur et conditionnel présent

Quelles sont les ressemblances entre l'indicatif futur et le conditionnel présent ?

Les formes de l'indicatif futur et celles du conditionnel présent ont en commun un radical terminé par la consonne *-r* mais diffèrent par leurs terminaisons.

- **Indicatif futur** : *-ai, -as, -a, -ons, -ez, -ont* (terminaisons proches du verbe *avoir* au présent : *j'ai, tu as*…). *Je prendrai, tu prendras, il prendra, nous prendrons, vous prendrez, ils prendront.*
- **Conditionnel présent** : *-ais, -ais, -ait, -ions, -iez, -aient* (mêmes terminaisons qu'à l'indicatif imparfait). *Je prendrais, tu prendrais, il prendrait, nous prendrions, vous prendriez, ils prendraient.*
  Il faut se méfier des **formes homophones à la 1re personne du singulier**.

★ 1 Coche la bonne orthographe.

1. S'il essaie de prendre mon sac, je ❑ crierai ❑ crierais.
2. Je lui avais promis que je lui ❑ enverrai ❑ enverrais de l'argent.
3. Si je n'étais pas malade, je ❑ pourrai ❑ pourrais te rejoindre vite.
4. Demain, dès l'aube, à l'heure où blanchit la campagne, je ❑ partirai ❑ partirais.

SCORE .... / 4

Quelles sont les différences de sens ?

- **Le sens diffère** : l'indicatif futur évoque le futur par rapport au présent ; le conditionnel présent exprime l'hypothèse ou le futur dans le passé.

  *J'espère que tu **viendras**.*
  tu viendras (indicatif futur) évoque une action à venir par rapport au présent *j'espère*.

  *J'espérais que tu **viendrais**.*
  tu viendrais (conditionnel présent) évoque une action à venir par rapport au passé *j'espérais*.

★ 2 Réécris en remplaçant *Il dit* par *Il disait que*.

1. Il dit : « Je l'aiderai. » → ....
2. Il dit : « Il fera beau tout l'été. » → ....
3. Il dit : « Nous partirons demain. » → ....

SCORE .... / 3

ATTENTION
Quand on passe du discours direct au discours indirect, les adverbes de temps changent.

★ 3 Conjugue à l'indicatif futur ou au conditionnel présent.

Ah ! que je n'(aimer) .... pas que quelqu'un lise mon journal. J'ai numéroté les pages. Je me demande ce que j'(avoir) .... à la page 100. À partir de février, je dois aller au lycée clandestin. Mais ne pense pas, mon cher journal, que je t'(abandonner) .... pour autant ! Je n'(avoir) .... jamais de plus grand ami que toi.

D'après W. Przybylska, *Journal de Wanda* (1942-1944), trad. Z. Bobowicz © Éditions DDB, 1981.

SCORE .... / 4

COUP DE POUCE
Mets le verbe à la 2e personne du singulier pour distinguer les formes homophones.

Corrigés p. 73

TOTAL .... / 11

21 Les emplois du conditionnel

Quelles sont les principales valeurs du conditionnel ?

- Quand il a une valeur de **mode**, il sert à exprimer :
  - une **action soumise à une condition** (celle-ci pouvant être implicite) ;

    *[Si je pouvais], je **prendrais** volontiers quelques jours de vacances.*
    *[Si j'avais pu], j'**aurais pris** volontiers quelques jours de vacances.*
  - une **supposition** ;

    *Mon rêve **deviendrait**-il enfin réalité ?*
  - une **demande atténuée**.

    ***Pourriez**-vous fermer la fenêtre ?*
    ≠ *Pouvez-vous fermer la fenêtre ?* (demande plus abrupte)
- Quand il a une valeur de **temps**, il sert à évoquer un **futur dans le passé**.

  *Il ne savait pas si son père **reviendrait** de la guerre.*

★ 1 Complète cette phrase en mettant les verbes au conditionnel présent.

Je (veux) .... revenir
Près d'elle à l'improviste une nuit où le songe
Peut-être (insinue) .... que je ne (suis) .... plus

D'après A. Verdet, *Les Jours, les Nuits et puis l'Aurore,* « Tu me disais », © Éditions Melis. *F.N.D.I.R.P.,* 1949.

SCORE ..../ 3

★★ 2 Utilise le conditionnel pour donner aux phrases suivantes la valeur demandée.

COUP DE POUCE Un des verbes est au conditionnel passé.

1. (atténuation du propos) Je prends une boisson fraîche.

....

2. (hypothèse non réalisée dans le passé) Je viens te voir.

....

3. (supposition) Le baccalauréat ouvre toutes les portes.

....

SCORE ..../ 3

★ 3 Indique la valeur des verbes au conditionnel.

COUP DE POUCE La valeur du verbe au conditionnel est la même dans deux des trois phrases.

1. Pourriez-vous m'indiquer la boulangerie la plus proche ? → .... • **2.** J'aimerais être sur un bateau. → .... • **3.** Avec ce diplôme, viendrais-tu travailler dans mon entreprise ? → ....

SCORE ..../ 3

★★ 4 Mets le verbe entre parenthèses au temps du conditionnel qui convient.

1. Le malade disait que le lendemain il (aller) .... mieux. • **2.** Si sa mère l'avait voulu, il (partir) .... en vacances. • **3.** (Avoir) ....-vous l'amabilité d'ouvrir la fenêtre ?

SCORE ..../ 3

Corrigés p. 73

TOTAL ..../ 12

CONJUGAISON

22 La concordance des temps

Que signifie « appliquer la concordance des temps » ?

- Appliquer la concordance des temps consiste à respecter des règles d'accord dans l'emploi des temps des verbes des **phrases complexes**.
Voici les règles de concordance quand **la subordonnée** est majoritairement à l'indicatif.

Verbe de la principale	Verbe de la subordonnée
présent ou futur de l'indicatif (*je dis, je dirai...*)	action simultanée : ind. présent (*que tu viens*)
	action postérieure : ind. futur (*que tu viendras*)
	action antérieure : ind. passé composé ou imparfait (*que tu es venu, que tu venais*)
passé de l'indicatif (*je disais, j'ai dit...*)	action simultanée : ind. imparfait (*que tu venais*)
	action postérieure : conditionnel présent (*que tu viendrais*)
	action antérieure : ind. plus-que-parfait (*que tu étais venu*)

1 **Lis le texte, souligne les verbes à l'indicatif présent, puis réponds aux questions.**

> Je forme une entreprise qui n'eut jamais d'exemple et dont l'exécution n'aura point d'imitateur. [...] Je sens mon cœur et je connais les hommes.
> Je ne suis fait comme aucun de ceux que j'ai vus ; j'ose croire n'être fait comme aucun de ceux qui existent. Si je ne vaux pas mieux, au moins je suis autre.

J.-J. Rousseau, *Les Confessions*, 1782-1789.

COUP DE POUCE
Tu dois trouver huit verbes à l'indicatif présent.

1. Relève une proposition subordonnée dont l'action a lieu en même temps que celle de la principale. → ……………………

À quel temps est son verbe ? ……………………

2. Relève une proposition subordonnée dont l'action est postérieure à celle de la principale.

→ ……………………

À quel temps est son verbe ? ……………………

3. Relève une proposition subordonnée dont l'action est antérieure à celle de la principale.

→ ……………………

À quel temps est son verbe ? ……………………

ATTENTION
Deux subordonnées peuvent convenir comme réponses aux questions 1 et 3.

4. Réécris la première phrase en commençant par *Je formais*. Effectue les transformations nécessaires. → ……………………

……………………

SCORE ……… / 12

2 **Écris les verbes entre parenthèses à la forme qui convient.**

1. Je sortirai la voiture quand tu (ouvrir) …………… la porte du garage.

2. Quand il (s'ennuyer) ……………, il écrivait ses souvenirs.

ATTENTION
Dans la phrase 1, l'antériorité exprimée dans la subordonnée doit être rendue par le futur antérieur du verbe ouvrir.

3. Il imaginait qu'à sa publication prochaine, son livre n'(avoir) .... aucun succès.

SCORE .... / 3

Cas des subordonnées au subjonctif

Verbe de la principale	Verbe de la subordonnée au subjonctif
présent ou futur de l'indicatif (*il faut...*)	action simultanée ou postérieure : présent (*que tu viennes*)
	action antérieure : passé (*que tu sois venu*)
passé de l'indicatif (*il fallait...*)	action simultanée ou postérieure : imparfait (*que tu vinsses*)
	action antérieure : plus-que-parfait (*que tu fusses venu*)

- Verbe de la principale au **présent** : quand l'action exprimée dans la subordonnée est postérieure à celle exprimée dans la principale, le choix du temps dépend du sens.
  *Je souhaite qu'il **finisse** demain. = Je souhaite qu'il soit en train de finir demain.*
  *Je souhaite qu'il **ait fini** demain. = Je souhaite qu'il ait déjà fini demain.*
- Verbe de la principale au **passé** : note que le subjonctif imparfait appelé par la concordance des temps est remplacé dans le langage courant par le subjonctif présent.

3 Coche la forme verbale qui convient.

1. Bien qu'il ❑ coure ❑ courût vite, il n'était pas le meilleur. • 2. Il faut de la lumière, pour que nous ❑ voyons ❑ voyions clair. • 3. Il fallait qu'il ❑ aima ❑ aimât assez les bêtes pour devenir vétérinaire. • 4. Il est nécessaire que le livre ❑ paraît ❑ paraisse en janvier.

SCORE .... / 4

4 Lis le texte et mets les verbes entre parenthèses aux temps et modes qui conviennent.

La petite fille explique son attachement à son oncle qui prend soin d'elle et de sa famille et qui obtient pour elle divers avantages de la part du curé et du maire.

> Depuis que mon papa est mort, il a soin de la famille : de ma mère, de moi et de ma petite sœur. Avant que maman (être) .... malade, il la recommandait aux riches pour qu'on lui (donner) .... de l'ouvrage.

D'après P. Mérimée, *Colomba*, 1840.

SCORE .... / 2

ATTENTION
N'oublie pas l'accent circonflexe à la 3e personne du singulier du subjonctif imparfait.

5 Mets les verbes entre parenthèses à la forme qui convient en respectant toutes les règles de concordance.

À travers les fenêtres, il vit que la pluie (cesser) .... depuis un moment. Il fallait maintenant qu'il (sortir) .... s'il ne (vouloir) .... pas rater son train. Bien qu'il (hésiter) .... encore un peu, il se dirigea vers la porte et l'ouvrit. Quelle ne fut pas sa surprise quand il (apercevoir) .... sur son paillasson un panier contenant un chiot endormi ! Il souleva délicatement le colis pour que l'animal ne (se réveiller) .... pas. Il se mit à le contempler, oubliant l'heure qui (passer) .... Le train ne comptait plus à présent pour lui !

SCORE .... / 7

COUP DE POUCE
Dans ce récit au passé, tu es amené à utiliser trois verbes au subjonctif imparfait.

Corrigés p. 73-74

TOTAL .... / 28

ORTHOGRAPHE

23 Accorder un adjectif qualificatif : cas difficiles

Quels adjectifs qualificatifs sont invariables ?

- **Les adjectifs de couleur**
  - dérivés d'un nom : *orange, marron, bordeaux, cerise*...

  Mais : *mauve, fauve, rose, pourpre, écarlate* s'accordent en genre et en nombre.
  - formés de deux mots : *ses yeux vert amande* ; *les chaussures gris clair*.
- **Les adjectifs** *bon, cher, court, droit, dur, fort, haut*... **utilisés comme adverbes** après certains verbes. *Ces vestes coûtent cher. Elles parlent fort.*

  Mais : *Ces vestes sont chères. Leurs voix sont fortes.*
- **Les adjectifs** *mi, demi, semi* **et** *nu* **placés à gauche d'un nom ou d'un adjectif** et reliés par un trait d'union. *Tu mets tes nu-pieds. Tu restes une demi-heure.*

  Mais : *Tu as les pieds nus. Viens dans une heure et demie.*

★ 1 Complète les phrases avec les adjectifs suivants en faisant les accords nécessaires :
orange – kaki – bleu, blanc, rouge – pourpre – vert olive.

1. Il a mélangé du rouge et du jaune pour peindre des fruits ....

2. Les vêtements des soldats sont .... et non ....

3. Les sénateurs romains portaient des bandes .... au bas de leurs toges blanches.

4. Des drapeaux français .... flottent sur l'ambassade.

SCORE ..../ 5

INFO
L'ensemble *bleu, blanc, rouge* reste invariable car les trois couleurs sont considérées comme formant un tout. De la même façon, on écrit *des drapeaux noir et blanc*.

★ 2 Coche la bonne orthographe.

1. Ils avaient les bras ❏ nu ❏ nus malgré le froid.

2. Ils sont restés ❏ droit ❏ droits pendant l'appel.

3. Ils étaient ❏ demi- ❏ demis-nus dans la neige et le vent glacial.

SCORE ..../ 3

COUP DE POUCE
L'adjectif reste invariable dans une seule phrase.

★ 3 Lis le texte et complète, si nécessaire, les mots en couleur.

Robert, déporté en camp de concentration, raconte l'une des brimades gratuites que les SS faisaient subir aux prisonniers : le lever sans raison en pleine nuit.

> – Il est deux heures et demi.........., souffle Robert qui a eu le temps de vérifier l'heure.
> Le commandant arrive, ne bougez plus, tenez bon.......... .
> On l'aperçoit au loin, la casquette vert......... foncé.......... à tête de mort vissée sur le crâne. Il est vêtu d'un épais manteau et porte des bottes marron.......... .
> – Je voulais seulement vous souhaiter une bonne nuit. [...]
> – Il est trois heures trente, crie le kapo. Vous avez encore une demi.........-heure de sommeil.

D'après J.-P. Vittori, *Les Sabots : 1944-1945* © Nathan, 2003.

SCORE ..../ 6

COUP DE POUCE
Tous les mots sont invariables sauf un.

Corrigés p. 74

TOTAL ..../ 14

ORTHOGRAPHE

24 Participe présent et adjectif verbal

FRANÇAIS

Quelle est la différence entre un participe présent et un adjectif verbal ?

- Le **participe présent** est une forme en *-ant* qui a la valeur d'un verbe et est **invariable**.

  ***Obéissant** à leurs parents, les enfants éteignirent l'ordinateur.* → *Obéissant* est un participe présent : il exprime une action et est suivi d'un COI, *à leurs parents*.

- L'**adjectif verbal** se termine également par *-ant* mais fonctionne comme un adjectif : il s'accorde en genre et en nombre avec le nom qu'il complète.

  *Les enfants sont très **obéissants**.* → *Obéissants* est un adjectif verbal : il décrit un état et est attribut du sujet *les enfants*.

★ 1 Dans le texte, souligne les adjectifs verbaux et encadre les participes présents.

Charlie, jeune attardé mental, a subi une opération du cerveau, pratiquée par les docteurs Strauss et Nemur, pour lui permettre de récupérer ses capacités intellectuelles.

Strauss, très souriant, traita longuement de la théorie et des techniques de la neurochirurgie, exposant en détail ses premières études, décrivant mon état physique [...]. Attendant patiemment, moi, j'étais là comme un élément faisant partie d'une communication scientifique. Enfin, ce fut au tour de l'excellent Nemur, parlant comme l'auteur d'un brillant exploit : « On pourrait dire que Charlie n'existait pas réellement avant cette expérience. » Je ne sais pourquoi cela m'irrita d'entendre parler de moi comme d'un être différent, équivalant à un article fabriqué dans leur usine privée.

D'après Daniel Keyes, *Des fleurs pour Algernon*, trad. G. H. Gallet © Casterman – J'ai lu, 1972.

SCORE ..../ 10

INFO

L'adjectif verbal peut être précédé d'un adverbe (*très*, *bien*...), ce qui n'est pas possible pour le participe présent.

★ 2 Complète les mots en couleur.

1. Les jeunes enfants sont fatig.............. • **2.** Mes arguments sont bien differ.............. • **3.** Ne compren.............. rien, je demandai des explications.

SCORE ..../ 3

COUP DE POUCE

Deux des mots en couleurs sont des adjectifs verbaux.

Participe présent et adjectif verbal se forment-ils de la même manière ?

- Certains adjectifs verbaux ont une orthographe irrégulière.
  - Les verbes en ***-quer*** et ***-guer*** ont leur participe présent en ***-quant*** et ***-guant*** et leur adjectif verbal en ***-cant*** et ***-gant*** : *fati**guant*** (p. prés.), *fati**gant*** (adj. verbal) ; *communi**quant*** (p. prés.), *communi**cant*** (adj. verbal).
  - Certains verbes ont leur participe présent en ***-ant*** et leur adjectif verbal en ***-ent*** : *excell**ant*** (p. prés.), *excell**ent*** (adj. verbal).

★ 3 Raye l'intrus dans chaque liste.

1. suffocant – provoquant – communiquant – zigzaguant
2. concluant – confiant – remuant – abritant – brillant

SCORE ..../ 2

Corrigés p. 74

TOTAL ..../ 15

ORTHOGRAPHE

25 Accorder le verbe avec son sujet : cas difficiles

Comment accorder le verbe quand le sujet est du type *toi et moi* ?

- **La 1re personne l'emporte sur la 2e et la 3e.**
  → 2e pers. + 1re pers. = verbe à la 1re pers. du pluriel. *Toi et moi* ***sommes*** *de bons amis.*
  → 3e pers. + 1re pers. = verbe à la 1re pers. du pluriel. *Sonia et moi* ***jouons*** *au tennis.*
- **La 2e personne l'emporte sur la 3e.**
  → 3e pers. + 2e pers. = verbe à la 2e pers. du pluriel. *Sonia et toi* ***jouez*** *au tennis.*

★ 1 Ajoute le pronom personnel singulier manquant.

1. Marc, Éric et .... partirez tous les trois demain. • **2.** Ton frère et .... partirons bientôt en tandem. • **3.** Toi et .... observez les oiseaux.

SCORE .... / 3

Comment accorder le verbe avec le sujet *qui* ?

- Si le **sujet** est un **pronom relatif**, le verbe se met à la même personne que l'antécédent.
  C'est toi qui ***es*** *en retard.* → *es* prend la personne de son sujet *qui*, pronom relatif remplaçant *toi* = 2e personne du singulier.

★ 2 Mets les verbes entre parenthèses au présent en faisant les accords nécessaires.

1. Tu es le premier qui ne (dire) .... pas bonjour en arrivant. • **2.** Passe par l'une des routes qui (mener) .... à Rome ! • **3.** Tes amis et toi (faire) .... une belle randonnée. • **4.** C'est Karin, toi et moi qui (être) .... les premiers.

SCORE .... / 4

INFO

Quand l'antécédent du pronom relatif est *le premier* ou *le seul* en position d'attribut du sujet, le verbe de la relative peut se mettre à la même personne que le sujet ou à la même personne que l'antécédent attribut.

★★ 3 Souligne l'antécédent de chaque pronom relatif en couleur, puis mets les verbes entre parenthèses à l'imparfait.

Durant la Seconde Guerre mondiale, le narrateur et son ami font exploser un poste de commande d'aiguillage ferroviaire, ignorant qu'un vieux cheminot s'y trouve. Pour sauver les résistants, la femme du cheminot accuse son mari mourant de l'attentat.

Des belles femmes qui (*faire*) .... pousser des cornes à leur mari, les SS en voyaient tous les jours, mais une qui (*vouloir*) .... s'en débarrasser en le faisant exécuter pour terrorisme, ils demandaient à voir de près. L'homme, sur son lit de mort, a confirmé, il était le seul responsable. Les schleus l'ont fusillé avec ses pansements qui (*voler*) .... sous les balles. C'est nous qui l'(*avoir*) .... tué cet homme et c'est lui qui nous (*sauver*) .... la vie.

D'après M. Quint, *Effroyables jardins*, Première édition 2000, Éditions Joëlle Losfeld, © Gallimard, 2003.

SCORE .... / 10

Corrigés p. 74

TOTAL .... / 17

ORTHOGRAPHE

26 Accorder un participe passé : règles générales

FRANÇAIS

Quelles sont les règles de base pour l'accord du participe passé ?

- Un participe passé **utilisé seul** suit les règles d'accord d'un adjectif qualificatif.

  *Il faut chercher dans les **romans** publi**és** récemment.*

  Mais : *ci-joint, mis à part, y compris, non compris, attendu, vu, étant donné, ci-inclus*, placés devant un groupe nominal, restent invariables. *Ci-joint les papiers demandés.*

- Le participe passé d'un verbe conjugué **avec l'auxiliaire *être*** s'accorde avec le sujet.

  ***Les livres** sont class**és** par auteur, par thème et par date.*

- Le participe passé d'un verbe conjugué **avec l'auxiliaire *avoir*** est invariable.

  ***Les professeurs** ont donn**é** des devoirs très longs aux élèves.*

  Mais si le verbe a un COD placé à sa gauche (antéposé), le participe passé s'accorde avec ce COD : *Les devoirs* ***que*** *le professeur a donn**és** aux élèves sont très longs.*

1 **Lis le texte et accorde les participes passés si nécessaire.**

La visite du château terminé......, les touristes sont parti....... à regret. Ils ont jeté....... quelques regards en arrière, et ont emporté....... avec eux nombre de souvenirs qu'ils ont acheté....... sur place et surtout beaucoup de photos qu'ils ont fait....... . Les guides touristiques rangé....... dans les sacs n'ont plus rien à leur apprendre !

SCORE ..../ 7

COUP DE POUCE
Deux participes passés, utilisés avec avoir, s'accordent avec le COD placé à gauche.

2 **Place les participes passés (p.p.) du texte de l'exercice 1 dans le tableau suivant.**

p.p. = adjectif qualificatif	p.p. avec auxiliaire *être*	p.p. avec auxiliaire *avoir* (COD à droite)	p.p. avec auxiliaire *avoir* (COD à gauche)
....	....	....	....
....	....	....	....

SCORE ..../ 7

3 **Mets les verbes entre parenthèses au passé composé.**

1. La maison qu'il (réaliser) .... est la plus belle de la région.

2. Des diamants, ils en (trouver) .... beaucoup.

3. C'est la vente de leur champ qui les (enrichir) ....

4. Des hommes (venir) .... à la ferme de bonne heure.

SCORE ..../ 4

ATTENTION
N'oublie pas de faire les accords.

4 **Ajoute l'expression *ci-joint* dans les phrases suivantes. Fais les accords éventuels.**

1. Vous lirez les documents .... • **2.** .... des documents que vous voudrez bien lire. • **3.** Les feuilles .... devront être remplies.

SCORE ..../ 3

Corrigés p. 74

TOTAL ..../ 21

27 Accorder le participe passé d'un verbe pronominal

Comment accorder le participe passé d'un verbe pronominal ?

- Si le verbe pronominal n'est **pas suivi** (ni précédé) **d'un COD**, on analyse le pronom réfléchi :
  - le pronom est **COD**, le participe passé s'accorde avec lui ;

    *Elle s'est regard**ée** dans la glace. (= Elle a regardé **elle**.)*
    → *Se* est COD ; accord au féminin singulier.
  - le pronom est **COI**, le participe passé reste invariable ;

    *Ils **se** sont écrit. (= Ils ont écrit **l'un à l'autre**.)* → *Se* est COI ; pas d'accord.
  - le pronom ne peut pas être analysé ; le participe passé s'accorde avec le sujet.

    ***Clara** s'est évanouie.* → Accord avec le sujet.
- Si le verbe pronominal est employé **avec un COD autre que** le pronom réfléchi :
  - le participe passé **s'accorde** avec ce COD si celui-ci précède le verbe ;

    *Les photos **qu'**ils se sont envoy**ées** les amusent.*
    → Le participe passé s'accorde avec le COD *qu'* (= *les photos*) au féminin pluriel.
  - le participe passé **reste invariable** si le COD suit le verbe.

    *Elle s'est lavé **les mains**.* → Le participe passé reste invariable.

★ 1 Complète le texte avec les participes passés des verbes entre parenthèses.

La moto et la voiture ont (faire) .... le tour de la place et se sont (arrêter) .... devant le café-épicerie de la Paulette Goudounèche. Les civils en imper et chapeau sont (sortir) .... de l'auto, et se sont (précipiter) .... vers le magasin. Tout à coup, la moto des Boches s'est (mettre) .... à ronfler, les deux types en imper sont (remonter) .... dans leur auto. Les Allemands partis, les gens du bourg se sont (retrouver) .... sur la place.

D'après D. et M. Jeury, *Le Printemps de Thomas* © Nathan, 2004.

SCORE ..../ 7

COUP DE POUCE
Il y a cinq verbes pronominaux.

★ 2 Parmi ces verbes pronominaux, souligne les quatre dont le pronom *se* est COI.

se ressembler – s'écrouler – se regarder – se parler – se sourire – se déchaîner – se mentir

SCORE ..../ 4

★ 3 Place dans les phrases suivantes ces participes passés, sans en changer l'orthographe : serré – serrée – serrés – serrées.

1. Elles se sont .... la main. • **2.** Ils se sont .... l'un contre l'autre. • **3.** Les mains qu'ils avaient .... étaient froides. • **4.** Elle s'est .... contre sa sœur.

SCORE ..../ 4

COUP DE POUCE
Pour l'exercice 2, demande-toi si le verbe utilisé seul se construit avec un COI ou avec un COD. On dit, par exemple, *ressembler à quelqu'un* (COI) mais *regarder quelqu'un* (COD).

Corrigés p . 74-75

TOTAL ..../ 15

ORTHOGRAPHE

28 Orthographier *même*

Quand le mot *même* est-il variable?

- ***Même* est variable s'il est un déterminant indéfini.** Il est employé alors selon le cas :
  - entre un déterminant et un nom ; *Il dit la **même** chose.*
  - après un nom ou un pronom, qu'il renforce.

  *Ce sont ses paroles **mêmes**. Eux-**mêmes** n'y croient pas.*

- ***Même* est variable s'il est un pronom indéfini :** il est alors employé seul et précédé d'un déterminant.

  *Ces livres ? Ce sont toujours **les mêmes**.*

- ***Même* est invariable s'il est un adverbe** avec le sens de *aussi, y compris*.

  ***Même** les lions avaient peur. Les tigres, les panthères **même** tremblaient.*

1 Lis le texte. Souligne *même* s'il est déterminant indéfini, encadre-le s'il est adverbe.

Le narrateur décrit les moines d'un couvent.

Tous subissent la même tonsure, portent le même froc, mangent le même pain noir, dorment sur la même paille, meurent sur la même cendre. Le même sac sur le dos, la même corde autour des reins. Il peut y avoir là un prince, ce prince est la même ombre que les autres. Plus de titre. Les noms de famille même ont disparu. [...]

V. Hugo, *Les Misérables*, 1862.

SCORE ..../ 9

COUP DE POUCE Tu ne dois trouver qu'un seul adverbe.

2 Réécris la 1re phrase du texte en mettant les groupes nominaux au pluriel.

Tous subissent les ....

.... cendres.

SCORE ..../ 5

3 Complète avec *même* ou *mêmes* et indique entre parenthèses s'il s'agit d'un adverbe (adv.) ou d'un déterminant indéfini (dét.).

1. .... (...........) ses parents ne pouvaient y croire. • **2.** Ils ont programmé aujourd'hui les .... (...........) films qu'hier. • **3.** Monsieur, vous avez travaillé vous-................. (...........) très tard, ce soir. • **4.** Elles n'osaient parler, ... (...........) doucement. • **5.** Ils ne pensent qu'à eux-................. (...........).

SCORE ..../ 10

INFO Quand *même* complète un pronom personnel, il est déterminant indéfini et s'accorde avec le pronom (*moi-même, nous-mêmes...*).

4 Complète chaque phrase avec l'une des expressions suivantes :
de même – à même – tout de même – ici même.

1. Il dort .... le sol. • **2.** Mon frère est né .... • **3.** Agissez toujours .... • **4.** Malgré ses difficultés, il a .... réussi.

SCORE ..../ 4

COUP DE POUCE Dans ces locutions adverbiales, *même* est-il variable ?

Corrigés p. 75

TOTAL ..../ 28

ORTHOGRAPHE

29 Orthographier tout

Quand faut-il accorder le mot *tout* ?

- Quand il accompagne un nom ou un GN, *tout* est un **déterminant indéfini** et **s'accorde** en genre et nombre avec le nom déterminé :

  tout *le monde, tous les gens,* ***toute*** *personne qui souhaiterait…*

- Quand il est employé seul, à la place d'un nom, *tout* est un **pronom indéfini**. Il peut s'écrire ***tout*, *tous* ou *toutes*** en fonction du sens.

  Tout *va bien.* → *Tout* désigne un ensemble et reste au singulier.

  Tous *et toutes sont là.* → *Tous* et *toutes* signifie ici *tous les hommes* et *toutes les femmes*.

- Quand il a le sens de « tout à fait » et qu'il se trouve devant un adjectif ou un verbe, *tout* est un **adverbe invariable**. *Ils sont* ***tout*** *contents de leur journée.*
  Attention, cependant, à ce **cas particulier** : quand ce *tout* adverbe est suivi d'un adjectif féminin commençant par une consonne ou un *h* aspiré, on facilite la prononciation en l'accordant avec l'adjectif. *les roses* ***toutes*** *blanches, l'herbe* ***toute*** *humide.*

★ 1 Complète les phrases avec *tout* correctement orthographié. Justifie ton choix.

COUP DE POUCE Tu dois trouver un déterminant, un pronom et un adverbe.

1. .... les tests le prouvent. → ....
2. Les livres sont .... dans la bibliothèque. → ....
3. La voiture est .... abîmée. → ....

SCORE ..../ 6

★★ 2 Explique la différence de sens dans chacun des couples d'expressions suivants.

1. Ces livres sont tous neufs • Ces livres sont tout neufs.

.... • ....

2. Tous les invités sont repartis • Les invités sont tous repartis.

.... • ....

SCORE ..../ 4

★★ 3 Replace les mots suivants où il convient : tout, tous, toutes.

INFO *Tout à coup* est une locution adverbiale. Sont également invariables *à tout à l'heure*, *de toute façon* et en un seul mot *toutefois*.

Gilda rentra chez elle. C'était un grand immeuble. La force publique se déploya .... autour. […] Cinq minutes étaient accordées à .... les locataires de la maison pour évacuer .... les appartements. .... les officiers durent reculer. À l'aube, le bombardement commença. Les grenades explosaient .... en l'air sans frapper la maison. Gilda dit : « Je veux un œuf pour ma fille ». On tira de dix camions des œufs de .... les dimensions. La fillette en choisit un .... petit, en carton. .... est bien qui finit bien.

D'après D. Buzzati, *Le K*, « L'Œuf », traduction de J. Remillet © Robert Laffont, 1967.

SCORE ..../ 7

Corrigés p . 75

TOTAL ..../ 17

30 Distinguer *qu'elle* et *quel*

Comment savoir s'il faut écrire *qu'elle* ou *quel* ?

- ***Qu'elle*** **(ou *qu'elles*) est l'association de *que* élidé** et du **pronom personnel féminin de 3e personne *elle*** (ou *elles*) :
  - si *qu'elle(s)* est suivi d'un verbe, on peut lui substituer *que je, que tu, qu'il...*
    *Il faut **qu'elle** vienne.* → *Il faut qu'il vienne.*
  - si *qu'elle(s)* n'est pas suivi d'un verbe, on peut lui substituer *que lui, que moi...*
    *Tu es plus grand **qu'elle**.* → *Tu es plus grand que lui.*
- ***Quel*** **est un déterminant.** Selon le cas, il est :
  - suivi d'un nom avec lequel il s'accorde ;
    ***Quelle** heure est-il ?* → *Quelle* est un déterminant interrogatif.
    ***Quelle** chance !* → *Quelle* est un déterminant exclamatif.
  - en position d'attribut du sujet.
    ***Quelles** sont les nouvelles ?*

★ 1 Lis le texte et complète-le avec *qu'elle* ou *quel(le)*.

Avdotia ouvrit les yeux, s'appuya sur son coude, et se mit à écouter. La chanson .... entendait retentissait, sonore et fière, dans l'air froid de la nuit. Akim aussi souleva la tête.

« Qui est-ce qui chante ? .... est cette voix ? demanda-t-il.

– Je ne sais pas, répondit sa femme.

– Il chante bien, reprit-il après un court silence. .... voix forte ! » Puis il se rendormit.

D'après I. S. Tourgueniev, *L'Auberge de grand chemin*, 1852, trad. L. Viardot.

SCORE ..../ 3

COUP DE POUCE Quand tu hésites, tente des substitutions avec *qu'il, que lui...*

★ 2 Choisis la bonne orthographe.

1. quel ou quelle ? Je te demande qu............. est la bonne direction.

2. qu'elle ou qu'elles ? Il faut qu............. vienne me voir.

3. quelle ou qu'elle ? On dit qu............. est une femme d'esprit.

4. quelle ou qu'elle ? Qu............. qu............. soit, cette punition est méritée.

SCORE ..../ 5

ATTENTION Dans la phrase 4, tu dois utiliser à la fois *quelle* et *qu'elle*.

★ 3 Complète le texte avec les mots de la liste suivante :
quel – quelle – quelles – qu'elle – qu'elles.

Alors .... venaient de s'asseoir face à face dans le bus, ... ne fut pas leur surprise de découvrir leur erreur ! .... diable s'était ainsi joué d'elles ? L'une répétait .... était confuse, l'autre se demandait .... explications elle pouvait donner.

SCORE ..../ 5

Corrigés p. 75

TOTAL ..../ 13

31 Distinguer quel que et quelque

Comment savoir s'il faut écrire *quel que* ou *quelque* ?

- ***Quel que***, locution en deux mots, **introduit une proposition subordonnée d'opposition** (voir l'unité 11) au subjonctif ; *quel* s'accorde en genre et en nombre avec le sujet du verbe au subjonctif.

  ***Quelle que** soit la saison, nous apprécions le lieu.*
  → *Quelle* s'accorde avec *saison* (féminin singulier), sujet du verbe au subjonctif *soit*.

- ***Quelque***, écrit en un seul mot, peut être :
  - un **déterminant indéfini variable** ;

    Elle rêve à quelque beau voyage. → Au singulier, *quelque* a le sens de l'article « un ».
    *Il achète **quelques** fleurs.* → Au pluriel, *quelques* a le sens de « plusieurs ».
  - un **adverbe invariable**.

    *Il a travaillé **quelque** vingt jours.* → *Quelque*, adverbe, a le sens d'« environ ».

★ 1 Complète avec *quelque* ou *quelques*.

Léon, installé dans une chambre d'hôtel avec sa maîtresse, aperçoit en pleine nuit, sous la porte qui le sépare de la chambre voisine, quelque chose d'inquiétant.

Tout à coup parut .... chose de noirâtre, plat. Était-ce .... mille pattes ? [...] À force de se dire « Qu'allais-je faire dans cette galère ? », Léon finit par apercevoir .... rayons d'espérance.

D'après P. Mérimée, *La Chambre bleue*, 1872.

SCORE .... / 3

★ 2 Coche la bonne orthographe.

1. ❑ Quel que ❑ Quelle que soit la température, je me baigne.
2. Mes recherches donnent ❑ quelque ❑ quelques bons résultats.
3. ❑ Quelque ❑ Quel que soit le temps, tu fais du vélo.

SCORE .... / 3

★ 3 Complète la phrase avec les mots de la liste suivante :
qu'elles – quelle – quelque – quelques.

.... que soit leur fatigue, les .... jeunes filles finalistes de la compétition acceptèrent, pour saluer le public venu les acclamer, de parcourir à pied les .... cinq cents mètres .... auraient dû faire en voiture.

SCORE .... / 4

★ 4 Complète les phrases avec *quelque* ou *quel que*. Fais les accords nécessaires.

1. Les .... dix livres restants sont à vendre. • **2.** .... soit ta décision, sois prudent ! • **3.** Il faut que je lise encore ces .... cent pages. • **4.** .... soient ses raisons, il devra s'expliquer.

SCORE .... / 4

COUP DE POUCE
Dans une phrase seulement, *quelque* a le sens d'environ et reste invariable.

COUP DE POUCE
Dans l'exercice 4, commence par déterminer la classe grammaticale du mot que tu dois écrire, puis songe aux accords.

Corrigés p. 75-76

TOTAL .... / 14

32 Indiquer les sens d'un mot

Qu'est-ce que le champ sémantique d'un mot ?

- La plupart des mots sont **polysémiques** (c'est-à-dire qu'ils peuvent avoir plusieurs sens). Le champ sémantique est l'**ensemble des sens d'un mot**.

  Champ sémantique du nom *loup* : *un loup* = animal mammifère ou poisson vorace ; *un vieux loup de mer* = vieux marin ; *un loup de velours* = masque...

1 Lis cet article du dictionnaire puis définis le champ sémantique du nom féminin *livre*.

> **Livre** : n. f. - Xe *livra* ; lat. *libra* 1° *Anciennt.* Unité de masse, qui variait, selon les provinces entre 380 et 550 grammes. *La livre se divisait en onces.* - *Mod.* Un demi-kilogramme ou cinq cents grammes. *Acheter une livre de fraises* [...]. 2° Ancienne monnaie de compte, représentant à l'origine un poids d'une livre d'argent, et moins de cinq grammes à l'établissement du système métrique (1801) [...]. *La livre tournois valait vingt sous.* 3° *Mod.* Unité monétaire du Royaume-Uni. *La livre vaut cent pence.*

Le Petit Robert © Dictionnaire Le Robert, SEJER, 2014.

....

....

SCORE .... / 3

COUP DE POUCE
Tu dois trouver trois sens.

Qu'est-ce que la dénotation d'un mot ? et la connotation ?

- On appelle **dénotation**, ou sens dénoté, le **sens du mot consigné** dans le dictionnaire.

  Vison a pour sens dénoté « mammifère du genre putois ».

- On appelle **connotation**, ou sens connoté, la **valeur particulière dont peut se charger un mot en fonction du contexte** dans lequel il est utilisé.

  Cette femme portait un manteau de vison.
  → L'idée de richesse est suggérée : le mot *vison* connote ici la richesse.

  La connotation s'ajoute à la dénotation ; elle est **subjective** et correspond à toutes les impressions et images que peut suggérer un mot dans un contexte particulier. Ainsi le mot *vison* peut aussi connoter la douceur ou la chaleur.

2 Relie chaque mot à sa connotation.

pôle Nord •	• liberté
vacances •	• richesse
diamant •	• froid

SCORE .... / 3

INFO
C'est surtout par rapport au contexte dans lequel le mot est utilisé que la connotation prend toute sa force.

3 Dans chaque série, raye le mot qui est connoté négativement.

1. une maison – un palais – une baraque – une demeure – un chalet – un château
2. un cheval – une rosse – un pur-sang – un étalon – une jument – un coursier
3. un homme – un personnage – une personne – un individu – un type

SCORE .... / 3

Corrigés p. 76

TOTAL .... / 9

33 Synonyme, antonyme, homonyme et paronyme

Comment définir des synonymes ? et des antonymes ?

- Des **synonymes** sont des mots de **sens voisins** et de même classe grammaticale : *peur* et *frayeur* sont deux noms synonymes.
- Des **antonymes** sont des mots de **sens contraires** et de même classe grammaticale : *grand* et *petit* sont deux adjectifs antonymes.

★ 1 Complète les phrases avec un synonyme du mot entre parenthèses.

1. Il a pu être très (vexé) .... par leurs paroles trop directes.
2. Mon voisin est terriblement (bavard) .... !
3. Marc dissimule son caractère (farceur) .... sous un air sévère.

SCORE ..../ 3

COUP DE POUCE
Tu peux choisir tes réponses parmi les mots de la liste suivante : *espiègle – froissé – prolixe.*

★★ 2 Complète le tableau suivant.

	Synonyme	Antonyme
succès	....	....
tristesse	....	....

SCORE ..../ 4

Comment définir des homonymes ? et des paronymes ?

- Des **homonymes** sont des mots qui **se prononcent de la même façon** mais qui possèdent des sens différents : *vert* et *verre* sont des homonymes.
- Des **paronymes** sont des mots **proches par la prononciation ou l'orthographe** mais de sens différents : *affluence* et *influence* sont des paronymes.

★ 3 Complète les phrases avec des homonymes des mots suivants : chêne – mite – air.

1. Nous nous arrêtons sur une .... de service de l'autoroute.
2. Les .... de la religion grecque sont captivants.
3. Les galériens portaient de lourdes ....

SCORE ..../ 3

ATTENTION
L'orthographe va changer avec le sens du mot.

★★ 4 Choisis parmi les paronymes celui qui convient pour compléter chaque phrase.

1. irruption ou éruption ? Tu as fait une brutale .... dans la salle. – Le Vésuve est entré en .... en 79 après J.-C.
2. incident ou accident ? Un grave .... a eu lieu sur l'autoroute. – Tout cela peut se résumer en un .... diplomatique sans conséquence grave.

SCORE ..../ 4

Corrigés p. 76

TOTAL ..../ 14

34 Les figures de style

Quelles sont les principales figures de style ?

Les figures de style modifient le langage ordinaire pour le rendre plus expressif.

- Les **figures de ressemblance** établissent une relation d'analogie entre deux éléments. On distingue :
  - la **comparaison** ; *La musique souvent me prend comme une mer !* (Baudelaire) → Mise en relation à l'aide d'un outil de comparaison (*comme*).
  - la **métaphore** ; *Bergère ô tour Eiffel* (Apollinaire) → Mise en relation implicite.
  - la **personnification**. *L'arbre se tord.* → L'arbre a un comportement humain.
- Les **figures de substitution** désignent un élément sous une autre dénomination que celle attendue. Par exemple, dans la **périphrase** : *La messagère du printemps*, on remplace un terme – l'hirondelle – par une expression de même sens.
- Les **figures d'insistance** mettent en valeur un élément. C'est le cas de l'**anaphore** : *Demain, nous partirons à l'aube. / Demain, nous prendrons les chemins...* ou de l'**énumération**.
- Les **figures d'opposition** mettent en valeur un contraste. C'est le cas de l'**antithèse** : *L'avarice perd tout en voulant tout gagner* ou de l'**oxymore** : *une obscure clarté*.

1 Lis le poème, puis réponds aux questions.

Mignonne, allons voir si la rose
Qui ce matin avait déclose
Sa robe de pourpre au soleil
A point perdu cette vesprée
Les plis de sa robe pourprée
Et son teint au vôtre pareil.

Las ! voyez comme en peu d'espace
Mignonne, elle a dessus la place
Las, las ses beautés laissé choir !
Ô vraiment marâtre Nature,
Puisqu'une telle fleur ne dure
Que du matin jusques au soir ! [...]

P. de Ronsard, *Odes*, 1550-1556.

INFO
Tous les procédés utilisés par le poète visent à rapprocher la rose et la jeune fille, de façon à aboutir à l'identification de la jeune fille à la rose. La jeune fille doit comprendre que la vie lui réserve un sort identique à celui que subit la rose.

1. Encadre tous les mots qui personnifient la rose.
2. « Et son teint au vôtre pareil » : de quelle figure de style s'agit-il ? ....
3. Relève une métaphore. ....
4. Que désigne-t-elle ? ....
5. Souligne les deux vers qui commencent de la même façon. À ton avis, pourquoi le poète a-t-il fait ce choix ? ....

....

SCORE ..../ 9

2 Relie chaque mot à la périphrase qui lui correspond.

le poète •	• la Venise du Nord
Napoléon •	• le prince des nuées
Amsterdam •	• le petit serpent ailé
le moustique •	• le Petit Caporal

SCORE ..../ 4

INFO
Quand on remplace un nom propre par une périphrase, les mots qui la composent ont une majuscule.

Corrigés p . 76

TOTAL ..../ 13

35 Les marques de modalisation

Qu'appelle-t-on la modalisation ?

- Dans ses énoncés, un locuteur révèle le plus souvent son point de vue, c'est-à-dire ses opinions, ses sentiments, ses sensations. L'énoncé contient des **traces de sa subjectivité** : c'est ce qu'on appelle la **modalisation**.
- Une modalisation permet de traduire :
  – soit une **certitude**, plus ou moins forte ;
  – soit une **évaluation**, c'est-à-dire un jugement positif ou négatif.
- La modalisation est particulièrement sensible dans un texte argumentatif, mais elle est aussi présente dans les autres types de texte. Seuls les énoncés purement informatifs ne contiennent pas de modalisation.

★★ 1

1. Coche les énoncés modalisés.

COUP DE POUCE
Quatre des phrases contiennent une marque de modalisation.

❏ **a.** Le film *Capitaine Blood* a été réalisé par Michael Curtiz.
❏ **b.** Il est sorti aux États-Unis en 1955.
❏ **c.** C'est indiscutablement l'une des grandes dates du film d'aventures hollywoodien.
❏ **d.** Parmi les acteurs figurent Errol Flynn et Olivia de Havilland.
❏ **e.** Ce film est marqué par la rencontre de Flynn et d'Olivia de Havilland qui formeront un couple exceptionnel.
❏ **f.** Les studios de la Warner semblent découvrir avec *Capitaine Blood* la magie du cinéma d'aventures.
❏ **g.** Le travail de M. Curtiz est celui d'un vieux routier et d'un grand professionnel.

SCORE ..../ 4

2. Relève les mots exprimant un point de vue positif.

COUP DE POUCE
Tu peux relever cinq mots ou expressions qui traduisent un jugement positif sur le film ou son réalisateur.

....

....

....

....

....

SCORE ..../ 5

★★ 2

Souligne dans le texte les modalisateurs.

Comme j'eus peur ! Puis voilà que tout à coup je commençai à m'apercevoir dans une brume, au fond du miroir, dans une brume comme à travers une nappe d'eau ; et il me semblait que cette eau glissait de gauche à droite, lentement, rendant plus précise mon image de seconde en seconde. C'était comme la fin d'une éclipse. Ce qui me cachait ne paraissait point posséder de contours nettement arrêtés, mais une sorte de transparence opaque s'éclaircissant peu à peu.
Je pus enfin me distinguer complètement.

G. de Maupassant, *Le Horla*, 1887.

SCORE ..../ 5

Révisions DNB blanc de français

Lecture :
- savoir identifier un genre littéraire (nouvelle, texte autobiographique, poésie, …)
- s'entraîner à répondre à des questions de lecture en reprenant certaines études de texte avec questionnaire du manuel

Ecriture :
- revoir la fiche méthode « Faire un paragraphe/texte argumenté »
- relire les écritures d'entraînement

Langue :
- les temps du système du passé (conjugaison et emploi)
- participe présent et adjectif verbal
- le dialogue dans le récit
- le vocabulaire de la narration
- l'emphase
- la phrase et les propositions
- les temps du système du présent (conjugaison et emploi)
- les figures de style

\+ règles d'orthographe de base (accords, homonymes, …)

Entraînement au brevet :
- refaire les sujets pour s'entraîner (textes, réécriture et dictée)
- revoir la fiche méthode « Rédactions »

FRANÇAIS

Quels sont les différents procédés de modalisation ?

- Le **vocabulaire** offre de nombreuses possibilités de modalisation.
  On peut ainsi recourir :
  • à des noms et des adjectifs mélioratifs (exprimant un point de vue positif) ou péjoratifs (exprimant un point de vue négatif) ;
  • à des verbes de sentiment (*aimer, préférer, regretter, détester...*) ou d'opinion (*supposer, affirmer, penser...*) ;
  • à des adverbes exprimant un sentiment (*hélas !, heureusement...*) ou une opinion (*peut-être, évidemment, bien sûr...*).
- Il y a aussi des **procédés grammaticaux**. Il est ainsi possible d'employer par exemple :
  • le conditionnel pour exprimer l'incertitude ;
  • certains types de phrases, telle la phrase exclamative.
- Parmi les **figures de style**, on peut citer plus particulièrement la comparaison et la métaphore, qui traduisent une vision subjective, mais aussi l'hyperbole ou l'antiphrase.

3 Réécris ces phrases de manière neutre.

1. Mon frère aurait perdu ses papiers dans le métro. ....

2. Cet exercice est bien évidemment utile. ....

3. Il paraît que la pluie va cesser prochainement. ....

4. D'après moi, il ne pleuvra pas aujourd'hui. ....

5. Il se pourrait que les épreuves soient difficiles. ....

SCORE ..../ 5

COUP DE POUCE
Tu dois en particulier supprimer les adverbes d'opinion et l'utilisation du conditionnel pour les verbes.

4 Réécris le texte en supprimant toutes les marques de subjectivité.

Or, ayant dormi environ quarante minutes, je rouvris les yeux sans faire un mouvement, réveillé par je ne sais quelle émotion confuse et bizarre. Je ne vis rien d'abord, puis tout à coup, il me sembla qu'une page du livre resté ouvert sur ma table venait de tourner toute seule. Aucun souffle d'air n'était entré par ma fenêtre. Je fus surpris et j'attendis. Au bout de quarante minutes environ, je vis, je vis, oui, je vis de mes yeux une autre page se soulever et se rabattre sur la précédente, comme si un doigt l'eût feuilletée. Mon fauteuil était vide, semblait vide ; mais je compris qu'il était là, lui, assis à ma place, et qu'il lisait.

G. de Maupassant, *Le Horla*, 1887.

....

....

....

....

....

....

....

SCORE ..../ 9

Corrigés p. 76-77

TOTAL ..../ 28

LECTURE ET EXPRESSION ÉCRITE

36 Statut du narrateur et point de vue

Qui est le narrateur ?

- Le narrateur est la personne qui **raconte** l'histoire.
  Il ne faut pas le confondre avec l'auteur, la personne réelle qui a écrit le texte.
- Le narrateur peut mener le récit :
  • à la **3e personne** (on parle de narrateur **externe**) : il est extérieur à l'histoire ; toutefois, il peut intervenir par de brèves remarques ou des procédés de modalisation (voir l'unité 35) ;
  • à la **1re personne** (on parle de narrateur **interne**) : il est un personnage de l'histoire. Dans une autobiographie, le *je* représente à la fois le narrateur, le personnage et l'auteur.

★★ 1 Narrateur externe ou narrateur interne ?

COUP DE POUCE
Observe bien à quelle personne se fait le récit.

> Les polissons de la ville étaient devenus mes plus chers amis [...]. Je leur ressemblais en tout ; je parlais leur langage ; j'avais leur façon et leur allure [...]. J'avais le visage barbouillé, égratigné, meurtri, les mains noires. Ma figure était si étrange, que ma mère, au milieu de sa colère, ne se pouvait empêcher de s'écrier : « Qu'il est laid ! »

F.-R. de Chateaubriand, *Mémoires d'outre-tombe*, 1848.

> Le lendemain, à sept heures et demie, Denise était devant le Bonheur des Dames. [...] Mais, avec ses habitudes matinales, elle s'était trop pressée de descendre : les commis arrivaient à peine ; et, craignant d'être ridicule, prise de timidité, elle resta à piétiner un instant sur la place Gaillon.

É. Zola, *Au bonheur des dames*, 1883.

SCORE .... / 2

Qu'appelle-t-on le point de vue dans un récit ?

La perspective selon laquelle une histoire est racontée, c'est-à-dire le point de vue adopté par le narrateur, peut donner des éclairages très différents sur cette histoire.

- Le point de vue est **externe** quand le narrateur est à l'extérieur de l'histoire – comme un spectateur – et ne raconte que ce qu'il voit et entend.
  Il en sait moins que les personnages.
- Le point de vue est **interne** quand le narrateur est à la place d'un des personnages, et ne connaît que les sentiments et les intentions de ce personnage.
- Le point de vue est **omniscient** quand le narrateur possède plus d'informations que les personnages : il peut alors connaître les sentiments et les intentions de plusieurs personnages.
- Il est cependant fréquent que les textes narratifs présentent des **variations de point de vue** au fil du récit.

2 **Définis le point de vue de cet extrait et explique l'effet produit.**

> Concarneau est désert. L'horloge lumineuse de la vieille ville, qu'on aperçoit au-dessus des remparts, marque onze heures moins cinq.
> C'est le plein de la marée et une tempête du sud-ouest fait s'entrechoquer les barques dans le port. Le vent s'engouffre dans les rues, où l'on voit parfois des bouts de papier filer à toute allure au ras du sol.

G. Simenon, *Le Chien jaune* © 1931 Georges Simenon Limited, une société du groupe Chorion. Tous droits réservés. © Librairie Générale Française – Le Livre de Poche

....

....

SCORE ..../ 2

3 **Dis selon quels points de vue est raconté le texte suivant et justifie ta réponse.**

> L'homme était parti de Marchiennes vers deux heures. Il marchait d'un pas allongé, grelottant sous le coton aminci de sa veste et de son pantalon de velours. Un petit paquet, noué dans un mouchoir à carreaux, le gênait beaucoup ; et il le serrait contre ses flancs, tantôt d'un coude, tantôt de l'autre, pour glisser au fond de ses poches les deux mains à la fois, des mains gourdes que les lanières du vent d'est faisaient saigner. Une seule idée occupait sa tête vide d'ouvrier sans travail et sans gîte, l'espoir que le froid serait moins vif après le lever du jour. Depuis une heure, il avançait ainsi, lorsque sur la gauche, à deux kilomètres de Montsou, il aperçut des feux rouges, trois brasiers brûlant au plein air, et comme suspendus.

É. Zola, *Germinal*, 1885.

....

....

SCORE ..../ 4

4 **Définis le point de vue de cet extrait et justifie ta réponse.**

Afin de soutirer à une comtesse le secret de la combinaison de cartes qui lui permet de gagner à tous les coups au jeu, Hermann a séduit sa demoiselle de compagnie, Lisabeta.

> Hermann s'assit auprès de la fenêtre, et lui raconta tout. Elle l'écouta avec épouvante. […] Pauvre enfant ! elle avait été l'instrument aveugle d'un voleur, du meurtrier de sa vieille bienfaitrice. Elle pleurait amèrement dans l'agonie de son repentir. Hermann la regardait en silence ; mais ni les larmes de l'infortunée, ni sa beauté rendue plus touchante par la douleur ne pouvaient ébranler cette âme de fer. […] Ils demeurèrent longtemps sans se parler, sans se regarder. Le jour venait, Lisabeta éteignit la chandelle. Elle essuya ses yeux noyés de pleurs et les leva sur Hermann. Il était toujours près de la fenêtre.

A. S. Pouchkine, *La Dame de pique*, 1833, trad. P. Mérimée.

....

....

SCORE ..../ 2

INFO

Les trois exercices de cette page illustrent trois points de vue différents.

ATTENTION

Dans cet extrait, le point de vue n'est pas le même du début à la fin, même si le texte reste à la 3e personne.

Corrigés p . 77

TOTAL ..../ 10

LECTURE ET EXPRESSION ÉCRITE

37 Discours direct et discours indirect

Quelles sont les marques des discours direct et indirect ?

- Le **discours direct** restitue les paroles telles qu'elles ont été formulées.
Il est repérable par la **ponctuation** (deux-points, guillemets, tirets).
Un **verbe introducteur** de paroles est placé avant ou après les paroles rapportées, ou en incise (à l'intérieur de celles-ci).

  *« Je viens vous voir, **dit-il**, parce que j'ai besoin de vous. »*
  → Le verbe de parole est placé en incise (*dit-il*).

- Le **discours indirect** évite de couper le fil du récit en transformant les paroles en une proposition **subordonnée complétive** dépendant d'un verbe introducteur.

  ***Il disait qu'**il venait les voir parce qu'il avait besoin d'eux.*
  → Le verbe introducteur (*il disait*) joue le rôle de proposition principale.
  Dans la subordonnée, *je* est devenu *il*, *vous* est devenu *eux*.

- Quand tu passes du discours direct au discours indirect, pense à appliquer la **concordance des temps**. (Voir l'unité 22.)

★ **1** **Indique pour chaque phrase si les paroles sont rapportées au discours direct ou au discours indirect.**

1. Le boulanger lui a demandé ce qu'il voulait. → ....

2. « Tu dors ? demande Marc.

– Non, je fais semblant », répond Éric, les yeux fermés. → ....

3. Il dit en regardant autour de lui qu'il reviendrait vite. → ....

SCORE ..../ 3

★★ **2** **Réécris les phrases suivantes en utilisant le discours indirect.**

COUP DE POUCE
Pense aux changements de personnes et à la concordance des temps quand le verbe introducteur est au passé.

1. « Quand pourras-tu venir me chercher ? »

→ Elle lui demande ....

....

2. « Tu n'as rien fait depuis la semaine dernière. »

→ Il lui disait ....

....

3. « Dans une semaine, je déménage. »

→ Il annonçait ....

4. « Je suis arrivée hier et demain je retournerai chez moi. »

→ Elle disait ....

5. « Sarah, peux-tu apporter ton ordinateur portable ? »

→ Il demandait ....

SCORE ..../ 5

Qu'appelle-t-on le discours indirect libre ? et le discours narrativisé ?

- Le **discours indirect libre** permet de rapporter des paroles **sans verbe introducteur ni proposition subordonnée**. Les verbes sont au temps et à la personne du discours indirect.

  L'agent les menaçait. Des garnements comme ça, il allait bien les punir !
  → La 2e phrase représente les paroles de l'agent, rapportées au discours indirect libre.

- **Le récit de paroles (ou discours narrativisé) :**
  - résume les paroles de quelqu'un à l'intérieur d'une narration ;

    Il m'a interrogé sur mes parents. → On connaît le sujet de la conversation mais on ne sait pas précisément quels mots ont été utilisés.
  - signale simplement que des propos ont été tenus.

    L'homme a fait une longue déclaration avant de sortir. → On ne sait pas de quoi il a parlé.

FRANÇAIS

3 **Souligne les passages au discours indirect libre et délimite par des crochets le récit de paroles.**

L'agent marmonnait. Il allait appeler leurs parents. Ils finiraient par comprendre ! Lui, ne pouvait plus tolérer leurs sempiternelles bêtises. Il déversa sur eux encore mille reproches et menaces. Il s'arrêta enfin à l'arrivée de son collègue.

SCORE .... / 4

4 **Réécris les deux phrases en couleur en utilisant le discours indirect libre.**

> Marie est venue me chercher et m'a demandé si je voulais me marier avec elle. J'ai dit que cela m'était égal et que nous pourrions le faire si elle le voulait. Elle a voulu savoir alors si je l'aimais. J'ai répondu que cela ne signifiait rien mais que sans doute je ne l'aimais pas. « Pourquoi m'épouser alors ? » a-t-elle dit. Je lui ai expliqué que cela n'avait aucune importance et que si elle le désirait, nous pouvions nous marier. Elle a observé alors que le mariage était une chose grave. J'ai répondu : « Non. »

A. Camus, *L'Étranger* © Gallimard, 1942.

INFO
Quand on rapporte un dialogue, il est difficile d'utiliser le discours indirect libre, car on risque de ne plus savoir à qui revient chaque phrase.

1. ....

....

2. ....

....

SCORE .... / 2

5 **Réécris le dialogue en utilisant le récit de paroles et en imaginant que Mischa s'adresse à un de ses amis.**

> – Comment tu t'appelles ? m'a demandé le type de l'immigration.
> – Mischa Milgrom.
> – Mischa ? C'est quoi, ça ? Tu t'appelleras Jack.

J. Spinelli, *Même pas juif !*, trad. L. Rigoureau © Hachette jeunesse, 2005.

COUP DE POUCE
Puisque Mischa s'adresse à un ami, il n'a pas besoin de dire son nom.

Le type de l'immigration m'a demandé ....

....

....

SCORE .... / 4

Corrigés p . 77-78

TOTAL .... / 18

38 Les connecteurs

Qu'est-ce qu'un connecteur ?

- Les connecteurs sont des **mots-outils** qui permettent de mettre en évidence l'organisation d'un texte, sa progression.
- **Les connecteurs spatiaux** permettent de se repérer dans l'espace évoqué par le texte : *ici, là, devant, à gauche, en dessous...* Ils sont utilisés surtout dans les textes descriptifs.
- **Les connecteurs temporels** mettent en place une chronologie : *d'abord, ensuite, enfin, aujourd'hui, demain, la veille, un mois plus tard...*

★ 1 Souligne les connecteurs spatiaux et encadre les connecteurs temporels.

> Le sentier, d'abord, montait entre des terrains vallonnés comme la pelouse d'un parc, puis arrivait sur un plateau où alternaient des pâturages et des champs en labour. Çà et là, un grand arbre mort faisait sur l'air bleu des zigzags avec ses branches.
> Presque toujours on se reposait dans un pré, ayant Deauville à gauche, Le Havre à droite et en face la pleine mer.

G. Flaubert, *Trois contes*, « Un cœur simple », 1877.

SCORE .... **/ 6**

Qu'est-ce qui caractérise les connecteurs logiques ?

- **Les connecteurs logiques** permettent la mise en relation de deux idées, de deux faits, et précisent le lien logique existant entre eux : cause, conséquence, opposition...

Relations logiques	Conjonctions de coordination	Adverbes ou locutions	Conjonctions de subordination
Cause	*car*	*en effet...*	*parce que, puisque, comme...*
Conséquence	*donc*	*ainsi, c'est pourquoi, en conclusion...*	*si bien que, de sorte que, si... que, tant... que, tellement... que, sans que...*
Opposition	*mais, or*	*pourtant, cependant, néanmoins, au contraire...*	*quoique, bien que, même si, tandis que...*
Addition	*et*	*en outre, de plus...*	*ainsi que, de même que...*
Reformulation	*ou*	*c'est-à-dire, en un mot...*	

★★ 2 En changeant le connecteur, transforme la relation de cause en relation de conséquence, sans changer le sens de la phrase.

> **COUP DE POUCE**
> Tu peux utiliser une conjonction de coordination ou de subordination.

1. Certains États s'inquiètent parce que la couche d'ozone diminue.

→ ....

2. Tu es venu de bon matin car tu redoutes la chaleur.

→ ....

SCORE .... **/ 2**

3 **Lis le texte et inscris tous les connecteurs dans le tableau ci-dessous.**

La proportion d'imbéciles et de malfaisants est une constante qu'on trouve dans tous les échantillons de population. [...] Car ce n'est pas seulement l'intérêt qui fait s'entretuer les hommes. C'est aussi le dogmatisme.
En effet, rien n'est aussi dangereux que la certitude d'avoir raison. Rien ne cause autant de destruction que l'obsession d'une vérité considérée comme absolue. Ainsi tous les crimes de l'histoire sont des conséquences de quelque fanatisme. [...] Or cette froideur et cette objectivité qu'on reproche aux scientifiques, peut-être conviennent-elles mieux que la fièvre et la subjectivité pour traiter certaines affaires humaines. Car ce ne sont pas les idées de la science qui engendrent les passions, mais ce sont les passions qui utilisent la science pour soutenir leur cause. [...] On peut reprocher à certains scientifiques la fougue qu'ils apportent parfois à défendre leurs idées. Mais aucun génocide n'a encore été perpétré pour faire triompher une théorie scientifique.

D'après F. Jacob, *Le Jeu des possibles* © Librairie Arthème Fayard, 1981.

Relation logique	Connecteur logique
Cause	....
Conséquence	....
Opposition	....
Addition	....

SCORE .... / 7

4 **Les liens logiques sont implicites dans le texte suivant. Ajoute des connecteurs de manière à les mettre en évidence.**

Ce bon geôlier [...], c'est la prison incarnée [...]. Tout est prison autour de moi ; ...., je retrouve la prison sous toutes les formes, sous la forme humaine comme sous la forme de grille ou de verrou. Ce mur ...., c'est de la prison en pierre ; cette porte ...., de la prison en bois ; ces guichetiers ...., c'est de la prison en chair et en os. La prison est une espèce d'être horrible, complet, indivisible, moitié maison, moitié homme. .... je suis sa proie, elle me couve, elle m'enlace de tous ses replis. .... elle m'enferme dans ses murailles de granit, me cadenasse sous ses serrures de fer, ... me surveille avec ses yeux de geôlier.

D'après V. Hugo, *Le Dernier Jour d'un condamné*, 1829.

SCORE .... / 7

FRANÇAIS

INFO
En général, les connecteurs logiques sont placés en début de phrase ou de proposition.

COUP DE POUCE
Pour guider la progression dans une énumération, on peut utiliser des connecteurs temporels.

Corrigés p. 78

TOTAL .... / 22

39 Analyser un texte argumentatif

Comment définir un texte argumentatif ?

- Dans un texte argumentatif, l'auteur cherche à modifier l'opinion du lecteur, à le convaincre du bien-fondé de son point de vue (de sa **thèse**) et/ou à réfuter un autre point de vue.
  Un texte argumentatif s'inscrit dans une **situation d'argumentation** : qui argumente ? à qui s'adresse-t-il ? dans quelles circonstances ? dans quel but ?
- Il existe différents types d'arguments :
  - les **arguments théoriques**, qui font appel à la raison du destinataire (en particulier par l'opposition des idées) ;
  - les **exemples à valeur d'argument**, pour illustrer la thèse et prouver son exactitude ;
  - les **arguments d'autorité**, qui consistent à citer ou évoquer un personnage célèbre dont les idées sont considérées comme incontestables.

ATTENTION
Lis toutes les propositions avant de choisir ta réponse.

★ 1 Quelle thèse Voltaire cherche-t-il à défendre ? Coche la bonne réponse.

> Demandez à un crapaud ce que c'est que la beauté. Il vous répondra que c'est sa femelle avec deux gros yeux ronds sortant de sa petite tête, une gueule large et plate, un ventre jaune, un dos brun. [...] Interrogez le diable, il vous dira que le beau est une paire de cornes, quatre griffes et une queue.

Voltaire, *Dictionnaire philosophique*, « Le Beau », 1764.

- ❑ Le « beau » est indéfinissable.
- ❑ Tous les goûts sont dans la nature.
- ❑ Les goûts du crapaud et du diable diffèrent.
- ❑ La notion de « beau » est très relative.

SCORE .... / 1

★★ 2 Lis le texte et réponds aux questions.

Mesdames et messieurs les jurés, vous devez aujourd'hui juger cette femme. Ce que j'ai à vous dire est simple : si elle a bien commis un vol, elle n'en est pas pour autant coupable, car le véritable coupable est la société ! En effet, personne ne naît voleur ou assassin, mais on le devient, à force de souffrances. Le grand Victor Hugo a dit : « Tel a assassiné sur les grands routes qui, mieux dirigé, eût été le plus excellent serviteur de la société. » Que penser alors de cette pauvre femme qui, voyant son enfant grelottant de froid, a mis sa propre liberté en péril pour le secourir ?

1. À ton avis, qui prononce ce discours argumentatif ? ....

2. Souligne le passage qui énonce la thèse, et relève les mots qui l'annoncent. ....
....

3. Délimite par des crochets la phrase qui énonce un argument théorique.

4. Quel est le type d'argument utilisé dans la phrase en couleur ? ....

5. Quel sentiment l'orateur veut-il provoquer dans la dernière phrase ? ....

SCORE .... / 5

Quels sont les procédés argumentatifs ?

- L'argumentateur use en général de **connecteurs logiques** pour mettre en évidence la progression de l'argumentation (voir l'unité 38).
- Différents **procédés** lui permettent d'accroître l'efficacité de son discours. Il peut par exemple :
  - recourir à l'interpellation directe (*tu*, *vous*) ;
  - varier les types de phrase (phrases exclamatives, fausses interrogations) ;
  - utiliser des figures de style : anaphores, antithèses, comparaisons, etc.

FRANÇAIS

3 **Lis le texte, puis réponds aux questions.**

> Monsieur le président, mesdames, messieurs les députés, j'ai l'honneur au nom du gouvernement de la République, de demander à l'Assemblée nationale l'abolition de la peine de mort en France. [...] Demain, grâce à vous, la justice française ne sera plus une justice qui tue. Demain, grâce à vous, il n'y aura plus, pour notre honte commune, d'exécutions furtives, à l'aube [...]. Demain, les pages sanglantes de notre justice seront tournées. [...] Demain, vous voterez l'abolition de la peine de mort.

Discours de R. Badinter devant l'Assemblée nationale (17 septembre 1981).

1. Qui prononce ce discours ? ....
2. À qui s'adresse-t-il ? ....
3. Dans quelles circonstances ? ....
4. Dans quel but ? ....
5. Sur quelle figure de style l'argumentation est-elle construite ? ....
6. Quelle est la figure de style utilisée dans l'expression en couleur ? ....

SCORE .... / 6

4 **Voici un texte argumentatif sur l'école. Numérote les phrases de manière à le remettre dans l'ordre.**

..... En premier lieu, l'école permet de s'initier aux règles de vie en société.

..... Par ailleurs, l'école transmet de nombreux savoirs.

..... Les différentes matières enseignées – maths, français, sciences, histoire, géographie, langues… – sont l'occasion d'acquérir des connaissances diversifiées.

..... Enfin, les compétences générales acquises à l'école sont indispensables.

..... Les élèves apprennent à respecter les autres, à écouter et prendre la parole de manière constructive…

..... Parmi elles, la curiosité et l'esprit critique facilitent l'adaptation à un monde toujours en évolution.

1. Souligne les trois connecteurs qui ordonnent l'argumentation.
2. Quelle thèse ces arguments défendent-ils ?

....

....

SCORE .... / 10

COUP DE POUCE

Observe les connecteurs qui permettent d'organiser l'argumentation.

Corrigés p . 78

TOTAL .... / 22

40 Analyser une image argumentative

Comment analyser une image ?

- Une affiche de cinéma, une image de campagne de prévention, une image publicitaire, etc., est une structure :
  - qui comporte des **signes** sous forme d'image et/ou de texte ;
  - qui formule un **message** persuasif et parfois manipulateur ;
  - qui repose sur un **argumentaire**.
- L'auteur joue avec la logique, l'imaginaire, les codes culturels, les modes de vie et les motivations de telle ou telle catégorie de public, qui est choisie pour **cible**.
- **Pour analyser une image**, il faut identifier :
  - son émetteur et son destinataire (de qui ? pour qui ?) ;
  - sa composition (couleurs, formes, disposition…) ;
  - ses messages visuels et verbaux (ce que tu vois, ce que tu lis).

INFO
L'affiche publicitaire est un support de communication visuelle qui diffuse un message tant verbal que visuel et qui s'adresse à des publics ciblés dans des emplacements réglementés.

★★ 1 Regarde attentivement l'image A.

Image A : affiche réalisée par Aude Perrier pour la Fête de la musique 2009.

1. De quel type de document s'agit-il ?

....

2. Qui en est le destinataire ?

....

3. Quel objet se trouve dans la main à droite ?

....

4. Quels personnages sont suggérés ?

....

5. Quelle impression se dégage du dessin et des couleurs ?

....

6. Quelles informations essentielles l'affiche te donne-t-elle ?

....

....

....

....

....

7. Coche les trois arguments positifs qui ressortent de cette image.

❑ froideur ❑ joie ❑ confort ❑ tristesse ❑ énervement ❑ angoisse ❑ indépendance
❑ stress ❑ mouvement ❑ effort ❑ contrainte ❑ souplesse ❑ morosité ❑ gaieté ❑ ennui
❑ stabilité ❑ clarté ❑ enthousiasme ❑ mélancolie

COUP DE POUCE
Élimine d'abord tous les termes négatifs.

SCORE .... / 9

Comment analyser le message verbal d'une image argumentative ?

- L'image argumentative joint souvent un **message verbal** au message visuel. Selon le cas, elle cherche :
  • à convaincre des qualités d'un produit ; c'est le propre de l'image publicitaire qui doit inciter à acheter ;
  • à faire réfléchir, à modifier les comportements.
- Le texte est **court** pour être percutant. Selon le cas, il est constitué :
  • d'une brève phrase nominale ;
  • d'une phrase avec un verbe à l'**impératif** pour interpeller et alerter ;
  • d'une phrase **interrogative** pour amener à réfléchir...

FRANÇAIS

2 Étudie l'image B.

1. Qui est l'émetteur de ce document ?

....

2. Qui est le destinataire ?

....

3. Où le personnage de la photo se trouve-t-il ?

....

4. Que fait le personnage de la photo ?

....

5. Quelle est la particularité du personnage ?

....

....

....

....

....

Image B : Le téléphone au volant.
Campagne de la Sécurité routière 2008.

SCORE ..../ 5

INFO
Le gouvernement fait appel à l'image lors de la publicité institutionnelle pour sensibiliser la population à un problème et le faire réagir de façon positive.

3 Relis attentivement le texte de l'image B.

1. Combien de phrases composent le message verbal ? ....

2. Où le message verbal est-il placé ? ....

3. Quel mot est répété dans le message ? ....

4. Quel est le but recherché par ce message ? ....

....

SCORE ..../ 4

ATTENTION
Sois attentif aux détails.

4 Quelle argumentation ressort de cette image ?

....

....

....

SCORE ..../ 2

Corrigés p. 79

TOTAL ..../ 20

BREVET BLANC 1

Texte de Victor Hugo

Le narrateur, après son procès, se trouve en prison. Dans le journal qu'il décide d'écrire, il se remémore, entre autres, les moments qui précédèrent sa condamnation.

Je me levai ; mes dents claquaient, mes mains tremblaient et ne savaient où trouver mes vêtements, mes jambes étaient faibles. Au premier pas que je fis, je trébuchai comme un portefaix[1] trop chargé. Cependant je suivis le geôlier.

Les deux gendarmes m'attendaient au seuil de la cellule. On me remit les menottes. Cela avait une petite serrure compliquée qu'ils fermèrent avec soin. Je laissai faire : c'était une machine sur une machine.

Nous traversâmes une cour intérieure. L'air vif du matin me ranima. Je levai la tête. Le ciel était bleu, et les rayons chauds du soleil, découpés par les longues cheminées, traçaient de grands angles de lumière au faîte des murs hauts et sombres de la prison. Il faisait beau en effet.

Nous montâmes un escalier tournant en vis ; nous passâmes un corridor, puis un autre, puis un troisième ; puis une porte basse s'ouvrit. Un air chaud, mêlé de bruit, vint me frapper au visage ; c'était le souffle de la foule dans la salle des assises[2]. J'entrai.

Il y eut à mon apparition une rumeur d'armes et de voix. Les banquettes se déplacèrent bruyamment. Les cloisons craquèrent ; et, pendant que je traversais la longue salle entre deux masses de peuple murées de soldats, il me semblait que j'étais le centre auquel se rattachaient les fils qui faisaient mouvoir toutes les faces béantes et penchées.

En cet instant, je m'aperçus que j'étais sans fers ; mais je ne pus me rappeler ni où ni quand on me les avait ôtés.

Alors il se fit un grand silence. J'étais parvenu à ma place. Au moment où le tumulte cessa dans la foule, il cessa aussi dans mes idées. Je compris tout à coup clairement ce que je n'avais fait qu'entrevoir confusément jusqu'alors, que le moment décisif était venu, et que j'étais là pour entendre ma sentence.

Victor Hugo, *Le Dernier Jour d'un condamné*, 1829.

1. **Portefaix :** homme dont le métier est de porter des fardeaux.
2. **Assises :** la cour d'assises est le tribunal qui juge les affaires criminelles.

QUESTIONS 15 POINTS

1. Relevez dans le texte quatre mots du champ lexical du monde carcéral. 1 POINT
2. Relisez le 1er paragraphe (l. 1 à l. 3).
   a. Quels sont les trois verbes indiquant les réactions physiques du narrateur ? 0,5 POINT
   b. *je trébuchai comme un portefaix trop chargé* (l. 2 à l. 3). Quelle figure de style est utilisée dans cette phrase ? 0,5 POINT
   c. Que ressent le narrateur ? 1 POINT
3. *L'air vif du matin me ranima. Je levai la tête.* (l. 7)
   a. Quel rapport logique unit ces deux phrases ? Reliez-les par une conjonction de subordination de façon à obtenir une phrase complexe. 1 POINT
   b. Qu'éprouve à ce moment-là le narrateur ? 0,5 POINT
4. Dans la phrase qui va de « le ciel » à « de la prison » (l. 8 à l. 9)
   a. Relevez tous les adjectifs qualificatifs. 1 POINT
   b. Que voit le narrateur qui lève la tête ? 0,5 POINT
5. *c'était une machine sur une machine* (l. 6).
   a. Que veut dire le narrateur dans cette phrase ? 1 POINT
   b. Dans le 5e paragraphe, relevez l'expression qui confirme cette idée. 1 POINT

ATTENTION
Ne confonds pas conjonction de subordination et conjonction de coordination (*mais, ou, et, donc...*).

COUP DE POUCE
Explique à quoi/qui se rapporte le mot « machine ».

6. De « Nous montâmes » à « s'ouvrit » (l. 11 à l. 12), quel procédé de style est utilisé ? Quelle impression produit-il ? 1 POINT

7. En citant le texte, montrez les attitudes successives du public (l. 14 à l. 17). 1 POINT

8. *En cet instant, je m'aperçus que j'étais sans fers ; mais je ne pus me rappeler ni où ni quand on me les avait ôtés.* (l. 18 à l. 19)
Que révèle cette phrase au sujet du comportement du narrateur ? 1 POINT

9. Relisez le dernier paragraphe (l. 20 à l. 23).
   a. *Au moment où le tumulte cessa dans la foule, il cessa aussi dans mes idées.* Quel mot le pronom « il » remplace-t-il dans cette phrase ? 0,5 POINT
   b. Pourquoi le narrateur comprend-il à ce moment-là seulement ce qui va se passer ? 0,5 POINT

10. Faisons le bilan.
   a. Quels sentiments éprouvez-vous en lisant ce texte ? Que ressentez-vous à l'égard du prisonnier ? Justifiez votre réponse en citant le texte. 1,5 POINT
   b. Quelle est l'intention de Victor Hugo à travers ce récit ? 1,5 POINT

RÉÉCRITURE 4 POINTS

En cet instant, je m'aperçus que j'étais sans fers ; mais je ne pus me rappeler ni où ni quand on me les avait ôtés (l. 18 à l. 19).
Réécrivez cette phrase en transposant les verbes à la 3e personne du singulier du présent, et en remplaçant *sans fers* par *sans chaîne*.

ATTENTION
Il y a deux consignes en une.

DICTÉE 6 POINTS

Faites-vous dicter le texte qui figure page 79 dans les corrigés.

INFO
Le mot « batiste » sera écrit au tableau le jour de l'examen.

RÉDACTION 15 POINTS

Vous traiterez l'un des deux sujets au choix.

ATTENTION
Ton récit doit être rédigé à la 1re personne du singulier, les actions de premier plan doivent être exprimées au passé simple comme dans le récit de Hugo.

1. Vous imaginez que vous vous trouviez dans la foule dans la salle d'assises. En tenant compte des données du texte, racontez la scène de l'attente et de l'arrivée de l'accusé.

COUP DE POUCE
Après avoir précisé le contexte, décris ce que tu vois (la salle, le condamné, la foule...) et explique ce que tu ressens (surprise, angoisse, admiration, colère...).

2. Le narrateur du texte de Victor Hugo a commis un crime. La peine de mort est requise contre lui. Quels arguments avanceriez-vous pour prendre sa défense ?

COUP DE POUCE
- Voici plusieurs arguments possibles : la justice ne doit pas faire œuvre de vengeance, il faut donner au coupable la possibilité de s'amender, la justice peut aussi se tromper...
- Appuie toujours tes arguments sur des exemples pour être plus convaincant.

Corrigés p . 79

BREVET BLANC 2

Texte d'Ida Grinspan

L'auteur, Ida Grinspan, a été déportée au camp d'extermination d'Auschwitz à 14 ans. Elle raconte ce qu'elle y a enduré dans son livre J'ai pas pleuré. *Le passage qui suit se situe à la fin de l'ouvrage.*

Il y a longtemps que je souhaitais écrire ce livre. Je jugeais nécessaire de raconter tout ce que j'avais vu et vécu moi-même.

Ma fille m'encourageait sans cesse, mais je remettais à plus tard. Je prévoyais qu'il serait douloureux de revivre certains souvenirs que j'avais enfouis. [...]

En avril 2001, quand Wanda[1] s'est éteinte sans que j'aie eu le temps de la serrer dans mes bras et de lui dire le merci que je gardais au fond de mon cœur depuis cinquante-six ans – le mot merci est faible, mais je n'en ai pas d'autre –, j'ai estimé qu'il était temps de me décider à écrire. [...]

En me relisant, je ne suis pas certaine d'avoir assez insisté sur la déshumanisation des camps. N'être qu'un numéro, ne rien posséder de personnel qu'une gamelle et une cuillère, avoir constamment faim, toujours froid durant les longs hivers, être épuisée, battue et craindre le pire à chaque instant... [...]

Après la guerre, nous avons cru que le nazisme et ses méthodes étaient anéantis à jamais. Quand nous avons appris, plus tard, les massacres au Cambodge et au Rwanda, nous avons dû admettre que la leçon d'Auschwitz n'avait pas été tirée. [...]

Si nous rencontrons des élèves, ce n'est pas pour qu'ils s'apitoient, mais pour qu'ils sachent ce que des hommes ont été capables de faire à d'autres hommes, uniquement parce qu'ils étaient nés. [...]

L'avenir dépendra de l'information donnée sur le passé. Nous avons la chance de vivre en République, en Démocratie ; les jeunes doivent être préparés à préserver ces libertés des tentations totalitaires.

Ida Grinspan et Bertrand Poirot-Delpech, *J'ai pas pleuré*, p. 231-234 © Robert Laffont, 2002.

1. **Wanda** est une infirmière polonaise qui a sauvé Ida Grinspan, atteinte du typhus, au camp de Neustadt.

QUESTIONS 15 POINTS

1. *Ma fille m'encourageait sans cesse, mais je remettais à plus tard.* (l. 4 à l. 5)
   a. Quel rapport logique unit les deux propositions de cette phrase ? 0,5 POINT
   b. Transformez cette phrase de façon à avoir une proposition subordonnée et une principale, en gardant le même rapport logique. 0,5 POINT
2. Pourquoi Ida Grinspan n'a-t-elle pas écrit plus tôt ses souvenirs ? Justifiez votre réponse en vous appuyant sur le texte. (l. 4 à l. 6) 1 POINT
3. *sans que j'aie eu le temps...* (l. 7). À quel mode est le verbe ? Justifiez son emploi. 1 POINT
4. Quel événement décide Ida Grinspan à écrire ? (l. 7 à l. 11). Quel sentiment éprouve-t-elle à ce moment-là ? 2 POINTS
5. Indiquez la composition du mot *déshumanisation*. (l. 13) 1 POINT
6. Relevez trois éléments participant à la *déshumanisation des camps*. (l. 13 à l. 17) 1,5 POINT

COUP DE POUCE

Il ne s'agit pas de relever un mot du texte, mais bien de nommer le rapport logique qui peut être la cause, la conséquence ou l'opposition.

ATTENTION

Ne confonds pas mode et temps.

7. De « N'être qu'un numéro » à « craindre le pire à chaque instant » (l. 13 à 17), quel procédé de style est utilisé pour insister sur cette déshumanisation ? 1 POINT

8. Relevez, dans l'avant-dernier paragraphe (l. 23 à l. 25), la proposition subordonnée de cause qui donne l'unique explication, d'après Ida Grinspan, de la Shoah. 1 POINT

9. Indiquez tous les événements historiques qu'évoque l'auteur dans ce texte. 1 POINT

10. Dans quel but Ida Grinspan veut-elle témoigner auprès des jeunes ? Justifiez votre réponse en vous appuyant sur le texte. 1 POINT

11. Quelles valeurs Ida Grinspan met-elle en avant dans le dernier paragraphe ? 1,5 POINT

12. La mission dont se charge Ida Grinspan auprès des élèves vous semble-t-elle importante ? Pensez-vous que son message soit utile ? Développez votre réponse en vous appuyant sur l'ensemble du texte. 2 POINTS

COUP DE POUCE

Il faut nommer le procédé de façon précise après avoir relu le texte.

INFO

Lorsqu'une question appelle une justification, il faut rédiger quelques lignes capables de donner l'explication de façon claire.

FRANÇAIS

RÉÉCRITURE 4 POINTS

Je jugeais nécessaire de raconter tout ce que j'avais vu et vécu moi-même. Ma fille m'encourageait sans cesse, mais je remettais à plus tard. Je prévoyais qu'il serait douloureux de revivre certains souvenirs que j'avais enfouis. (l. 1 à l. 6). Réécrivez ce passage en remplaçant « je » par « elle » et en mettant le texte au présent.

ATTENTION

Il y a deux consignes à effectuer.

DICTÉE 6 POINTS

Faites-vous dicter le texte qui figure page 80 dans les corrigés.

RÉDACTION 15 POINTS

Vous traiterez l'un des deux sujets au choix.

1. Racontez, à la manière d'une autobiographie, un événement qui vous a marqué et que vous souhaiteriez transmettre un jour à vos enfants. Expliquez votre choix.

INFO

Un texte autobiographique est écrit à la première personne et au passé. Mais tu expliqueras ton choix au présent.

2. À la fin du texte, Ida Grinspan écrit : « L'avenir dépendra de l'information donnée sur le passé. » En quoi, selon vous, cette information est-elle un enjeu majeur ? Peut-elle permettre à l'humanité de progresser sans renouveler ses erreurs du passé ?

COUP DE POUCE

- Définis cette « information » – la connaissance des guerres et atrocités du XXe siècle – et donne ses sources : témoignages, cours d'Histoire...
- Voici les principaux arguments attendus : l'information est essentielle car elle permet d'agir en utilisant l'expérience du passé et d'éviter de reproduire les erreurs. Mais l'Histoire ne se répète jamais exactement, il reste la folie humaine, le goût du pouvoir, de l'argent...
- Tu peux exploiter des idées ou des exemples du texte.

Corrigés p . 80

BREVET BLANC 3

Texte de Didier Daeninckx

Un vieil homme raconte comment, en compagnie d'hommes et de femmes de son village de Nouvelle-Calédonie, il a été désigné par les autorités françaises pour représenter l'Océanie à l'Exposition coloniale de 1931, à Paris.

Nous avons embarqué le 15 janvier 1931, sur le *Ville de Verdun*. Nous vivions sur le troisième pont, comme des passagers de dernière catégorie. Il faisait trop chaud le jour, trop froid la nuit, et plusieurs d'entre nous ont contracté la malaria[1] lors d'une escale aux Nouvelles-Hébrides. Il y a eu trois morts, si mes souvenirs sont exacts [...]. Nous sommes arrivés à Marseille au début du mois d'avril, sous la pluie. Des autocars militaires attendaient sur le quai de la Joliette pour nous conduire directement à la gare Saint-Charles. Je ne connaissais que la brousse de la Grande-Terre[2], et d'un coup je traversais l'une des plus vastes villes de France... À l'époque, je n'étais jamais allé au cinéma. J'avais mal aux yeux à force de les tenir ouverts pour ne rien perdre du spectacle ! Les lumières, les voitures, les tramways, les boutiques, les fontaines, les affiches, les halls des cinémas, des théâtres... Parvenus à la gare, nous n'osions pas bouger. Nous restions collés les uns aux autres, comme des moutons, effrayés par le bruit, les fumées, les râles de vapeur et les sifflements des locomotives. La fatigue m'a terrassé. Je n'ai presque rien vu du voyage, sauf un moment magique : un peu de neige qui tombait sur le Morvan[3]. Je restais le plus près possible de Minoé[4]. Elle m'était promise, et j'avais fait le serment à son père, le petit chef de Canala, de veiller sur elle.

À Paris, il ne subsistait rien des engagements qu'avait pris l'adjoint du gouverneur de Nouméa[5]. Nous n'avons pas eu le droit au repos ni visité la ville. Un officiel nous a expliqué que la direction de l'Exposition était responsable de nous et qu'elle voulait nous éviter tout contact avec les mauvais éléments des grandes métropoles. Nous avons longé la Seine, en camion, et on nous a parqués derrière des grilles, dans un village kanak[6] reconstitué au milieu du zoo de Vincennes, entre la fosse aux lions et le marigot des crocodiles. Leurs cris, leurs bruits nous terrifiaient. [...] Au cours des jours qui ont suivi, des hommes sont venus nous dresser, comme si nous étions des animaux sauvages. Il fallait faire du feu dans des huttes mal conçues dont le toit laissait passer l'eau qui ne cessait de tomber. Nous devions creuser d'énormes troncs d'arbres, plus durs que la pierre, pour construire des pirogues tandis que les femmes étaient obligées de danser le pilou-pilou à heures fixes. [...] J'étais l'un des seuls à savoir déchiffrer quelques mots que le pasteur[7] m'avait appris, mais je ne comprenais pas la signification du deuxième mot écrit sur la pancarte fichée au milieu de la pelouse, devant notre enclos : « Hommes anthropophages[8] de Nouvelle-Calédonie ».

Didier Daeninckx, *Cannibale* © Verdier, 1998.

1. **Malaria :** maladie très contagieuse qui entraîne de très fortes fièvres.
2. **Grande-Terre :** nom de l'île principale qui constitue la Nouvelle-Calédonie.
3. **Morvan :** région de Bourgogne.
4. **Minoé :** nom féminin.
5. **Nouméa :** capitale de la Nouvelle-Calédonie.
6. **Kanak :** peuple d'Océanie (appelé aussi « mélanésien »). Ce nom, en polynésien, signifie « homme ».
7. **Pasteur :** prêtre chez les protestants.
8. **Anthropophages :** qui mangent de la chair humaine (synonyme de « cannibales »).

QUESTIONS 15 POINTS

1. D'après les quatre premières phrases du texte (l. 1 à l. 4), dans quelles conditions s'est déroulé le voyage en bateau ? Relevez trois indices pour justifier votre réponse. 3 POINTS

ATTENTION
Tu dois donner trois explications pour justifier les mauvaises conditions du voyage.

2. Dans le passage de « Nous restions collés » à « des locomotives. » (l. 11 à l. 13)
   a. Relevez et identifiez la figure de style utilisée dans cette phrase. 1 POINT
   b. Expliquez-la : que met ainsi en valeur le narrateur ? 1 POINT
3. *Les lumières, les voitures, les tramways, les boutiques, les fontaines, les affiches, les halls des cinémas, des théâtres...* (l. 10 à l. 11)
   a. Quelle est la particularité grammaticale de cette phrase? 0,5 POINT
   b. Quel est l'effet produit par la construction de cette phrase ? 0,5 POINT
4. *Je n'ai presque rien vu du voyage, sauf un moment* ***magique*** *: un peu de neige qui tombait sur le Morvan.* (l. 13 à l. 14). Expliquez le choix de l'adjectif « magique » par le narrateur. 0,5 POINT
5. *Elle m'était promise, et j'avais fait le serment à son père, le petit chef de Canala, de veiller sur elle.* (l. 15 à l. 16)
   a. Expliquez l'expression : « Elle m'était promise ». 0,5 POINT
   b. Qu'apprend-on dans cette phrase sur le caractère du personnage ? 0,5 POINT
6. *Un officiel nous a expliqué que* [...] *des grandes métropoles.* (l. 18 à l. 20)
   a. Comment sont rapportées les paroles de l'officiel ? Quelles caractéristiques grammaticales vous permettent d'identifier ce type de discours rapporté ? 2 POINTS
   b. Que pensez-vous de l'explication avancée par l'officiel ? 1 POINT
7. Dans le passage de « Nous avons longé la Seine » à la fin du texte (l. 20 à l. 31), comment les Kanaks sont-ils traités ? Développez votre réponse en vous appuyant sur des citations de ce passage. 2 POINTS
8. Quelle image des Kanaks la direction de l'Exposition veut-elle donner ? Selon vous, le narrateur correspond-il à cette image ? Développez votre réponse en prenant appui sur l'ensemble du texte. 2,5 POINTS

ATTENTION
Pour que ta réponse soit complète, tu dois relever la figure de style, la nommer et l'expliquer.

ATTENTION
Tu dois seulement donner des éléments concernant les outils de langue et la syntaxe.

RÉÉCRITURE 4 POINTS

Parvenus à la gare, nous n'osions pas bouger. Nous restions collés les uns aux autres, effrayés par le bruit, les fumées, les râles de vapeur et les sifflements des locomotives. La fatigue m'a terrassé. (l. 11 à l. 13). Réécrivez ce passage à la troisième personne du pluriel et au féminin. Vous effectuerez toutes les modifications nécessaires.

ATTENTION
Sois attentif à l'accord des verbes quand le sujet change et aux accords des participes passés.

DICTÉE 6 POINTS

Faites-vous dicter le texte qui figure page 81 dans les corrigés.

INFO
La dictée comprend deux subjonctifs plus-que-parfait.

RÉDACTION 15 POINTS

Vous traiterez l'un des deux sujets au choix.
Votre texte fera au moins deux pages.

1. Un journaliste a visité l'Exposition coloniale. Imaginez l'article qu'il rédige pour dénoncer le traitement infligé aux Kanaks.

2. Selon vous, en quoi la rencontre d'une autre culture est-elle une expérience enrichissante ? Vous donnerez votre réponse selon un développement argumenté et organisé.

COUP DE POUCE
- Respecte les règles d'écriture d'un article de journal en te demandant à qui s'adresse l'article et dans quel but.
- Le journaliste peut s'exprimer à la 1re personne ou, de façon plus impersonnelle, en dénonçant une situation qui suscite son indignation et sa colère.

COUP DE POUCE
- Tu dois prendre le mot « culture » dans un sens très large : rencontre avec une personne étrangère ou aux coutumes différentes.
- Tu t'interrogeras sur les autres et sur toi-même.

Corrigés p . 81

BREVET BLANC 4

Texte d'Alain-Fournier

Meaulnes se trouve à une fête dans un château, où il rencontre pour la première fois la jeune châtelaine, Yvonne de Galais.

Sans savoir comment, Meaulnes se retrouva dans le même yacht que la jeune châtelaine. Il s'accouda sur le pont, tenant d'une main son chapeau battu par le grand vent, et il put regarder à l'aise la jeune fille, qui s'était assise à l'abri. Elle aussi le regardait. Elle répondait à ses compagnes, souriait, puis posait doucement ses yeux bleus sur lui, en tenant sa lèvre un peu mordue.

Un grand silence régnait sur les berges prochaines. Le bateau filait avec un bruit calme de machine et d'eau. On eût pu se croire au cœur de l'été. On allait aborder, semblait-il, dans le beau jardin de quelque maison de campagne. La jeune fille s'y promènerait sous une ombrelle blanche. Jusqu'au soir on entendrait les tourterelles gémir... Mais soudain une rafale glacée venait rappeler décembre aux invités de cette étrange fête.

On aborda devant un bois de sapins. Sur le débarcadère, les passagers durent attendre un instant, serrés les uns contre les autres, qu'un des bateliers eût ouvert le cadenas de la barrière... Avec quel émoi Meaulnes se rappelait dans la suite cette minute où, sur le bord de l'étang, il avait eu très près du sien le visage désormais perdu de la jeune fille ! Il avait regardé ce profil si pur, de tous ses yeux, jusqu'à ce qu'ils fussent près de s'emplir de larmes. Et il se rappelait avoir vu, comme un secret délicat qu'elle lui eût confié, un peu de poudre restée sur sa joue...

À terre, tout s'arrangea comme dans un rêve. Tandis que les enfants couraient avec des cris de joie, que des groupes se formaient et s'éparpillaient à travers bois, Meaulnes s'avança dans une allée où, dix pas devant lui, marchait la jeune fille. Il se trouva près d'elle sans avoir le temps de réfléchir :

— Vous êtes belle, dit-il simplement.

Alain-Fournier, *Le Grand Meaulnes*, 1913.

QUESTIONS 15 POINTS

1. Qu'apprenez-vous dans la première phrase du texte ? 0,5 POINT
2. a. Relevez les verbes dont le sujet est le jeune homme, puis ceux dont le sujet est la jeune fille. À quels temps sont ces verbes ? 2 POINTS
   b. Justifiez l'emploi de ces temps. Que révèlent-ils de l'attitude de chacun des jeunes gens ? 1,5 POINT
3. a. Que permet de comprendre la répétition du verbe *regarder* ? 0,5 POINT
   b. Quelle expression peut indiquer les sentiments de la jeune fille ? 0,5 POINT
4. Donnez un verbe et un nom de la famille du nom *émoi*. (l. 14) 1 POINT
5. Quelle situation provoque l'*émoi* de Meaulnes ? 1,5 POINT
6. *comme un secret délicat qu'elle lui eût confié* (l. 18 à l. 19)
   Quelle figure de style est utilisée ? 0,5 POINT
7. Relevez les mots du champ lexical du regard (l. 16 à l. 18) 1 POINT
8. Quel sentiment Meaulnes éprouve-t-il à l'égard de la jeune fille ? Quelle phrase en est la confirmation ? 1 POINT

INFO

Dans un texte au passé, chaque temps a une valeur particulière et l'emploi de chacun n'est pas indifférent. C'est ce qu'il faut montrer ici.

COUP DE POUCE

Dans le champ lexical, tu cherches les mots ou expressions du même répertoire, du même thème.

9. *La jeune fille s'y promènerait sous une ombrelle blanche. Jusqu'au soir on entendrait les tourterelles gémir...* (l. 8 à l. 9)

a. À quel mode sont les verbes de ces phrases ? 0,5 POINT

b. Justifiez l'emploi de ce mode. 0,5 POINT

10. Pourquoi peut-on dire que *tout s'arrangea comme dans un rêve* (l. 21) ? 1 POINT

11. *sans avoir le temps de réfléchir* (l. 25 à l. 26)
Pourquoi cette expression nous renvoie-t-elle au début du texte ? Comment caractériseriez-vous le comportement de Meaulnes ? 1 POINT

12. À partir de l'exemple de Meaulnes et de Mlle de Galais, indiquez les principales caractéristiques de la rencontre amoureuse. La qualifieriez-vous de coup de foudre ? Justifiez votre réponse en vous appuyant sur le texte. 2 POINTS

ATTENTION
Ne confonds pas mode et temps.

COUP DE POUCE
Il faut rédiger et structurer cette réponse en écrivant quelques phrases qui utilisent ce qui a été vu dans les questions précédentes.

FRANÇAIS

RÉÉCRITURE 4 POINTS

Sans savoir comment, Meaulnes se retrouva dans le même yacht que la jeune châtelaine. Il s'accouda sur le pont, tenant d'une main son chapeau battu par le grand vent, et il put regarder à l'aise la jeune fille, qui s'était assise à l'abri. (l. 1 à l. 3)
Réécrivez ces phrases en remplaçant « Meaulnes » par « je », « la jeune châtelaine » par « les jeunes châtelaines » et « la jeune fille » par « les jeunes filles ».

ATTENTION
Il y a trois consignes à effectuer.

DICTÉE 6 POINTS

Faites-vous dicter le texte qui figure page 82 dans les corrigés.

RÉDACTION 15 POINTS

Vous traiterez l'un des deux sujets au choix.

1. *Avec quel émoi Meaulnes se rappelait dans la suite cette minute* [...] (l. 13 à l. 14)
Comme à Meaulnes, il vous est arrivé de vivre une belle rencontre. Vous direz dans quelles circonstances elle s'est produite, ce que vous avez éprouvé et vous expliquerez quelle importance cette rencontre a eue pour vous.

ATTENTION
- Tu dois t'exprimer à la 1re personne.
- Ton récit doit être vraisemblable.
- Il y aura une partie narrative et descriptive et une partie explicative.

2. À l'occasion d'une discussion avec un(e) camarade, vous confronterez vos points de vue sur le « coup de foudre » qu'Yvonne de Galais nomme une « folie ». Chacun des interlocuteurs exposera au moins deux arguments.

COUP DE POUCE
Il s'agit bien d'un dialogue argumentatif dans lequel deux points de vue différents vont s'affronter.
Tu es libre de choisir le point de vue qui te convient.

Corrigés p. 82

Classes grammaticales et fonctions

Les classes grammaticales

Classe grammaticale	Exemples	Définition
Mots variables		
nom	*Julie, fille, amitié*	Un nom **désigne** un être, une chose ou une idée. *Julie* est un nom propre, *fille* est un nom commun.
déterminant	*un, le, cette, ses*	Un déterminant **introduit un nom.** Il forme avec lui un groupe nominal (minimal).
adjectif qualificatif	*beau, égale, puissants*	Un adjectif qualificatif apporte des **précisions sur le nom** qu'il qualifie.
pronom	*il, lui, celle, les siens*	En général, un pronom **remplace un nom** ou un groupe nominal (*pro* = « à la place de »).
verbe	*aimer, partait, serons*	Un verbe exprime une action ou un état. Il **se conjugue,** c'est-à-dire qu'il prend une forme différente selon le temps évoqué, le nombre et la personne du sujet.
Mots invariables		
adverbe	*ici, hier, clairement*	Un adverbe peut **s'ajouter** à un verbe, ou à un adjectif, un autre adverbe, une proposition.
préposition	*à, dans, à côté de*	Une préposition **sert de lien** entre un mot et son complément.
conjonction	*mais, ou, et, car,* *que, quand, dès que*	Une conjonction **relie deux propositions** : – de même nature (conj. de coordination) ; – principale et subordonnée (conj. de subordination).

Les fonctions

Fonction	Exemple	Définition
À l'échelle d'une proposition		
sujet	*Julie aime Théo.*	Le sujet répond à la question ***Qui est-ce qui ? / Qu'est-ce qui ?*** suivie du verbe.
complément d'agent	*Théo est aimé de Julie.*	Le sujet devient complément d'agent lors de la transformation d'une phrase active en **phrase passive.**
attribut du sujet	*Julie est étudiante.*	L'attribut du sujet exprime une **caractéristique du sujet** ; il s'y rapporte par l'intermédiaire d'un verbe d'état.
COD	*Julie aime le cinéma.*	Le COD **complète** le verbe, **directement** (sans préposition).
attribut du COD	*Elle trouve ce film époustouflant.*	L'attribut du COD exprime une **caractéristique du COD** ; il s'y rapporte par l'intermédiaire d'un verbe exprimant un choix, un jugement....
COI	*Théo s'initie à la calligraphie.*	Le COI **complète** le verbe, **indirectement** (avec une préposition).
COS	*Théo envoie un message à Julie.*	Le COS complète un verbe qui a déjà un complément d'objet.
complément circonstanciel	*Théo et Julie se voient avec plaisir.*	Un complément circonstanciel exprime une **circonstance** (temps, lieu, manière...) de l'action.
À l'échelle d'un groupe nominal		
épithète	*une étudiante sympathique*	Une épithète se rapporte directement à un nom.
complément du nom	*une étudiante en biologie*	Un complément du nom complète un nom à l'aide d'une préposition.
apposition	*Passionnée de cinéma, Julie possède 100 DVD.*	Une apposition se rapporte à un GN, dont elle est séparée par une virgule (construction détachée).

30 verbes modèles pour conjuguer sans faute

	Indicatif					Subjonctif
	présent	**futur**	**imparfait**	**passé simple**	**passé composé**	**présent**
avoir	j'ai il a ils ont	j'aurai il aura ils auront	j'avais il avait ils avaient	j'eus il eut ils eurent	j'ai eu il a eu ils ont eu	que j'aie qu'il ait qu'ils aient
être	je suis il est ils sont	je serai il sera ils seront	j'étais il était ils étaient	je fus il fut ils furent	j'ai été il a été ils ont été	que je sois qu'il soit qu'ils soient
aimer	j'aime il aime ils aiment	j'aimerai il aimera ils aimeront	j'aimais il aimait ils aimaient	j'aimai il aima ils aimèrent	j'ai aimé il a aimé ils ont aimé	que j'aime qu'il aime qu'ils aiment
lancer	il lance nous lançons	il lancera	il lançait	il lança	il a lancé	qu'il lance
manger	il mange nous mangeons	il mangera	il mangeait	il mangea	il a mangé	qu'il mange
appeler	il appelle	il appellera	il appelait	il appela	il a appelé	qu'il appelle
geler	il gèle	il gèlera	il gelait	il gela	il a gelé	qu'il gèle
jeter	il jette	il jettera	il jetait	il jeta	il a jeté	qu'il jette
acheter	il achète	il achètera	il achetait	il acheta	il a acheté	qu'il achète
essuyer	il essuie nous essuyons	il essuiera	il essuyait	il essuya	il a essuyé	qu'il essuie
envoyer	il envoie	il enverra	il envoyait	il envoya	il a envoyé	qu'il envoie
aller	je vais il va	j'irai il ira	j'allais il allait	j'allai il alla	je suis allé il est allé	que j'aille qu'il aille
finir	je finis il finit ils finissent	je finirai il finira ils finiront	je finissais il finissait ils finissaient	je finis il finit ils finirent	j'ai fini il a fini ils ont fini	que je finisse qu'il finisse qu'ils finissent
partir	je pars il part	je partirai il partira	je partais il partait	je partis il partit	je suis parti il est parti	que je parte qu'il parte
venir	il vient	il viendra	il venait	il vint	il est venu	qu'il vienne
courir	il court	il courra	il courait	il courut	il a couru	qu'il coure
cueillir	il cueille	il cueillera	il cueillait	il cueillit	il a cueilli	qu'il cueille
voir	il voit	il verra	il voyait	il vit	il a vu	qu'il voie
devoir	il doit	il devra	il devait	il dut	il a dû	qu'il doive
pouvoir	je peux il peut	il pourra	il pouvait	il put	il a pu	qu'il puisse
savoir	il sait	il saura	il savait	il sut	il a su	qu'il sache
s'asseoir	il s'assied/ il s'assoit	il s'assiéra/ il s'assoira	il s'asseyait	il s'assit	il s'est assis	qu'il s'asseye/ qu'il s'assoie
croire	il croit	il croira	il croyait	il crut	il a cru	qu'il croie
dire	il dit vous dites	il dira	il disait	il dit	il a dit	qu'il dise
faire	il fait vous faites	il fera	il faisait	il fit	il a fait	qu'il fasse
vivre	il vit	il vivra	il vivait	il vit	il a vécu	qu'il vive
prendre	je prends il prend	il prendra	il prenait	il prit	il a pris	qu'il prenne
peindre	il peint	il peindra	il peignait	il peignit	il a peint	qu'il peigne
résoudre	il résout	il résoudra	il résolvait	il résolut	il a résolu	qu'il résolve
mettre	je mets il met	il mettra	il mettait	il mit	il a mis	qu'il mette

Principales confusions orthographiques

Ne confonds plus...	Identifie...	Exemples
a et ***à***	• ***a*** : 3ᵉ pers. du sing. du v. *avoir* au présent • ***à*** : préposition	*Il* ***a*** (= avait) *mis du temps* ***à*** (≠ avait) *arriver.*
ou et ***où***	• ***ou*** : ou bien • ***où*** : exprime le lieu	*Sais-tu* ***où*** (≠ ou bien) *il est parti en vacances : à la mer* ***ou*** (= ou bien) *à la montagne ?*
on et ***ont***	• ***on*** : pronom sujet • ***ont*** : 3ᵉ pers. du pl. du v. *avoir* au présent	***On*** (≠ avaient) *est surpris par tout le travail qu'ils* ***ont*** (= avaient) *accompli.*
son et ***sont***	• ***son*** : dét. possessif • ***sont*** : 3ᵉ pers. du pl. du v. *être* au présent	*Jules et Julie* ***sont*** (= étaient) *partis avec* ***son*** *scooter* (= le sien).
ces et ***ses***	• ***ces*** : dét. démonstratif • ***ses*** : dét. possessif	***Ses*** *parents* (les siens) *lui ont offert* ***ces*** *belles baskets rouges* (= celles-là).
ce et ***se***	• ***ce*** : dét. ou pronom démonstratif • ***se*** : pronom réfléchi	*Barnabé* ***se*** *demande* (→ verbe *se demander*) *encore s'il va aller voir* ***ce*** *film* (= celui-là).
c'est et ***s'est***	• ***c'est*** : présentatif • ***s'est*** : se + est	• ***C'est*** (= cela est) *décidé : nous y allons.* • *Il* ***s'est*** *décidé à y aller* (→ verbe *se décider* au passé composé)
la, là et ***l'a***	• ***la*** : article ou pronom • ***l'a*** : le/la + a • ***là*** : adverbe de lieu	• *Il* ***la*** *prend dans ses bras.* • *Il* ***l'a*** *injuriée copieusement.* • *C'est* ***là*** *que je les ai vus pour la dernière fois.*
les, l'ai et ***l'est***	• ***les :*** article ou pronom • ***l'ai*** : le/la + ai • ***l'est*** : le/la + est	• *Il s'entretenait avec* ***les*** *voisins.* • *Je* ***l'ai*** *entendu rire.* • *Bizarre, il* ***l'est*** *réellement.*
ni et ***n'y***	• ***ni*** : conjonction de coordination de sens négatif • ***n'y*** : ne + y	• *Je n'ai* ***ni*** *regret* ***ni*** *rancœur.* • *Je* ***n'y*** *pense plus* (= Je ne pense plus à cela).
si et ***s'y***	• ***si*** : conjonction ou adverbe • ***s'y*** : se + y	• *Il est* ***si*** *tard. Je ne sais pas* ***si*** *j'ai le courage.* • *Il* ***s'y*** *est mis* (= Il s'est mis à cela).
sans et ***s'en***	• ***sans*** : préposition exprimant un manque • ***s'en*** : se + en	• *Il est parti* ***sans*** *elle.* • *Il* ***s'en*** *sort bien* (= Il se sort bien de cela).
dans et ***d'en***	• ***dans*** : préposition exprimant le lieu ou le temps • ***d'en*** : de + en	• *Le spectacle commence* ***dans*** *une heure.* • *Il est soulagé* ***d'en*** *sortir* (= de sortir de là) *sain et sauf.*
quand, quant et ***qu'en***	• ***quand*** : à quel moment, lorsque • ***qu'en*** : que + en • ***quant à*** : en ce qui concerne	• ***Quand*** (= à quel moment) *reviendra-t-il ?* • ***Qu'en*** *pensez-vous ?* (= Que pensez-vous de cela ?) • ***Quant à*** *moi* (= en ce qui me concerne), *je n'y crois pas.*
quoique et ***quoi que***	• ***quoique*** : bien que • ***quoi que*** : quelle que soit la chose que	• ***Quoique*** (= bien que) *fatigué, il est là.* • ***Quoi qu'****il fasse* (= quelle que soit la chose qu'il fasse), *il réussit.*
quel(les) et ***qu'elle(s)***	• ***quel(les)*** : dét. interrogatif ou exclamatif • ***qu'elle(s)*** : que + elle(s)	• ***Quel*** *jour* (= lequel) *sommes-nous ?* • *Il faut* ***qu'elle*** (= qu'il) *se repose.*
quelque et ***quel(les) que***	• ***quelque(s)*** : dét. indéfini • ***quel(les) que*** + v. *être* au subjonctif : exprime l'opposition	• *Voici* ***quelques*** (= des) *fleurs.* • ***Quel que*** *soit ton choix, je le respecterai.*

Grille de relecture d'une dictée

Analyse...	À l'aide de ces règles et conseils
la situation de communication	Demande-toi : **qui parle ? à qui ?** Ainsi, si le texte est rédigé à la 1re personne, beaucoup de verbes seront conjugués à la 1re personne du singulier.
le temps et le mode des verbes	• Identifie les **temps dominants** utilisés dans le texte. Ainsi, dans un récit au passé, les actions de premier plan sont rapportées au passé simple ; les faits de second plan, à l'imparfait. • Prends garde que, dans certaines subordonnées, les verbes sont au **subjonctif** (mode de l'éventuel). *Je voudrais qu'il **voie** un médecin.*
l'accord des verbes	Le verbe **s'accorde avec le sujet**. Pour trouver le sujet, pose la question : *Qui est-ce qui... ?* ou *Qu'est-ce qui... ?* suivie du verbe.
l'accord des adjectifs	L'adjectif **s'accorde** en genre et en nombre **avec le nom qu'il qualifie**. Pour trouver ce nom, pose la question : *qui est-ce qui est... ?* ou *qu'est-ce qui est... ?* suivie de l'adjectif.
l'accord des participes passés	• Si le participe passé est employé **avec *être***, il s'accorde en genre et en nombre avec le sujet. • Si le participe passé est employé **avec *avoir***, il ne s'accorde jamais avec le sujet, mais il s'accorde avec le COD si celui-ci est placé devant le verbe.
les terminaisons verbales en [e]	Pour savoir si un verbe doit se terminer par ***-er*** (infinitif) **ou *-é(es)*** (participe passé), remplace-le par un verbe du 3e groupe.
les homophones grammaticaux	Identifie la **classe grammaticale** du mot (voir la liste dans le tableau précédent).

1 La structure d'un groupe verbal

1 **1.** Qui vole un œuf, vole un boeuf. → verbe + complément
2. La nuit, tous les chats sont gris. → verbe + attribut
3. L'habit ne fait pas le moine. → verbe + complément
4. Les bons comptes font les bons amis. → verbe + complément

2 Chaque lundi matin, le brocanteur qui logeait sous l'allée étalait par terre ses ferrailles. Puis la ville se remplissait d'un bourdonnement de voix. Vers midi, au plus fort du marché, un vieux paysan de haute taille, la casquette en arrière, le nez crochu, apparaissait sur le seuil. Robelin était le fermier de Geffosses. Peu après, arrivait Liébard, le fermier de Toucques, petit, rouge et obèse ; il portait une veste grise.

EXPLICATION
Sous l'allée, par terre, sur le seuil sont des compléments facultatifs. Ils ne font pas partie du groupe verbal.

3

Verbe seul	Verbe + complément d'objet	Verbe + attribut
logeait apparaissait arrivait	étalait ses ferrailles – se remplissait d'un bourdonnement de voix – portait une veste grise	était le fermier de Geffosses

2 Reconnaître un attribut du COD

1

	COD	Attribut du sujet	Attribut du COD
J'ai trouvé ce livre génial !			x
Les élèves ont élue Lola déléguée de classe.	x		
Ils les jugent trop petites pour partir.			x
Ils pensent qu'elles sont trop jeunes pour partir.		x	
Ils appellent leur chat Hercule.	x		

2 Sur la planète Mars, on estime l'éducation des enfants très importante. Les collèges préparent les élèves en tenant compte de leurs capacités : on considère chacun comme apte à poursuivre des études longues. Parce qu'ils jugent primordiale la découverte des métiers, les Martiens organisent des stages tout au long de la scolarité.

EXPLICATION
Pour être sûr qu'il s'agit d'un attribut du COD et non d'une épithète du nom, remplace le COD par un pronom : si tu conserves l'adjectif exprimé, c'est qu'il s'agit bien d'un attribut. Ex. : *Les Martiens trouvent la Terre éloignée → ils la trouvent éloignée* (*éloignée* est attribut du COD).

3 **1.** Nous avons tous trouvé les exercices faciles.
2. Je crois Magali très douée sur le plan artistique.
3. Ils estiment ces mesures nécessaires.
4. Je ne les crois pas capables de commettre cet acte.
5. En réussissant ses études, Scarlett rend fiers d'elle ses parents.

3 Complément de verbe et complément de phrase

1

Verbe	Complément(s) de verbe (CO, attribut du sujet)	Complément de phrase
dissolvent	l'Assemblée constituante	par un coup de force
oppose	les, aux Blancs	_
devient	le parti unique	_
l'emporte	sur les Blancs	En 1921

2 **1.** À la mort de Lénine en 1924 (CP), Staline et Trotski s'opposent.
2. Trotski est exclu du Parti communiste (CV), puis chassé d'URSS (CV).
3. Les paysans doivent travailler dans de vastes exploitations collectives (CV).

4 Les expansions du nom

1 Chaque année, la fête municipale (épithète) de Livry-Gargan (compl. du nom), tout le monde s'y prépare longtemps à l'avance. Les parents, les enfants et surtout les commères du quartier (compl. du nom) parce qu'à la kermesse, tu refais ta réserve de ragots (compl. du nom). Y avait [...] des groupes de musique (compl. du nom) qui défilaient (prop. relative). Des jeunes de la cité (compl. du nom) sont venus rapper. Y avait même des filles qui chantaient avec eux (prop. relative).

2 **1.** Au royaume des aveugles, les borgnes sont rois.
→ GN, complément du nom *royaume*.
2. Après la pluie, le beau temps.
→ Adjectif qualificatif, épithète du nom *temps*.
3. Pierre qui roule n'amasse pas mousse.
→ Proposition subordonnée relative, complément de l'antécédent *pierre*.

EXPLICATION
Le nom complété par une proposition subordonnée relative est appelé antécédent (du pronom relatif) : par exemple, *qui roule* complète son antécédent *pierre*.
Voir aussi unité 10.

3 Victor Hugo est un écrivain français du XIXe siècle. Il a écrit des poèmes émouvants, des pièces de théâtre et des romans, qui ont été adaptés au cinéma.

5 Les formes de phrase

1 **1.** Tout le monde est d'accord sur ce point.
Personne n'est d'accord sur ce point.
2. J'ai appris quelque chose d'intéressant.
Je n'ai rien appris d'intéressant.
3. Cherche encore le stylo perdu.
Ne cherche plus le stylo perdu.
4. Tu es allé chez lui une seule fois.
Tu n'es jamais allé chez lui.

2 **1.** Ce fut pour elle seule qu'il fit tous ces exploits.
emphatique et affirmative
2. Amélie ne s'occupe jamais de ses petits frères.
neutre et négative
3. Voilà qu'il pleut à nouveau ! emphatique et affirmative
4. Je ne connais pas ses pensées. neutre et négative
5. Je partirai de bonne heure pour éviter la foule.
neutre et affirmative
6. Ce n'est pas lui que j'ai vu l'autre jour.
emphatique et négative

EXPLICATION
Les quatre combinaisons possibles sont représentées dans les réponses.

3 **1.** C'est bien elle que tu as vue partir. Tu l'as vue partir.
2. Vraiment, moi, ton histoire, je n'y crois pas un instant ! Je ne crois pas du tout à ton histoire.
3. C'est bien avant que tout a commencé.
Tout a commencé bien avant.
4. Est-ce que c'est vous qui m'avez téléphoné ?
M'avez-vous téléphoné ?
(ou : Est-ce que vous m'avez téléphoné ?)

4 **1.** Je suis l'aîné de cinq garçons.
C'est moi qui suis l'aîné de cinq garçons.
2. Ce footballeur est un futur champion.
C'est ce footballeur qui est un futur champion.
3. L'éruption du Vésuve a détruit Pompéi.
C'est l'éruption du Vésuve qui a détruit Pompéi.
4. Cet acteur a joué dans des films et des séries américaines. C'est cet acteur qui a joué dans des films et des séries américaines.

5

	Déplacement d'un CC en tête de phrase	Utilisation d'un présentatif
C'est toi qui remplaces ton frère.		x
Dans les champs paissent des vaches.	x	
Par habitude, l'enfant traverse sans regarder.	x	
C'est une histoire que tu m'as déjà racontée.		x
Du haut des gradins, je vois tout le stade.	x	

6 **1.** Le lycée organise un voyage en Espagne chaque année. Chaque année, un voyage en Espagne est organisé par le lycée.
2. Un archéologue a récemment retrouvé de rares manuscrits antiques. De rares manuscrits antiques ont récemment été retrouvés par un archéologue.
3. Le gouvernement annoncera prochainement une série de réformes. Une série de réformes sera prochainement annoncée par le gouvernement.

7 **1.** *(présentatif)* Ce sont les États-Unis qu'ont frappé les attentats.
2. *(passif)* Les États-Unis ont été frappés par des attentats.

6 La structure d'une phrase complexe

1 Le service d'Igor Beshevich commençait à six heures et l'encombrement des rues du quartier Mlanecsz l'avait déjà bien trop retardé *(a)*. La foule lambinait comme un gros serpent le long des boutiques d'écriture et de bougies ; chacun essayait tant bien que mal d'éviter les mares formées par la neige fondante dans le ruisseau *(b)*. Les femmes surtout étaient les plus lentes à force de relever leurs jupons pour qu'ils ne soient pas crottés *(c)*.

Phrase du texte	Nombre de verbes conjugués	Mot ou signe reliant les propositions	Juxtaposition, coordination, ou subordination ?
(a)	2	et	coordination
(b)	2	;	juxtaposition
(c)	2	pour qu'	subordination

EXPLICATION
Les verbes à l'infinitif *éviter* (b) et *relever* (c) ne sont pas noyaux des propositions.

2 **1.** Je me lève. Il est déjà neuf heures.
→ *(subordination)* Je me lève parce qu'il est déjà neuf heures.
2. Je souris. Il me rend mon sourire.
→ *(coordination)* Je souris et il me rend mon sourire.
3. Igor est énervé. Tout l'irrite.
→ *(juxtaposition)* Igor est énervé : tout l'irrite.

7 Les subordonnées (1) : natures

1 Un après-midi, ma mère m'avait demandé si j'aimerais aller à Luna Park. [...] Quand j'y repense aujourd'hui, je crois qu'elle voulait tout simplement que je la laisse seule cet après-midi-là. [...] elle m'a tendu un grand billet de banque et elle m'a dit : « Va t'amuser à Luna Park. » [...]
Quand j'ai acheté le ticket, à l'entrée, le monsieur a paru surpris que je paye avec un aussi gros billet. Il m'a rendu la monnaie et il m'a laissée passer. Une journée d'hiver. On aurait dit qu'il faisait nuit. [...] Ce qui me frappait surtout, c'était le silence.

Pronom relatif	Mot interrogatif	Conjonction de subordination
(ce) qui	si	quand (j'y repense) qu'(elle voulait) que (je la laisse) quand (j'ai acheté) que (je paye) qu'(il faisait)

EXPLICATION
Quand si suit un verbe impliquant une question, c'est un mot interrogatif introduisant une subordonnée interrogative indirecte.

2 **1.** *(pronom relatif)* Des garçons dont les chaussures étaient trouées me regardaient.
2. *(conjonction de subordination)* Je suis parti en courant parce que j'ai eu peur.
3. *(mot interrogatif)* Ils m'ont demandé si j'avais peur.
4. *(pronom relatif)* J'ai donné les billets qui me restaient.

3 **1.** ❑ qui ❑ que ☒ quel ❑ dont ❑ lequel ❑ où
2. ❑ que ❑ parce que ☒ qui ❑ pour que ❑ lorsque ❑ après que
3. ❑ si ❑ pourquoi ☒ dont ❑ qui ❑ comment ❑ quand

8 Les subordonnées (2) : fonctions

1 On contait de lui qu'à Corte, où il avait pris femme, il s'était débarrassé fort vigoureusement d'un rival qui passait pour aussi redoutable en guerre qu'en amour : du moins on attribuait à Mateo certain coup de fusil qui surprit ce rival comme il était à se raser devant un petit miroir pendu à sa fenêtre. L'affaire assoupie, Mateo se maria. Sa femme Giuseppa lui avait donné d'abord trois filles (dont il enrageait), et enfin un fils, qu'il nomma Fortunato : c'était l'espoir de sa famille, l'héritier du nom.

EXPLICATION
La proposition subordonnée relative peut être séparée du nom qu'elle complète par une virgule : elle a alors une valeur descriptive (≠ déterminative).

2 **1.** Subordonnée complétive : qu'à Corte, il s'était débarrassé fort vigoureusement d'un rival.
2. Subordonnée circonstancielle : comme il était à se raser devant un petit miroir pendu à sa fenêtre.

3

	COD	CC
1. J'entendais ses sabots quand il marchait sur le chemin.		x
2. Je ne sais pas si je pourrai lui échapper.	x	
3. Si j'arrive au bout du chemin, je suis sauvé.		x
4. Pendant que tu cours, tu ne peux pas voir le taureau.		x
5. Le taureau quoi que tu en penses, n'est pas une bête sauvage.		x
6. Je pense que tu as éprouvé la peur de ta vie.	x	

9 Exprimer la cause et la conséquence

1 – Vous voulez mon avis ? Ils sont malheureux parce qu'ils ne se laissent pas aller. Et je sais ce que je dis.
– Il sait en effet ce qu'il dit, ajoutait Tarrou. [...] Autant qu'il est possible, il est à l'aise dans la terreur. Mais parce qu'il a ressenti tout cela avant eux, je crois qu'il ne peut pas éprouver tout à fait avec eux la cruauté de cette incertitude. [...] Puisque lui-même a vécu dans la terreur, il trouve normal que les autres la connaissent à leur tour. Plus exactement, la terreur lui paraît alors moins lourde à porter que s'il y était tout seul.

EXPLICATION
La proposition subordonnée de cause est *complément circonstanciel de cause de la principale*. Comme tout complément circonstanciel, elle est déplaçable et peut se trouver avant ou après la principale.

2 **1.** Ils ne se laissent pas aller si bien qu'ils sont malheureux.
2. Il a ressenti tout cela avant eux si bien que je crois qu'il ne peut pas éprouver tout à fait avec eux la cruauté de cette incertitude.
3. Lui-même a vécu dans la terreur de sorte qu'il trouve normal que les autres la connaissent à leur tour.

3 **1.** Le client de l'hôtel est en colère car il y a du désordre dans sa chambre. → cause
2. Le temps était orageux, j'ai donc pris mon parapluie. → conséquence
3. Il a froid, c'est pourquoi il tremble. → conséquence
4. Les rats font peur aux gens, car ils apportent la peste. → cause

10 Exprimer le but

1 La pose fut ainsi pour elle une torture. La bonne vie à deux avait cessé, comme s'il eût introduit dans la maison une maîtresse. [...] Il la tuait à la pose pour embellir l'autre. [...] Quelle souffrance de prêter sa chair, [pour que l'autre naquît], [pour que le cauchemar de cette rivale les hantât], [fût toujours entre eux] !

2 Voir ci-dessus.

EXPLICATION
Dans la première phrase du texte, le complément *pour elle* n'exprime pas le but.

3 **1.** Claude peint beaucoup pour que le tableau progresse.
2. La jeune femme garde la pose pour que Claude la peigne.

4 **1.** Claude fait des efforts pour que le tableau soit parfait. → but.
2. Le tableau n'est pas assez beau pour que Claude soit content. → conséquence.

11 Exprimer l'opposition

1 **1.** Malgré tous ses efforts, il n'a pas gagné.
2. Même s'il ne participe pas à cette compétition, il s'y intéresse vivement.
3. La maison paraît inoccupée, mais des grincements réguliers prouvent le contraire.

2 **1.** Bien que je sois pressé, je prends mon temps.
2. La lampe reste éteinte quoiqu'il fasse nuit.
3. Bien qu'il soit triste au fond de lui, il sourit à son enfant.

3 Et, bien que les meilleurs morceaux ne soient pas faciles à déchirer ni à manger avec une dentition d'herbivore, on peut auparavant les dépecer et les émietter avec des pierres et finir de les mastiquer tant bien que mal avec les molaires.
Les meilleurs morceaux ne sont pas faciles à déchirer ni à manger quand on a une dentition d'herbivore, mais on peut auparavant les dépecer et les émietter avec des pierres et finir de les mastiquer tant bien que mal avec les molaires.

EXPLICATION
La conjonction *bien que* disparaît et le verbe qui était au subjonctif (*soient*) passe à l'indicatif. On ajoute la conjonction de coordination *mais* qui exprime l'opposition.

12 Exprimer la condition

1 **1.** En cas de grève, les cours sont suspendus pour la journée.
2. Sans message de ta part d'ici demain, je considère que tu es d'accord.
3. Je peux aller à son mariage, à condition d'y être invité.

2 Sur le penchant de quelque agréable colline bien ombragée, j'aurais une petite maison blanche avec des contrevents verts, si j'étais riche ; et quoique une couverture de chaume soit en toute saison la meilleure, je préférerais magnifiquement, non la triste ardoise, mais la tuile, parce qu'elle a l'air plus propre et plus gai que le chaume. Si quelque fête champêtre rassemblait les habitants du lieu, j'y serais des premiers avec ma troupe ; si quelques mariages se faisaient à mon voisinage, on saurait que j'aime la joie, et j'y serais invité.

3 **1.** Si je ne reçois pas de contrordre de votre part, je me présenterai à votre bureau demain matin.
2. Mets un message sur mon répondeur, si cela est nécessaire.
3. Le crédit sera accordé si le dossier est accepté.

EXPLICATION
Phrase 1 : d'autres formulations sont possibles : *si je n'ai pas de contrordre de votre part* / *si vous ne m'adressez pas de contrordre...*
Phrase 2 : la subordonnée peut être elliptique, c'est-à-dire ne pas comporter de verbe : *si nécessaire...*

13 L'indicatif présent : cas difficiles

1

	partir	craindre	convaincre
1re pers. sing.	je pars	je crains	je convaincs
3e pers. sing.	il part	il craint	il convainc
3e pers. plur.	ils partent	ils craignent	ils convainquent

	permettre
1re pers. sing.	je permets
3e pers. sing.	il permet
3e pers. plur.	ils permettent

2 **1.** résoudre – ~~coudre~~ – absoudre – dissoudre – éteindre
2. éteindre – joindre – craindre – ~~tendre~~ – résoudre

EXPLICATION
Seuls *coudre* (1) et *tendre* (2) gardent le d du radical au singulier du présent.

3 Éloigné de vos yeux, Madame, par des soins Impérieux (j'en prends tous les dieux à témoins),/Je languis et je meurs, comme c'est ma coutume,/En pareil cas, et vais le cœur plein d'amertume,/À travers des soucis où votre ombre me suit,/Le jour dans mes pensers, dans mes rêves la nuit.

14 Le passé simple

1

	suivre	courir	faire
1re pers. sing.	je suivis	je courus	je fis
3e pers. sing.	il suivit	il courut	il fit
3e pers. plur.	ils suivirent	ils coururent	ils firent

	devoir	finir
1re pers. sing.	je dus	je finis
3e pers. sing.	il dut	il finit
3e pers. plur.	ils durent	ils finirent

2 **1.** voulus – dus – ~~venus~~ – pus – crus.
2. posa – récupéra – ~~criera~~ – erra.

3 Quand l'inspecteur revint, il trouva Maigret campé sur le balcon [...]. Maigret posa le miroir debout sur la table et, à l'aide de deux chandeliers qu'il prit sur la cheminée, il dressa vis-à-vis la feuille de papier buvard.

4 Arrivé(e) au grenier, je demeurai saisi(e) d'étonnement, puis bondis vers une vieille malle. Je ne parvins pas à l'ouvrir, si bien que je me mis à imaginer un trésor caché.

EXPLICATION
Au passé simple, les terminaisons des personnes du singulier des verbes du 1er groupe (et du verbe *aller*) sont *-ai*, *-as*, *-a*.

15 Employer le passé simple et l'imparfait

1 **1.** Olivier salua (passé simple) Mme Lucien qui frottait (imparfait) avec son index les gencives de son bébé. Salua : action envisagée comme achevée, décrite du début à la fin. Frottait : action qui s'inscrit dans la durée. • **2.** À l'épicerie, on grillait (imparfait) du café et toute la rue embaumait (imparfait). Grillait et embaumait : actions qui durent et qui se répètent.

2 **1.** Pendant que je le regardais, il lut la lettre.
2. Quand je vis la vitrine, je changeai soudain d'avis.
3. Je passais chez eux chaque année de délicieuses vacances.

3 Ackroyd était fort entêté ; plus on le poussait à accomplir un acte, plus il s'y refusait. [...] La main sur la poignée de la porte, j'hésitai et regardai en arrière. [...] Je sortis en hochant la tête et je fermai la porte derrière moi.

EXPLICATION
Les actions exprimées au passé simple sont successives et forment la trame du récit.

16 Les temps composés de l'indicatif

1

Présent	elle connaît
Imparfait	elle connaissait
Futur	elle connaîtra
Passé simple	elle connut
Passé composé	elle a connu
Plus-que-parfait	elle avait connu
Futur antérieur	elle aura connu
Passé antérieur	elle eut connu

EXPLICATION
Quand tu conjugues le verbe *connaître*, n'oublie pas de mettre un accent circonflexe sur le i devant un t : *il connaît* (présent), mais *il connaissait* (imparfait).

2 Beaucoup plus tard, par le capitaine de Victor lui-même, Félicité connut les circonstances de la fin de son neveu. On l'avait trop saigné à l'hôpital, pour la fièvre jaune. Quatre médecins le tenaient à la fois, il était mort immédiatement.
Félicité ne voulut pas revoir les parents de Victor, pensant qu'ils avaient toujours traité leur fils avec barbarie.

3 **1.** Au plus-que-parfait.
2. Les actions exprimées par ces verbes sont antérieures par rapport au récit au passé simple et à l'imparfait.

17 Indicatif présent et subjonctif présent

1 ORGON : « Ah ! je vous brave tous, et vous ferai connaître
Qu'il faut qu'on m'obéisse et que je suis le maître.
Allons, qu'on se rétracte, et qu'à l'instant, fripon,
On se jette à ses pieds pour demander pardon. »

EXPLICATION
On utilise le subjonctif pour donner un ordre à la 3e personne : c'est le cas pour tous les verbes au subjonctif de ce texte, sauf *obéisse* qui dépend de *il faut*.

2 **1.** Chaque fois qu'il ☒ voit ce paysage, il s'extasie. • **2.** Bien qu'il ☒ sourie, il s'ennuie. • **3.** Il prend un air sérieux pour qu'on le ☒ croie.

3 Il faut que l'homme prenne conscience de la destruction progressive de son environnement pour qu'il ait envie de lutter et de chercher des solutions. Albert Einstein a écrit que, si les abeilles disparaissaient un jour, l'homme n'aurait plus que quatre années à vivre. Pour que l'humanité parcoure encore des millénaires, il faut qu'elle invente des remèdes durables.

18 Les autres temps du subjonctif

1

Verbes	Présent	Imparfait	Passé
obéir	que tu obéisses	qu'il obéît	que tu aies obéi
être	que vous soyez	qu'ils fussent	que vous ayez été
avoir	qu'ils aient	qu'il eût	qu'ils aient eu

2 Nous sommes à Paris depuis un mois, et nous avons toujours été dans un mouvement continuel. Il faut bien des affaires avant qu'on soit logé, qu'on ait trouvé les gens à qui on est adressé et qu'on se soit pourvu des choses nécessaires, qui manquent toutes à la fois.
Ne crois pas que je puisse, quant à présent, te parler à fond des mœurs et des coutumes européennes : je n'en ai moi-même qu'une légère idée, et je n'ai eu à peine que le temps de m'étonner.

EXPLICATION
Qu'on soit logé est un subjonctif présent passif.
Qu'on se soit pourvu est une forme du subjonctif passé du verbe pronominal se pourvoir.

3

Présent	Imparfait	Passé	Plus-que-parfait
qu'on soit logé	qu'on fût logé	qu'on ait été logé	qu'on eût été logé
qu'on trouve	qu'on trouvât	*qu'on ait trouvé*	qu'on eût trouvé
qu'on se pourvoie	qu'on se pourvût	*qu'on se soit pourvu*	qu'on se fût pourvu
que je puisse	que je pusse	que j'aie pu	que j'eusse pu

19 Les emplois du subjonctif

1 Ce matin-là, craignant que le réveil me jouât un mauvais tour en restant muet, j'avais demandé à ma mère de me réveiller au moment où elle partait. Il fallait absolument que je sois à l'heure à la gare, et que je ne rate pas le train. C'était le jour de mon dernier examen… Le téléphone a sonné, avant que mon réveil se soit déclenché. Je me suis précipité hors du lit. C'était ma mère qui s'assurait que tout était en ordre et que j'étais prêt à partir ! Je filai à la gare, redoutant que le moindre retard mît fin à mes espoirs d'avenir.

2 **1.** Le chef ordonne que les troupes fassent demi-tour. Après un verbe de volonté, la complétive est au subjonctif.
2. J'ai très peur que tu me croies coupable. Après un verbe de sentiment (ici, la crainte), la complétive est au subjonctif.
3. S'il veut partir avec nous, qu'il soit à l'heure ! Expression d'un ordre.
4. Bien qu'il ait fait de bonnes études, il n'a pas l'emploi dont il rêvait. Bien que est suivi du subjonctif.

EXPLICATION
Quelques verbes peuvent être suivis de l'indicatif ou du subjonctif selon le sens qu'on leur donne. Ainsi le verbe *dire* : *je dis qu'il vient* et *je dis qu'il vienne* sont deux phrases correctes. Dans le premier cas, le verbe *dire* est un verbe de déclaration, il est suivi de l'indicatif (*vient*) ; dans le second cas, il se charge d'une nuance de volonté et il est suivi du subjonctif (*vienne*).

3 **1.** Il veut que tu aies du courage.
2. Il veut que tu partes très tôt le matin et que tu coures toujours pour conserver la forme.

20 Indicatif futur et conditionnel présent

1 **1.** S'il essaie de prendre mon sac, je ☒ crierai.
2. Je lui avais promis que je lui ☒ enverrais de l'argent.
3. Si je n'étais pas malade, je ☒ pourrais te rejoindre vite.
4. Demain, dès l'aube, à l'heure où blanchit la campagne, je ☒ partirai.

2 **1.** Il dit : « Je l'aiderai. » → Il disait qu'il l'aiderait.
2. Il dit : « Il fera beau tout l'été. »
→ Il disait qu'il ferait beau tout l'été.
3. Il dit : « Nous partirons demain. »
→ Il disait que nous partirions le lendemain.

3 Ah ! que je n'aimerais pas que quelqu'un lise mon journal. J'ai numéroté les pages. Je me demande ce que j'aurai à la page 100. À partir de février, je dois aller au lycée clandestin. Mais ne pense pas, mon cher journal, que je t'abandonnerai pour autant ! Je n'aurai jamais de plus grand ami que toi.

EXPLICATION
Je n'aimerais pas exprime un souhait, donc est au conditionnel. Tous les autres verbes sont au futur, puisque ce sont des projections dans l'avenir, dans un contexte au présent.

21 Les emplois du conditionnel

1 Je voudrais revenir
Près d'elle à l'improviste une nuit où le songe
Peut-être insinuerait que je ne serais plus

EXPLICATION
Le sujet du verbe *insinuer* est *le songe* ; d'où la terminaison *-ait*.

2 **1.** Je prendrais bien une boisson fraîche.
2. [Si tu m'avais fait signe,] je serais venu te voir.
3. Le baccalauréat ouvrirait-il donc toutes les portes ?

EXPLICATION
Phrase 2 : si l'hypothèse était non réalisée dans le présent, on dirait : *Je viendrais te voir.*

3 **1.** Pourriez-vous m'indiquer la boulangerie la plus proche ? → demande atténuée.
2. J'aimerais être sur un bateau. → demande atténuée.
3. Avec ce diplôme, viendrais-tu travailler dans mon entreprise ? → supposition.

4 **1.** Le malade disait que le lendemain il irait mieux.
2. Si sa mère l'avait voulu, il serait parti en vacances.
3. Auriez-vous l'amabilité d'ouvrir la fenêtre ?

22 La concordance des temps

1 Je forme une entreprise qui n'eut jamais d'exemple et dont l'exécution n'aura point d'imitateur. […] Je sens mon cœur et je connais les hommes.
Je ne suis fait comme aucun de ceux que j'ai vus ; j'ose croire n'être fait comme aucun de ceux qui existent. Si je ne vaux pas mieux, au moins je suis autre.
1. « qui existent » – « si je ne vaux pas mieux »
→ Les deux verbes sont au présent de l'indicatif.
2. « dont l'exécution n'aura point d'imitateur »
→ Le verbe est au futur de l'indicatif.
3. « qui n'eut jamais d'exemple » → Le verbe est au passé simple. – « que j'ai vus » → Le verbe est au passé composé.
4. Je formais une entreprise qui n'avait jamais eu d'exemple et dont l'exécution n'aurait point d'imitateur.

2 **1.** Je sortirai la voiture quand tu auras ouvert la porte du garage.
2. Quand il s'ennuyait, il écrivait ses souvenirs.
3. Il imaginait qu'à sa publication prochaine, son livre n'aurait aucun succès.

3 **1.** Bien qu'il ☒ courût vite, il n'était pas le meilleur. • **2.** Il faut de la lumière, pour que nous ☒ voyions clair. • **3.** Il fallait qu'il ☒ aimât assez les bêtes pour devenir vétérinaire. • **4.** Il est nécessaire que le livre ☒ paraisse en janvier.

4 Depuis que mon papa est mort, il a soin de la famille : de ma mère, de moi et de ma petite sœur. Avant que maman fût malade, il la recommandait aux riches pour qu'on lui donnât de l'ouvrage.

5 À travers les fenêtres, il vit que la pluie avait cessé depuis un moment. Il fallait maintenant qu'il sortît s'il ne voulait pas rater son train. Bien qu'il hésitât encore un peu, il se dirigea vers la porte et l'ouvrit. Quelle ne fut pas sa surprise quand il aperçut sur son paillasson un panier contenant un chiot endormi ! Il souleva délicatement le colis pour que l'animal ne se réveillât pas. Il se mit à le contempler, oubliant l'heure qui passait. Le train ne comptait plus à présent pour lui !

23 Accorder un adjectif qualificatif : cas difficiles

1 **1.** Il a mélangé du rouge et du jaune pour peindre des fruits orange • **2.** Les vêtements des soldats sont kaki et non vert olive • **3.** Les sénateurs romains portaient des bandes pourpres au bas de leurs toges blanches. • **4.** Des drapeaux français bleu, blanc, rouge flottent sur l'ambassade.

2 **1.** Ils avaient les bras ☒ nus malgré le froid.
2. Ils sont restés ☒ droits pendant l'appel.
3. Ils étaient ☒ demi-nus dans la neige et le vent glacial.

3 – Il est deux heures et demie, souffle Robert qui a eu le temps de vérifier l'heure. Le commandant arrive, ne bougez plus, tenez bon.
On l'aperçoit au loin, la casquette vert foncé à tête de mort vissée sur le crâne. Il est vêtu d'un épais manteau et porte des bottes marron.
– Je voulais seulement vous souhaiter une bonne nuit. [...]
– Il est trois heures trente, crie le kapo. Vous avez encore une demi-heure de sommeil.

24 Participe présent et adjectif verbal

1

Participe présent	Adjectif verbal
exposant – décrivant – attendant – faisant – parlant – équivalant	souriant – excellent – brillant – différent

2 **1.** Les jeunes enfants sont fatigants. • **2.** Mes arguments sont bien différents. • **3.** Ne comprenant rien, je demandai des explications.

3 **1.** ~~suffocant~~ – provoquant – communiquant – zigzaguant
2. concluant – confiant – remuant – ~~abritant~~ – brillant

25 Accorder le verbe avec son sujet : cas difficiles

1 **1.** Marc, Éric et toi partirez tous les trois demain.
2. Ton frère et moi partirons bientôt en tandem.
3. Toi et lui/elle observez les oiseaux.

2 **1.** Tu es le premier qui ne dis/dit pas bonjour en arrivant.
2. Passe par l'une des routes qui mènent à Rome !
3. Tes amis et toi faites une belle randonnée.
4. C'est Karin, toi et moi qui sommes les premiers.

3 Des belles femmes qui faisaient pousser des cornes à leur mari, les SS en voyaient tous les jours, mais une qui voulait s'en débarrasser en le faisant exécuter pour terrorisme, ils demandaient à voir de près. L'homme, sur son lit de mort, a confirmé, il était le seul responsable. Les schleus l'ont fusillé avec ses pansements qui volaient sous les balles. C'est nous qui l'avions tué cet homme et c'est lui qui nous sauvait la vie.

26 Accorder un participe passé : règles générales

1 La visite du château terminée, les touristes sont partis à regret. Ils ont jeté quelques regards en arrière, et ont emporté avec eux nombre de souvenirs qu'ils ont achetés sur place et surtout beaucoup de photos qu'ils ont faites. Les guides touristiques rangés dans les sacs n'ont plus rien à leur apprendre !

2

p.p. = adjectif qualificatif	p.p. avec auxiliaire *être*	p.p. avec auxiliaire *avoir* (COD à droite)	p.p. avec auxiliaire *avoir* (COD à gauche)
terminée – rangés	partis	jeté, emporté	achetés, faites

3 **1.** La maison qu'il a réalisée est la plus belle de la région.
2. Des diamants, ils en ont trouvé beaucoup.
3. C'est la vente de leur champ qui les a enrichis.
4. Des hommes sont venus à la ferme de bonne heure.

EXPLICATION
Phrase 2 : *en* mis pour *des diamants* est bien COD, mais c'est un pronom personnel adverbial qui n'entraîne aucun accord.

4 **1.** Vous lirez les documents ci-joints.
2. Ci-joint des documents que vous voudrez bien lire.
3. Les feuilles ci-jointes devront être remplies.

27 Accorder le participe passé d'un verbe pronominal

1 La moto et la voiture ont fait le tour de la place et se sont arrêtées devant le café-épicerie de la Paulette Goudounèche. Les civils en imper et chapeau sont sortis de l'auto, et se sont précipités vers le magasin. Tout à coup, la moto des Boches s'est mise à ronfler, les deux types en imper sont remontés dans leur auto. Les Allemands partis, les gens du bourg se sont retrouvés sur la place.

EXPLICATION
Les verbes pronominaux sont ici tous de sens réfléchi : leur participe passé s'accorde avec le pronom *se* (*s'*) COD.

2 se ressembler – s'écrouler – se regarder – se parler – se sourire – se déchaîner – se mentir.

3 **1.** Elles se sont serré la main. • **2.** Ils se sont serrés l'un contre l'autre. • **3.** Les mains qu'ils avaient serrées étaient froides. • **4.** Elle s'est serrée contre sa sœur.

EXPLICATION
Le participe passé d'un même verbe pronominal peut prendre quatre orthographes différentes selon le contexte et la place des mots.

28 Orthographier *même*

1 Tous subissent la même tonsure, portent le même froc, mangent le même pain noir, dorment sur la même paille, meurent sur la même cendre. Le même sac sur le dos, la même corde autour des reins. Il peut y avoir là un prince, ce prince est la même ombre que les autres. Plus de titre. Les noms de famille même ont disparu. […]

EXPLICATION
Pour t'assurer du fait que *même* est adverbe, tu peux essayer de remplacer *même* par *aussi*, *de plus* ou *y compris* : *Les noms de famille aussi ont disparu.*

2 Tous subissent les mêmes tonsures, portent les mêmes frocs, mangent les mêmes pains noirs, dorment sur les mêmes pailles, meurent sur les mêmes cendres.

3 **1.** Même (adv.) ses parents ne pouvaient y croire. • **2.** Ils ont programmé aujourd'hui les mêmes (dét.) films qu'hier. • **3.** Monsieur, vous avez travaillé vous-même (dét.) très tard, ce soir. • **4.** Elles n'osaient parler, même (adv.) doucement. • **5.** Ils ne pensent qu'à eux-mêmes (dét.).

EXPLICATION
Phrase 4 : *même* est au singulier car *vous* ne désigne pas plusieurs personnes, mais une seule (*Monsieur*).

4 **1.** Il dort à même le sol. • **2.** Mon frère est né ici même. • **3.** Agissez toujours de même. • **4.** Malgré ses difficultés, il a tout de même réussi.

29 Orthographier *tout*

1 **1.** Tous les tests le prouvent : déterminant accordé avec le nom déterminé.
2. Les livres sont tous dans la bibliothèque : pronom, mis pour *les livres*. On entend le *s*.
3. La voiture est tout abîmée : adverbe invariable.

EXPLICATION
Phrase 1 : pour vérifier que tu fais le bon choix, tu peux tenter la substitution et faire varier le genre du GN ; mets un GN féminin, par exemple : *toutes les expériences.*

2 **1.** Ces livres sont tous neufs. → tous sans exception. – Ces livres sont tout neufs. → tout à fait neufs.
2. Tous les invités sont repartis. → tous sans exception. – Les invités sont tous repartis. → *tous* est pronom et reprend *les invités*, il y a une forme d'insistance sur l'idée de totalité.

3 Gilda rentra chez elle. C'était un grand immeuble. La force publique se déploya tout autour. […] Cinq minutes étaient accordées à tous les locataires de la maison pour évacuer tous les appartements. Tous les officiers durent reculer. À l'aube, le bombardement commença. Les grenades explosaient toutes en l'air sans frapper la maison. Gilda dit : « Je veux un œuf pour ma fille ». On tira de dix camions des œufs de toutes les dimensions. La fillette en choisit un tout petit, en carton. Tout est bien qui finit bien.

30 Distinguer *qu'elle* et *quel*

1 Avdotia ouvrit les yeux, s'appuya sur son coude, et se mit à écouter. La chanson qu'elle entendait retentissait, sonore et fière, dans l'air froid de la nuit. Akim aussi souleva la tête.
« Qui est-ce qui chante ? Quelle est cette voix ? demanda-t-il.
– Je ne sais pas, répondit sa femme.
– Il chante bien, reprit-il après un court silence. Quelle voix forte ! » Puis il se rendormit.

2 **1.** Je te demande quelle est la bonne direction.
2. Il faut qu'elle vienne me voir.
3. On dit qu'elle est une femme d'esprit.
4. Quelle qu'elle soit, cette punition est méritée.

3 Alors qu'elles venaient de s'asseoir face à face dans le bus, quelle ne fut pas leur surprise de découvrir leur erreur ! Quel diable s'était ainsi joué d'elles ? L'une répétait qu'elle était confuse, l'autre se demandait quelles explications elle pouvait donner.

EXPLICATION
Quel déterminant s'accorde en genre et en nombre avec le nom qu'il détermine. Il peut ainsi prendre quatre formes différentes : *quel, quels, quelle, quelles.*

31 Distinguer *quel que* et *quelque*

1 Tout à coup parut quelque chose de noirâtre, plat. Était-ce quelque mille pattes ? […] À force de se dire « Qu'allais-je faire dans cette galère ? », Léon finit par apercevoir quelques rayons d'espérance.

EXPLICATION
Quelque se trouve dans plusieurs expressions invariables : *quelque part, quelquefois* (en un seul mot), *quelque temps*…

2 **1.** ☒ Quelle que soit la température, je me baigne.
2. Mes recherches donnent ☒ quelques bons résultats.
3. ☒ Quel que soit le temps, tu fais du vélo.

3 Quelle que soit leur fatigue, les quelques jeunes filles finalistes de la compétition acceptèrent, pour saluer le public venu les acclamer, de parcourir à pied les quelque cinq cents mètres qu'elles auraient dû faire en voiture.

4 **1.** Les quelque dix livres restants sont à vendre.
2. Quelle que soit ta décision, sois prudent !
3. Il faut que je lise encore ces quelque cent pages.
4. Quelles que soient ses raisons, il devra s'expliquer.

EXPLICATION
Phrases 3 et 5 : *quelle que* et *quelles que* s'accordent avec le sujet du verbe au subjonctif.

32 Indiquer les sens d'un mot

1 Une livre peut être une unité de poids, une monnaie ancienne ou la monnaie utilisée au Royaume-Uni. Ces trois sens possibles forment le champ sémantique du nom féminin *livre*.

2
- pôle Nord – froid
- vacances – liberté
- diamant – richesse

EXPLICATION
Froid pourrait évidemment convenir au terme *vacances*, dès l'instant où le mot se situerait dans un contexte particulier (comme les vacances d'hiver !).

3 **1.** une maison – un palais – ~~une baraque~~ – une demeure – un chalet – un château • **2.** un cheval – ~~une rosse~~ – un pur-sang – un étalon – une jument – un coursier • **3.** un homme – un personnage – une personne – ~~un individu~~ – ~~un type~~

33 Synonyme, antonyme, homonyme et paronyme

1 **1.** Il a pu être très (vexé) froissé par leurs paroles trop directes. • **2.** Mon voisin est terriblement (bavard) prolixe ! • **3.** Marc dissimule son caractère (farceur) espiègle sous un air sévère.

2

	Synonyme	Antonyme
succès	réussite	échec
tristesse	chagrin	joie

EXPLICATION
Il y a d'autres réponses possibles.

3 **1.** Nous nous arrêtons sur une aire de service de l'autoroute.
2. Les mythes de la religion grecque sont captivants.
3. Les galériens portaient de lourdes chaînes.

EXPLICATION
Le mot *air* a de nombreux homonymes : *aire*, mais aussi *ère*, *erre*, *hère*. *Hère* signifie « homme misérable » et « jeune cerf » : *hère* et *hère* sont homographes.

4 **1.** Tu as fait une brutale irruption dans la salle. – Le Vésuve est entré en éruption en 79 après J.-C.
2. Un grave accident a eu lieu sur l'autoroute. – Tout cela peut se résumer en un incident diplomatique sans conséquence grave.

EXPLICATION
Les paronymes sont sources d'erreurs collectives : c'est le cas de *collision* (accident) et de *collusion* (complicité), de *conjecture* (supposition) et de *conjoncture* (situation).

34 Les figures de style

1 Mignonne, allons voir si la rose
Qui ce matin avait déclose
Sa robe de pourpre au soleil
A point perdu cette vesprée
Les plis de sa robe pourprée
Et son teint au vôtre pareil.

Las ! voyez comme en peu d'espace
Mignonne, elle a dessus la place
Las, las ses beautés laissé choir !
Ô vraiment marâtre Nature,
Puisqu'une telle fleur ne dure
Que du matin jusques au soir ! [...]

1. Voir ci-dessus.
2. Il s'agit d'une comparaison.
3. « Les plis de sa robe pourprée ».
4. Les pétales de la rose.
5. Le poète attire l'attention de la jeune fille à laquelle il s'adresse en l'interpellant.

2
- le poète – le prince des nuées
- Napoléon – le Petit Caporal
- Amsterdam – la Venise du Nord
- le moustique – le petit serpent ailé

EXPLICATION
Les périphrases permettent d'éviter des répétitions, ou de mettre en avant une caractéristique particulière de ce dont on parle.

35 Les marques de modalisation

1 **1.** ☒ **c.** C'est indiscutablement l'une des grandes dates du film d'aventures hollywoodien.
☒ **e.** Ce film est marqué par la rencontre de Flynn et d'Olivia de Havilland qui formeront un couple exceptionnel.
☒ **f.** Les studios de la Warner semblent découvrir avec *Capitaine Blood* la magie du cinéma d'aventures.
☒ **g.** Le travail de M. Curtiz est celui d'un vieux routier et d'un grand professionnel.
2. Phrase c : l'une des grandes dates.
Phrase e : un couple exceptionnel.
Phrase f : la magie.
Phrase g : un vieux routier ; un grand professionnel.

EXPLICATION
Selon le cas, les énoncés modalisés expriment un plus ou moins grand degré de certitude (*indiscutablement*, *semblent*) et/ou un jugement positif sur le film.

2 Comme j'eus peur ! Puis voilà que tout à coup je commençai à m'apercevoir dans une brume, au fond du miroir, dans une brume comme à travers une nappe d'eau ; et il me semblait que cette eau glissait de gauche à droite, lentement, rendant plus précise mon image de seconde en seconde. C'était comme la fin d'une éclipse. Ce qui me cachait ne paraissait point posséder de contours nettement arrêtés, mais une sorte de transparence opaque s'éclaircissant peu à peu.
Je pus enfin me distinguer complètement.

3 **1.** Mon frère aurait perdu ses papiers dans le métro.
Mon frère a perdu ses papiers dans le métro.
2. Cet exercice est bien évidemment utile.
Cet exercice est utile.
3. Il paraît que la pluie va cesser prochainement.
La pluie va cesser prochainement.
4. D'après moi, il ne pleuvra pas aujourd'hui.
Il ne pleuvra pas aujourd'hui.
5. Il se pourrait que les épreuves soient difficiles.
Les épreuves sont difficiles.

4 Or, ayant dormi quarante minutes, je rouvris les yeux sans faire un mouvement, réveillé par une émotion. Je ne vis rien d'abord, puis tout à coup, une page du livre resté ouvert sur ma table tourna toute seule. Aucun souffle d'air n'était entré par ma fenêtre. J'attendis. Au bout de quarante minutes, je vis une autre page se soulever et se rabattre sur la précédente. Mon fauteuil était vide ; il était là, assis à ma place, et il lisait.

EXPLICATION
Il y a bien sûr plusieurs versions possibles.

36 Statut du narrateur et point de vue

1 Dans le premier extrait, le narrateur est interne car le récit est à la 1re personne. Comme il s'agit d'une autobiographie, Chateaubriand est à la fois le narrateur, le personnage et l'auteur : c'est à lui que renvoient le *je* et toutes les marques de la première personne. Dans le deuxième extrait, le narrateur est externe car le récit est à la 3e personne.

EXPLICATION
Attention, dans un récit à la 1re personne, il arrive que le narrateur soit un personnage fictif : l'auteur et le narrateur doivent être distingués dans ce cas.

2 Le point de vue est externe. Nous pouvons voir la scène, nous la représenter comme si une caméra nous en rendait l'image. Le narrateur semble effacer sa présence pour prouver son objectivité.

EXPLICATION
Les verbes de perception, les notations de lumière, les pronoms indéfinis (*on*), placent le narrateur comme spectateur externe.

3 Le début présente un point de vue externe : on voit l'homme de « l'extérieur ». Mais le point de vue devient interne à partir de la 4e phrase (« Une seule idée… »). À partir de ce moment, on suit les pensées de l'homme, ses intentions.

EXPLICATION
On peut aussi considérer que la 3e phrase relève déjà du point de vue interne : en effet, le narrateur semble connaître les intentions du personnage (*pour glisser…*) et ses sensations (*le gênait*).

4 Le point de vue est omniscient. Le récit est à la 3e personne et on connaît les sentiments et réactions des deux personnages en présence.

EXPLICATION
Des éléments du texte trahissent la présence du narrateur (*pauvre enfant !*, *cette âme de fer*) : ce sont des modalisateurs.

37 Discours direct et discours indirect

1 **1.** Le boulanger lui a demandé ce qu'il voulait.
→ discours indirect.
2. « Tu dors ? demande Marc.
– Non, je fais semblant », répond Éric, les yeux fermés.
→ discours direct.
3. Il dit en regardant autour de lui qu'il reviendrait vite.
→ discours indirect.

2 **1.** Elle lui demande quand il/elle pourra venir la chercher.
2. Il lui disait qu'il/elle n'avait rien fait depuis la semaine précédente.
3. Il annonçait qu'une semaine plus tard, il déménageait.
4. Elle disait qu'elle était arrivée la veille et que le lendemain, elle retournerait chez elle.
5. Il demandait à Sarah si elle pouvait apporter son ordinateur portable.

EXPLICATION
Observe les changements d'indicateurs de temps :
hier → *la veille* ; *demain* → *le lendemain* ; *la semaine dernière* → *la semaine précédente*…

3 L'agent marmonnait. Il allait appeler leurs parents. Ils finiraient par comprendre ! Lui, ne pouvait plus tolérer leurs sempiternelles bêtises. [Il déversa sur eux encore mille reproches et menaces.] Il s'arrêta enfin à l'arrivée de son collègue.

EXPLICATION
Le discours indirect libre permet d'alléger le récit.

4 **1.** Je restai évasif. Cela m'était égal et nous pourrions le faire si elle le voulait.
2. Je m'expliquai avec elle. Cela n'avait aucune importance et si elle le désirait, nous pouvions nous marier.

5 Le type de l'immigration m'a demandé mon nom, et quand je le lui ai dit, il a manifesté son mépris et a décidé que je m'appellerais Jack.

38 Les connecteurs

1 Le sentier, d'abord, montait entre des terrains vallonnés comme la pelouse d'un parc, puis arrivait sur un plateau où alternaient des pâturages et des champs en labour. Çà et là, un grand arbre mort faisait sur l'air bleu des zigzags avec ses branches. Presque toujours on se reposait dans un pré, ayant Deauville à gauche, Le Havre à droite et en face la pleine mer.

EXPLICATION
D'abord, *puis* sont des connecteurs temporels mais ici, comme souvent, ils ont davantage un rôle logique, puisqu'ils assurent la progression de la description.

2 **1.** La couche d'ozone diminue, si bien que certains États s'inquiètent.
2. Tu redoutes la chaleur, de sorte que tu es venu de bon matin.

3

Relation logique	Connecteur logique
Cause	car – en effet – car
Conséquence	ainsi
Opposition	or – mais – mais
Addition	Il n'y a pas de connecteurs d'addition dans ce texte.

EXPLICATION
Seuls sont considérés comme connecteurs les mots-outils reliant des phrases ou des propositions (et non des mots) ; ainsi, les conjonctions de coordination ne sont pas toujours utilisées comme connecteurs logiques dans ce texte.

4 Ce bon geôlier [...], c'est la prison incarnée [...]. Tout est prison autour de moi ; en effet, je retrouve la prison sous toutes les formes, sous la forme humaine comme sous la forme de grille ou de verrou. Ce mur d'abord, c'est de la prison en pierre ; cette porte ensuite, de la prison en bois ; ces guichetiers enfin, c'est de la prison en chair et en os. La prison est une espèce d'être horrible, complet, indivisible, moitié maison, moitié homme. Or je suis sa proie, elle me couve, elle m'enlace de tous ses replis. C'est pourquoi elle m'enferme dans ses murailles de granit, me cadenasse sous ses serrures de fer, et me surveille avec ses yeux de geôlier.

EXPLICATION
Le choix d'autres connecteurs est possible. Cependant il est nécessaire de respecter la cohérence logique du texte : *en effet* par exemple peut être remplacé par *car* ou par un autre mot, mais ce mot doit rendre compte du lien de cause qui unit les phrases.

39 Analyser un texte argumentatif

1 ☒ La notion de « beau » est très relative.

2 Mesdames et messieurs les jurés, vous devez aujourd'hui juger cette femme. Ce que j'ai à vous dire est simple : si elle a bien commis un vol, elle n'en est pas pour autant coupable, car le véritable coupable est la société ! [En effet, personne ne naît voleur ou assassin, mais on le devient, à force de souffrances.] Le grand Victor Hugo a dit : « Tel a assassiné sur les grands routes qui, mieux dirigé, eût été le plus excellent serviteur de la société. » Que penser alors de cette pauvre femme qui, voyant son enfant grelottant de froid, a mis sa propre liberté en péril pour le secourir ?
1. Un avocat.
2. Voir ci-dessus. Annonce : « Ce que j'ai à vous dire est simple ».
3. Voir ci-dessus.
4. Un argument d'autorité.
5. La pitié.

EXPLICATION
Ce type de discours s'appelle une plaidoirie. L'avocat cherche à convaincre son auditoire par tous les moyens possibles et utilise donc différents types d'arguments.

3 **1.** Robert Badinter ministre de la Justice de 1981 à 1986. • **2.** Aux députés. • **3.** Il prononce un discours à l'Assemblée nationale. • **4.** Convaincre les députés de voter l'abolition de la peine de mort. • **5.** Sur une anaphore. • **6.** Un oxymore.

EXPLICATION
L'anaphore (*Demain...*) contribue à créer une tension, qui progresse jusqu'à la phrase finale : « Demain, vous voterez l'abolition de la peine de mort. »
L'oxymore (*une justice qui tue*) a ici une visée argumentative et fait apparaître la contradiction entre l'idée de justice et la peine de mort.

4 1. En premier lieu, l'école permet de s'initier aux règles de vie en société.
3. Par ailleurs, l'école transmet de nombreux savoirs.
4. Les différentes matières enseignées – maths, français, sciences, histoire, géographie, langues... – sont l'occasion d'acquérir des connaissances diversifiées.
5. Enfin, les compétences générales acquises à l'école sont indispensables.
2. Les élèves apprennent à respecter les autres, à écouter et prendre la parole de manière constructive...
6. Parmi elles, la curiosité et l'esprit critique facilitent l'adaptation à un monde toujours en évolution.
1. Voir ci-dessus.
2. Aller à l'école est utile et indispensable.

40 Analyser une image argumentative

1 **1.** Une affiche. • **2.** Tout le monde. • **3.** Un micro. • **4.** Un homme et une femme. • **5.** De la gaieté, une ambiance de fête. • **6.** La date et la nature de la fête. • **7.** ☒ joie ☒ mouvement ☒ gaieté ☒ enthousiasme.

2 **1.** Le gouvernement (pour la sécurité routière). • **2.** Les conducteurs de voiture. • **3.** Au volant d'une voiture qui roule. • **4.** Il téléphone. • **5.** Il n'a pas de tête.

EXPLICATION
Le personnage ne voit pas la route, on peut dire qu'il n'y a pas de conducteur à proprement parler.

3 **1.** Deux phrases. • **2.** Au bas de l'image. • **3.** Le mot *téléphoner*. • **4.** Faire prendre conscience du danger que représente la personne qui téléphone pour le monde qui l'entoure.

4 Le téléphone au volant est un danger : le conducteur n'est plus attentif, c'est exactement comme s'il n'était pas là.

VERS LE BREVET

1 Texte de Victor Hugo

QUESTIONS

1. Les mots « geôlier », « cellule », « menottes », « prison » appartiennent au champ lexical du monde carcéral.
2. a. Les trois verbes sont « claquaient », « tremblaient », « trébuchai ».
b. Il s'agit d'une comparaison.
c. Le narrateur a sans doute froid mais il a surtout peur.
3. a. Le rapport logique est la conséquence : L'air vif du matin me ranima si bien que je levai la tête.
b. Le narrateur paraît reprendre vie.
4. a. On relève les adjectifs qualificatifs suivants : « bleu », « chauds », « longues », « grands », « hauts », « sombres ».
b. Le narrateur voit la lumière du ciel. Cette clarté contraste avec l'obscurité de la prison.
5. a. Les « menottes » et leur « petite serrure compliquée » forment une machine, c'est-à-dire un appareil qui agit de manière automatique. Le narrateur s'identifie lui aussi à une machine, car il agit mécaniquement comme un robot et non plus comme un être humain.
b. Il se sent « le centre auquel se rattachaient les fils qui faisaient mouvoir toutes les faces béantes et penchées ».
6. L'accumulation des termes et la répétition de « puis » produisent le sentiment de marche sans fin.
7. Les gens sont bruyants, se bousculent et poussent pour voir le prisonnier, comme en témoignent les expressions « deux masses de peuple murées de soldats », « toutes les faces béantes et penchées » ; puis au contraire tous se taisent : « il se fit un grand silence », preuve que quelque chose de grave se prépare.
8. Le narrateur se laisse manipuler comme un objet, perdant toute conscience de ce qui lui arrive.
9. a. Le pronom « il » remplace « tumulte ».
b. Jusqu'à la salle, le narrateur se laisse mener et n'a que quelques impressions fugitives (air, bruit...). Ce qu'il a refusé durant le trajet devient réalité avec le silence.
10. a. L'attitude du narrateur, son absence de réactions, ses gestes d'automate nous renvoient une image pathétique d'un être qui ne réalise pas ce qui lui arrive : il se sent pris au piège, conscient de l'impossibilité d'échapper à son sort, seul face à la multitude hostile. Nous éprouvons beaucoup de compassion pour lui et nous aimerions faire un geste d'encouragement à son égard.
b. En décrivant la souffrance du condamné dans ce long cheminement de l'arrestation à la mort, Victor Hugo veut montrer au lecteur le manque d'humanité du monde carcéral et de la justice. Or un être humain reste un être humain, quoi que l'on puisse lui reprocher.

RÉÉCRITURE

En cet instant, il s'aperçoit qu'il est sans chaîne ; mais il ne peut se rappeler ni où ni quand on la lui a ôtée.

DICTÉE

Tout à coup l'un des valets m'a enlevé ma veste, et l'autre a pris mes deux mains qui pendaient, les a ramenées derrière mon dos, et j'ai senti les nœuds d'une corde se rouler lentement autour de mes poignets rapprochés. En même temps, l'autre détachait ma cravate. Ma chemise de batiste, seul lambeau qui me restât du moi d'autrefois, l'a fait en quelque sorte hésiter un moment ; puis il s'est mis à en couper le col.

À cette précaution horrible, au saisissement de l'acier qui touchait mon cou, mes coudes ont tressailli, et j'ai laissé échapper un rugissement étouffé. La main de l'exécuteur a tremblé.

Victor Hugo, *Le Dernier Jour d'un condamné*, 1829.

RÉDACTION

Sujet 2. Plan détaillé
Il est vrai que :
– à l'heure actuelle, quelques pays appliquent encore la peine de mort comme certains États des États-Unis ; ce n'est plus le cas en France ;
– le désir de châtier le coupable, d'obtenir vengeance est très vif quand les faits sont révoltants ;
– les défenseurs de la peine de mort clament la nécessité de faire des exemples pour faire peur et décourager les futurs délinquants.
Mais il est préférable de penser que :
– la justice humaine peut s'exercer sans forcément rendre coup pour coup ;
– un homme n'est pas criminel à vie. Il peut s'amender, se racheter. Quand il a purgé sa peine, il peut avoir évolué et on doit lui permettre de se réinsérer socialement, avec, s'il le faut, une période de mise à l'essai ;
– l'erreur judiciaire existe. Comment peut-on être certain en effet, quand l'accusé clame son innocence, qu'il est le coupable, au risque de le faire mourir pour découvrir par la suite qu'il était vraiment innocent ?

2 Texte d'Ida Grinspan

QUESTIONS

1. a. Le rapport logique est l'opposition.

b. Même si ma fille m'encourageait sans cesse (subordonnée), je remettais à plus tard (principale).

2. Ida prévoyait « qu'il serait douloureux de revivre certains souvenirs [qu'elle avait] enfouis ».

3. Le verbe est au subjonctif, car il est précédé de la conjonction de subordination « sans que ».

4. En avril 2001, Wanda meurt. Ida a alors le sentiment d'une dette envers celle qui lui a sauvé la vie et qu'elle n'a jamais pu remercier. Elle sent que seul son témoignage peut lui permettre de se racheter et elle se décide à écrire.

5. préfixe : *dés* / radical : *human* / suffixe : *isation*.

6. On peut choisir trois éléments parmi ceux que cite Ida : « n'être qu'un numéro », « ne rien posséder de personnel qu'une gamelle et une cuillère », « avoir constamment faim », avoir « toujours froid durant les longs hivers », « être épuisée », être « battue », « craindre le pire à chaque instant ».

7. Le procédé de style utilisé est l'accumulation (ou énumération).

8. La proposition subordonnée de cause qui donne l'unique explication, d'après Ida, de la Shoah est « parce qu'ils étaient nés ».

9. Les événements historiques évoqués par l'auteur sont « le nazisme et ses méthodes » à Auschwitz durant la Seconde Guerre mondiale et les massacres au Cambodge et au Rwanda.

10. Ida veut témoigner auprès des jeunes « pour qu'ils sachent ce que des hommes ont été capables de faire à d'autres hommes [...] les jeunes doivent être préparés à préserver les libertés des tentations totalitaires ». En racontant les horreurs qu'elle a vécues, Ida veut mettre en garde les jeunes et leur montrer la valeur de la liberté.

11. Ida met en avant la chance que nous avons de vivre en République et en démocratie où nous avons la liberté de pensée, la liberté de parole, la liberté d'action. Ce sont des précieux trésors qu'il faut à tout prix garder.

12. La mission d'information dont se charge Ida Grinspan est primordiale. Son témoignage relève du « devoir de mémoire » et nous apporte « en direct » une leçon d'Histoire. Elle a vécu, à notre âge, des événements violents et tragiques, la déshumanisation. Son témoignage nous touche plus qu'un texte anonyme de livre d'Histoire. Il nous permet de prendre conscience de ce qui peut toujours se produire, comme les génocides qui ont eu lieu au Cambodge ou au Rwanda.

La fin du texte nous appelle à refuser tout gouvernement totalitaire pour privilégier la démocratie.

RÉÉCRITURE

Elle juge nécessaire de raconter tout ce qu'elle a vu et vécu elle-même. Sa fille l'encourage sans cesse, mais elle remet à plus tard. Elle prévoit qu'il sera douloureux de revivre certains souvenirs qu'elle a enfouis.

DICTÉE

« Si nous ralentissons le pas, les coups de crosse pleuvent. Celles qui tombent sont abattues. Le talus de la petite route est jonché de cadavres. [...]

« Au bout de soixante-dix kilomètres parcourus en trois jours et trois nuits, nous sommes arrivées dans une ville dont le nom m'a échappé. [...] C'est là qu'on nous fait monter dans des wagons à plate-forme, découverts, et qui servent probablement au transport du charbon. [...] Seul intérêt du manque de toit : pendant le trajet d'au moins deux jours vers Ravensbrück, nous n'avons rien à manger, nous devons nous contenter d'ouvrir la bouche pour happer des flocons de neige. »

Ida Grinspan et Bertrand Poirot-Delpech, *J'ai pas pleuré*, p. 116-117

RÉDACTION

Sujet 1. Corrigé rédigé

J'adore le sport, je suis passionné d'athlétisme. Je rêve secrètement de participer aux Jeux olympiques. Je suis allé en voyage en Grèce avec ma classe et j'ai vécu là-bas un événement imprévu que je n'oublierai jamais.

Nous étions arrivés ce jour-là à Olympie pour visiter le stade antique. Beaucoup de policiers vérifiaient les sacs. Notre professeur de grec ne semblait pas très étonné. Très vite, nous comprîmes ce qui se préparait. Nous allions être témoins de l'allumage de la flamme olympique, à Olympie même, cette flamme qui allait faire le tour du monde avant d'arriver à Londres où elle brûlerait pendant toute la durée des Jeux.

J'étais littéralement pétrifié, submergé par une joie si forte que j'avais à la fois besoin de rire et de pleurer. J'étais ébahi et en même temps surpris d'être là ! Tout me fascinait, l'énorme loupe pour capter les rayons du soleil et allumer la flamme, les jeunes femmes en vêtement antique, la foule. Le ciel était bleu, l'air semblait plus léger. J'aurais voulu que le temps s'arrêtât. Et puis chacun se tut, il y eut un silence recueilli ; je voyais, à côté de moi, mes camarades retenir leur souffle, comme s'il s'agissait d'un rituel religieux. Nous sentions que nous vivions et partagions tous la même émotion, mélange d'excitation et de recueillement. Et enfin toutes les bouches en même temps jetèrent un énorme cri de joie quand l'étincelle jaillit dans un tonnerre d'applaudissements, que je ne suis pas près d'oublier.

3 Texte de Didier Daeninckx

QUESTIONS

1. Le voyage s'est passé dans de mauvaises conditions. Les Kanaks étaient mal installés (« Nous vivions sur le troisième pont, comme des passagers de dernière catégorie »), subissant les effets du climat (« trop chaud le jour, trop froid la nuit »), tombant malades (« plusieurs d'entre nous ont contracté la malaria ») et même mourant (« il y a eu trois morts »).

2. a. « comme des moutons, effrayés par le bruit, les fumées, les râles de vapeur et les sifflements des locomotives » : il s'agit d'une comparaison, figure de style introduite par « comme ».

b. Le narrateur compare le groupe des Kanaks à un troupeau de moutons effrayés par tout ce qui les entoure et incapables d'autonomie. Il met ainsi en valeur l'absence de respect dont ils sont victimes : on les traite comme des bêtes, sans explication pour les rassurer et leur permettre de comprendre ce qui leur arrive.

3. a. Cette phrase ne comporte pas de verbe mais seulement une énumération de groupes nominaux : il s'agit d'une phrase nominale.

b. La construction de cette phrase rend compte d'une accumulation qui correspond aux sensations qui subjuguent le narrateur, le fascinent : « j'avais mal aux yeux à force de les tenir ouverts pour ne rien perdre du spectacle. »

4. Le mot « magique » indique que le narrateur apparente la neige, qu'il ne connaît pas, à un phénomène merveilleux et envoûtant.

5. a. L'expression renvoie à une promesse de mariage faite par le père de Minoé au narrateur. Les jeunes gens sont donc fiancés.

b. Le narrateur a le sens de l'honneur : il est fidèle à ses engagements, respecte la parole donnée et se doit de protéger sa fiancée.

6. a. Les paroles de l'officiel sont rapportées au discours indirect. Les marques grammaticales sont : la présence d'un verbe introducteur de paroles « a expliqué », la conjonction de subordination « que » introduisant une proposition subordonnée complétive, les pronoms personnels différents de ceux du discours direct, l'imparfait des verbes.

b. Le discours de l'officiel est double. Il veut faire croire que la direction de l'Exposition se préoccupe de protéger les Kanaks et agit dans leur intérêt (« la direction était responsable de nous et qu'elle voulait éviter tout contact avec les mauvais éléments des grandes métropoles ») alors qu'en réalité on restreint leur liberté (« Nous n'avons pas eu droit au repos ni visité la ville »), on ne respecte pas « les engagements qu'avaient pris l'adjoint du gouverneur à Nouméa ». Le discours de l'officiel est un tissu de mensonges.

7. Tout est fait pour que le public pense que les Kanaks ne sont pas des êtres humains, mais des bêtes. Ils sont « parqués derrière des grilles », au zoo de Vincennes entre les lions et les crocodiles : « des hommes sont venus nous dresser, comme si nous étions des animaux sauvages ». Ils doivent obéir comme des esclaves (« il fallait faire du feu... Nous devions creuser... »), abandonner toute liberté et dignité (« les femmes étaient obligées de danser le pilou-pilou à heures fixes »)... On leur impose de donner une fausse idée de leurs coutumes et de leur culture. Tout montre l'absence totale de respect vis-à-vis des Kanaks.

8. La direction veut montrer au public du sensationnel et choisit de présenter les Kanaks comme des primitifs qui creusent des pirogues et font du feu dans des huttes, voire comme des cannibales puisque la pancarte annonce « Hommes anthropophages ». Pourtant, le narrateur ne correspond en rien à cette image. Il est conscient que les engagements pris sont bafoués. Lui est un homme qui respecte la parole donnée et il voit bien que l'officiel est hypocrite et menteur.
Le narrateur souffre du déroulement du voyage. Il est loin d'être un animal sauvage ou un primitif, il sait lire et a mémorisé tous les détails de son expédition. L'image que la direction de l'Exposition veut donner de lui ne correspond en rien à la réalité.

RÉÉCRITURE

Parvenues à la gare, elles n'osaient pas bouger. Elles restaient collées les unes aux autres, effrayées par le bruit, les fumées, les râles de vapeur et les sifflements des locomotives. La fatigue les a terrassées.

DICTÉE

Je me suis précipité sur les uniformes, les poings dressés. Ils n'attendaient que cela pour sortir leurs gourdins et me frapper sur les épaules, la tête. J'ai réussi à m'agripper à un des surveillants, à m'en servir comme d'un bouclier. J'avançais en le tenant par la gorge. Je montrais les dents, comme ils nous avaient appris à le faire pour impressionner les visiteurs. Ils avaient formé le cercle et riaient.

– Mais c'est qu'il mordrait, le cannibale !

L'un des gardiens s'était faufilé derrière moi, et quand j'ai pris conscience de sa présence, il était trop tard. La matraque s'est abattue sur ma nuque. Je suis tombé sur les genoux, à demi assommé. J'ai rassemblé toutes les forces qui me restaient pour ne pas fermer les yeux.

Didier Daeninckx, *Cannibale*, © Verdier, 1998.

RÉDACTION

Sujet 2. Pistes de réflexion

Après avoir défini le mot culture dans le contexte du sujet proposé, on pourra montrer en premier lieu que la rencontre de personnes d'une autre culture permet l'enrichissement personnel : améliorer ses connaissances dans des domaines très variés, aussi bien culinaires que vestimentaires, religieux, musicaux, historiques... ; comprendre des habitudes de vie, des relations entre les membres d'une même communauté qui ne correspondent pas forcément à celles que l'on pratique.
En second lieu, on pourra dire que la découverte d'autres façons de vivre peut permettre de se remettre soi-même en cause. Les préjugés tenaces à l'égard d'une personne aux coutumes différentes peuvent ainsi disparaître ou du moins être globalement remis en cause. Cette personne peut nous montrer ce qui est contestable à ses yeux dans nos propres habitudes de vie et ainsi nous donner à réfléchir sur nos choix et nos priorités.
En conclusion, on montrera que la connaissance réciproque assure le respect mutuel.

4 Texte d'Alain-Fournier

QUESTIONS

1. On apprend que Meaulnes se trouve sans l'avoir fait exprès dans le même bateau que Mlle de Galais.

2. a. Verbes dont le sujet est le jeune homme : « se retrouva », « s'accouda », « put » sont au passé simple.
Verbes dont le sujet est la jeune fille : « s'était assise » est au plus-que-parfait ; « regardait », « répondait », « souriait », « posait » sont à l'imparfait.

b. Le passé simple est utilisé pour une action achevée de premier plan, alors que l'imparfait indique l'action inachevée, qui se répète, de second plan. On comprend que Meaulnes est dans l'action, il conduit les événements, alors que la jeune fille donne l'impression de répéter ses gestes, de faire durer le moment et de prendre plaisir à être regardée par Meaulnes.

3. a. Il y a échange de regards.

b. L'adverbe « doucement » rend l'idée d'un geste calculé pour profiter de l'instant et séduire en même temps.

4. Verbe : émouvoir ; nom : émotion.

5. L'« émoi » de Meaulnes vient du souvenir de la proximité de son propre visage avec celui de Mlle de Galais.
Le déterminant exclamatif « quel » permet de renforcer la portée de cet émoi.

6. Il s'agit d'une comparaison.

7. Les mots du champ lexical du regard sont : « Il avait regardé », « de tous ses yeux », « larmes », « avoir vu ».

8. Il est plein d'admiration et séduit par la beauté de la jeune fille. Il lui dit : « Vous êtes belle ».

9. a. Les verbes sont au conditionnel.

b. Ce sont des hypothèses formulées par Meaulnes qui imagine, comme en plein rêve.

10. Tout s'arrange exactement comme il faut pour que les jeunes gens se retrouvent ensemble : « Meaulnes s'avança dans une allée où, dix pas devant lui, marchait la jeune fille. Il se trouva près d'elle sans avoir le temps de réfléchir ».

11. Le texte commence par « sans savoir comment » et finit par « sans avoir le temps de réfléchir ».
Tout se passe comme si Meaulnes était le jouet du destin et que les événements, y compris ses propres actes, lui échappaient.

12. La rencontre amoureuse est soudaine et spontanée (l. 4-5). Les deux personnages se laissent très rapidement submerger par leurs émotions (l. 13 à l. 18) et ne contrôlent plus le cours des événements (l. 21 à l. 26). Tout se fait comme par magie, comme dans un rêve.
Ce qui caractérise un « coup de foudre », c'est la rapidité avec laquelle les sentiments s'emparent des personnes, par l'échange d'un regard. C'est bien cette rapidité et cette réciprocité qui sont décrites ici.

RÉÉCRITURE

Sans savoir comment, je me retrouvai dans le même yacht que les jeunes châtelaines. Je m'accoudai sur le pont, tenant d'une main mon chapeau battu par le grand vent, et je pus regarder à l'aise les jeunes filles, qui s'étaient assises à l'abri.

DICTÉE

Ils arrivaient en vue de l'embarcadère. Elle s'arrêta soudain et dit pensivement :

« Nous sommes deux enfants ; nous avons fait une folie. Il ne faut pas que nous montions cette fois dans le même bateau. Adieu, ne me suivez pas. »

Meaulnes resta un instant interdit, la regardant partir. Puis il se reprit à marcher. Et alors la jeune fille, dans le lointain, au moment de se perdre à nouveau dans la foule des invités, s'arrêta et, se tournant vers lui, pour la première fois le regarda longuement. Était-ce pour lui défendre de l'accompagner ? Ou peut-être avait-elle quelque chose encore à lui dire ?...

Alain-Fournier, *Le Grand Meaulnes*, 1913.

RÉDACTION

Sujet 2. Pistes de réflexion pour un dialogue argumenté

- Interlocuteur 1 : Je ne crois pas au coup de foudre, cela n'existe que dans les films. En effet pour aimer quelqu'un vraiment, il faut le connaître, savoir qui il est, ce qu'il pense, comment il vit... ce qui exclut la soudaineté du coup de foudre. On peut avoir tout au plus de la sympathie au premier coup d'œil.
- Interlocuteur 2 : C'est une erreur, l'amour est un sentiment inexplicable. Pourquoi deux êtres sont attirés l'un par l'autre, se sentent en harmonie alors que parfois ils ont eu des éducations très différentes, exercent des activités sans rapport entre elles... ?
- Interlocuteur 1 : C'est de toute façon, même si je t'en concède l'existence, une situation trop idéale sans rapport avec la réalité et surtout sans lendemain. Son nom est révélateur : « coup de foudre », c'est rapide, violent et éphémère.
- Interlocuteur 2 : Au contraire, un coup de foudre est une boule de feu qui laisse la trace de son passage. On peut donc être marqué pour toujours par ce moment magique et il faut tout faire pour le prolonger à l'infini.

MATHÉMATIQUES

Cette partie te propose un entraînement guidé à l'épreuve de maths du brevet. Tu y trouveras des rappels de cours et des exercices sur toutes les **notions** mises en œuvre dans les sujets. Ils sont classés par parties du programme :

La partie comprend aussi :

NOMBRES ET CALCULS

1 Développer une expression

Comment développer une expression en utilisant la distributivité ?

- Pour tous nombres a, b, c, d et k, on a :

$k \times (a + b) = ka + kb$; $k \times (a - b) = ka - kb$.

$(a + b)(c + d) = ac + ad + bc + bd$.

Exemple

Développer et simplifier l'expression $A = (x + 3)(x + 2)$.

$A = (x + 3)(x + 2) = x^2 + 2x + 3x + 3 \times 2 = x^2 + 5x + 6$.

★ 1 Pour réviser

Développer puis simplifier les expressions suivantes.

$A = 3x(x + 1) + 2x =$ ……………………………………………

$B = (x + 7)(x - 2) =$ ……………………………………………

$C = (5x + 6)(2x - 1) =$ ……………………………………………

$D = (x + 2)(x - 5) + (x - 3)(x + 4) =$ ……………………………………………

$E = 3(x - a) + a(3 - x) + x(a - 3) =$ ……………………………………………

$F = (x - 6)(x + 1) - (x + 6)(x - 1) =$ ……………………………………………

COUP DE POUCE
N'oublie pas de simplifier !

★ 2 À compléter par des nombres entiers

a. $(3x + 8)(7x +$ …………$) =$ ………… $x^2 +$ ………… $x + 16$

b. $(2a + b)(4a + 3) =$ ………… $a^2 +$ ………… $a +$ ………… $ab +$ ………… b

c. $(4x -$ …………$)(6x + 3) =$ ………… $x^2 -$ ………… $x - 15$

COUP DE POUCE
Remplace les pointillés par des nombres entiers. Travaille au brouillon et recopie le résultat.

Comment développer une expression en utilisant les égalités remarquables ?

- Pour tous nombres a et b, on a :

$(a + b)^2 = a^2 + 2ab + b^2$
$(a - b)^2 = a^2 - 2ab + b^2$
$(a + b)(a - b) = a^2 - b^2$

$2ab$ s'appelle le double produit.

Exemples

Développer $(x + 3)^2$, $(x - 7)^2$ et $(x + 4)(x - 4)$.

$(x + 3)^2 = x^2 + 2 \times x \times 3 + 3^2 = x^2 + 6x + 9$.

$(x - 7)^2 = x^2 - 2 \times x \times 7 + 7^2 = x^2 - 14x + 49$.

$(x + 4)(x - 4) = x^2 - 4^2 = x^2 - 16$.

3 Les cas sûrs !

Développer.

$A = (x + 8)^2 =$ ....

$B = (x - 1)^2 =$ ....

$C = (h - 5)^2 =$ ....

$D = (t + 3)(t - 3) =$ ....

$E = (2x + 9)^2 =$ ....

$F = (y + 2)^2 =$ ....

4 Les cas rosses !

Remplacer les pointillés par des nombres entiers.

a. $(3x + 7)^2 =$ .... $x^2 +$ .... $x +$ ....

b. $(5a +$ ....$)(5a - 2) =$ .... $a^2 - 4$

c. $(2x + 3y)^2 =$ .... $x^2 +$ .... $xy +$ .... y^2

d. $(1 -$ .... $x)^2 =$ .... $-$ .... $x + 36x^2$

e. $(9a + 1)(9a - 1) =$ .... $a^2 -$ ....

5 Vrai ou faux ?

Rayer les égalités qui sont fausses.

a. $(x + 1)^2 = 1 + x^2 + 2x$

b. $(x + 5)^2 = x^2 + 25$

c. $(2x - 3)^2 = 4x^2 - 9$

d. $(a + 0{,}5)^2 = a^2 + a + 0{,}25$

e. $x^2 - y^2 = (x - y)^2$

f. $9x^2 - 4y^2 = (3x - 2y) \times (3x + 2y)$

6 Des sommes et des produits

Développer et réduire les expressions suivantes.

$A = (x + 4)^2 - 8(x + 2) =$ ....

$B = (a - 7)^2 + (a + 7)^2 =$ ....

$C = (2x + 3)^2 - (2x - 3)^2 =$ ....

$D = (3b - 5)^2 + 30b =$ ....

$E = 121 + (2x - 11)(2x + 11) =$ ....

7 Compléter sans calculatrice et sans poser les opérations

$32^2 = (30 + 2)^2 = 30^2 + 2 \times 30 \times 2 + 2^2 =$ .... + ... + ... = ...

$21^2 = (20 + 1)^2 =$ ....

$103^2 =$ ....

$19^2 = (20 - 1)^2 =$ ....

$98^2 = (100 -$ ....$)^2 =$ ....

$81 \times 79 = (80 +$ .... $) \times (80 -$ ....$) =$ ....

COUP DE POUCE
Utilise les égalités remarquables.

ATTENTION
Prends garde au E : $(2x)^2 = 2x \times 2x = 4x^2$ et non pas $2x^2$.

COUP DE POUCE
Un conseil : cherche d'abord au brouillon !

ATTENTION
Tu commets une erreur si, par exemple, tu oublies le double produit.

INFO
$-(a-b) = -a + b$
$-(a-b+c) = -a + b - c$

COUP DE POUCE
Entraîne-toi au calcul mental !

Corrigés p . 149

2 Factoriser une expression

Comment factoriser en utilisant un facteur commun ?

▸ Pour tous nombres a, b et k, on a :

$$ka + kb = k(a + b)$$

On a mis k en facteur.

k est un facteur commun.

Exemple : $7x + 21 = 7x + 7 \times 3 = 7(x + 3)$.

★ 1 Avec un facteur commun (1)

Factoriser les expressions suivantes.

$A = 9a + 18 =$ ....

$B = 7x - 7y =$ ....

$C = 2a + ax =$ ....

$D = 4x^2 - x =$ ....

$E = i - i^2 =$ ....

$F = 6x - 18y + 12 =$ ....

COUP DE POUCE

• Pour A : fais apparaître le facteur commun 9.
• Pour D et E : observe que $4x^2 = 4x \times x$ et $i^2 = i \times i$
• Pour F : 6 est...

★★ 2 Avec un facteur commun (2)

Factoriser les expressions suivantes.

$A = (x - 2)(2x + 1) + (x - 2)(x + 4) =$ ....

$B = (a + 1)(a - 3) + (a + 1)^2 =$ ....

$C = x(x + 8) - 2(x + 8) =$ ....

$D = (3x - 2)(4x + 5) - 5(3x - 2) =$ ....

COUP DE POUCE

Dans le calcul de B, $(a + 1)^2 = (a + 1) \times (a + 1)$.

★ 3 Le bon grain de l'ivraie

Rayer les expressions qui ne sont pas des produits de facteurs.

$A = (x + 2)^2$ $\quad B = a^2 + 1$ $\quad C = 2x + 3x$ $\quad D = x^2 + 2x$ $\quad E = (2x - 3)(3 + 2x)$

$F = 3 + 4x\,(3 + 4x)$ $\quad G = x(x + 3) + 3$ $\quad H = 4x^2 \times (x + 1)^2$ $\quad I = 2x(x + 3) \times (x + 3)^2$

Comment factoriser une expression en utilisant les égalités remarquables ?

▸ Pour tous nombres a et b on a :

$$a^2 + 2ab + b^2 = (a + b)^2$$
$$a^2 - 2ab + b^2 = (a - b)^2$$
$$a^2 - b^2 = (a + b)(a - b)$$

Les trois expressions de droite sont des produits de facteurs.

Exemples : Factoriser $x^2 + 8x + 16$ puis $y^2 - 25$.

$x^2 + 8x + 16 = x^2 + 2 \times x \times 4 + 4^2 = (x + 4)^2$

$y^2 - 25 = y^2 - 5^2 = (y + 5)(y - 5)$

Ces deux expressions sont des produits de facteurs.

4 Classique

Factoriser en utilisant les égalités remarquables.

$A = x^2 - 6x + 9 =$ ....

$B = x^2 + 2x + 1 =$ ....

$C = a^2 - 9 =$ ....

$D = a^2 - 2a + 1 =$ ....

$E = x^2 + 10x + 25 =$ ....

COUP DE POUCE
Essaie de repérer des carrés : termes en x^2, a^2, ou nombres comme 9, 25, 36... puis utilise les égalités remarquables.

5 Égalités à trous

Compléter.

$A = 4x^2 - 49 = (\ldots)^2 - (\ldots)^2 = (\ldots + \ldots)(\ldots - \ldots)$

$B = 25x^2 + 30x + 9 = (\ldots x)^2 + 2 \times 5x \times \ldots + (\ldots)^2 = (\ldots + \ldots)^2$

$C = 9x^2 - 6x + 1 = (\ldots - \ldots)^2$

$D = 81 - 36x^2 = (\ldots)^2 - (\ldots)^2 = (\ldots + \ldots)(\ldots - \ldots)$

COUP DE POUCE
Repère des carrés : $4x^2 = (2x)^2$.

6 Avec des égalités remarquables

Factoriser les expressions suivantes.

$A = 16x^2 + 24x + 9 =$ ....

$B = 4x^2 - 4x + 1 =$ ....

$C = 9x^2 - 64 =$ ....

$D = 100r^2 - 1\,000r + 2\,500 =$ ....

$E = 25x^2 - 10x + 1 =$ ....

$F = 49 - 81x^2 =$ ....

$G = (3x + 4)^2 - 9 =$ ....

COUP DE POUCE
Pour C, F, et G, utilise la formule $a^2 - b^2 = (a + b)(a - b)$.

7 Marions-les !

Chaque expression de la première colonne est égale à une expression de la seconde colonne. Indiquer ces égalités.

$a = 4x^2 - 9$	$A = (2x - 3)^2$	$a =$ ....
$b = 16x^2 + 8x + 1$	$B = (2x + 3)^2$	$b =$ ....
$c = 4x^2 - 12x + 9$	$C = (1 - 4x)^2$	$c =$ ....
$d = 16x^2 - 8x + 1$	$D = (2x - 3)(2x + 3)$	$d =$ ....
$e = 4x^2 + 12x + 9$	$E = (4x + 1)(4x - 1)$	$e =$ ....
$f = 16x^2 - 1$	$F = (1 + 4x)^2$	$f =$ ....

COUP DE POUCE
Pour b. : observe que $(1 + 4x)^2$ est la même chose que $(4x + 1)^2$.

Corrigés p . 149

3 Résoudre des équations (révision)

Quelles situations rencontre-t-on quand on résout des équations ?

Première situation

On peut ajouter ou retrancher un même nombre aux deux membres d'une égalité.

Exemple 1 : Si $x - 5 = 7$
alors $x = 7 + 5$
donc $x = 12$.

On trouve x en ajoutant 5 aux deux membres.

Exemple 2 : Si $3x = 3 + 2x$
alors $3x - 2x = 3$
donc $x = 3$

On isole les x en retranchant $2x$ aux deux membres.

Seconde situation

On peut multiplier ou diviser les deux membres d'une égalité par un même nombre (non nul).

Exemple 1 : Si $3x = 24$
alors $x = \frac{24}{3}$
donc $x = 8$

On trouve x en divisant les deux membres par 3.

Exemple 2 : Si $\frac{5x}{2} = \frac{7}{2}$
alors $5x = 7$
donc $x = \frac{7}{5}$.

On supprime le dénominateur commun 2, en multipliant les deux membres par 2.

1 Résoudre

a. $x + 5 = 3$ b. $x + 12 = 0$ c. $x - 4 = 5$ d. $x - 7 = - 5$

2 Résoudre

a. $2x = 12$ b. $3x = 7{,}5$ c. $5x = - 8$ d. $4x = 0$

3 Résoudre

a. $4x = 1$ b. $7x = 1$ c. $- 2x = 5$ d. $- 8x = - 16$

4 Résoudre

a. $2x + 3 = 5$

b. $7x - 4 = 11$

c. $3x - 15 = 0$

5 Résoudre

a. $8x + 12 = 0$

b. $-3x + 1{,}5 = 6$

c. $-2x - 30 = 20$

6 Résoudre

a. $2x + \pi = 5\pi$

b. $11x + 5 = 5$

c. $1 + 499x = 500$

7 Résoudre

a. $\frac{3x}{7} = \frac{9}{14}$

b. $\frac{1}{4} + \frac{x}{2} = \frac{5}{2}$

c. $\frac{x}{3} = \frac{1}{2} + \frac{x}{6}$

COUP DE POUCE

Réduis d'abord tous les termes au même dénominateur.

8 Résoudre

a. $\frac{1}{2} = \frac{1}{3} + x$

b. $\frac{x}{5} + 1 - \frac{3}{10} = 0$

c. $\frac{7}{3} - \frac{x}{9} = -2$

ATTENTION

- **b.** $1 = \frac{10}{10}$; $0 = \frac{0}{10}$
- **c.** $-2 = -\frac{18}{9}$

COUP DE POUCE

b. et c. Isole x après avoir réduit au même dénominateur.

9 Résoudre

a. $x - \frac{2}{3} = 11 \times \frac{2}{3}$

b. $ax = 2a$

c. $x + a = a$

d. $\frac{x}{7} - 7 = 0$

COUP DE POUCE

- Note bien que dans ces équations, l'inconnue est x.
- Pour **b.**, $a \neq 0$.

Corrigés p. 150

NOMBRES ET CALCULS

4 Résoudre des problèmes avec une équation

Comment résoudre un problème à l'aide d'une équation ?

Pour résoudre un problème à l'aide d'une équation, on suit le plan suivant.

- **Choix de l'inconnue.** On lui donne un **nom** (c'est souvent x) et on la définit.
  Exemple :
  Soit x le nombre de personnes qui...
- **Mise en équation.** On traduit le texte sous forme d'une équation.
- **Résolution de l'équation.** On cherche la (ou les) solution(s) de l'équation.
- **Conclusion.** On ne retient que les solutions qui ont un sens vis-à-vis du problème (par exemple, on élimine les valeurs négatives lorsque x est une longueur).

★ 1 À la recherche d'un nombre x

Trouver x tel que sa moitié augmentée de 25 soit égale à son double diminué de 8.

....

....

....

....

COUP DE POUCE
L'inconnue est toute choisie.

★ 2 Problème d'âges

Émilie a 12 ans ; son frère Jérôme en a 28.
Dans combien d'années l'âge de Jérôme sera-t-il le double de celui d'Émilie ?

....

....

....

....

COUP DE POUCE
Soit x le nombre d'années cherché.

★★ 3 Moyenne trimestrielle

Au cours du trimestre, Gaby a obtenu cinq notes dont la moyenne est 12.
Quelle note doit-elle avoir au sixième devoir pour que sa moyenne monte à 13 ?

....

....

....

....

....

COUP DE POUCE
Réponds d'abord à la question : « Quel est le total des cinq premières notes ? »

4 Côtés d'un triangle

BC est le double de AB.
AC est égal à une fois et demie AB.
La longueur totale des trois demi-cercles est 9π. Combien mesure AB ?

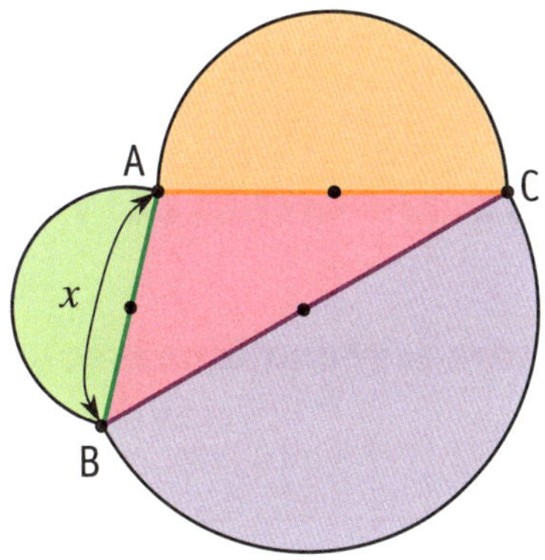

COUP DE POUCE
Exprime la longueur des trois demi-cercles en fonction de x.

INFO
La longueur d'un demi-cercle de diamètre d est $\frac{\pi d}{2}$.

MATHS

5 Terrain de sport

Le terrain de sport ci-contre mesure 430 m de périmètre.
Calculer la longueur x (en mètres).
On donnera une valeur approchée de x en remplaçant π par $\frac{22}{7}$.

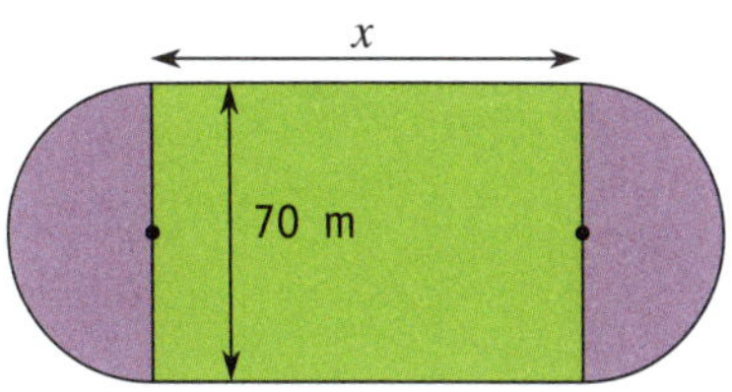

COUP DE POUCE
Exprime le périmètre en fonction de x.

6 Aire d'un triangle

AB = 12, AC = 15, CH = 10.
Calculer la hauteur BK.

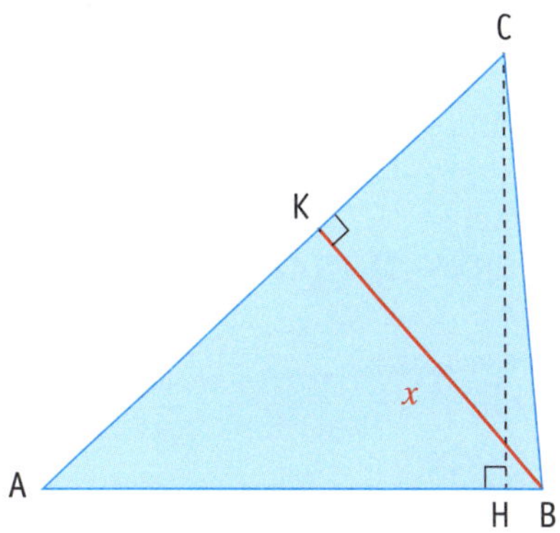

COUP DE POUCE
Exprime de deux façons l'aire de ABC.

Corrigés p . 150-151

5 Résoudre des équations avec un produit nul

Comment résoudre des équations avec un produit nul ?

Propriétés

Soit a et b deux nombres.

Si $ab = 0$ alors $a = 0$ ou $b = 0$.
Si $a = 0$ ou $b = 0$ alors $ab = 0$.

Dire qu'un produit est nul revient à dire qu'un de ses facteurs est nul.

Application à la résolution d'équations avec produit nul

Résoudre l'équation $(x - 3)(x + 4) = 0$.

- Si $(x - 3)(x + 4) = 0$ alors $x - 3 = 0$ ou $x + 4 = 0$ d'où $x = 3$ ou $x = -4$.

On applique la propriété : si $ab = 0$ alors $a = 0$ ou $b = 0$.

- Vérifions que 3 est solution : $(3 - 3)(3 + 4) = 0 \times 7 = 0$.

Vérifions que -4 est solution : $(-4 - 3)(-4 + 4) = (-7) \times 0 = 0$.

Donc les solutions de l'équation sont 3 et -4.

★ 1 Premiers pas

a. Résoudre l'équation $(x - 1)(x + 5) = 0$.

....

....

b. Résoudre l'équation $(2x - 3)(x - 6) = 0$.

....

....

c. Résoudre l'équation $x(5x + 9) = 0$.

....

....

COUP DE POUCE

Fais les vérifications sur ton brouillon.

INFO

- **b.** Si $ax - b = 0$ alors on trouve $x = \frac{b}{a}$.
- **c.** Si $ax + b = 0$ alors on trouve $x = \frac{-b}{a}$.

★★ 2 En deux étapes

On pose $E = (3x + 5)(x - 1) + (4x + 9)(x - 1)$.

a. Factoriser E. ....

....

....

b. Résoudre l'équation $E = 0$. ....

....

....

COUP DE POUCE

Pour factoriser, recherche un facteur commun.

3 Avec une différence de deux carrés (1)

a. Factoriser l'expression $4x^2 - 121$. ....

b. Résoudre l'équation $4x^2 - 121 = 0$. ....

> COUP DE POUCE
> **b.** Utilise l'expression factorisée.

4 Avec le carré d'une somme

a. Factoriser l'expression $25x^2 + 30x + 9$. ....

b. En déduire la solution de l'équation $25x^2 + 30x + 9 = 0$. ....

> COUP DE POUCE
> **a.** Tu dois reconnaître une égalité remarquable. Révise éventuellement le chapitre 2.

MATHS

5 Avec une différence de deux carrés (2)

a. Factoriser l'expression $(3x + 5)^2 - 4$.

b. Résoudre l'équation $(3x + 5)^2 - 4 = 0$.

> COUP DE POUCE
> **a.** Commence par écrire $(3x+5)^2 - 4 = (3x+5)^2 - 2^2$

6 Développement et factorisation

a. Développer l'expression $(2x - 7)(x + 8)$.

b. Résoudre l'équation $2x^2 + 9x - 56 = 0$.

> COUP DE POUCE
> Utilise le **a.** pour faire le **b.**

Corrigés p . 151

6 Résoudre des inéquations

Comment résoudre des inéquations ?

Additions, soustractions et inégalités

Si $a \leqslant b$ alors $a+c \leqslant b+c$ et $a-c \leqslant b-c$.

Exemple : Si $2x-7 \leqslant 5$ alors $(2x-7)+7 \leqslant 5+7$
donc $2x \leqslant 12$.

On a ajouté 7 aux deux membres.

Multiplications, divisions et inégalités

Si $a \leqslant b$ et $c > 0$ alors $ac \leqslant bc$ et $\frac{a}{c} \leqslant \frac{b}{c}$.

Si $a \leqslant b$ et $c < 0$ alors $ac \geqslant bc$ et $\frac{a}{c} \geqslant \frac{b}{c}$.

On change le sens de l'inégalité quand *c* est négatif.

Exemple : Si $-4x \leqslant 12$ alors $\frac{-4x}{-4} \geqslant \frac{12}{-4}$
donc $x \geqslant -3$.

L'inégalité a changé de sens, car on a divisé les deux membres par un nombre strictement négatif.

★ 1 Une inéquation résolue (ou presque)

a. Compléter les pointillés.

$\frac{5x+4}{3} - \frac{x}{2} \leqslant 8 + \frac{5x}{2}$

On réduit tous les termes au même ....

$\frac{\dots\dots\dots}{6} - \frac{\dots\dots\dots}{6} \leqslant \frac{\dots\dots\dots}{6} + \frac{\dots\dots\dots}{6}$

$10x + 8 - 3x \leqslant 48 + 15x$

$7x + 8 \leqslant 48 + 15x$

On supprime les dénominateurs en multipliant les deux membres par ....

....

....

On retranche 8 puis 15*x* aux deux membres.

$-8x \leqslant 40$

$x \dots\dots\dots \frac{40}{-8}$

On divise les deux membres par – 8 (qui est négatif).

$x \dots\dots\dots$

On achève le travail.

b. Colorier sur cette droite graduée l'ensemble des solutions.

COUP DE POUCE

Tu multiplies les deux termes de l'inégalité par 6 qui est positif, donc...

ATTENTION

Que se passe-t-il si on divise les deux membres d'une inégalité par un nombre négatif ?

2 **Solution ou pas solution ?**

a. Est-ce que 5 est solution de l'inéquation $3x - 5 < 9$?

....

Et 4 ? ....

Et 0 ? ....

b. Cocher les cases lorsque le nombre est solution de l'inéquation.

Inéquation \ Nombre	5	4	0	-2
$3x - 5 < 9$				
$2 - 5x \leqslant -2$				
$-3x \geqslant 0$				
$4 - 2x > 1$				

3 **Résoudre** $9x + 8 \geqslant 5x + 2$

....

....

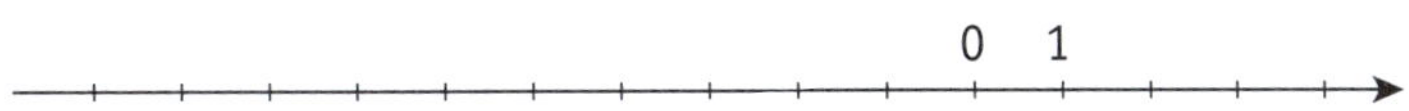

4 **Résoudre** $2(x - 11) > 5(x - 8)$

....

....

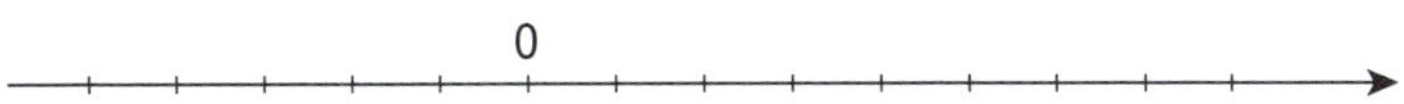

5 **Résoudre** $3x + \dfrac{4 - x}{2} < \dfrac{5x}{3}$

....

....

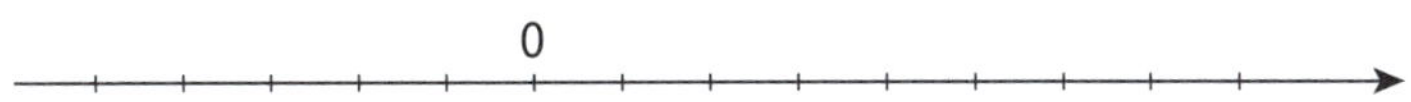

COUP DE POUCE
• Remplace x par 5 et compare les deux membres.

COUP DE POUCE
Résous et représente sur la droite graduée l'ensemble des solutions.

ATTENTION
Si on divise par un nombre négatif...

COUP DE POUCE
Commence par réduire au même dénominateur.

MATHS

Corrigés p. 152

7 Calculer avec des puissances

Que signifient les notations a^n, a^{-n}, ... ?

Rappels

Soit a un nombre non nul et n un entier positif.

$a^n = \underbrace{a \times \ldots \times a}_{n \text{ facteurs}}$	$a^{-n} = \dfrac{1}{a^n}$	$a^1 = a$	$a^0 = 1$	$a^{-1} = \dfrac{1}{a}$

exposant

- a^2 se lit : « a au carré » ; a^3 se lit : « a au cube » ; a^n se lit : « a puissance n ».
- a^{-1} est l'inverse de a.
- On a aussi : $0^n = 0 \times \ldots \times 0 = 0$.

★ 1 Calculs avec des exposants positifs

$2^5 =$ .... $4^2 =$ .... $3^3 =$ .... $(-3)^2 =$ .... $(-3)^3 =$ ....

$1\,000^2 =$ .... $100^3 =$ .... $10^6 =$ .... $(-10)^3 =$ .... $(-10)^4 =$ ....

COUP DE POUCE

Exemples :
- $2^3 = 2 \times 2 \times 2 = 8$.
- $(-4)^3 = (-4) \times (-4) \times (-4) = -64$.

★ 2 Calculs avec des exposants négatifs

Écrire les puissances suivantes sous forme d'une fraction puis d'un nombre décimal.

$2^{-4} =$ .... $5^{-2} =$ .... $25^{-1} =$ ....

$4^{-1} =$ .... $10^{-3} =$ .... $(-10)^{-2} =$ ....

COUP DE POUCE

Exemples :
- $2^{-3} = \dfrac{1}{2^3} = \dfrac{1}{8} = 0{,}125$.
- $(-1)^{-2} = \dfrac{1}{(-1)^2} = \dfrac{1}{1} = 1$.

★ 3 Produit et quotient de deux puissances d'un même nombre

En suivant les exemples, écrire les expressions données sous la forme d'une seule puissance.

Exemple 1 : $2^3 \times 2^4 = (2 \times 2 \times 2) \times (2 \times 2 \times 2 \times 2) = 2^7$;

Exemple 2 : $\dfrac{2^2}{2^5} = \dfrac{\cancel{2} \times \cancel{2}}{2 \times 2 \times 2 \times \cancel{2} \times \cancel{2}} = \dfrac{1}{2^3} = 2^{-3}$

a. $3^2 \times 3^5 =$ .... $10^5 \times 10^3 =$ .... $2 \times 2^4 =$ ....

b. $\dfrac{3^4}{3^2} =$ .... $\dfrac{10^5}{10^4} =$ .... $\dfrac{7^3}{7^5} =$ ....

★★ 4 Puissance d'une puissance

Même consigne qu'à l'exercice ③.

Exemple : $(2^3)^2 = (2^3) \times (2^3) = (2 \times 2 \times 2) \times (2 \times 2 \times 2) = 2^6$.

$(3^2)^2 =$ ....

$(5^2)^3 =$ ....

$(10^2)^4 =$ ....

5 Puissance d'un produit ou d'un quotient

En suivant les exemples, transformer les expressions données.

Exemple 1 : $(3a)^2 = (3a) \times (3a) = (3 \times 3) \times (a \times a) = 9a^2$;

Exemple 2 : $\left(\frac{2}{5}\right)^3 = \frac{2}{5} \times \frac{2}{5} \times \frac{2}{5} = \frac{2 \times 2 \times 2}{5 \times 5 \times 5} = \frac{2^3}{5^3} = \frac{8}{125}$

a. $(5x)^2 =$ .... $(2y)^3 =$ .... $(3\pi)^3 =$ ....

b. $\left(\frac{5}{3}\right)^2 =$ .... $\left(\frac{-4}{5}\right)^3 =$ .... $\left(\frac{a}{b}\right)^4 =$ ....

COUP DE POUCE
Tu peux sauter certains calculs intermédiaires si tu les vois bien « dans ta tête ».

Comment calculer efficacement avec des puissances ?

Formules de calcul

Les calculs effectués dans les exercices 3, 4 et 5 nous amènent aux formules générales suivantes.

a et *b* sont des nombres non nuls et les exposants *m* et *n* sont des entiers relatifs.

- Produit de deux puissances d'un même nombre : $a^m \times a^n = a^{m+n}$

  Exemple : $10^m \times 10^n = 10^{m+n}$

- Quotient de deux puissances d'un même nombre : $\frac{a^m}{a^n} = a^{m-n}$

  Exemple : $\frac{10^m}{10^n} = 10^{m-n}$

- Puissance d'une puissance : $(a^m)^n = a^{m \times n}$

  Exemple : $(10^m)^n = 10^{mn}$

- Puissance d'un produit : $(a \times b)^n = a^n \times b^n$

- Puissance d'un quotient : $\left(\frac{a}{b}\right)^n = \frac{a^n}{b^n}$

6 Mise en forme (1)

Écrire sous la forme d'une seule puissance.

a. $3^4 \times 3^2 =$ .... $9^5 \times 9^{-3} =$ .... $2^6 \times 2^5 =$ ....

$(-4)^{-2} \times (-4)^5 =$ .... $10^5 \times 10^7 =$ .... $10^{-1} \times 10^{-3} =$ ....

b. $\frac{7^5}{7^3} =$ .... $\frac{2^{12}}{2^{15}} =$ .... $\frac{3^4}{3^{-2}} =$ ....

$\frac{(-5)^{-3}}{(-5)^4} =$ .... $\frac{10^5}{10^{-3}} =$ .... $\frac{10^6}{10^7} =$ ....

c. $(4^2)^2 =$ .... $(a^5)^3 =$ .... $(x^{-2})^3 =$ ....

COUP DE POUCE
Utilise les formules données ci-dessus.

7 Mise en forme (2)

Écrire sans parenthèses les expressions suivantes.

a. $(10x)^5 =$ .... $(3x^2)^3 =$ .... $\left(2 \times \frac{a}{b}\right)^4 =$ ....

b. $\left(\frac{3}{7}\right)^2 =$ .... $\left(-\frac{2}{3}\right)^3 =$ .... $\left(\frac{a^2}{b^3}\right)^4 =$ ....

COUP DE POUCE
Tu peux utiliser des formules ou détailler les calculs comme à l'exercice 5.

Corrigés p. 152-153

MATHS

8 Connaître les racines carrées

Qu'appelle-t-on « racine carrée d'un nombre positif » ?

Définition

La **racine carrée** d'un nombre **positif** a est le nombre **positif**, noté $\sqrt{a}$, dont le carré est a.

On a donc $\left(\sqrt{a}\right)^2 = a$ et $\sqrt{a} \geqslant 0$ et, en conséquence, $\sqrt{a^2} = a$ si a est positif.

Exemples : $\sqrt{9} = 3$; $\sqrt{0} = 0$; $\sqrt{1} = 1$; $\sqrt{(-3)^2} = \sqrt{9} = 3$.

1 Pour prendre racine

Compléter.

a. $\sqrt{121} =$ ....

b. $\sqrt{1} =$ ....

c. $\sqrt{0} =$ ....

d. $\sqrt{0{,}0001} =$ ....

e. $\sqrt{256} =$ ....

f. $\sqrt{49} =$ ....

g. $\sqrt{2{,}56} =$ ....

h. $\sqrt{25} =$ ....

i. $\sqrt{16} =$ ....

COUP DE POUCE
Essaie de trouver le résultat de tête avant de prendre la calculatrice.

2 Exercice à trous

Remplir $\square$ avec un nombre positif.

a. $\sqrt{\square} = 11$

b. $\sqrt{144} = \square$

c. $\sqrt{\square^2} = 15$

d. $-\sqrt{\square} = -7$

e. $\sqrt{\square} = 0$

f. $\left(\sqrt{\square}\right)^2 = 64$

g. $\sqrt{169} = \square$

h. $\sqrt{\dfrac{9}{4}} = \square$

i. $\sqrt{\square} = \dfrac{1}{2}$

COUP DE POUCE
Prends une calculatrice pour le **h.**

3 Chercher les erreurs

Rayer les égalités fausses.

a. $\sqrt{36} = 6$

b. $\sqrt{0{,}4} = 0{,}2$

c. $\sqrt{0{,}09} = 0{,}3$

d. $\left(\sqrt{3}\right)^2 = 3$

e. $\sqrt{(-11)^2} = -11$

f. $\sqrt{20} = 10$

g. $\sqrt{2{,}25} = 1{,}5$

h. $\sqrt{169} = 13^2$

i. $\left(\sqrt{4}\right)^2 = 4$

ATTENTION
• La racine d'un nombre positif est positive.
• Si $\sqrt{a} = b$, alors $b^2 = a$.

4 Tableau (1)

Compléter le tableau suivant.

x	9		0,64		25		$(-3)^2$	0,16	
$\sqrt{x}$		9		7		25			1

5 Tableau (2)

Compléter le tableau suivant par des nombres positifs.

x									
x^2	1,21	0,01	10^6	0,04	144	0,36	1	0	2

COUP DE POUCE
$(10^3)^2 = 10^6$

Comment résoudre l'équation $x^2 = A$?

– si $A > 0$ l'équation a deux solutions : $-\sqrt{A}$ et $\sqrt{A}$;
– si $A = 0$ l'équation a une solution : 0 ;
– si $A < 0$ l'équation n'a aucune solution.

Exemples

• Résoudre l'équation $x^2 = 5$.
Comme $5 > 0$ alors $\sqrt{5}$ et $-\sqrt{5}$ sont les solutions de l'équation.

• Résoudre l'équation $x^2 + 2 = 0$.
Résoudre l'équation $x^2 + 2 = 0$ revient à résoudre $x^2 = -2$.
Comme $-2 < 0$ cette équation n'a pas de solution.

MATHS

6 Une première méthode pour résoudre l'équation $2x^2 - 72 = 0$

a. Compléter la phrase suivante.

Résoudre $2x^2 - 72 = 0$ revient à résoudre $2x^2 =$ .... ou encore $x^2 =$ ....

b. Résoudre cette dernière équation en utilisant les informations ci-dessus.

....

....

....

ATTENTION
N'oublie pas la solution négative.

7 Une seconde méthode pour résoudre l'équation $2x^2 - 72 = 0$

Compléter.

Si $2x^2 - 72 = 0$ alors 2(.............. – ....) = 0

d'où 2(.............. + ...)(.............. – ....) = 0

soit (.............. + ...) = 0 ou (.............. – ....) = 0

alors $x =$ .... ou $x =$ ....

Vérification : 2 × (..............)^2 – 72 = ...

2 × (..............)^2 – .... = ...

donc .... et .... sont les solutions de cette équation.

COUP DE POUCE
• Pense aux égalités remarquables.
• Si $ab = 0$ alors $a = 0$ ou $b = 0$.

8 Résoudre les équations suivantes

a. $x^2 = 4$ ....

b. $x^2 = 3$ ....

c. $x^2 = 0$ ....

d. $x^2 = 1$ ....

e. $x^2 + 4 = 0$ ....

COUP DE POUCE
Revois le cours si tu hésites.

Corrigés p. 153

9 Multiplier et diviser des racines carrées

Comment multiplier ou diviser des racines carrées ?

Formules

Pour tous nombres positifs a et b :

$$\sqrt{a \times b} = \sqrt{a} \times \sqrt{b}\ ;\quad \text{si } b \neq 0,\ \sqrt{\frac{a}{b}} = \frac{\sqrt{a}}{\sqrt{b}}.$$

La racine d'un produit est égale au produit des racines. Et la racine d'un quotient est égale au quotient des racines.

Exemples

$\sqrt{2} \times \sqrt{11} = \sqrt{22}$; $\sqrt{12} = \sqrt{4 \times 3} = \sqrt{4} \times \sqrt{3} = 2\sqrt{3}$; $\dfrac{\sqrt{14}}{\sqrt{7}} = \sqrt{\dfrac{14}{7}} = \sqrt{2}$

Mais attention !

- $\sqrt{9+16} \neq \sqrt{9} + \sqrt{16}$, en effet $\sqrt{9+16} = \sqrt{25} = 5$ et $\sqrt{9} + \sqrt{16} = 3 + 4 = 7$.
- $\sqrt{100-36} \neq \sqrt{100} - \sqrt{36}$, en effet $\sqrt{100-36} = \sqrt{64} = 8$ et $\sqrt{100} - \sqrt{36} = 10 - 6 = 4$.

Applications

- Écrire le nombre $A = \sqrt{45}$ sous la forme $a\sqrt{b}$ où a et b sont des entiers et b le plus petit possible.

$A = \sqrt{45} = \sqrt{9 \times 5} = \sqrt{9} \times \sqrt{5} = 3\sqrt{5}$.

- Réduire la somme $B = 9\sqrt{2} + 3\sqrt{2} - \sqrt{8}$.

$B = 9\sqrt{2} + 3\sqrt{2} - \sqrt{8} = 9\sqrt{2} + 3\sqrt{2} - \sqrt{4 \times 2} = 9\sqrt{2} + 3\sqrt{2} - \sqrt{4} \times \sqrt{2}$

$= 9\sqrt{2} + 3\sqrt{2} - 2\sqrt{2} = (9 + 3 - 2)\sqrt{2} = 10\sqrt{2}$

- Écrire le nombre $C = \dfrac{\sqrt{2}}{\sqrt{3}}$ avec un dénominateur entier.

$C = \dfrac{\sqrt{2}}{\sqrt{3}} = \dfrac{\sqrt{3} \times \sqrt{2}}{\sqrt{3} \times \sqrt{3}} = \dfrac{\sqrt{6}}{3}$.

car $\dfrac{a}{b} = \dfrac{k \times a}{k \times b}$

1 Exercice à trous

Placer des entiers dans ▢ et ◯, avec le plus grand entier possible dans ◯.

a. $\sqrt{12} = \bigcirc\sqrt{\square}$

b. $\sqrt{72} = \bigcirc\sqrt{\square}$

c. $\sqrt{40} = \bigcirc\sqrt{\square}$

d. $\sqrt{98} = \bigcirc\sqrt{\square}$

e. $\sqrt{50} = \bigcirc\sqrt{\square}$

f. $3\sqrt{8} = \bigcirc\sqrt{\square}$

COUP DE POUCE

- Fais les calculs au brouillon.
- Pour le **a.** observe que $12 = 4 \times 3$

2 Résultats entiers

Écrire sous forme d'un entier.

a. $\sqrt{18} \times \sqrt{2} =$ ....

b. $\sqrt{27} \times \sqrt{3} =$ ....

c. $\sqrt{5} \times \sqrt{20} =$ ....

d. $\sqrt{2} \times \sqrt{14} \times \sqrt{7} =$ ....

e. $\sqrt{20} \times \sqrt{45} =$ ....

f. $\sqrt{12} \times \sqrt{27} =$ ....

COUP DE POUCE

Il y a plusieurs manières d'opérer. Tu peux utiliser :
$18 = 9 \times 2$
$27 = 3 \times 9$
$20 = 5 \times 4$
etc.

3 Réduire des sommes

Simplifier les sommes suivantes.

a. $5\sqrt{3} - 4\sqrt{3} + 2\sqrt{3} - 3\sqrt{3} =$ ....

b. $13\sqrt{5} + \sqrt{20} - 6\sqrt{5} =$ ....

c. $\sqrt{28} + \sqrt{63} - \sqrt{7} =$ ....

d. $3\sqrt{3} + \sqrt{300} - 2\sqrt{75} =$ ....

COUP DE POUCE
$\sqrt{20} = \sqrt{4 \times 5}$
$28 = 4 \times 7$
$75 = 25 \times 3$

4 Sous forme d'une fraction

Écrire sous forme d'une fraction.

a. $\sqrt{\frac{25}{16}} =$ ....

b. $\frac{2\sqrt{3}}{\sqrt{27}} =$ ....

c. $\frac{\sqrt{80}}{\sqrt{5}} =$ ....

d. $\sqrt{\frac{169}{144}} =$ ....

e. $\frac{7\sqrt{20}}{3\sqrt{5}} =$ ....

f. $\frac{\sqrt{75}}{\sqrt{147}} =$ ....

INFO
Une fraction est un quotient de nombres entiers.

MATHS

5 Dénominateur entier

Écrire les quotients suivants avec des dénominateurs entiers.

a. $\frac{3}{\sqrt{2}} =$ ....

b. $\frac{\sqrt{5}}{\sqrt{7}} =$ ....

c. $\frac{3\sqrt{2}}{\sqrt{5}} =$ ....

d. $\frac{33}{\sqrt{11}} =$ ....

COUP DE POUCE
Multiplie le numérateur et le dénominateur par le dénominateur.

6 Avec des égalités remarquables

Développer et réduire.

a. $\left(3 + \sqrt{2}\right)^2 =$ ....

b. $\left(\sqrt{5} - \sqrt{2}\right)^2 =$ ....

c. $\left(\sqrt{6} + \sqrt{5}\right)\left(\sqrt{6} - \sqrt{5}\right) =$ ....

d. $\left(3\sqrt{5} + 2\right)^2 =$ ....

ATTENTION
... aux doubles produits.

7 Vrai ou faux ?

Rayer les égalités qui sont fausses.

a. $\sqrt{1\,681} = \sqrt{1\,600} + \sqrt{81}$

b. $\left(\sqrt{7} + \sqrt{6}\right)\left(\sqrt{7} - \sqrt{6}\right) = 1$

c. $\sqrt{169 - 25} = \sqrt{169} - \sqrt{25}$

d. $\sqrt{8} + \sqrt{18} = \sqrt{50}$

e. $\sqrt{99} - \sqrt{44} = \sqrt{55}$

f. $\left(\sqrt{3} + \sqrt{2}\right)^2 = 5$

ATTENTION
Les plus « évidentes » peuvent être les plus fausses.

Corrigés p. 154

10 Utiliser une fonction linéaire

Qu'est-ce qu'une fonction linéaire ?

Exemple de fonction linéaire

Considérons deux suites de nombres proportionnels.

x	– 3	0	1	2	5
y	– 7,5	0	2,5	5	12,5

(× 2,5)

• Si on appelle x les nombres de la 1re ligne et y ceux de la 2de ligne, on a $y = 2,5 \times x$.
On dit qu'on passe de x à y par la fonction linéaire dont le **coefficient directeur** est 2,5.
Cette fonction linéaire se note $x \mapsto 2,5x$.

$f(-3)$ se prononce « f de – 3 ».

• Si on appelle f cette fonction linéaire, on écrit : $f(-3) = -7,5$ $f(0) = 0$ $f(1) = 2,5$ $f(2) = 5$ et plus généralement $f(x) = 2,5x$.

• On dit que – 7,5 est l'**image** de – 3, et, de façon plus générale, que $2,5x$ est l'image de x.
On dit aussi que – 7,5 a pour **antécédent** – 3.

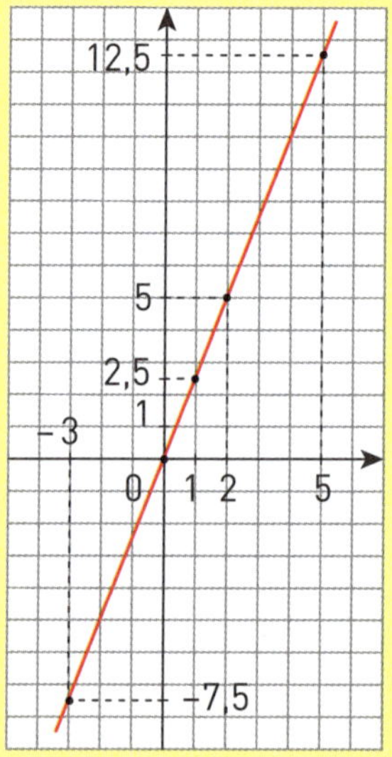

Représentation graphique d'une fonction linéaire

On représente les x sur l'axe des abscisses et les images y sur l'axe des ordonnées.

Propriété

> La représentation graphique d'une fonction linéaire est une droite passant par l'origine.

La droite ci-contre représente la fonction linéaire $x \mapsto 2,5x$.
Son coefficient directeur est 2,5.

★ 1 Questions sur la fonction linéaire étudiée ci-dessus

a. Sur le graphique, lire l'image de 4 : $f(4)$ = ……………………

Puis l'image de 3 : $f(3)$ = …………… Et l'image de – 2 : $f(-2)$ = ……………

b. Calculer les images suivantes :

$f(0,3)$ = …………… $f(2,5)$ = …………… $f(12)$ = ……………

c. Le point de coordonnées (– 1 ; – 2,5) est-il sur la droite représentant la fonction linéaire $x \mapsto 2,5x$? ……………………

Pourquoi ? ……………………

d. Même question avec le point de coordonnées (2,5 ; 6).

……………………

COUP DE POUCE
b. N'oublie pas que $f(x) = 2,5x$.
c. A-t-on $f(-1) = -2,5$?
d. A-t-on $f(2,5) = 6$?

★ 2 Contre-exemples

Pourquoi les fonctions représentées ci-dessous ne sont-elles pas linéaires ?

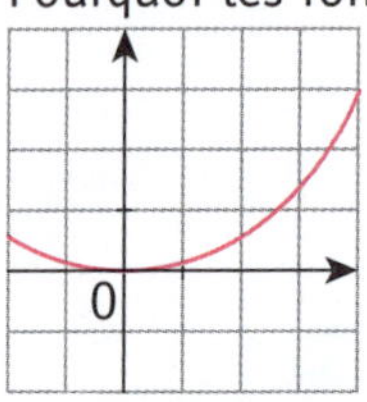

……………………

……………………

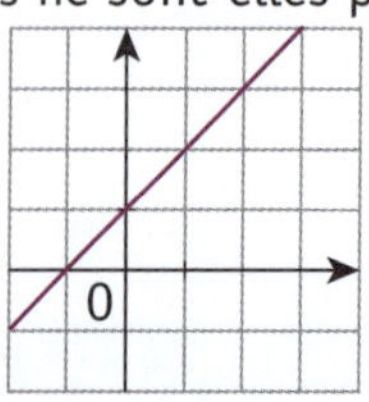

……………………

……………………

★ 3 Étude d'une fonction linéaire

On considère la fonction linéaire $x \mapsto -\frac{1}{2}x$.

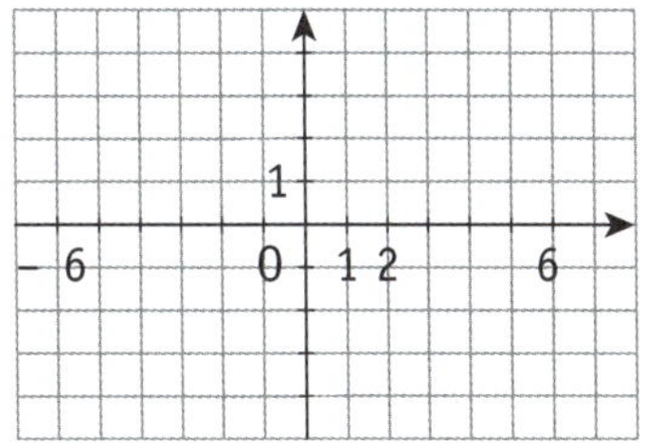

a. Compléter le tableau de valeurs.

x	0	1	2	6	– 1	– 3	– 6
$-\frac{1}{2}x$							

b. Dessiner la représentation graphique de cette fonction.

c. Lire sur le graphique : l'image de 4 : .... l'image de – 2 : ....

l'antécédent de 2 : .... l'antécédent de 3 : ....

d. Calculer : l'image de 3,6 : .... l'image de –1,6 : ....

l'image de 26 : .... l'image de –15 : ....

★ 4 Marions-les !

Voici, dans le désordre, les représentations graphiques des quatre fonctions linéaires f, g, h, k suivantes : $f : x \mapsto 2x$, $g : x \mapsto \frac{1}{2}x$, $h : x \mapsto -x$, $k : x \mapsto -2x$.

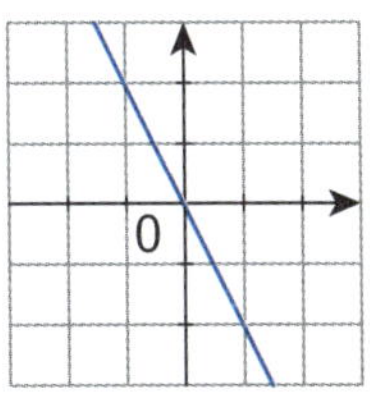

......

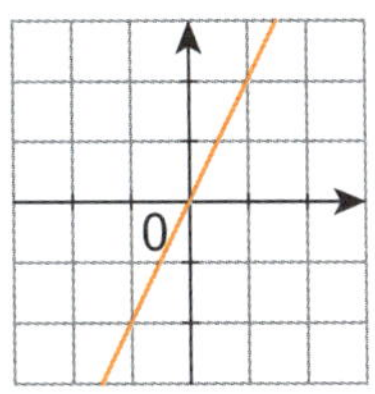

......

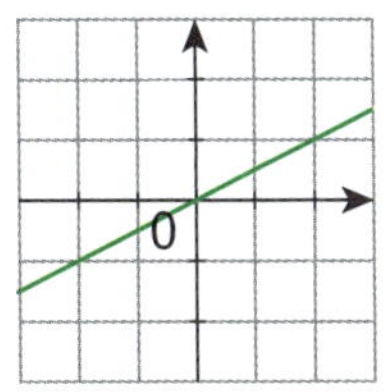

......

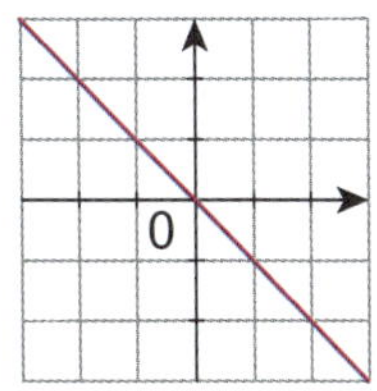

......

Inscrire, sur les pointillés, le nom de la fonction linéaire correspondant au dessin.

COUP DE POUCE

Tu peux calculer $f(1)$ et chercher le graphique correspondant à cette valeur.

Comment ajouter ou enlever un pourcentage ?

Règle de calcul

Pour augmenter de 5 %, on multiplie par 1,05.
Pour diminuer de 3%, on multiplie par 0,97.

Ainsi, pour augmenter 150 de 6 %, on calcule $150 \times 1{,}06 = 159$.
Et, pour diminuer 250 de 12 %, on calcule $250 \times 0{,}88 = 220$.

★★ 5 Variations en pourcentage

a. J'arrive trop tard ! Un DVD qui valait 23 € jusqu'à hier coûte maintenant 10 % de plus.

Son nouveau prix est : ....

b. J'ai bien fait d'attendre ! Un pantalon affiché 35 € est maintenant 15 % moins cher.

Son nouveau prix est : ....

c. L'an passé, il y avait 550 élèves au collège. Cet effectif a augmenté de 20 % cette année et il va diminuer de 25 % l'année prochaine.

Le nombre d'élèves sera alors : ....

Corrigés p. 154

11 Utiliser une fonction affine

Qu'est-ce qu'une fonction affine ?

Définition et exemple

Étant donné deux nombres fixés a et b, la fonction $x \mapsto ax + b$ est appelée fonction affine.

Exemple : Voici un tableau de valeurs de la fonction affine $x \mapsto -2x + 3$.

x	1	0	4	− 1	− 2	3
y	1	3	− 5	5	7	− 3

Image de x

Si on appelle f cette fonction affine, on peut écrire : $f(1) = 1$, $f(0) = 3$, $f(4) = -5$...
« L'image de 4 est − 5 » peut s'écrire « $f(4) = -5$ ».
On dit aussi que 4 est un **antécédent** de − 5.

Représentation graphique d'une fonction affine

À partir du tableau de valeurs précédent, on place des points de coordonnées $(x\ ;\ y)$ et on trace la droite ci-contre.

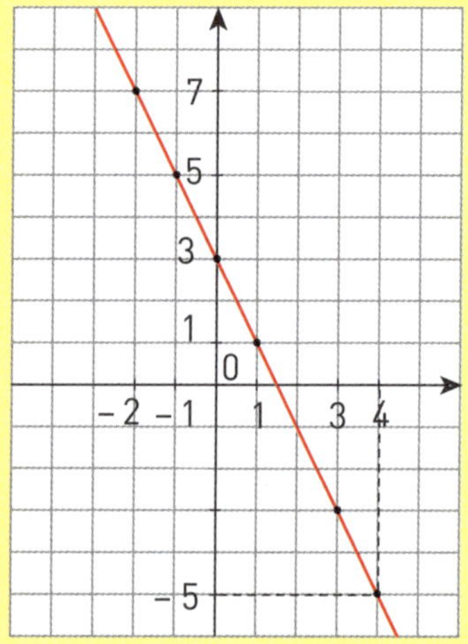

Propriété

La représentation graphique d'une fonction affine est une droite.

Exemple : La droite ci-contre représente la fonction affine $x \mapsto -2x + 3$.
Son **coefficient directeur** est − 2.
Son **ordonnée à l'origine** est 3.

1 Questions sur la fonction affine étudiée ci-dessus

a. Sur le graphique, lire l'image de 2 : $f(2) =$ ....

Puis l'image de 0,5 : $f(0{,}5) =$ .... Et l'image de −1,5 : $f(-1{,}5) =$ ....

b. Calculer les images suivantes.

$f(2{,}4) =$ .... $f(0{,}3) =$ .... $f(-7) =$ ....

c. Le point de coordonnées (2,4 ; − 1,7) est-il sur la droite représentant la fonction affine $x \mapsto -2x + 3$? Pourquoi ? ....

....

d. Mêmes questions pour le point de coordonnées (0,3 ; 2,4).

....

e. La droite passe-t-elle par le point de coordonnées (10 ; − 17) ? Pourquoi ?

....

f. Mêmes questions pour le point de coordonnées (− 7 ; 18).

....

COUP DE POUCE

b. N'oublie pas que $f(x) = -2x + 3$
c. A-t-on $f(2{,}4) = -1{,}7$?
d. A-t-on $f(0{,}3) = 2{,}4$?

2 Étude d'une fonction affine

On considère la fonction affine $x \mapsto x - 2$.

a. Compléter le tableau de valeurs.

x	0	1	2	4	5	-1	-2
$x-2$							

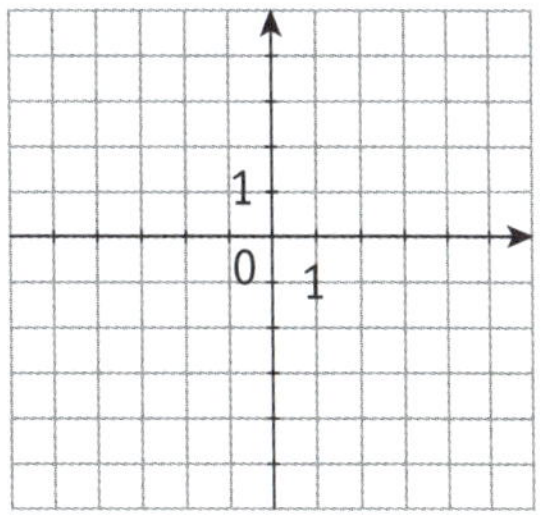

b. Dessiner la représentation graphique.

c. Lire sur le graphique :

l'image de 3 : ....

l'image de 6 : ....

l'antécédent de -5 : ....

l'antécédent de 2 : ....

d. Calculer :

l'image de 1,5 : ....

l'image de $-0,5$: ....

l'image de 50 : ....

l'image de -20 : ....

3 On recherche *a* (coefficient directeur)

Une fonction affine f est définie par $x \mapsto ax + 3$. D'autre part, $f(-1) = 7$.

Calculer le coefficient a. ....

....

COUP DE POUCE

Résous une petite équation, ayant pour inconnue a.

4 On recherche *b* (ordonnée à l'origine)

Une fonction affine g est définie par $x \mapsto -2x + b$. D'autre part, $g(-1) = 7$. Calculer b.

....

5 On recherche *a* et *b*

Une fonction affine h est définie par $x \mapsto ax + b$.

D'autre part $h(0) = 5$ et $h(3) = 2$. Déterminer b puis a. ....

....

Y a-t-il des fonctions affines particulières ?

Le nombre b est nul.

- Une fonction **linéaire** est une fonction affine définie par $x \mapsto ax$.

Le coefficient a est nul.

- Une fonction **constante** est une fonction affine définie par $x \mapsto b$.

6 Fonctions linéaires, fonctions constantes

Parmi les fonctions affines suivantes, indiquer les fonctions linéaires par un « L » et les fonctions constantes par un « C ».

$x \mapsto 3 - x$ ....

$x \mapsto -5$ ....

$x \mapsto 2 + 2x$ ....

$x \mapsto 3x$ ....

$x \mapsto \dfrac{4}{11}$ ....

$x \mapsto -\dfrac{4}{5}x$ ....

Corrigés p. 155

Plus d'exercices sur www.hatier-entrainement.com

MATHS

12 Résoudre des systèmes à deux inconnues

Comment résoudre un système de deux équations à deux inconnues ?

Une première méthode de résolution d'un système : par substitution

Résoudre le système (S) : $\begin{cases} 3x - 5y = 11 & (E_1) \\ 4x + 3y = 5 & (E_2) \end{cases}$

- De l'équation (E_1), on tire $3x = 11 + 5y$, soit $x = \dfrac{11+5y}{3}$ (E_3)
- En remplaçant dans (E_2), on obtient : $4 \times \left(\dfrac{11+5y}{3}\right) + 3y = 5$

d'où $4 \times (11 + 5y) + 3 \times 3y = 3 \times 5$,

On multiplie les deux membres par 3.

d'où $44 + 20y + 9y = 15$; soit $29y = 15 - 44 = -29$; d'où $y = -\dfrac{29}{29} = -1$.

- En remplaçant y par -1 dans l'équation (E_3), on obtient $x = 2$.

Vérification :

Dans (E_1) : $3 \times 2 - 5 \times (-1) = 6 + 5 = 11$; dans (E_2) : $4 \times 2 + 3 \times (-1) = 8 - 3 = 5$.

Donc le couple (2 ; – 1) est la solution du système (S).

Une autre méthode : par élimination

Résoudre le système suivant : $\begin{cases} 2x - 3y = -4 & (E_1) \\ 3x + y = 5 & (E_2) \end{cases}$

- On multiplie par 3 « l'équation (E_2) ». On obtient $\begin{cases} 2x - 3y = -4 \\ 9x + 3y = 15 \end{cases}$
- On ajoute membre à membre les deux équations et on obtient $11x = 11$, d'où $x = 1$.
- En remplaçant x par 1 dans (E_2), on obtient $y = 2$ et on vérifie comme ci-dessus.

1 Être ou ne pas être solution

Déterminer si les couples ci-dessous sont solutions du système

$$\begin{cases} 2x - y = 3 & (E_1) \\ x - 3y = 1 & (E_2) \end{cases}$$

(0 ; 4) ....

(1 ; – 1) ....

(– 4 ; – 1) ....

(1,6 ; 0,2) ....

INFO

- Un couple est solution d'un système quand il est solution des deux équations du système.
- Par exemple : (3 ; 4) est-il solution de (E_1) ? $2 \times 3 - 4 = 2 \neq 3$. Donc (3 ; 4) n'est pas solution de (E_1), ni du système.

2 Système à compléter

Compléter les cases de façon que le couple (3 ; 5) soit solution du système

$$\begin{cases} 4x + 2y = \square \\ 7x - 3y = \square \end{cases}$$

3 Il faut s'y résoudre (1)

Résoudre le système $\begin{cases} 3x - y = -1 & (E_1) \\ 6x - 3y = 3 & (E_2) \end{cases}$

....

....

....

Vérification : ....

4 Il faut s'y résoudre (2)

Résoudre le système $\begin{cases} 2x - 3y = 12 & (E_1) \\ 5x + 2y = 11 & (E_2) \end{cases}$

....

....

....

Vérification : ....

5 Que choisir ?

Choisir une méthode de résolution et résoudre chaque système.

a. $\begin{cases} x + y = 7 & (E_1) \\ x - y = 9 & (E_2) \end{cases}$

....

Vérification : ....

b. $\begin{cases} 4x + 5y = 13 & (E_1) \\ x - y = 1 & (E_2) \end{cases}$

....

Vérification : ....

6 Autres exemples

Résoudre les systèmes suivants.

a. $\begin{cases} 6x - 4y = 4 & (E_1) \\ 2x + 3y = 36 & (E_2) \end{cases}$

....

Vérification : ....

b. $\begin{cases} 8x - 7y = 0 & (E_1) \\ x + y = 1 & (E_2) \end{cases}$

....

Vérification : ....

COUP DE POUCE

Substitution ou élimination : tu dois choisir.

ATTENTION

N'oublie pas de vérifier dans les deux équations.

MATHS

Corrigés p . 155-156

13 Résoudre des problèmes à deux inconnues

Comment résoudre un problème à deux inconnues ?

Pour résoudre un problème où intervient un système d'équations, on peut suivre le plan suivant.

- **Choix des inconnues :** en général x et y, mais d'autres choix sont possibles.
- **Mise en équations.** On traduit le texte sous forme d'équations. On obtient un système d'équations.
- **Résolution du système :** voir page 106.
- **Conclusion.** On ne donne que les solutions qui ont un sens vis-à-vis du problème posé (par exemple : on élimine des fractions comme $\frac{11}{7}$ si on recherche un nombre de personnes !).

1 À la pâtisserie

Hier, Carole a acheté 3 glaces et 5 éclairs au café pour 15 €. Ce matin, elle a acheté 5 glaces et 3 éclairs au café pour 15,40 €. Quel est le prix d'une glace ? d'un éclair au café ?

INFO On suit la méthode exposée ci-dessus.

a. Choix des inconnues.

Soit x le prix .... ; soit y ....

b. Mise en équations.

....

....

c. Résolution du système.

....

....

....

....

....

Vérification : ....

....

d. Conclusion. ....

2 Une fonction affine

Déterminer la fonction affine f sachant que $f(1) = 1$ et $f(2) = 8$.

COUP DE POUCE Détermine les coefficients a et b de la fonction affine : $x \mapsto ax + b$.

....

....

....

....

3 Au cirque

Au cirque de Chouette-Ville, un adulte paie x € et un enfant y €.
Lundi, pour 20 adultes et 10 enfants, la recette était de 140 €.
Le lendemain, pour 30 adultes et 60 enfants, la recette était de 300 €.
Combien paie un adulte ? et un enfant ?

a. Écrire un système d'équations et résoudre ce problème.

....

....

....

....

....

....

Vérification et conclusion : ....

....

b. Modifier le système précédent pour obtenir

$$\begin{cases} y = \ldots\ldots\ldots\ldots\ x + \ldots\ldots\ldots\ldots \\ y = \ldots\ldots\ldots\ldots\ x + \ldots\ldots\ldots\ldots \end{cases}$$

On a fait ainsi apparaître deux fonctions affines.
Tracer les droites (D_1) et (D_2) représentant les deux fonctions affines.

c. Sur le dessin, on peut lire la solution de notre problème.

$x =$ .... ;

$y =$ ....

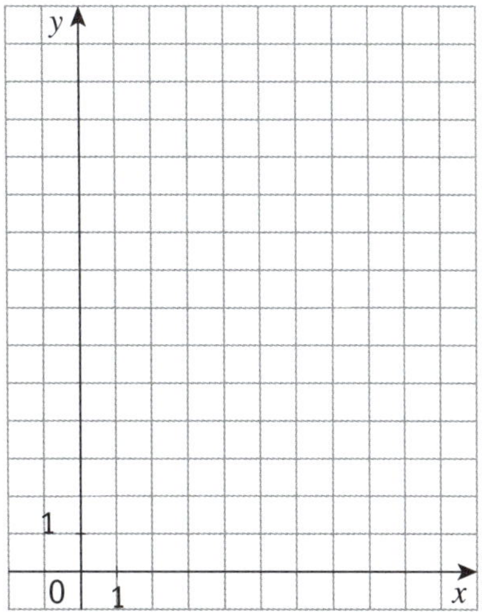

COUP DE POUCE
b. Isole y dans chaque équation du système.

COUP DE POUCE
c. Examine le point commun aux deux droites.

INFO
Bravo ! Tu viens de résoudre graphiquement le problème.

4 Champêtre

Dans la cour de la ferme, des lapins et des canards gambadent joyeusement.
On compte 28 têtes et 82 pattes. Calculer le nombre de canards et le nombre de lapins.

....

....

....

....

....

....

Vérification et conclusion : ....

....

Corrigés p . 156-157

14 Rechercher des diviseurs communs

Quels sont les critères de divisibilité ?

- **Diviseurs**
  7 est un diviseur de 56 car $7 \times 8 = 56$. De même 8 est un diviseur de 56.
- **Critères de divisibilité**
  - Un nombre entier est divisible par 2 si son chiffre des unités est 0 ; 2 ; 4 ; 6 ou 8.
  - Un nombre entier est divisible par 5 si son chiffre des unités est 0 ou 5.
  - Un nombre entier est divisible par 3 si la somme de ses chiffres est divisible par 3.
  - Un nombre entier est divisible par 9 si la somme de ses chiffres est divisible par 9.
  - Un nombre entier est divisible par 10 si son chiffre des unités est 0.

1 Avec les critères de divisibilité

Parmi les nombres 1 356 ; 3 172 ; 103 ; 129 ; 200 ; 45 ; 628 ; 3 162 ; 1 515 ;
quels sont ceux divisibles :

a. par 2 ? ....

b. par 3 ? ....

c. par 5 ? ....

2 Listes de diviseurs

a. Dresser la liste des douze diviseurs de 60 puis celle des huit diviseurs de 105.

{1 ; .... ; 60} ;

{1 ; .... ; 105}.

b. Donner les diviseurs communs à 60 et à 105. ....

INFO
1 et 60 sont des diviseurs de 60.

Qu'appelle-t-on PGCD de deux nombres entiers ?

- Les nombres 12 et 18 ont pour diviseurs communs {1 ; 2 ; 3 ; 6} et 6 est le plus grand de ces diviseurs. On dit que 6 est le PGCD de 12 et de 18.
  PGCD = Plus Grand Commun Diviseur

3 Trouver le PGCD (1)

a. Dresser la liste des diviseurs de 36 puis de 24.

.... ; ....

b. Donner le PGCD de 36 et de 24. ....

4 Trouver le PGCD (2)

En dressant la liste des diviseurs de 42 et de 56, déterminer le PGCD de 42 et de 56.

....

....

Qu'appelle-t-on nombres premiers entre eux ?

- Les diviseurs de 21 sont {1 ; 3 ; 7 ; 21} et ceux de 10 : {1 ; 2 ; 5 ; 10}.
Le seul diviseur commun à 21 et 10 est 1. Donc le PGCD de 21 et de 10 est 1.
On dit alors que 21 et 10 sont premiers entre eux.

> Deux nombres sont premiers entre eux si leur PGCD est 1.

5 Vrai ou faux ?

Répondre par vrai ou faux.

a. Deux nombres entiers qui ont un diviseur commun plus grand que 1 ne sont pas premiers entre eux. ....

b. Un nombre entier et 1 sont toujours premiers entre eux. ....

c. Un nombre et un de ses diviseurs autre que 1 sont toujours premiers entre eux. ....

COUP DE POUCE
Lis et relis la définition de deux nombres premiers entre eux.

MATHS

6 Nombres premiers entre eux ou non

a. Les nombres 30 et 100 sont-ils premiers entre eux ? .... Pourquoi ? ....

....

b. Mêmes questions avec 123 et 111. ....

c. Mêmes questions avec 15 et 14. ....

Y a-t-il une méthode systématique pour trouver le PGCD de deux nombres entiers ?

- **Méthode des divisions euclidiennes successives**

Pour obtenir le PGCD de 430 et 213.
On divise 430 par 213 :
$430 = 213 \times 2 + 4$.
On divise 213 par 4 : $213 = 4 \times 53 + 1$.
On divise 53 par 1 :
$53 = 1 \times 53 + 0$.
➜ Le PGCD de 430 et 213 est le dernier reste non nul : 1.

Pour obtenir le PGCD de 343 et 91.
On divise 343 par 91 :
$343 = 91 \times 3 + 70$.
On divise 91 par 70 : $91 = 70 \times 1 + 21$.
On divise 70 par 21 : $70 = 21 \times 3 + 7$
Et enfin $21 = 7 \times 3 + 0$.
➜ Le PGCD de 343 et 91 est le dernier reste non nul : 7.

7 Trouver le PGCD (3)

En utilisant la méthode des divisions successives, déterminer le PGCD de

257 et 126 puis de 2 431 et 247

....
....
....

COUP DE POUCE
Tu peux poser les divisions au brouillon.

8 Nombres premiers entre eux ?

En utilisant les divisions successives, dire si 1 436 et 513 sont premiers entre eux.

....

COUP DE POUCE
Fais tes calculs au brouillon.

Corrigés p. 157

15 Rendre une fraction irréductible

Qu'est-ce qu'une fraction irréductible ?

Définition

Une fraction est irréductible si son numérateur et son dénominateur sont premiers entre eux.

Exemples

- La fraction $\frac{22}{9}$ est irréductible car 22 et 9 sont premiers entre eux.

En effet, les diviseurs de 22 sont {1 ; 2 ; 11 ; 22} et ceux de 9 : {1 ; 3 ; 9}, et 1 est leur seul diviseur commun.

- La fraction $\frac{10}{14}$ n'est pas irréductible car 10 et 14 sont divisibles par 2.

Propriété

> Si on simplifie une fraction par le PGCD de son numérateur et de son dénominateur, on obtient une fraction irréductible.

Exemple :

Simplifions la fraction $\frac{26}{65}$ pour la rendre irréductible.

26 a pour diviseurs {1 ; 2 ; 13 ; 26} et 65 a pour diviseurs {1 ; 5 ; 13 ; 65}.

Donc 13 est le PGCD de 26 et 65.

On a $\frac{26}{65} = \frac{2 \times 13}{5 \times 13} = \frac{2}{5}$ et la fraction $\frac{2}{5}$ est irréductible.

1 Simplification avec les critères de divisibilité

Simplifier les fractions suivantes et vérifier que la fraction obtenue est irréductible.

a. $\frac{720}{630}$ = ...

b. $\frac{1\,050}{875}$ = ...

c. $\frac{660}{924}$ = ...

d. $\frac{5\,400}{4\,050}$ = ...

COUP DE POUCE

Ici, tu ne cherches pas à simplifier directement par le PGCD du numérateur et du dénominateur. Tu procèdes en plusieurs étapes en utilisant des diviseurs communs « simples ».

2 Simplification avec le PGCD (1)

a. Déterminer les diviseurs de 175 puis ceux de 63.

....

b. Quel est le PGCD de 175 et de 63 ? ....

c. Simplifier la fraction $\frac{175}{63}$ pour la rendre irréductible.

....

COUP DE POUCE

a. 175 et 63 ont six diviseurs chacun.
c. Tu dois simplifier en une seule étape.

3 Simplification avec le PGCD (2)

a. Déterminer les diviseurs de 52, puis ceux de 351 pour en déduire leur PGCD.

....

....

b. La fraction $\frac{52}{351}$ est-elle irréductible ? ....

....

Sinon, la rendre irréductible. ....

> **COUP DE POUCE**
> **a.** 52 a six diviseurs et 351 en a huit.

4 Fractions irréductibles ou non (1)

a. Pourquoi la fraction $\frac{1\,045}{1\,235}$ n'est-elle pas irréductible ?

....

b. Simplifier cette fraction par 5. ....

c. Déterminer, par la méthode des divisions successives, le PGCD de 247 et 209.

....

....

d. La fraction $\frac{209}{247}$ est-elle irréductible ? ....

Sinon, la rendre irréductible. ....

....

> **COUP DE POUCE**
> **c.** Revois le chapitre précédent.
> Pose les divisions au brouillon car tu as besoin des restes.

MATHS

5 Fractions irréductibles ou non (2)

Ces fractions sont-elles irréductibles ? Si oui le justifier, sinon les rendre irréductibles.

a. $\frac{1\,097}{263}$

....

....

....

....

b. $\frac{1\,771}{920}$

....

....

....

....

> **COUP DE POUCE**
> • Détermine le PGCD du numérateur et du dénominateur par la méthode des divisions successives.
> • Pose les divisions au brouillon.

Corrigés p . 157-158

16 Jongler avec les unités

Comment traiter des problèmes de vitesse ?

Dans certains calculs de mesure, on utilise des grandeurs quotients.
C'est le cas dans les problèmes de vitesse.

Formules et unités

Si v désigne la vitesse, d la distance parcourue et t la durée du parcours,

on a alors $d = v \times t$. On en déduit $v = \dfrac{d}{t}$ et $t = \dfrac{d}{v}$

Si d est en km et t en h alors v est en km/h (ou $km \cdot h^{-1}$).
Si d est en m et t en s alors v est en m/s (ou $m \cdot s^{-1}$).

Exemple :

Un scooter se déplace à 52 km/h.

Pour parcourir 78 km, il met : $\dfrac{78}{52} = 1{,}5$ soit une heure et demie.

En deux heures et demie, il aura parcouru : $52 \times 2{,}5 = 130$ km.

Changements d'unités

- Une voiture roule à 81 km/h. En une seconde elle parcourt :
$81 \div 3\,600 = 0{,}0225$ km, soit 22,5 m. Sa vitesse est donc de : 22,5 m/s (ou $m \cdot s^{-1}$).
- Un avion se déplace à 240 m/s. En 1 h il parcourt :
$240 \times 3\,600 = 864\,000$ m, soit 864 km. Sa vitesse est donc de 864 km/h (ou $km \cdot h^{-1}$).
- Le débit d'une pompe est de 2,5 L/s (ou $L \cdot s^{-1}$) ; en une minute elle débite
$2{,}5 \times 60 = 150$ L. Son débit est donc de 150 L/min (ou $L \cdot min^{-1}$).

1 En voiture

Une voiture roule à 72 km/h.

a. Calculer sa vitesse en m/s. ....

b. En combien de secondes parcourt-elle 100 m ? ....

c. Quelle distance a-t-elle parcourue en une minute ? ....

INFO

On suppose que la vitesse est constante.
On peut écrire km/h ou bien $km \cdot h^{-1}$; de même m/s ou $m \cdot s^{-1}$.

2 Chemin de fer

Un train parcourt 581 km en trois heures et demie.

a. Calculer sa vitesse en km/h. ....

b. Calculer sa vitesse en m/s. ....

c. Combien de temps met-il pour parcourir 332 km ? ....

COUP DE POUCE

Trois heures et demie, c'est 3,5 h.

3 La fusée

La vitesse d'une fusée est de 561 m/s.

a. Donner sa vitesse en km/h. ....

b. Fait-elle plus de 30 km par minute ? ....

4 Débit d'eau

Au mois de janvier, il s'écoule dans la Seine environ 30 000 m^3 d'eau par minute.

a. Calculer le débit moyen de la Seine en m^3/s. ....

....

b. Combien s'écoule-t-il de m^3 d'eau en 1 h, en 1 jour ? ....

....

....

COUP DE POUCE

On suppose que ce débit est constant.

MATHS

5 Consommation d'essence

Une voiture a consommé 15 litres d'essence pour parcourir 350 km.

a. Calculer sa consommation d'essence en litres pour 100 km, à 0,1 L près. ....

....

b. Quelle distance peut-elle parcourir avec un plein de 45 litres ? ....

....

....

COUP DE POUCE

On suppose que la consommation d'essence est proportionnelle à la distance parcourue.

6 Densité de population

Une commune de 16 830 habitants s'étend sur 51 km^2.

a. Calculer sa densité de population en habitants/km^2.

....

b. Calculer la superficie moyenne par habitant en ha/habitant, à 0,1 ha près.

....

....

....

INFO

a. La densité de population est le nombre d'habitants par km^2.
b. 1 hectare = 1 ha = 1 hm^2.

7 Régime de moteur

Un moteur de moto tourne à 6 900 tours/min.
Calculer le nombre de tours de ce moteur par seconde. ....

....

8 Masse volumique

Un solide en cuivre de 65 cm^3 pèse 0,58 kg.
Calculer sa masse volumique en g/cm^3, à 0,1 g/cm^3 près.

....

....

INFO

La masse volumique d'un corps est la masse par unité de volume.

Corrigés p . 158

GESTION DE DONNÉES

17 Connaître les notions de médiane et de quartiles

Comment partager une population en deux moitiés, ou en quatre quarts ?

Voici la répartition des notes d'un devoir donné dans la classe de 3e A.

(Q_1 entre 7 et 9 ; M_e entre 10 et 11 ; Q_3 entre 14 et 17)

Note	5	6	7	9	10	11	12	14	17	19
Effectif	1	1	4	5	1	2	3	1	4	2
Effectif cumulé	1	2	6	11	12	14	17	18	22	24

L'effectif de la classe est 24.

6 élèves ont moins de 8 — 6 élèves ont entre 8 et 10,5 — 6 élèves ont entre 10,5 et 15 — 6 élèves ont plus de 15

12 élèves ont moins de 10,5 — 12 élèves ont plus de 10,5

- Une note **médiane** permet de séparer la classe en deux moitiés de même effectif. On peut choisir 10,5 comme note médiane : Me = 10,5.
- Le **premier quartile** (noté Q_1) est une note telle que le quart des élèves sont en dessous et les trois quarts au-dessus. On peut choisir 8 comme premier quartile : $Q_1 = 8$.
- Le **troisième quartile** (noté Q_3) est une note telle que les trois quarts des élèves sont en dessous et le quart au-dessus. On peut choisir 15 comme troisième quartile : $Q_3 = 15$.

Remarque 1 : La moitié des élèves ont entre 8 et 15.
Remarque 2 : Le second quartile est la médiane ; $Q_2 = 10,5$.

1 Ne pas confondre

a. Calculer la moyenne des notes données dans l'exemple ci-dessus.

....

b. Cette moyenne peut-elle être une note médiane ? ....

....

COUP DE POUCE
a. C'est une moyenne pondérée par les effectifs.

2 Chiffres d'affaires

Voici les chiffres d'affaires quotidiens (en milliers d'euros) réalisés par un magasin, sur une période de 100 jours.

Chiffre d'affaires	1,3	1,4	1,6	1,8	1,9	2	2,1	2,2	2,3	2,5
Nombre de jours	3	9	13	12	6	7	5	20	15	10
Effectif cumulé										

a. Compléter le tableau avec les effectifs cumulés.

b. Donner un chiffre d'affaires médian. ....

c. Calculer la moyenne des chiffres d'affaires. ....

Cette moyenne peut-elle être une valeur médiane ? ....

d. Indiquer les quartiles Q_1 et Q_3. ....

COUP DE POUCE
b. et **d.** Observe l'exemple donné en haut de page. Les effectifs cumulés aident à déterminer la médiane et les quartiles.

3 Série statistique

Voici une série statistique :
12 ; 15 ; 20 ; 14 ; 16 ; 18 ; 12 ; 21 ; 13 ; 14 ; 16 ; 20.

a. Compléter le tableau en ordonnant par ordre croissant les valeurs données.

Valeur	12	13						
Effectif	2	1						
Effectif cumulé	2	3						

b. Proposer une valeur pour la médiane, puis pour le premier et le troisième quartile.

Médiane = ... Q_1 = ... Q_3 = ...

c. Calculer la moyenne de cette série.

....

....

d. Cette moyenne peut-elle être choisie comme médiane ?

....

....

4 Un peu de finesse

a. Compléter le tableau suivant.

Valeur	9	11	12	13	15	17
Effectif	2	5	6	4	2	1
Effectif cumulé						

b. Proposer une valeur médiane Q_2.

Q_2 = ...

c. Proposer une valeur pour Q_1 et pour Q_3.

Q_1 = ... Q_3 = ...

COUP DE POUCE

Q_1, Q_2 et Q_3 sont, dans ce cas, des nombres de la série.

5 Tailles d'enfants

On a relevé les tailles de 40 enfants de 5 à 7 ans (exprimées en cm).

104	107	107	107	108	108	108	109	111	111
112	112	112	113	113	114	114	114	114	115
115	115	116	116	117	117	118	118	118	118
119	120	120	120	121	121	122	122	123	124

Indiquer une taille médiane Q_2, un premier quartile Q_1 et un troisième quartile Q_3.

Q_2 = ... Q_1 = ... Q_3 = ...

COUP DE POUCE

Dans le tableau, les tailles sont rangées dans l'ordre croissant. Regarde bien le tableau.

Corrigés p. 158-159

18 Calculer ses chances

Qu'est-ce que la probabilité d'un événement ?

Un premier exemple

Le jeu consiste à jouer à pile ou face avec une pièce.
On a 1 chance sur 2 d'obtenir pile et, bien sûr, 1 chance sur 2 d'obtenir face.
On dit que « La **probabilité** d'obtenir pile est $\frac{1}{2}$ ». Celle d'obtenir face aussi.

Un second exemple

On tire une carte au hasard dans un jeu de 32 cartes.
On a 1 chance sur 32 d'obtenir le roi de cœur. La probabilité d'obtenir le roi de cœur est $\frac{1}{32}$.
On a aussi 4 chances sur 32 d'obtenir un as, c'est-à-dire 1 chance sur 8.
La probabilité d'obtenir un as est donc $\frac{4}{32} = \frac{1}{8}$.

$$\frac{4}{32} = \frac{\text{nombre d'as}}{\text{nombre de cartes}} = \frac{\text{nombre de cas favorables}}{\text{nombre de cas possibles}}$$

Événement

Dans l'exemple ci-dessus, « Obtenir un as » est un événement de probabilité $\frac{1}{8}$.
« Obtenir le roi de cœur » est un événement de probabilité $\frac{1}{32}$.

★ 1 Lancer d'un dé

On lance un dé à 6 faces.

a. Quelle est la probabilité d'obtenir un 2 ? ....

b. Quelle est la probabilité d'obtenir un nombre pair ? ....

c. Quelle est la probabilité d'obtenir un 1 ou un 6 ? ....

INFO En l'absence de précision, on suppose que toutes les faces ont la même probabilité de sortir.

★ 2 L'astragale romain

Pour jouer aux dés, les Romains utilisaient des osselets d'agneau appelés astragales.
Un astragale comporte 4 faces numérotées I, II, III, IV, mais les quatre faces sont différentes et n'ont pas la même probabilité d'apparaître.
On lance un astragale. Compléter le tableau.

Obtenir	I	II	III	IV
Probabilité	$\frac{4}{10}$	$\frac{4}{10}$	$\frac{1}{10}$	…

INFO La somme des probabilités de tous les cas possibles est égale à 1.

★ 3 Dans l'urne

Dans une urne, on dispose de 2 boules rouges, 4 boules blanches et 1 boule noire.
On prend une boule au hasard. Quelle est la probabilité d'obtenir :

a. une boule blanche ? ....

b. la boule noire ? ....

c. une boule qui n'est pas blanche ? ....

COUP DE POUCE a. $\frac{\text{nombre de boules blanches}}{\text{nombre total de boules}} = \ldots$

4 Dans ma classe

a. Compléter le tableau suivant.

	Garçons	Filles	Total
Pratiquent l'informatique	6	12	
Ne pratiquent pas l'informatique	4	8	
Total			

b. On choisit un élève au hasard.
On note E_1 l'événement « Choisir une fille qui pratique l'informatique »,
E_2 l'événement « Choisir un garçon »,
et E_3 l'événement « Choisir un élève qui ne pratique pas l'informatique ».

Calculer la probabilité de E_1, puis celle de E_2, puis celle de E_3 ....

....

> **INFO**
> Choisir un élève « au hasard » signifie que tous les élèves ont la même probabilité d'être choisis.

5 À la loterie

Dans un carnet de 100 billets de tombola, 1 billet permet de gagner 100 €, 9 autres 10 €, 20 autres 2 €. Les billets restants ne rapportent rien.
On choisit au hasard un billet dans le carnet.

a. Quelle est la probabilité de gagner une somme supérieure à 5 € ? ....

b. Quelle est la probabilité de ne rien gagner ? ....

> **INFO**
> Les billets sont choisis « au hasard ». Donc ils ont tous la même probabilité d'être choisis.

6 MP3 défectueux

On achète deux lecteurs MP3. Il y a 1 chance sur 100 que les deux lecteurs présentent des défauts et 18 chances sur 100 qu'un seul des lecteurs présente un défaut.
Quelle est la probabilité d'acheter deux lecteurs ne présentant aucun défaut ?

....

....

7 Faire un carton

On choisit au hasard 2 cartons parmi 3 cartons dont 1 est rouge et les 2 autres jaunes.

a. En notant R, J_1 et J_2 les cartons, écrire toutes les possibilités.

....

b. Quelle est la probabilité d'obtenir 2 cartons jaunes ? ....

> **ATTENTION**
> **a.** « R et J_1 » ou « J_1 et R », c'est pareil !

8 Pile ou face

On jette une pièce deux fois de suite.

a. Compléter le tableau.

2e jet \ 1er jet	Pile	Face
Pile		FP
Face		

b. Quelle est la probabilité d'obtenir :

- 2 fois pile ? ....
- 2 fois face ? ....
- 1 fois pile et 1 fois face ? ....

> **COUP DE POUCE**
> **b.** Lis les réponses dans le tableau.

Corrigés p. 159

19 Utiliser des racines carrées en géométrie

Quelle est la propriété la plus remarquable des triangles rectangles ?

Propriété de Pythagore

Si ABC est un triangle rectangle en A alors $AB^2 + AC^2 = BC^2$.

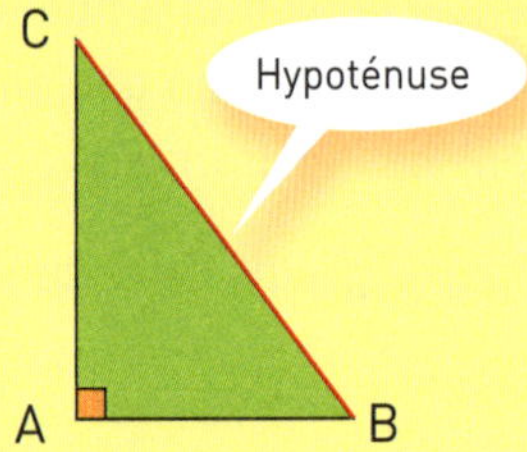

Réciproque

Soit ABC un triangle. Si $BC^2 = AB^2 + AC^2$ alors ABC est un triangle rectangle en A.

Exemple

Soit ABC un triangle avec AB = 1, AC = 2 et $BC = \sqrt{5}$. Montrer que ABC est rectangle en A.

On a $AB^2 = 1$ et $AC^2 = 4$; $BC^2 = \left(\sqrt{5}\right)^2 = 5$.

Comme $AB^2 + AC^2 = 1 + 4 = BC^2$, alors ABC est rectangle en A, d'après la réciproque de la propriété de Pythagore.

★ 1 Calcul de l'hypoténuse

Dans les deux cas suivants, calculer l'hypoténuse du triangle ABC rectangle en A.

a. AB = 12 et AC = 5 ....

....

b. $AB = \sqrt{5}$ et $AC = \sqrt{11}$ ....

....

COUP DE POUCE
Applique directement la propriété de Pythagore.

★ 2 Diagonale d'un carré

Calculer la longueur de la diagonale d d'un carré de 7 m de côté (valeur exacte, puis valeur approchée à 0,01 m près).

....

....

COUP DE POUCE

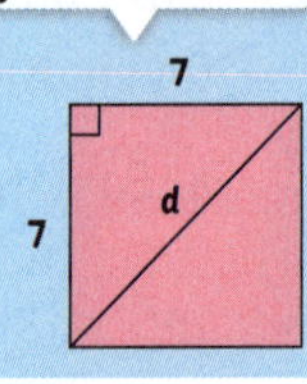

★★ 3 Périmètre d'un carré

Déterminer le périmètre d'un carré d'aire 72,25 cm^2.

....

....

INFO
Aire du carré = côté × côté.

★★ 4 Est-il rectangle ?

Soit ABC un triangle tel que $AB = 2\sqrt{3}$, $AC = \sqrt{13}$ et $BC = 5$.

Ce triangle est-il rectangle ? ....

....

....

COUP DE POUCE
Applique la réciproque de la propriété de Pythagore.

5 Triangle isocèle ?

Les points A, B et C sont sur les nœuds d'un quadrillage à mailles carrées.
Le côté de chaque petit carré mesure 1 unité.

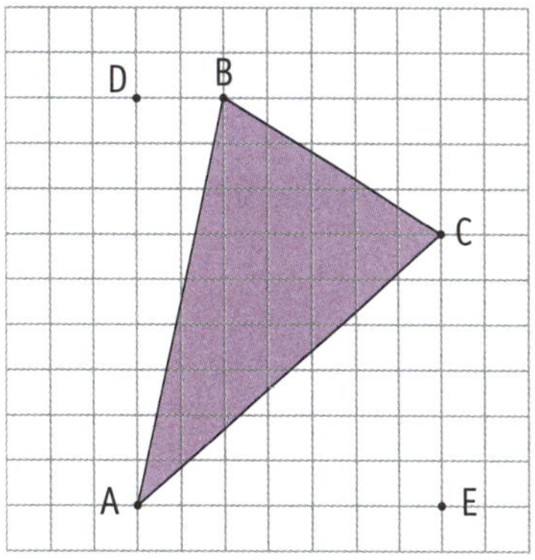

a. Calculer AB (à l'aide du triangle ADB).

....

b. Calculer AC (à l'aide du triangle AEC).

....

c. Le triangle ABC est-il isocèle ? ....

COUP DE POUCE
Inutile de chercher une valeur approchée de ces distances. Tu peux les laisser sous la forme $\sqrt{\ldots}$.

6 Hauteurs d'un triangle

a. Combien mesurent la base [CB] et la hauteur [AH] du triangle CAB ?
(Le côté d'un carré du quadrillage mesure 1 unité.)

CB = ... AH = ...

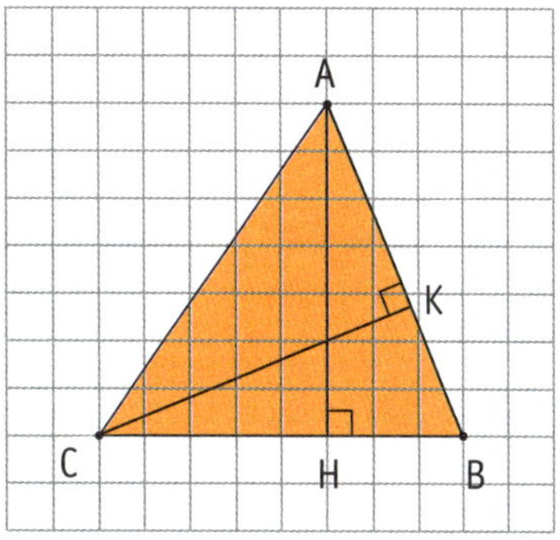

b. Calculer l'aire du triangle CAB.

....

c. Calculer la longueur du côté [AB].

AB^2 = ... Donc AB = ...

d. En déduire la longueur de la hauteur [CK] (valeur exacte et valeur arrondie à 0,01 près).

....

....

COUP DE POUCE
b. Consulte éventuellement le formulaire de géométrie.
d. Utilise les résultats des questions **b.** et **c.**

7 Calcul de la hauteur d'un triangle équilatéral

On donne le triangle équilatéral RAS de côté 8 cm.
Calculer la hauteur [AH] (valeur exacte et valeur arrondie à 0,01 près).

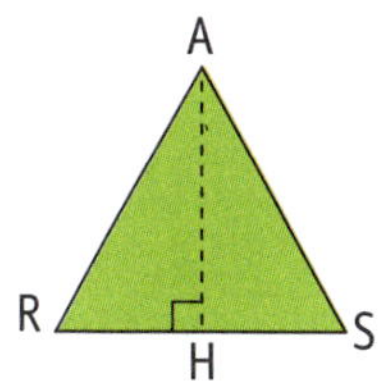

....

....

....

COUP DE POUCE
Étudie le triangle rectangle ARH et utilise les propriétés du triangle équilatéral.

8 Triangle équilatéral dans un cube

Dans un cube de côté 5 cm, on considère le triangle équilatéral ABC (voir figure).
Calculer le côté AB du triangle équilatéral ABC.
(Donner une valeur arrondie à 0,01 près.)

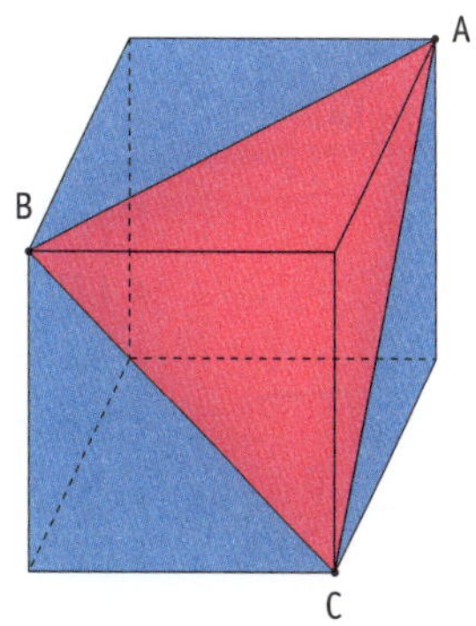

....

....

Corrigés p . 159-160

20 Calculer des longueurs avec la propriété de Thalès

Qu'est-ce que la propriété de Thalès ?

Propriété de Thalès

Si les droites (EF) et (BC) sont parallèles, alors

$$\frac{AE}{AB} = \frac{AF}{AC} = \frac{EF}{BC}$$

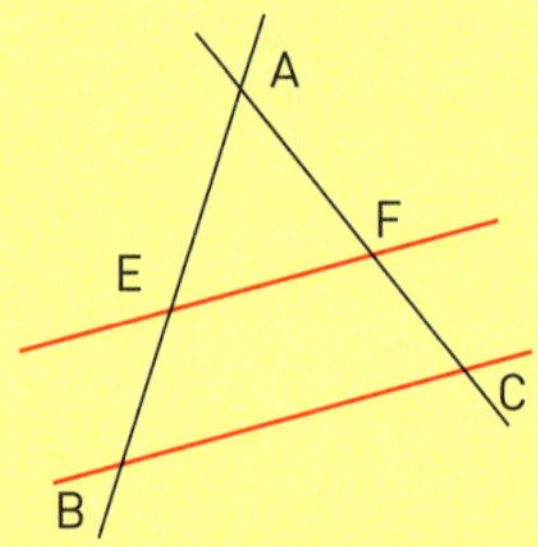

Un exemple de calcul

Calculer AB sachant que :
(EF) // (BC)
AE = 4
AF = 3
AC = 9

- D'après la propriété de Thalès, on a : $\frac{AE}{AB} = \frac{AF}{AC}$ et donc $\frac{4}{AB} = \frac{3}{9}$.
- Avec les produits en croix, on obtient : $3 \times AB = 4 \times 9 = 36$.
- D'où $AB = \frac{36}{3} = 12$.

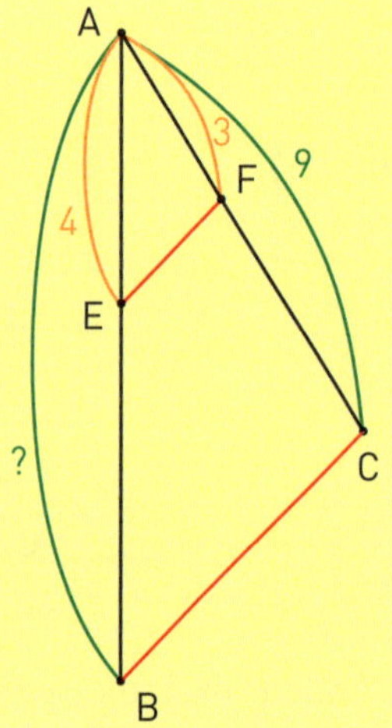

Rappel : si $\frac{a}{b} = \frac{c}{d}$ alors $a \times d = b \times c$.
Quand deux quotients sont égaux, les produits en croix sont égaux.
Exemple : $\frac{8}{12} = \frac{2}{3}$ et on constate que $8 \times 3 = 12 \times 2$.

★ 1 Dans un triangle ABC

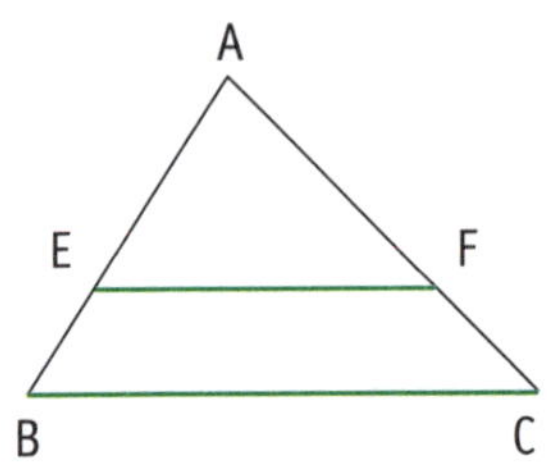

Hypothèses :
- (EF) // (BC)
- AE = 3
- AF = 4
- AC = 6
- BC = 7

a. Calculer AB. ....

....

....

b. Calculer EF. ....

....

....

ATTENTION La figure n'est pas à l'échelle.

★ 2 Dans un autre triangle

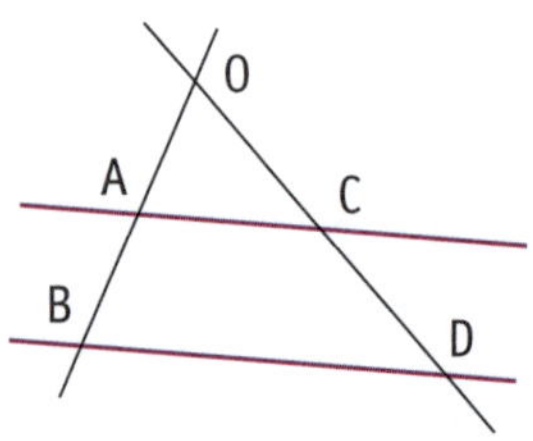

Hypothèses :
- (AC) // (BD)
- OA = 3
- OB = 9
- OC = 2
- AC = 4

a. Calculer OD. ....

....

....

b. Calculer BD. ....

....

....

ATTENTION La figure ne représente pas le vrai triangle.

3 Avec un X

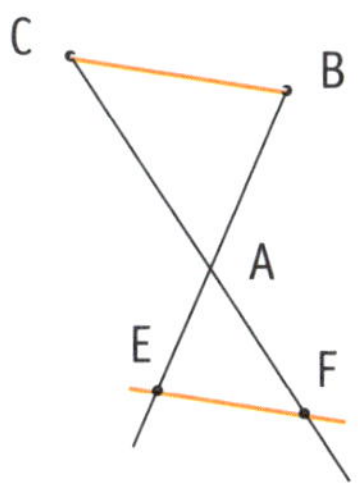

Hypothèses :
- (EF) // (BC)
- AB = 3
- EF = 2
- AC = 4
- BC = 3

a. Calculer AE. ....

....

....

b. Calculer AF. ....

....

....

INFO
Sous ces hypothèses on a :
$$\frac{AE}{AB} = \frac{AF}{AC} = \frac{EF}{BC}$$

4 Avec un tableau

Sachant que les droites en couleur sont parallèles, compléter le tableau.

t	h	a	ℓ	e	s
5		2	3		7
12	8		5	4	
	28	30		36	45

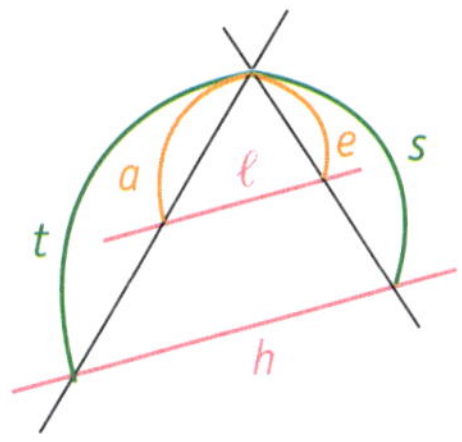

COUP DE POUCE
Fais les calculs au brouillon.

5 Un jour à la montagne

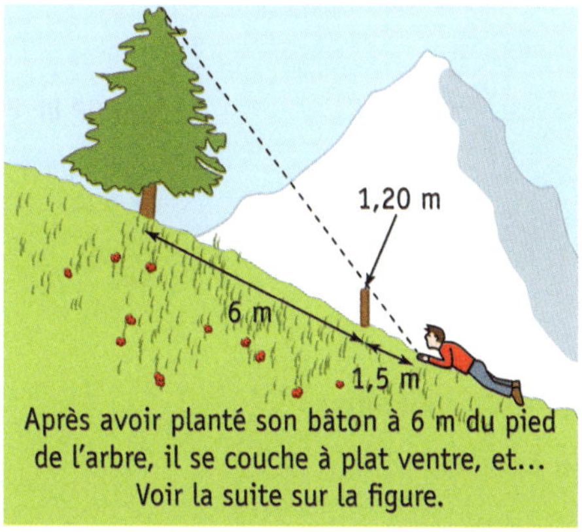

Calculer la hauteur du sapin.

....

....

....

....

....

....

....

COUP DE POUCE
Soit s la hauteur du sapin.

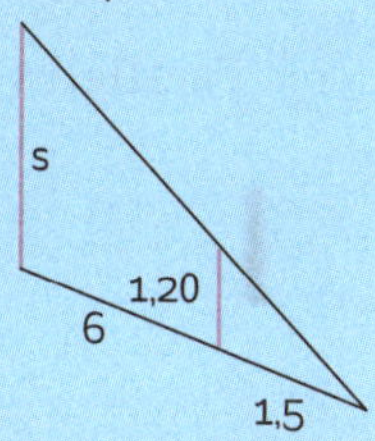

6 Un autre jour près d'un donjon

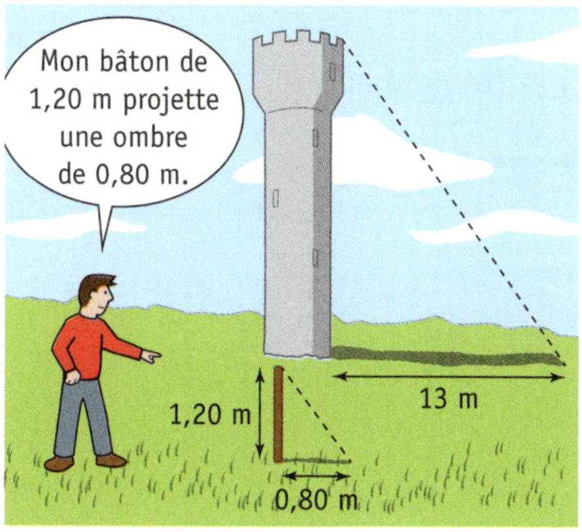

Calculer la hauteur du donjon.

....

....

....

....

....

....

....

COUP DE POUCE
Soit d la hauteur du donjon.

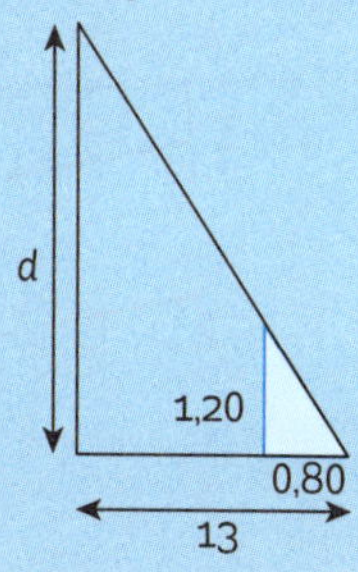

Corrigés p . 160-161

21 Démontrer que deux droites sont parallèles

Comment démontrer que deux droites sont parallèles ?

Propriété réciproque de Thalès

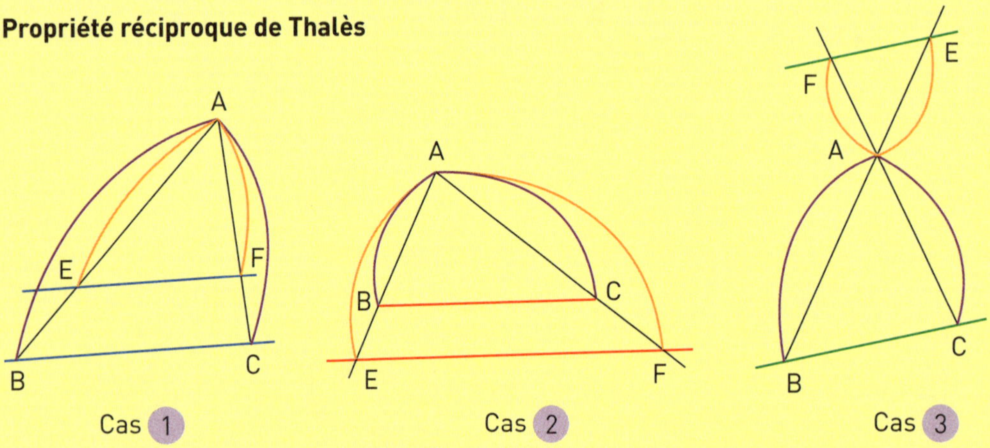

Dans chacun des cas de figures 1, 2 et 3 on a :

Si $\frac{AE}{AB} = \frac{AF}{AC}$ alors les droites (EF) et (BC) sont parallèles.

1 Parallèles ou non ? (1)

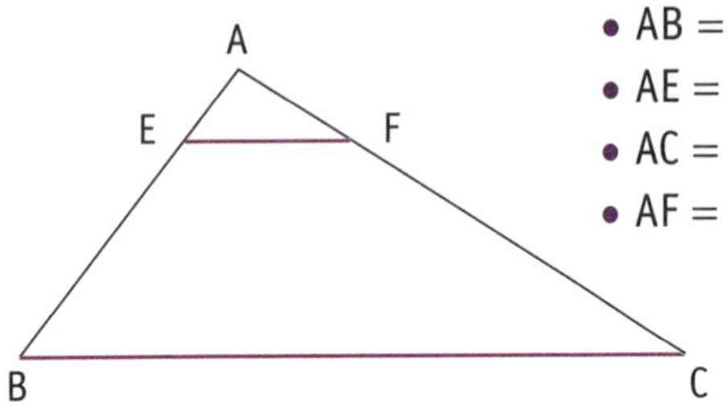

Hypothèses :
- AB = 4 cm
- AE = 1 cm
- AC = 6 cm
- AF = 1,5 cm

a. Calculer.

$\frac{AE}{AB}$ = ...

$\frac{AF}{AC}$ = ...

b. Les droites (EF) et (BC) sont-elles parallèles ? Pourquoi ?

....

....

COUP DE POUCE
b. Compare les quotients $\frac{AE}{AB}$ et $\frac{AF}{AC}$

2 Parallèles ou non ? (2)

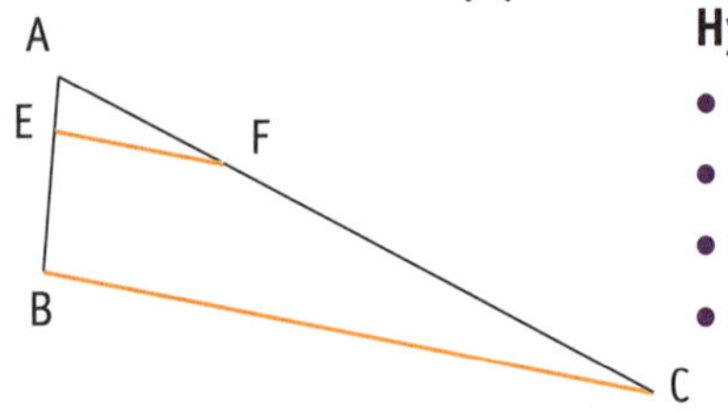

Hypothèses :
- AB = 1,4 cm
- AE = 0,4 cm
- AC = 5 cm
- AF = 1,4 cm

a. Si les droites (EF) et (BC) étaient parallèles, on aurait $\frac{AE}{.....} = \frac{.....}{AC}$.

b. Or $\frac{AE}{AB}$ = ...

$\frac{AF}{AC}$ = ...

c. Conclure. ....

....

COUP DE POUCE
a. C'est la propriété de Thalès.

3 Parallèles ou non ? (3)

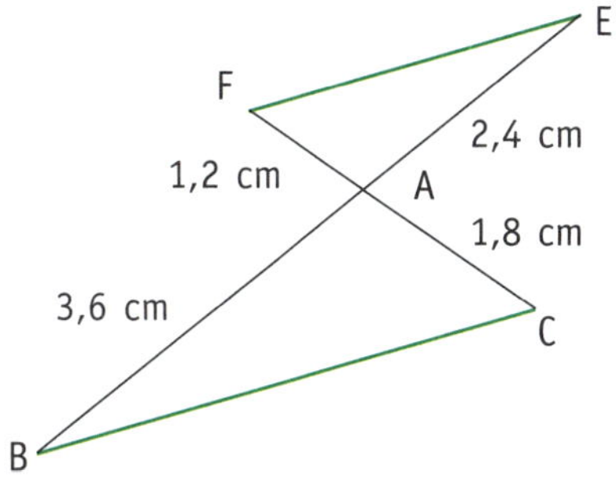

a. Calculer.

$\frac{AE}{AB}$ = ... $\frac{AF}{AC}$ = ...

b. Les droites (BC) et (EF) sont-elles parallèles ?

Pourquoi ? ....

....

....

COUP DE POUCE
Compare les quotients $\frac{AE}{AB}$ et $\frac{AF}{AC}$

4 Dans un carré

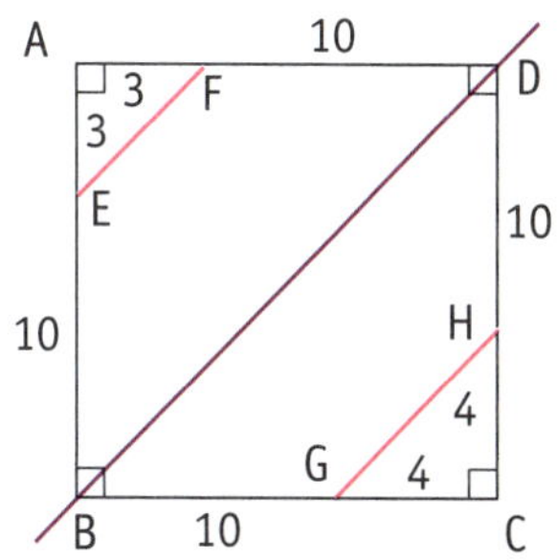

a. Démontrer que les droites (EF) et (BD) sont parallèles.

....

b. En est-il de même pour les droites (GH) et (BD) ?

....

c. Que peut-on dire des droites (EF) et (GH) ?

....

MATHS

5 Dans un rectangle

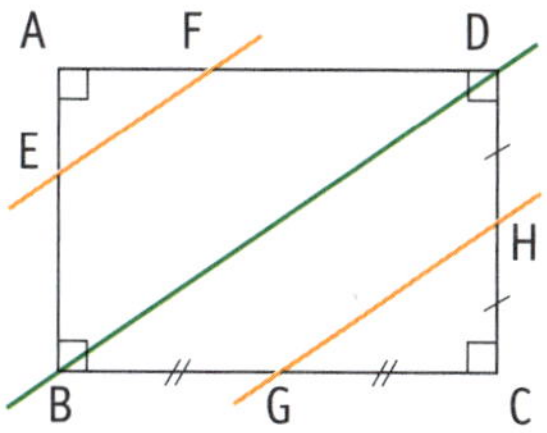

Hypothèses :
AD = 9 cm
AF = 3 cm
AB = 6 cm
AE = 2 cm

a. Démontrer que (GH) // (BD).

....

....

b. Calculer $\frac{AF}{AD}$ puis $\frac{AE}{AB}$ ....

....

c. Les droites (EF) et (GH) sont-elles parallèles ? Pourquoi ?

....

....

COUP DE POUCE
Que peux-tu dire du point G par rapport aux points B et C ?

6 À compléter

On suppose (BD) // (EG) et (DC) // (GF). On va démontrer que (BC) // (EF).
Pour cela compléter :

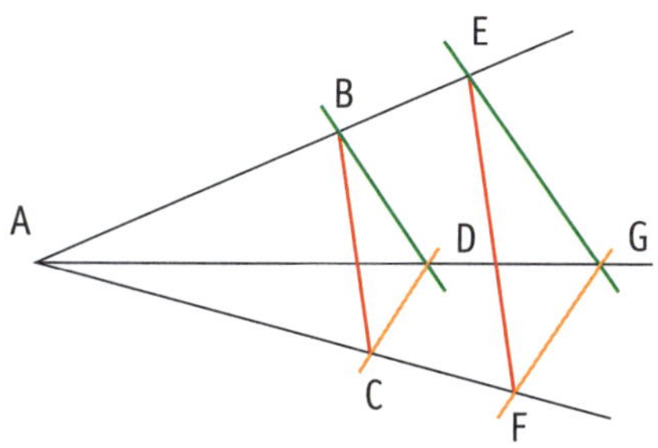

Comme (BD) // (EG) alors $\frac{\dots}{\dots} = \frac{\dots}{\dots}$

De même, comme (DC) // (GF) alors

$\frac{\dots}{\dots} = \frac{\dots}{\dots}$.

Donc $\frac{AB}{AE} = \frac{\dots}{\dots}$.

Donc .... // ....

COUP DE POUCE
Utilise le théorème de Thalès, puis sa réciproque.

Corrigés p. 161

22 Agrandir et réduire

Qu'est-ce qu'un agrandissement ou une réduction ?

- Au cours d'un agrandissement ou d'une réduction, les dimensions d'une figure sont toutes multipliées par un même nombre k positif.
- Ce nombre k est appelé « rapport » de l'agrandissement (ou de la réduction).
- Pour un agrandissement : $k > 1$. Pour une réduction : $k < 1$.

Propriété (k, k^2, k^3)

Dans un agrandissement ou une réduction de rapport k
– l'aire d'une surface est multipliée par k^2 ;
– le volume d'un solide est multiplié par k^3.

Exemples

- **Réduction**

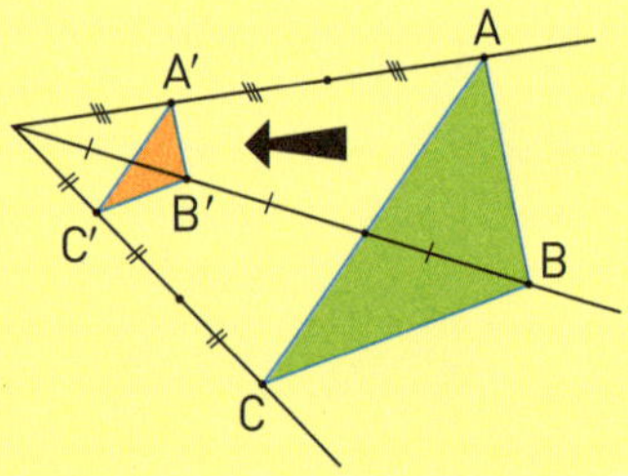

Les dimensions sont multipliées par $\frac{1}{3}$.

Aire (A'B'C') = Aire (ABC) × $\left(\frac{1}{3}\right)^2$

= Aire (ABC) × $\frac{1}{9}$

- **Agrandissement**

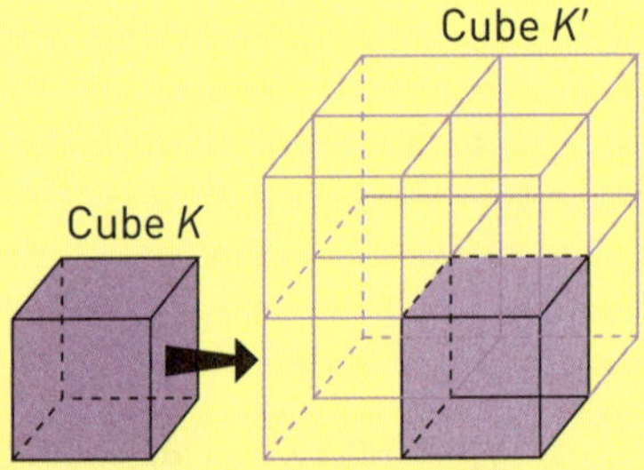

Les dimensions sont multipliées par 2.
Volume (K') = Volume (K) × 2^3
= Volume (K) × 8

★ 1 Élémentaire !

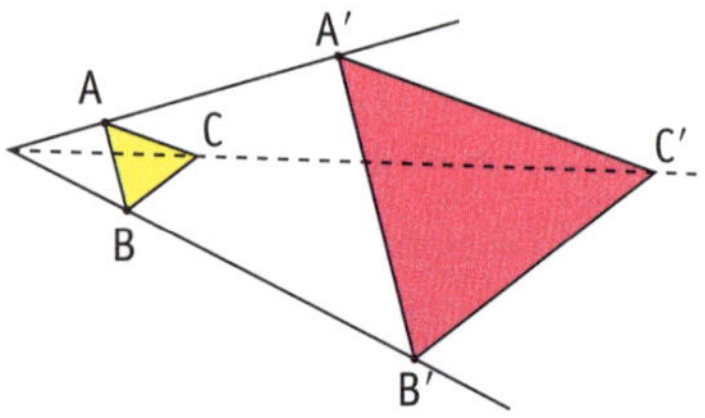

On suppose que A'B'C' est un agrandissement de ABC et que l'aire de A'B'C' vaut 16 fois l'aire de ABC.

Alors : A'B' = ... × AB

et AC = ... × A'C'

★ 2 Vous avez dit agrandissement ?

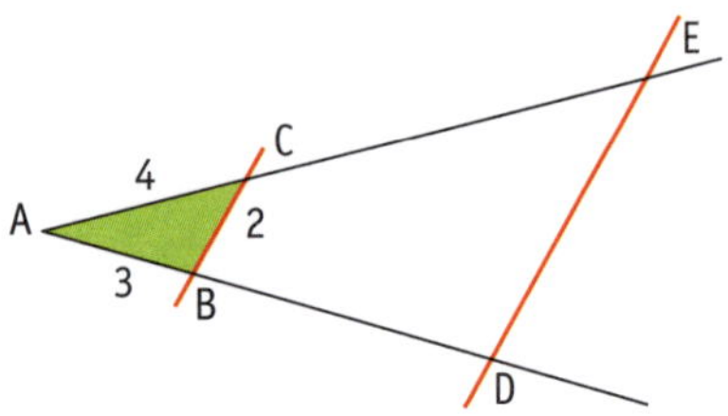

(BC) // (DE), AB = 3, AC = 4 et AD = 9.

a. Calculer AE et ED.

....

....

....

b. Montrer que ADE est un agrandissement de ABC. ....

....

COUP DE POUCE
a. Utilise le théorème de Thalès.
b. Pour cela, vérifie que AE = 3AC, AD = 3AB, et DE = 3BC.

3 Dans un cube

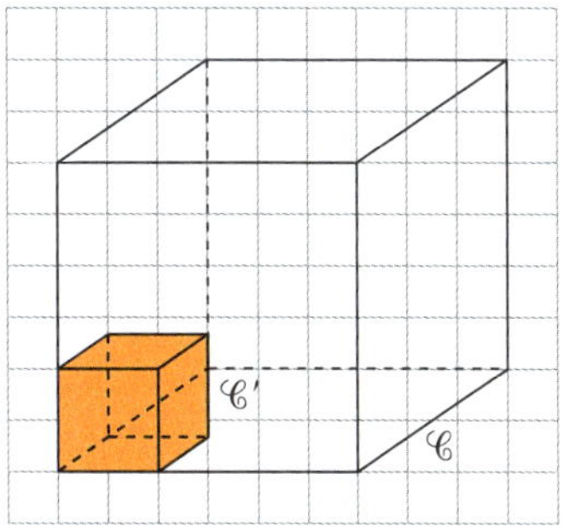

Le cube colorié $\mathscr{C}'$ est une réduction du cube $\mathscr{C}$.
Compléter.

a. Les dimensions de $\mathscr{C}'$ sont celles de $\mathscr{C}$ multipliées par ....

b. L'aire d'une face de $\mathscr{C}'$ est l'aire d'une face de $\mathscr{C}$ multipliée par ....

c. volume ($\mathscr{C}'$) = ... × volume ($\mathscr{C}$).

4 Pyramides d'Égypte

Les trois pyramides de Giseh, dédiées aux pharaons Khéops, Khéphren et Mykérinos, sont des pyramides à base carrée.
La plus petite est celle de Mykérinos : sa base mesure 105 m de côté et sa hauteur 66 m.
La plus grande est celle de Khéops : sa base mesure 231 m de côté.
On suppose dans ce problème qu'elle est un agrandissement de celle de Mykérinos.

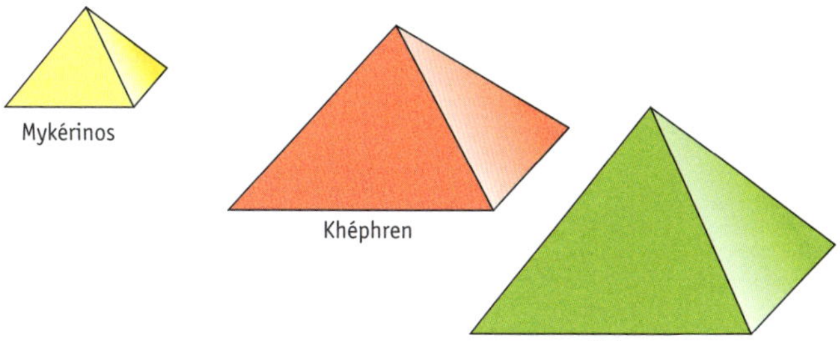

a. Calculer, à 0,1 m près, la hauteur de la pyramide de Khéops.

....

....

....

b. On prétend que le volume de la pyramide de Khéops est environ dix fois plus grand que celui de la pyramide de Mykérinos. Vérifier cette affirmation sans calculer les volumes.

....

....

c. Même consigne qu'en **b.**, mais en calculant les volumes des deux pyramides.

....

....

....

....

COUP DE POUCE
a. Calcule d'abord le rapport d'agrandissement.

COUP DE POUCE
c. Consulte le formulaire de géométrie.

MATHS

Corrigés p. 162

23 Utiliser la trigonométrie

Comment utiliser la trigonométrie pour calculer des longueurs ?

- Dans un triangle ABC rectangle en C, on a :

$AC = AB \times \cos(\widehat{A})$ $BC = AB \times \sin(\widehat{A})$ $BC = AC \times \tan(\widehat{A})$

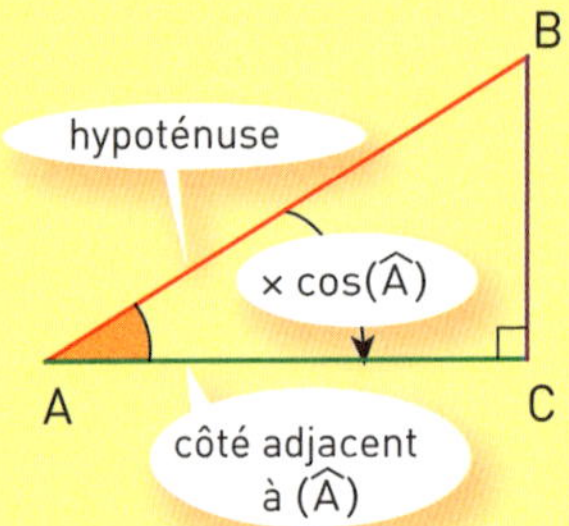

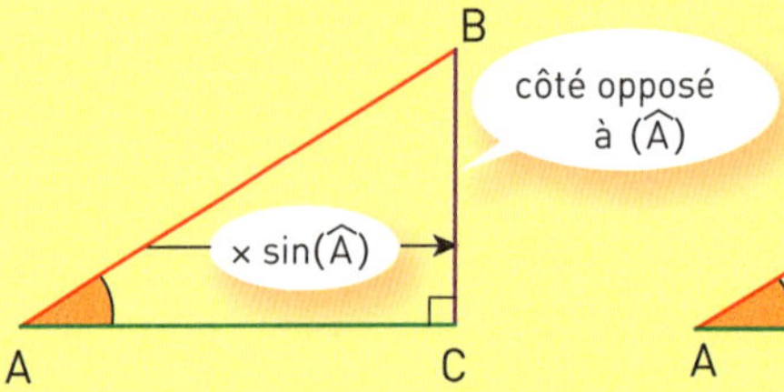

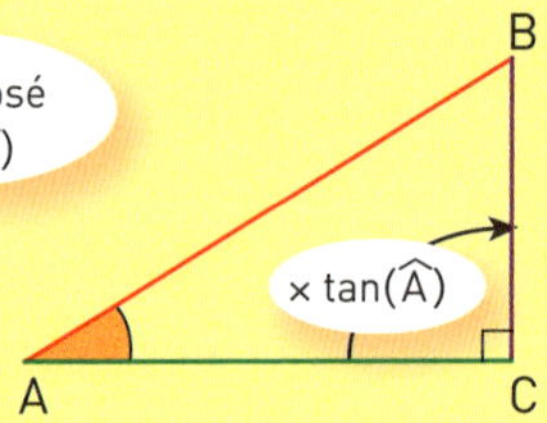

$\cos(\widehat{A}) = \frac{AC}{AB}$ $\sin(\widehat{A}) = \frac{BC}{AB}$ $\tan(\widehat{A}) = \frac{BC}{AC}$

cosinus = **côté adjacent / hypoténuse** sinus = **côté opposé / hypoténuse** tangente = **côté opposé / côté adjacent**

1 Sinus, cosinus et tangente (1)

Pour les trois questions :
- rayer les mentions inutiles parmi les trois proposées ;
- donner les valeurs exactes.

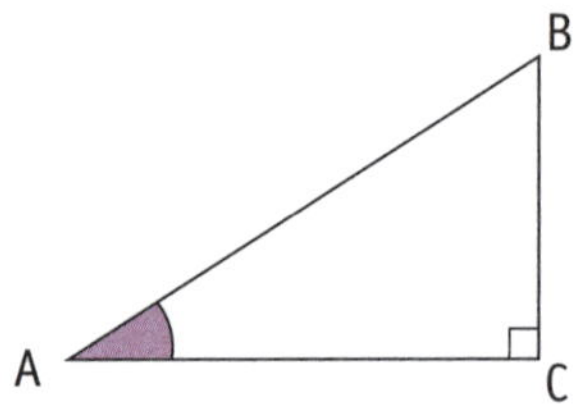

ATTENTION Repère bien l'hypoténuse, le côté opposé et le côté adjacent à l'angle Â.

a. Sachant que AC = 5 et BC = 4, je peux immédiatement calculer :

{ cos(Â) / sin(Â) / tan(Â) } qui est égal à ....

b. Sachant que AC = 6 et AB = 7, je peux immédiatement calculer :

{ cos(Â) / sin(Â) / tan(Â) } qui est égal à ....

c. Sachant que AB = 8 et BC = 3, je peux immédiatement calculer :

{ cos(Â) / sin(Â) / tan(Â) } qui est égal à ....

2 Sinus, cosinus et tangente (2)

Calculer :

cos(Â) = ...

sin(Â) = ...

tan(Â) = ...

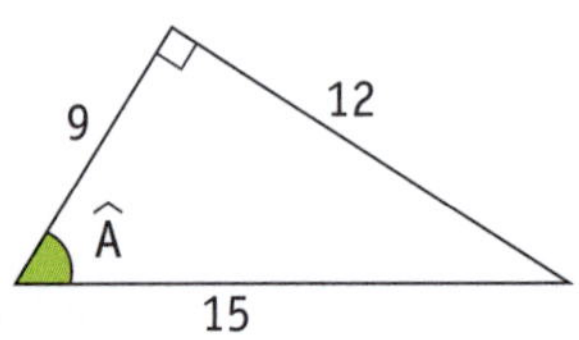

3 Avec la calculatrice

Donner, à 0,01 près : cos(33°) ≈ .... ; sin(1°) ≈ .... ; tan(10°) ≈ ....

ATTENTION
La calculatrice doit être en mode degré.

4 Calculs dans un triangle rectangle

a. Calculer AB.

On donne sin (Â) = 0,16.

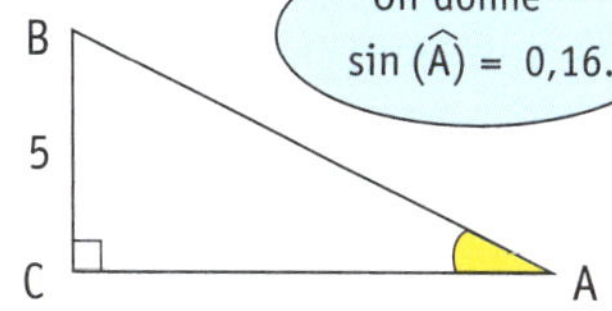

....

....

....

b. Calculer AC à 0,01 près.

....

....

COUP DE POUCE
b. Par Pythagore !

c. Calculer à 0,01 près :

cos(Â) = ...

5 De tous côtés

a. Calculer à 0,01 cm près :

NF = ...

UN = ...

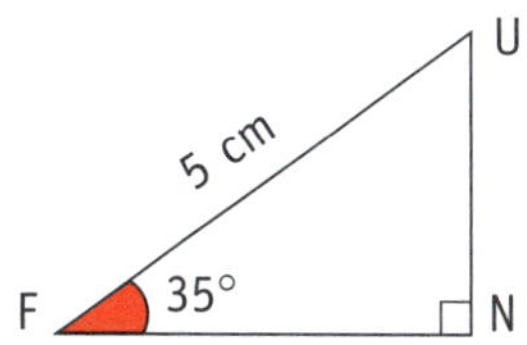

b. Calculer à 0,01 cm près EA et SE.

....

....

....

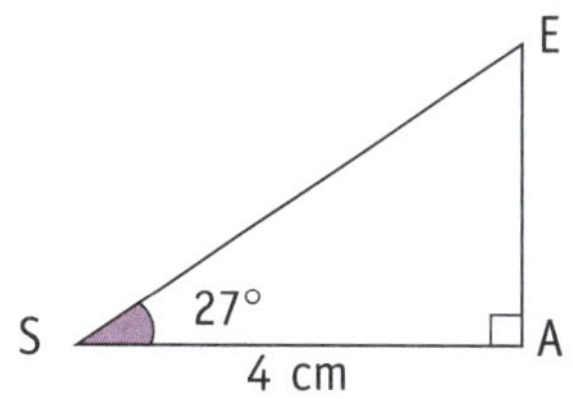

c. Calculer à 0,01 cm près YJ et JO.

....

....

....

....

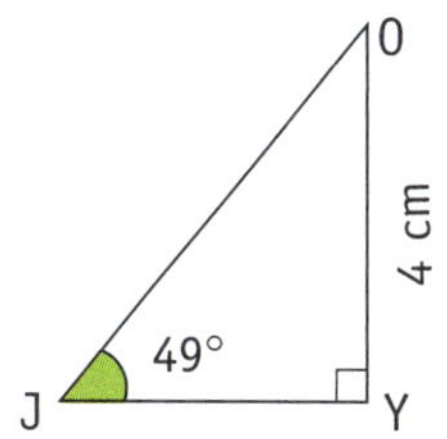

6 Calculs dans un pentagone

Le pentagone régulier PENTA est inscrit dans un cercle de rayon 3 (les longueurs seront calculées à 0,001 près).

a. Calculer :

$\widehat{POE}$ = ...

$\widehat{POH}$ = ...

b. Calculer les longueurs OH, PH et PE.

....

....

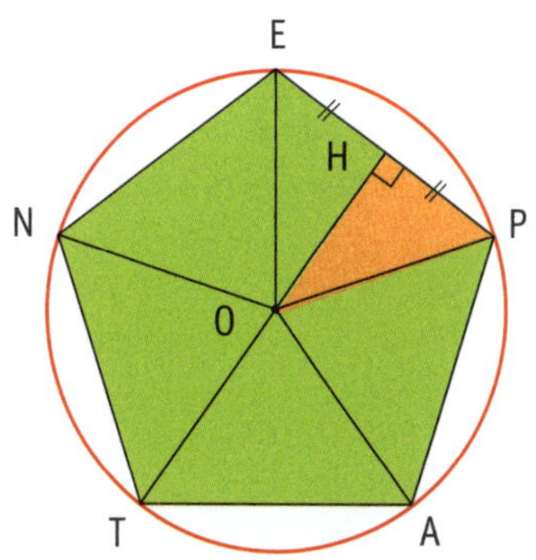

INFO
• Un angle plein mesure 360°.
• (OH) est la bissectrice de l'angle $\widehat{POE}$.

MATHS

Corrigés p. 162-163

24 Calculer des angles

Comment évaluer la mesure d'un angle dans un triangle rectangle ?

Calcul de la mesure d'un angle aigu dont le sinus est connu

Exemple : Sachant que $\sin(x) = 0{,}3$, on tape sur une calculatrice scientifique :

(0) (.) (3) (sin⁻¹) ou bien (sin⁻¹ (0,3))

et on lit $x \approx 17{,}457\ 6°$.

Mettre la calculatrice en mode degré.

On procède de façon analogue avec le cosinus et la tangente.

Formules de trigonométrie

Avec $\cos(\widehat{A}) \neq 0$, on a : $\tan(\widehat{A}) = \dfrac{\sin(\widehat{A})}{\cos(\widehat{A})}$

Avec tout angle $\widehat{A}$, on a : $\cos^2(\widehat{A}) + \sin^2(\widehat{A}) = 1$

$\cos^2(\widehat{A})$ signifie $[\cos(\widehat{A})]^2$.

1 Avec la calculatrice

La lettre x désigne la mesure en degrés d'un angle aigu.
Compléter chaque ligne du tableau suivant. Donner les résultats à 0,001 près.

x (en degrés)	$\cos(x)$	$\sin(x)$	$\tan(x)$
5			
	0,3		
		0,2	
			3,1

COUP DE POUCE
Pour les trois dernières lignes, commence par évaluer x.

2 Dans un triangle rectangle (1)

Compléter en donnant les résultats à 0,001 près :

$\tan(\widehat{A}) =$ ....

$\widehat{A} \approx$ ....

$\cos(\widehat{A}) \approx$ ....

$\sin(\widehat{A}) \approx$ ....

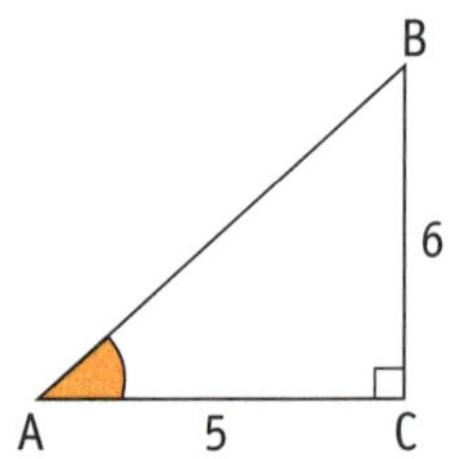

3 Dans un triangle rectangle (2)

Compléter en donnant les résultats à 0,001 près :

$\sin(\widehat{A}) =$ ....

$\widehat{A} \approx$ ....

$\cos(\widehat{A}) \approx$ ....

$\tan(\widehat{A}) \approx$ ....

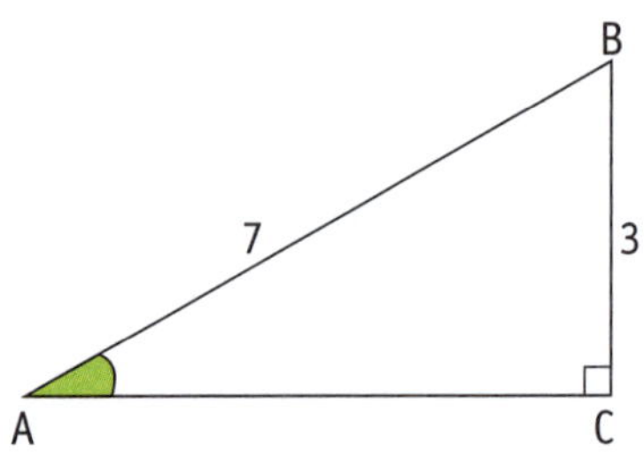

4 Le triangle 3-4-5

a. Vérifier que ABC est rectangle en C.

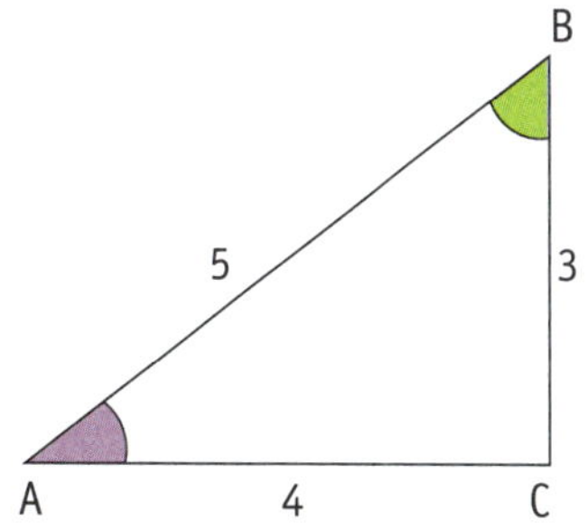

....

....

....

b. sin($\widehat{A}$) = ...

En déduire la mesure de $\widehat{A}$, puis celle de $\widehat{B}$ (à 0,01° près).

....

....

5 Dans un quadrillage à maille carrée

a. Calculer tan($\widehat{ABO}$) et en déduire la mesure de $\widehat{ABO}$ à 0,01° près.

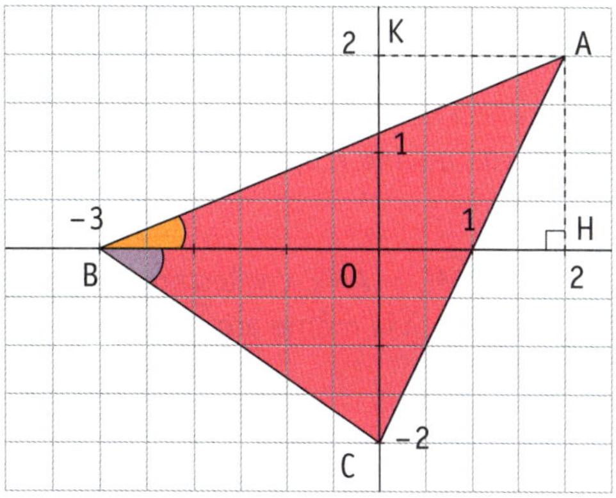

....

....

....

b. Calculer tan($\widehat{OBC}$) et en déduire les mesures de $\widehat{OBC}$ puis de $\widehat{ABC}$.

....

....

....

c. En s'inspirant des questions **a.** et **b.**, calculer à 0,01° près la mesure de l'angle $\widehat{C}$ du triangle ABC.

....

....

....

....

d. En déduire une valeur approchée de la mesure de l'angle $\widehat{A}$ du triangle ABC.

....

6 Sans connaître $\widehat{A}$

$\widehat{A}$ est un angle aigu. On donne sin($\widehat{A}$) = 0,352. Sans déterminer la mesure de $\widehat{A}$, calculer cos($\widehat{A}$) puis tan($\widehat{A}$) à 0,000 001 près.

....

....

....

....

COUP DE POUCE

a. Dans le triangle rectangle ABH, ...
b. Dans le triangle rectangle OBC, ...

COUP DE POUCE

Utilise les relations $\cos^2(\widehat{A}) + \sin^2(\widehat{A}) = 1$ et $\tan(\widehat{A}) = \dfrac{\sin(\widehat{A})}{\cos(\widehat{A})}$

MATHS

Corrigés p . 163-164

25 Connaître les angles inscrits

Comment évaluer la mesure d'un angle dans un cercle ?

Vocabulaire

Dans le cercle de centre O :
- l'angle $\widehat{AMB}$ est un angle **inscrit** qui intercepte l'arc $\overset{\frown}{AB}$;
- l'angle $\widehat{AOB}$ est l'angle **au centre** qui intercepte l'arc $\overset{\frown}{AB}$.

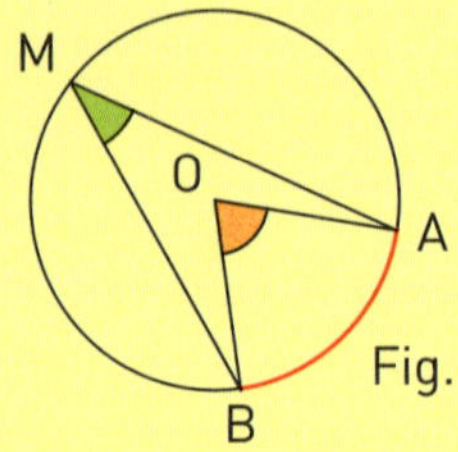

Fig. 1

Propriété

Un angle inscrit mesure la moitié de l'angle au centre qui intercepte le même arc.

Sur la figure 1, on a : $\widehat{AMB} = \frac{1}{2} \times \widehat{AOB}$.

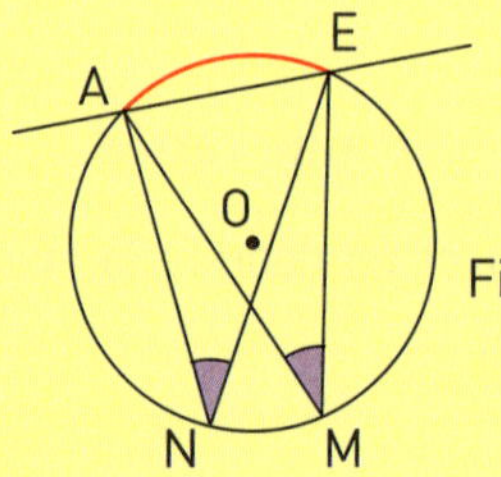

Fig. 2

M et N sont du même côté de la corde [AE].

Conséquence

Deux angles inscrits qui interceptent le même arc ont la même mesure.

Sur la figure 2, on a $\widehat{AME} = \widehat{ANE}$ car les angles inscrits $\widehat{AME}$ et $\widehat{ANE}$ interceptent le même arc $\overset{\frown}{AE}$.

COUP DE POUCE
Pour les exercices **1** à **4**, utilise la première propriété.

★ 1 Donner les mesures

a. Sachant que $\widehat{ABC} = 20°$, compléter :

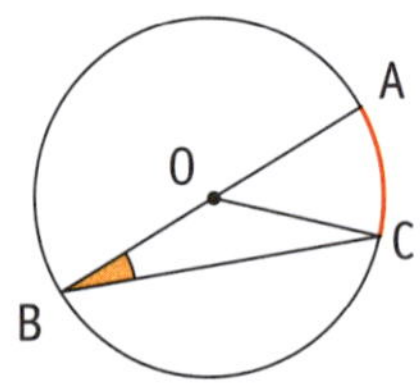

$\widehat{AOC}$ = ...

b. Compléter :

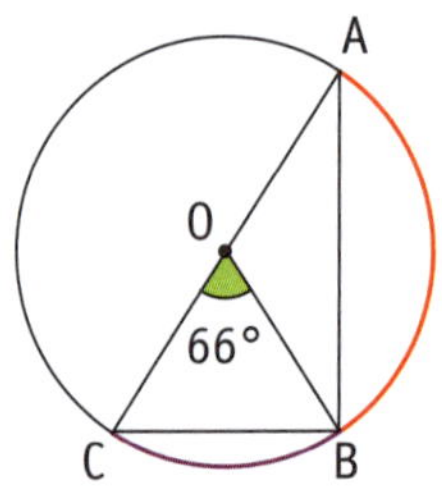

$\widehat{BAC}$ = ...

$\widehat{AOB}$ = ...

$\widehat{ACB}$ = ...

★ 2 Avec un triangle équilatéral

a. Démontrer que le triangle AOC est équilatéral.

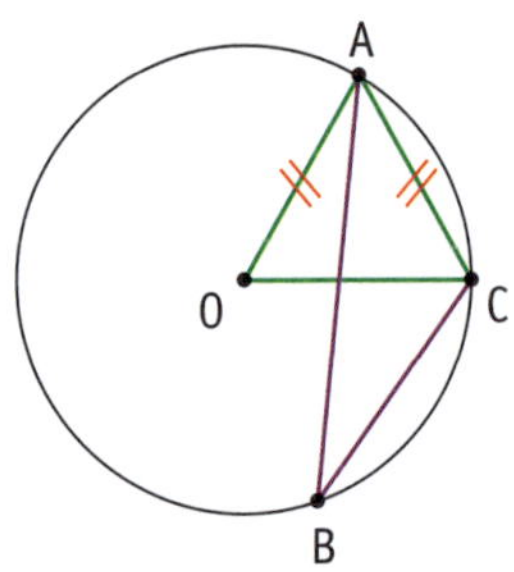

....

....

....

b. En déduire la mesure de $\widehat{AOC}$ puis celle de $\widehat{ABC}$.

....

....

....

3 Dans tous les coins

a. Calculer la mesure de $\widehat{ACB}$.

b. En considérant le triangle BOC, calculer la mesure de $\widehat{BOC}$.

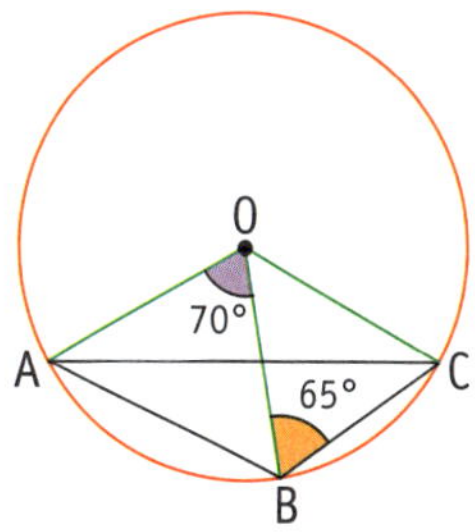

c. En déduire les mesures de $\widehat{BAC}$ et $\widehat{ABC}$.

> **COUP DE POUCE**
> **b.** BOC n'est-il pas isocèle ? La somme des mesures des angles d'un triangle est ...

> **COUP DE POUCE**
> **c.** $\widehat{BAC}$ est un angle inscrit, $\widehat{ABC}$ est un angle du triangle ABC.

4 Un triangle isocèle ?

Deux cercles de centres A et B et de même rayon se coupent en C et D.
Une droite passant par C coupe le cercle de centre A en E et celui de centre B en F.

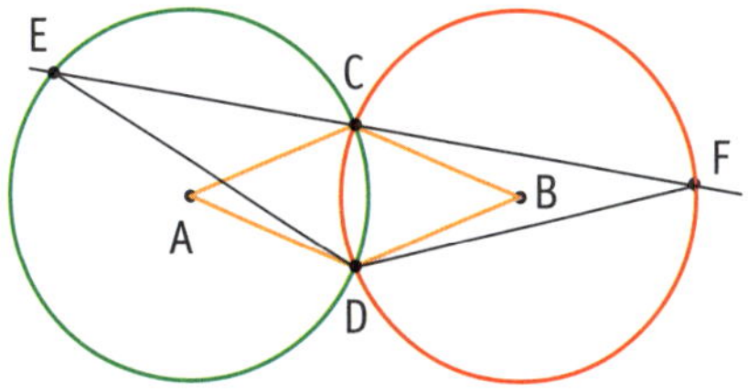

a. Montrer que ACBD est un losange.
En déduire que $\widehat{CAD} = \widehat{CBD}$.

b. Démontrer que $\widehat{CED} = \widehat{CFD}$. En déduire la nature du triangle DEF.

> **COUP DE POUCE**
> **a.** Relis attentivement les hypothèses.

5 Angle droit inscrit

Soit A et B deux points d'un cercle de centre O.
La perpendiculaire à (AB) passant par A recoupe le cercle en C.
Démontrer de deux façons que B, O et C sont alignés :

a. à l'aide d'une propriété des triangles rectangles.

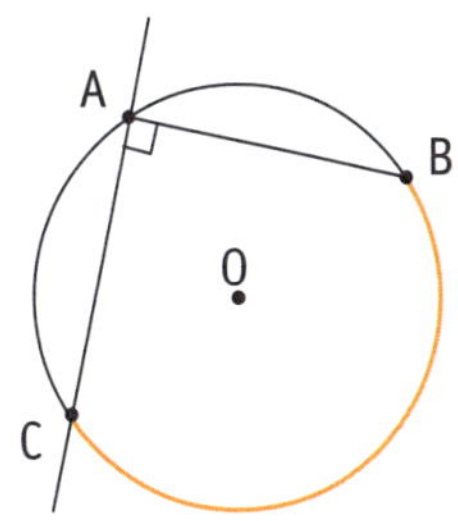

b. à l'aide d'une propriété des angles inscrits.

> **COUP DE POUCE**
> **b.** Que dire de l'angle au centre qui intercepte l'arc $\overset{\frown}{BC}$ ne contenant pas A ?

Corrigés p. 164

26 Résoudre des problèmes de sphère

Que faut-il connaître de la sphère ?

Définitions

• La sphère de centre O et de rayon r est l'ensemble des points M de l'espace tels que OM = r.

• Deux points A et B de la sphère sont **diamétralement opposés** si [AB] est un diamètre de la sphère.

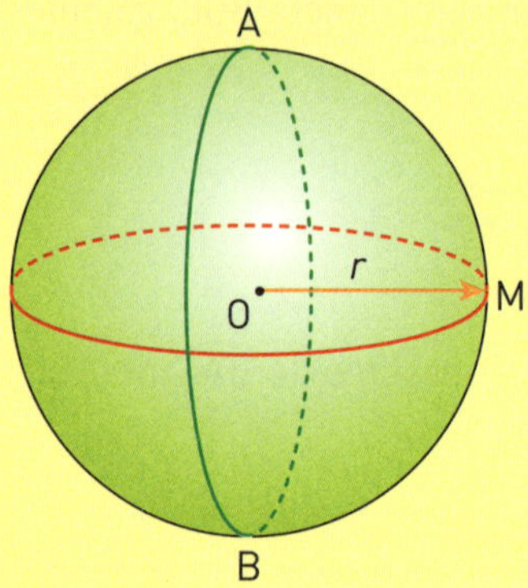

Aire de la sphère de rayon r : $A = 4\pi r^2$

Exemple : Une sphère de rayon 5 cm a pour aire (en cm²) :
$A = 4 \times \pi \times (5)^2 = 100\pi \approx 314$.

Volume de la boule de rayon r : $V = \frac{4}{3}\pi r^3$

Exemple : Une boule de rayon 3 m a pour volume (en m³) : $V = \frac{4}{3} \times \pi \times (3)^3 = 36\pi \approx 113$.

1 Dessin à main levée

Sur le dessin de la sphère ci-contre, dessiner deux grands cercles passant par le point A.
Sur la sphère, placer deux points B et C diamétralement opposés.

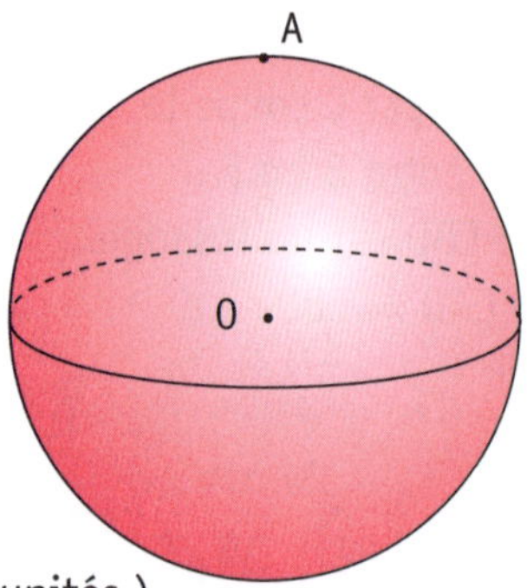

INFO

• En perspective, un cercle est représenté par une ellipse.
• Les traits cachés sont en pointillés.
• Un grand cercle a pour centre le centre de la sphère.

2 À la bonne aire

Calculer l'aire des sphères de rayons suivants, en donnant la valeur exacte, puis une valeur approchée à 0,001 près. (Préciser les unités.)

a. 6 m **b.** 5 cm **c.** 13 km

....
....
....

3 Calcul de volumes

Calculer le volume des boules de rayons suivants, en donnant la valeur exacte, puis une valeur approchée à 0,001 près. (Préciser les unités.)

a. 12 mm **b.** 9 cm **c.** 15 m

....
....
....

4 Notre planète

En admettant que la Terre soit une boule de 6 400 km de rayon, calculer :

• son aire (à un million de km² près) ....

• son volume (à un milliard de km³ près). ....

5 Tableau

a. Compléter le tableau, en précisant l'unité et en donnant une valeur approchée à 0,01 près.

Sphère	$\mathscr{A}$	$\mathscr{B}$	$\mathscr{C}$	$\mathscr{D}$
Rayon	4 cm	8 cm		3 cm
Diamètre			10 m	
Aire de la sphère				
Volume de la boule				

b. Le rayon de la sphère $\mathscr{B}$ est le double du rayon de la sphère $\mathscr{A}$.

L'aire de $\mathscr{B}$ est égale à .... fois l'aire de $\mathscr{A}$.

Le volume de $\mathscr{B}$ est égal à .... fois le volume de $\mathscr{A}$.

COUP DE POUCE

b. Revois la propriété (k, k^2, k^3).

6 Un réservoir

a. Calculer le volume (à 1 m^3 près) du réservoir représenté sur la figure ci-contre.

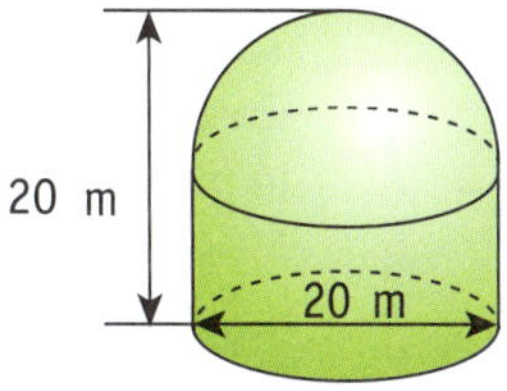

....

....

....

INFO

Le volume du réservoir est la somme de deux volumes. Voir le formulaire de géométrie.

b. Calculer l'aire de la surface visible (sans le fond horizontal) du réservoir (à 1 m^2 près).

....

Que se passe-t-il quand on coupe une sphère par un plan ?

- En coupant une sphère par un plan, on obtient un cercle. Lorsque ce plan passe par le centre de la sphère, on dit que la section est un **grand cercle**.

Exemple :

- Un plan coupe une sphère de centre O et de rayon 17 cm selon un cercle $\mathscr{C}$ de centre H. La distance OH du centre de la sphère au plan mesure 8 cm. Calculer le rayon du cercle $\mathscr{C}$.
- Soit A un point de $\mathscr{C}$.

Le triangle OHA étant rectangle en H, on a :

$OA^2 = OH^2 + HA^2$, d'où $HA^2 = OA^2 - OH^2 = 17^2 - 8^2 = 225$.

Donc $HA = \sqrt{225} = 15$. Le rayon du cercle $\mathscr{C}$ mesure 15 cm.

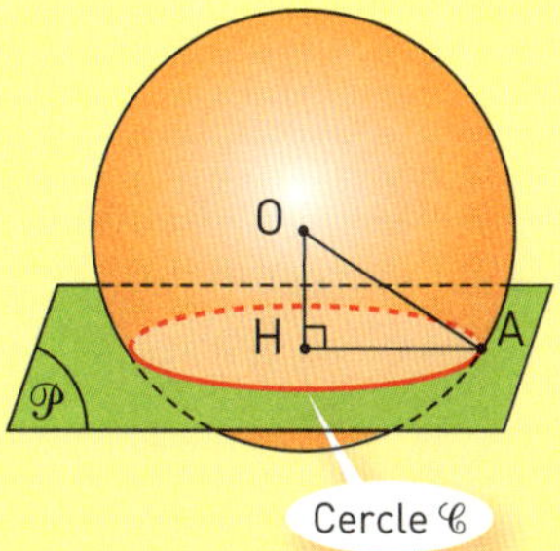

7 Plan et sphère

La section d'une sphère de centre O et de 13 cm de rayon, par un plan $\mathscr{P}$, situé à une distance de 5 cm du centre O (OH = 5 cm) est un cercle $\mathscr{C}$.

a. Placer sur le dessin les lettres $\mathscr{P}$, O, H et $\mathscr{C}$.

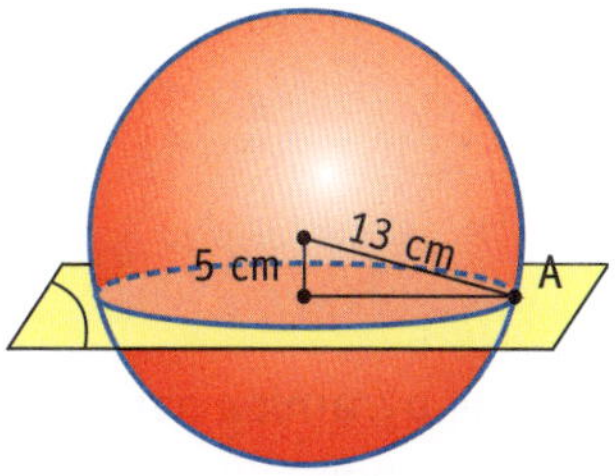

b. Calculer le rayon du cercle $\mathscr{C}$. ....

....

Corrigés p. 164-165

Plus d'exercices sur www.hatier-entrainement.com

27 Couper un solide par un plan

Qu'est-ce que la section d'un solide par un plan ?

Propriétés

• La section **d'un cube ou d'un parallélépipède rectangle** par un plan parallèle à une face est un rectangle de mêmes dimensions que la face.

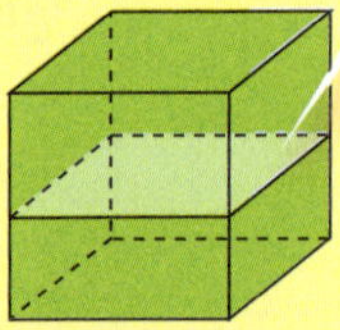

• La section **d'un cube ou d'un parallélépipède rectangle** par un plan parallèle à une arête est un rectangle.

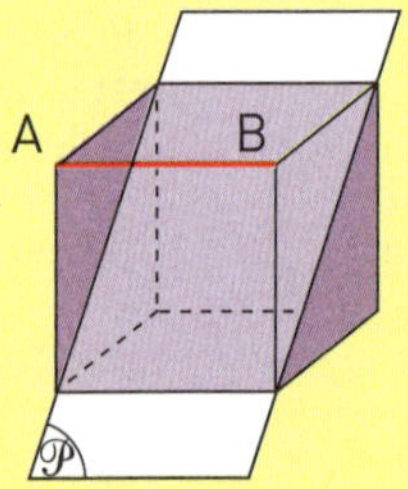

Dans les deux exemples, le plan 𝒫 est parallèle à l'arête [AB].

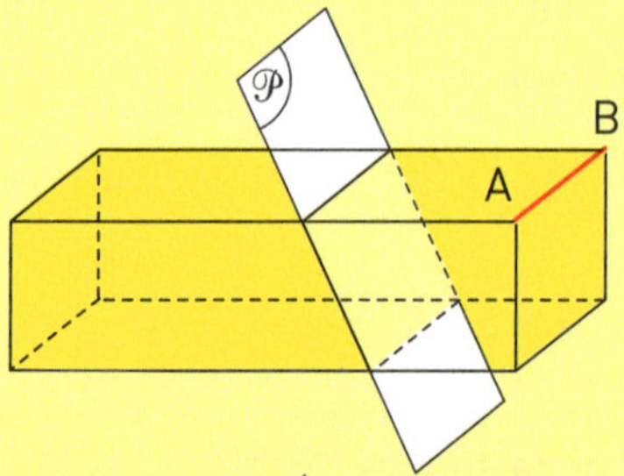

• La section d'un **cylindre** par un plan perpendiculaire à l'axe du cylindre est un disque de même rayon que celui des bases du cylindre.

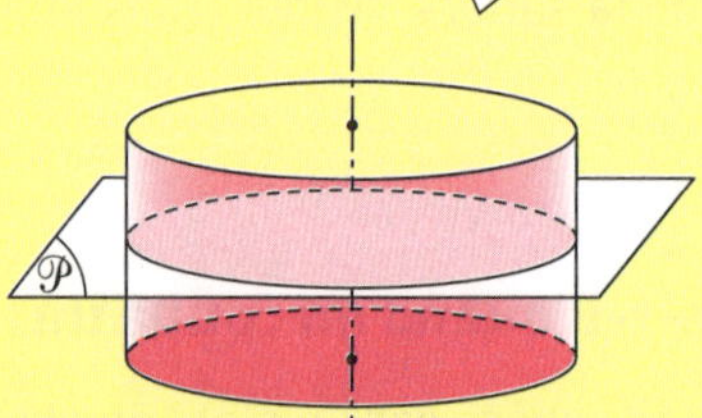

• La section d'un **cylindre** par un plan parallèle à l'axe du cylindre est un rectangle.

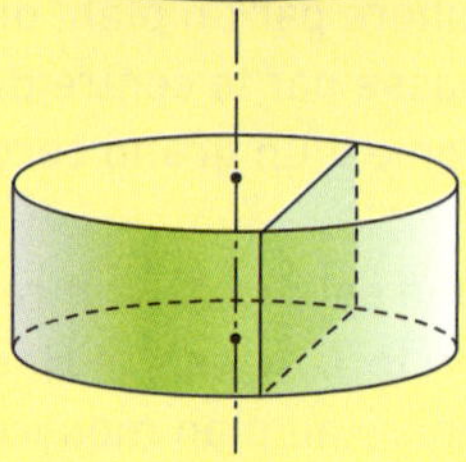

• La section d'un **cône** par un plan parallèle à la base est un disque qui est une réduction du disque de base.

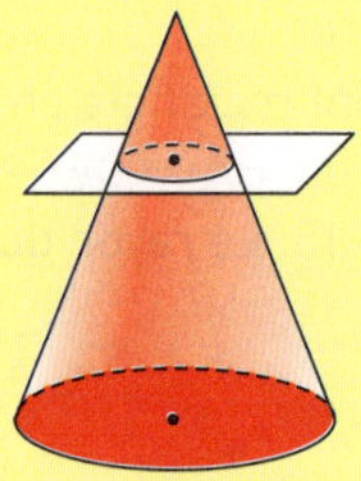

• La section d'une **pyramide** par un plan parallèle à la base est un polygone qui est une réduction du polygone de base.

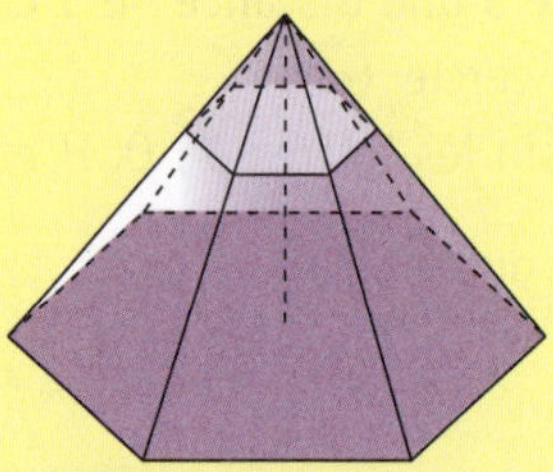

1 Section d'un cube

HAUTFOND est un cube de 8 cm de côté.

a. Tracer et colorier la section de ce cube par le plan parallèle à la face FOND, passant par le point Z.

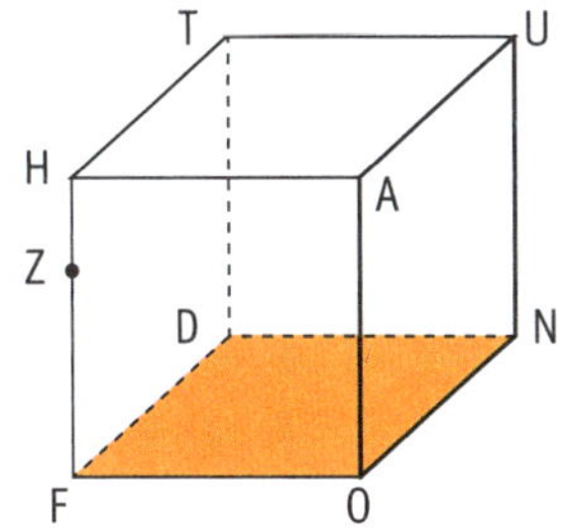

b. Quelle est la nature de cette section ? ....

Calculer son aire. ....

2 Section d'un parallélépipède rectangle

a. Tracer la section du parallélépipède par le plan parallèle à l'arête [AB] et passant par les points C et D. Quelle est la nature de cette section ?

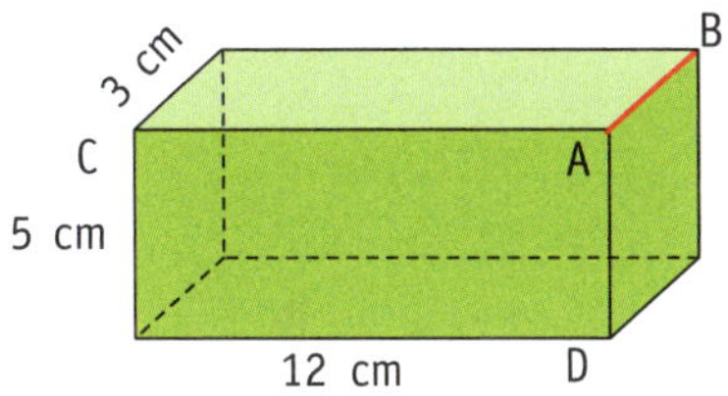

....

b. Donner les dimensions de cette section.

....

COUP DE POUCE

b. Que peux-tu dire du triangle CAD ?

3 Section d'un cylindre (1)

a. Dessiner la section du cylindre par le plan $\mathscr{P}$ perpendiculaire à l'axe du cylindre et passant par les points A et B. Que dire de cette section ? ....

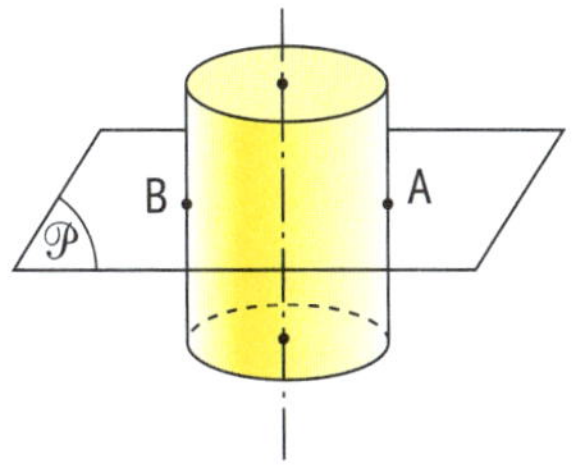

b. Le cylindre a 10 cm de haut et 3 cm de rayon. Calculer le périmètre de la section.

....

4 Section d'un cylindre (2)

a. Dessiner la section du cylindre par le plan passant par A et contenant l'axe du cylindre. Que dire de cette section ?

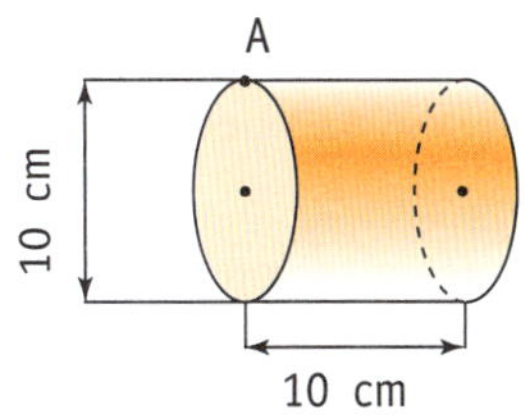

....

b. Calculer son aire. ....

5 Section d'une pyramide

La pyramide HELAS est inscrite dans un cube de 6 cm de côté.

a. Placer le milieu I de [HE].

b. Représenter sur le dessin la section de la pyramide HELAS par le plan parallèle à SALE et passant par I.

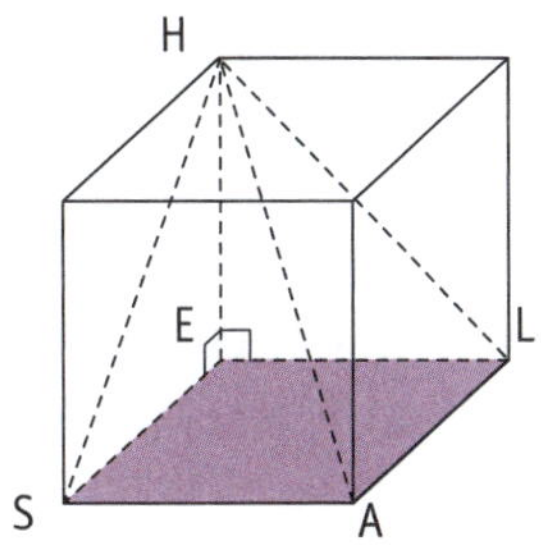

c. Que dire de cette section ? ....

....

6 Section d'un cône

a. Placer le milieu M de [AS].

b. Représenter à main levée la section du cône par le plan parallèle à la base et passant par M.

c. On sait que $r = 10$ cm. Que dire de cette section ?

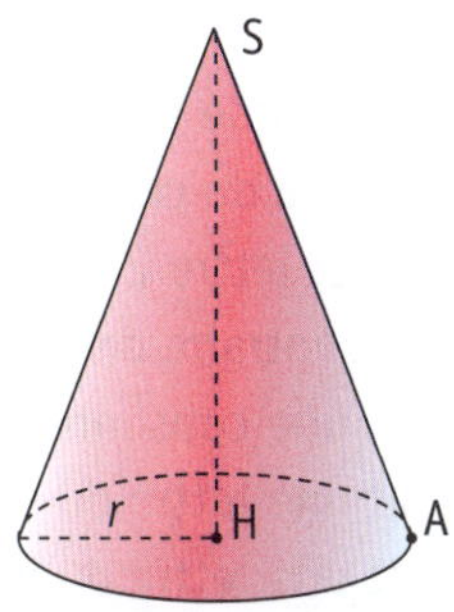

....

....

Corrigés p. 165-166

MATHS

BREVET BLANC 1

1 Pour chaque question, choisir la bonne réponse. *Aucune justification n'est demandée.*

1. Le nombre $\sqrt{12}$ est égal à :

a. 6 **b.** 3,46 **c.** $2\sqrt{3}$

2. L'expression $\frac{7}{4} - \frac{3}{4} \times \frac{2}{7}$ est égale à :

a. $\frac{43}{28}$ **b.** $\frac{2}{7}$ **c.** 1,5357

3. L'expression $\frac{3^4 \times 3^3}{3^8}$ est égale à :

a. 3 **b.** $\frac{1}{3}$ **c.** 3^4

4. $(2x - 3)^2$ est égal à :

a. $4x^2 - 9$ **b.** $2x^2 - 9$ **c.** $4x^2 - 12x + 9$

5. $(1 + \sqrt{5})^2$ est égal à :

a. $6 + 2\sqrt{5}$ **b.** 6 **c.** 10,47

ATTENTION
Pour ce petit problème, on ne te donne aucune indication.

2 On considère un rectangle de côtés x et 4 et un triangle équilatéral de côté x.

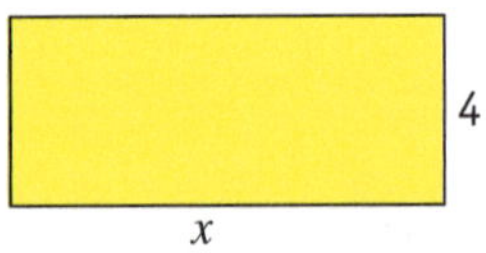

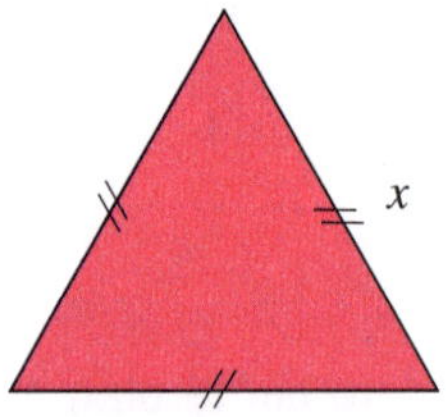

Pour quelles valeurs de x, ces deux figures ont-elles le même périmètre ?

3 La droite d est la représentation graphique d'une fonction affine f.

1. La fonction f est-elle linéaire ? Justifier.
2. Lire sur le graphique l'image de 3 par la fonction f.
3. Lire sur le graphique l'antécédent de 1 par la fonction f.
4. À l'aide du graphique, déterminer la solution de l'équation $f(x) = 0$.

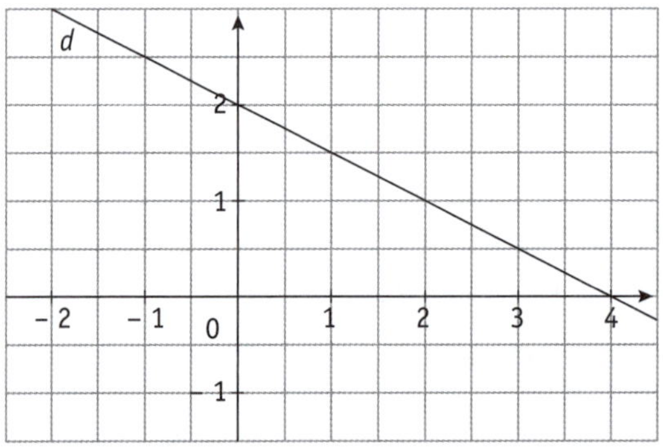

INFO
Lecture graphique.

4 On écrit sur les faces d'un dé équilibré à six faces, chacune des lettres du mot : BREVET.
On lance le dé et on regarde la lettre inscrite sur la face supérieure.
Déterminer la probabilité de chacun des événements :

- E_1 : « On obtient la lettre E. »
- E_2 : l'événement contraire de E_1.
- E_3 : « On obtient une consonne. »
- E_4 : « On obtient une lettre du mot MAISON. »
- E_5 : « On obtient une lettre du mot BRAVE. »

INFO
Probabilités.

5 La liste suivante donne le prix d'un kilogramme de merlu pendant une période de 20 jours consécutifs.

8 € - 10 € - 12 € - 8 € - 15 € - 10 € - 8 € - 7 € - 12 € - 11 €
16 € - 10 € - 16 € - 12 € - 7 € - 7 € - 15 € - 9 € - 17 € - 11 €

1. Compléter un tableau comme le suivant en rangeant les prix par ordre croissant.

Prix	7 €	8 €	....
Effectifs	3	....	....

2. Calculer le prix moyen m du kilogramme de merlu pour cette période.
3. Trouver un prix médian du kilogramme de merlu.
4. Trouver le premier et le troisième quartile.

INFO
Statistiques.

6 Deux cercles $\mathscr{C}$ et $\mathscr{C}'$ de centre O et O′ se coupent en C et D.
[CF] et [EC] sont des diamètres respectifs de $\mathscr{C}$ et $\mathscr{C}'$.

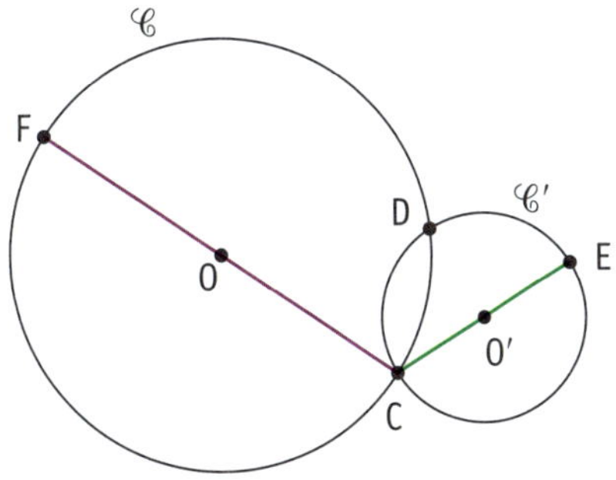

1. Démontrer que le triangle FCD est rectangle.
2. Démontrer que les points F, D et E sont alignés.
3. Démontrer que (OO′) est perpendiculaire à (DC).
4. Sachant que les rayons des cercles $\mathscr{C}$ et $\mathscr{C}'$ mesurent respectivement 5 cm et 3 cm et que CD = 2 cm, démontrer que FE = $4(\sqrt{6} + \sqrt{2})$ cm.

ATTENTION
Pour chacune des questions de ce problème, on ne te donne aucune indication.

7 **1.** Vérifier que 9 et 11 sont des diviseurs communs à 1287 et 1683.
2. Voici la liste des diviseurs communs de 1287 et 1683 :
$\mathscr{D}$ = {11 ; 3 ; 99 ; 33 ; 9 ; 1}. Donner le PGCD de 1287 et 1683.
3. Écrire la fraction $\frac{1287}{1683}$ sous forme irréductible.
4. Sophie a 1287 perles bleues et 1683 perles blanches. Elle souhaite vendre toute sa collection en réalisant des lots identiques constitués de perles bleues et de perles blanches.
Quel est le nombre maximum de lots qu'elle pourra réaliser ?

INFO
Arithmétique.

8 **1.** Résoudre le système $\begin{cases} x + 4y = 24. \\ x + y = 12 \end{cases}$

2. Théa achète 12 livres à 10 € chacun. Elle s'apprête à donner 120 € au libraire.
Celui-ci s'aperçoit alors que les prix affichés sont faux. En fait certains livres valent 5 € et les autres 20 €.
Le libraire refait ses calculs et demande (heureusement pour Théa) 120 €.
Combien Théa a-t-elle acheté de livres à 5 € et de livres à 20 € ?

Corrigés p . 166-167

BREVET BLANC 2

1 Pour chaque question, choisir la bonne réponse. *Aucune justification n'est demandée.*

1. La diagonale d'un carré de côté 3 mesure :

a. 6 **b.** $3\sqrt{2}$ **c.** 4,24

2. Un triangle a une aire de 36 cm². On le réduit en divisant ses côtés par 3.
Le triangle obtenu a pour aire :

a. 12 cm² **b.** 6 cm² **c.** 4 cm²

3. Sachant que (ED) // (BC) alors AC est égal à :

a. $\frac{10}{3}$ **b.** $\frac{8}{3}$ **c.** 2

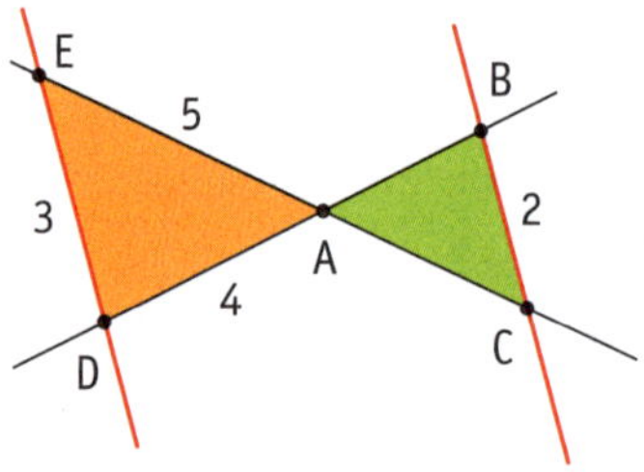

4. Un triangle ABC a pour côtés : AB = 40 ; AC = 41 ; BC = 9.
Ce triangle…

a. est rectangle en A **b.** est rectangle en B **c.** n'est pas rectangle

5. Le triangle ABC est rectangle en A. Son hypoténuse mesure 12 cm et son angle $\widehat{B}$ mesure 37°. Alors le côté AC mesure à 0,01 cm près :

a. 9,58 cm **b.** 7,22 cm **c.** 19,94 cm

2 **1.** Développer :

$A = (3x + 1)^2$ $B = (y - 5)^2$ $C = (a + 4)(a - 4)$

2. Factoriser :

$D = 9 + 6x + x^2$ $E = y^2 - 4y + 4$ $F = 49 - 9x^2$

INFO
Calcul littéral.

3 On donne ici les représentations graphiques $\mathscr{C}_1$, $\mathscr{C}_2$ et $\mathscr{C}_3$ de trois fonctions f_1, f_2 et f_3.

1. Quelle est la fonction linéaire ? (Justifier.)

2. Quelle est la fonction qui n'est pas affine ? (Justifier.)

3. Lire graphiquement les coordonnées du point A.

4. Quel est le nombre qui la même image par f_1 et par f_2 ?

5. Par lecture graphique, trouver les antécédents de 0 par f_3.

6. La fonction f_2 est définie par $x \mapsto \frac{1}{2}x + 7$.
Déterminer, par le calcul, l'antécédent de 0 par f_2.

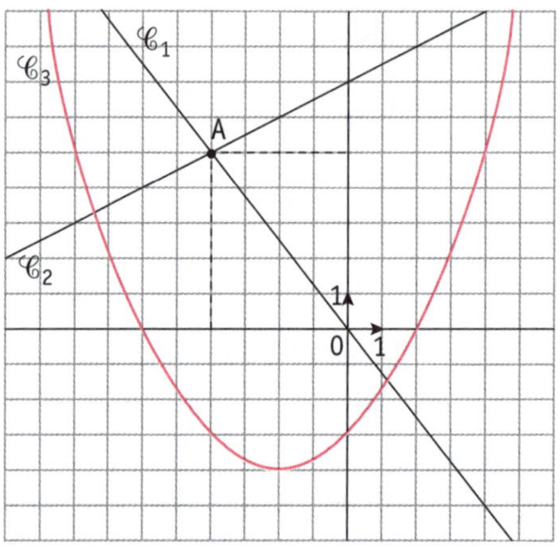

4 Pour tondre une pelouse, un micro-tracteur avance à la vitesse de 3 km/h.
Sa largeur de coupe est 1,10 m.
Quelle surface, en m², aura-t-il tondue en 1 h 20 min ?

ATTENTION
Pour ce petit problème, on ne te donne aucune indication.

5 Une urne contient 3 boules rouges, 6 boules blanches et 1 boule verte.
On tire une boule au hasard dans cette urne.
On appelle E_1 l'événement « Tirer une boule rouge » et E_2 l'événement « Tirer une boule qui n'est pas blanche ».

1. Quelle est la probabilité de l'événement E_1 ?
2. Quelle est la probabilité de l'événement E_2 ?

INFO
Probabilités.

6 La figure est composée de trois triangles rectangles.
On sait que AB = 10 cm, $\widehat{a} = 40°$, $\widehat{b} = 25°$ et $\widehat{c} = 50°$.

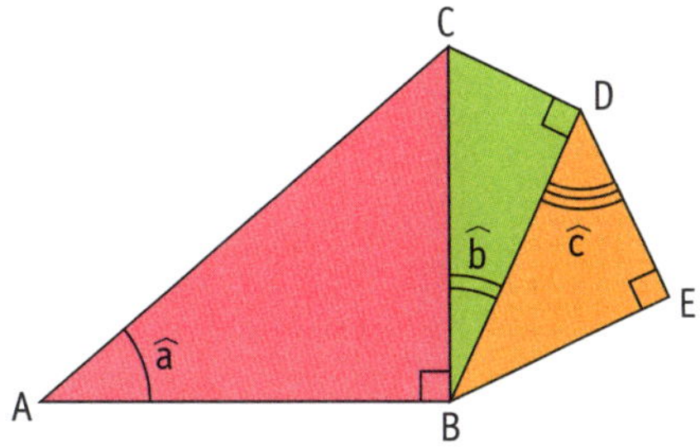

Calculer BC, BD et BE à 0,01 cm près.

INFO
Trigonométrie.

MATHS

7 La figure représente un cône inclus dans un cube de 4 cm d'arête.

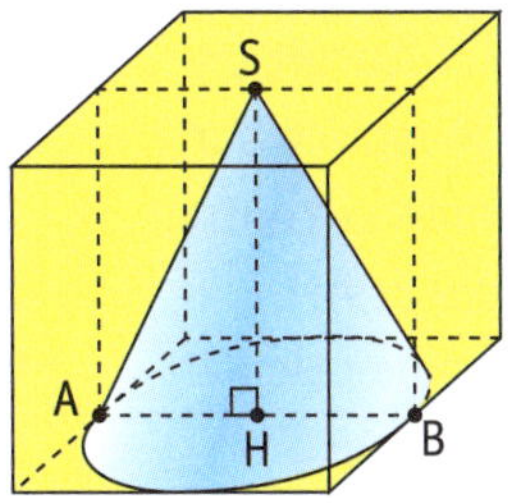

1. Calculer la longueur SA.
2. Calculer le volume du cône.
3. Le cône occupe un certain pourcentage du volume du cube. Calculer ce pourcentage à 1 % près.

INFO
Géométrie dans l'espace.

8 Le triangle ABC est inscrit dans le cercle de diamètre [AC].
De plus AB = 3 cm et l'angle $\widehat{C}$ mesure 25°.

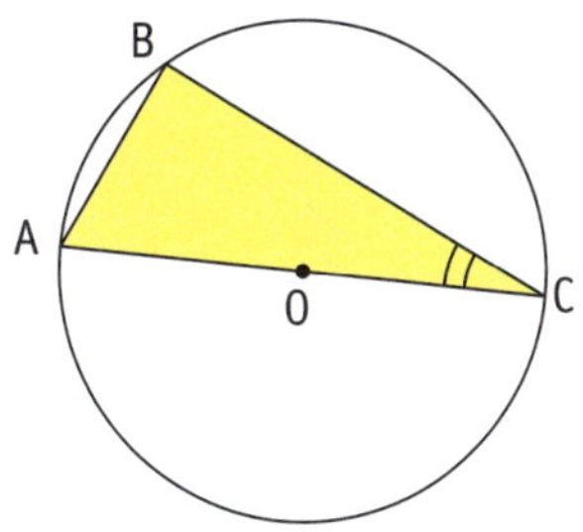

Déterminer à 0,001 cm près le rayon du cercle.

ATTENTION
Pour ce petit problème, on ne te donne aucune indication.

Corrigés p . 167-168

1 On a utilisé un tableur pour calculer les images de différentes valeurs de x par une fonction affine f. Une copie de l'écran obtenu est donnée ci-dessous.

B1 f_x -3

	A	B	C	D	E	F	G	H	I
1	x	-3	-2	-1	0	1	2	3	4
2	f(x)	-14	-11	-8	-5	-2	1	4	7

1. Quelle est l'image de -3 par f ?
2. Quel est l'antécédent de 1 par f ?
3. Donner $f(0)$ puis déterminer l'expression de $f(x)$.
4. Calculer $f(2\ 017)$.

INFO Fonction affine et tableur.

2 **1.** Résoudre le système $\begin{cases} 2x + y = 180 \\ x - y = 36 \end{cases}$

2. Dans un triangle ABC isocèle en A, l'angle à la base $\widehat{B}$ surpasse l'angle au sommet $\widehat{A}$ de 36°.
Déterminer les mesures des angles de ce triangle.

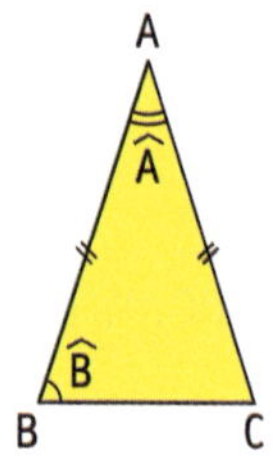

INFO Système d'équations et angles.

3 Avec un logiciel de construction géométrique, on a construit un carré ABCD de côté 6 cm, puis on a placé un point M mobile sur [AB]. On a alors construit le quadrilatère MNPQ comme ci-contre. On admet que MNPQ est un carré. On note x la longueur AM.

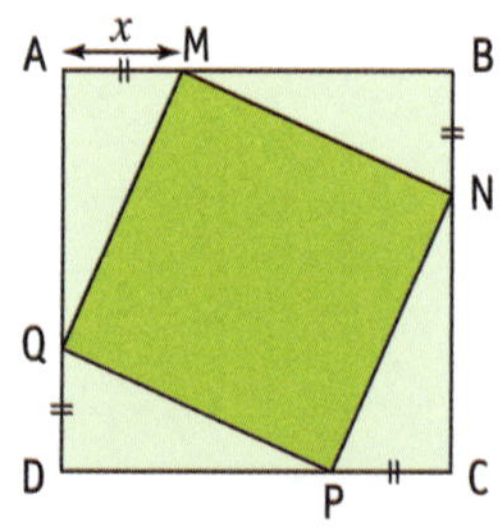

1. Dans le cas où $x = 2$ cm, donner la longueur AQ, puis calculer la tangente de l'angle $\widehat{AMQ}$. En déduire la mesure de $\widehat{AMQ}$ (arrondir à 0,1° près).
2. Dans le cas où $x = 1$ cm, calculer l'aire de MNPQ.
3. Alice a calculé l'aire de MNPQ en fonction de x ; elle a trouvé $36 - 2x(6 - x)$.
Ali a lui aussi calculé cette même aire et il a obtenu $x^2 + (x - 6)^2$.
En développant chacune des deux expressions, démontrer qu'elles sont égales.

INFO Trigonométrie, aires et calcul littéral.

4 Pour chaque question, choisir la bonne réponse. *Aucune justification n'est demandée.*

1. Le PGCD de 1 050 et 735 est :
a. 35 **b.** 105 **c.** un autre nombre

2. Si dans un rectangle on diminue la largeur de 37,5 % et que l'on augmente la longueur de 60 % alors l'aire du rectangle :
a. augmente **b.** diminue **c.** ne change pas

3. L'expression $\dfrac{(7^2)^3 \times 7^{-4} \times 7}{7^5}$ est égale à :
a. 7^{-2} **b.** 0,020 408 163 2 **c.** 7^0

4. Dans un seau de 20 L, initialement vide, il tombe une goutte d'eau de 0,5 cm^3 toutes les deux secondes. En 24 heures le seau :
a. déborde **b.** est à peine à moitié plein **c.** est à peine aux 3/4 plein

5. Les solutions de l'équation $2x(x - 3) = 0$ sont :
a. 2 et 3 **b.** 0 et 3 **c.** 2 et -3

5 On a étudié les salaires des hommes et des femmes dans une même entreprise.

• **Salaires des femmes :** 1 200 € ; 1 230 € ; 1 250 € ; 1 310 € ; 1 390 € ; 1 410 € ; 1 418 € ; 1 500 € ; 1 700 € ; 2 100 €.

• **Salaires des hommes :** effectif total 20 ; moyenne : 1 789 € ; médiane : 2 000 €. Les salaires des hommes sont tous différents (ainsi la médiane n'est pas une valeur de la série des salaires).

1. Pour le salaire médian des femmes on propose 1 400 €. Est-ce justifié ? (Expliquer la réponse.)

2. Comparer le salaire moyen des hommes et celui des femmes.

3. Calculer le salaire moyen de l'entreprise.

4. On désigne au hasard une personne de l'entreprise. Quelle est la probabilité que ce soit une femme ?

5. On désigne au hasard un homme de l'entreprise. Quelle est la probabilité pour qu'il gagne moins de 2 000 € ?

INFO
Statistiques et probabilités.

6 Un glaçon ayant la forme d'un cône flotte dans un récipient d'eau. Sa hauteur H mesure 3 cm et son rayon R mesure 2 cm.

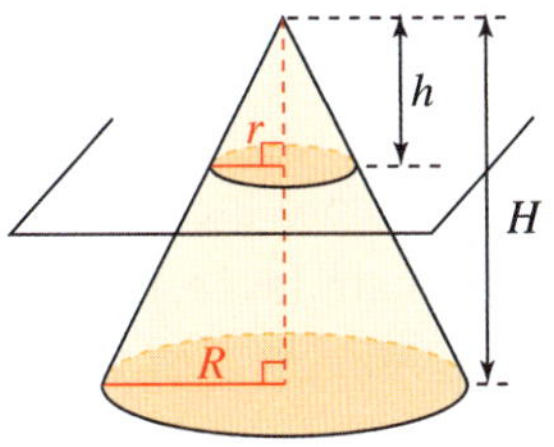

1. Calculer le volume de ce glaçon (arrondir le résultat en cm³ à 0,01 près).

2. La partie émergée est une réduction de ce glaçon ; c'est un cône de hauteur h = 1,44 cm et de rayon r. Calculer le rapport de réduction puis le rayon r. Calculer le volume de la partie émergée (arrondir à 0,01 cm³ près).

3. Vérifier que le volume de la partie immergée représente quasiment 90 % du volume du glaçon.

INFO
Géométrie dans l'espace.

7 On fixe des étagères sur deux montants, l'un vertical, l'autre oblique.

1. En utilisant les données de la figure ci-contre, démontrer que OR mesure 84 cm.

2. L'étagère AB est fixée comme indiqué sur la figure ci-contre. Est-elle parallèle au sol ?

3. Calculer la longueur de l'étagère AB.

4. Les étagères sont espacées régulièrement. Donner la longueur de l'étagère la plus haute.

Toute démarche (calcul, schéma, explication…) sera prise en compte même si le résultat final n'a pas été trouvé.

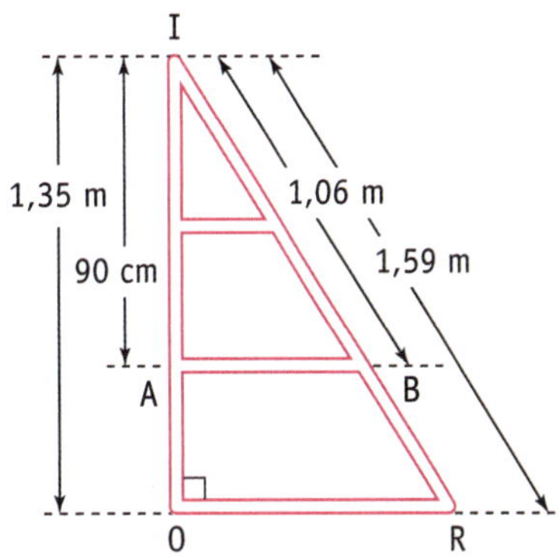

INFO
Propriétés de Pythagore et de Thalès.

MATHS

Corrigés p. 168-169

1 Pour chaque question, choisir la bonne réponse. *Aucune justification n'est demandée.*

1. Sachant que $0{,}1\,x = 3$ et que $\dfrac{y}{0{,}1} = 3$, alors $x \times y = \dots$

a. 1 **b.** 3 **c.** 9

2. Pendant une semaine d'hiver, les températures (en °C) relevées à 6 heures du matin ont été : 3 ; –5 ; –7 ; 3 ; 4 ; –8 ; 3. La moyenne de ces températures est :

a. –1 **b.** 0 **c.** 1

3. Un professeur a corrigé le quart d'un paquet de copies. « Tiens, se dit-il, si j'en corrigeais deux de plus, j'aurais corrigé le tiers du paquet. » Alors le paquet contient :

a. 12 copies **b.** 24 copies **c.** 36 copies

4. On considère une chevelure composée exactement de 100 000 cheveux qui poussent de 3 cm par mois. Alors le nombre de kilomètres de cheveux produits en une année est :

a. 3 **b.** 3,6 **c.** 36

5. Si une feuille de papier est au format A4, alors son aire est $\dfrac{1}{2^4}$ m². De plus, on dit qu'un papier est de qualité « 80 grammes » lorsque 1 m² de ce papier pèse 80 grammes. Alors une ramette de 500 feuilles « 80 g » au format A4 pèse :

a. 1,25 kg **b.** 2,5 kg **c.** 3,2 kg

2 **1.** Démontrer que la hauteur d'un triangle équilatéral de côté 2 cm mesure $\sqrt{3}$ cm. (Commencer par tracer une figure à main levée.)

2. Déterminer l'aire exacte en cm² d'un triangle équilatéral de côté 2 cm.

3. Déterminer l'aire exacte de la partie comprise entre un cercle de rayon 2 cm et un hexagone régulier inscrit dans ce cercle. (Cette aire s'exprime en fonction de π et de $\sqrt{3}$.) *Toute trace de recherche sera prise en compte même si le travail est inachevé.*

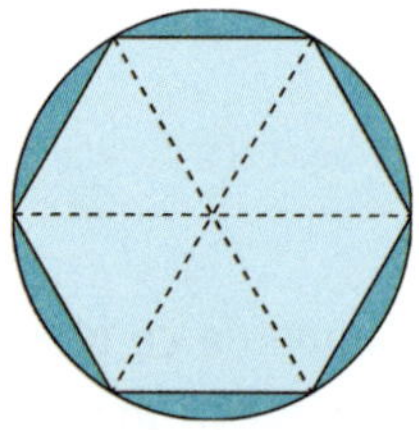

INFO
Racines carrées, aires et théorème de Pythagore.

3 Dans une basse-cour, il y a des poules et des canards.
Tiwan distribue 5 grains de maïs à chaque poule et 7 à chaque canard.
Elle distribue ainsi 79 grains de maïs.
Karnop distribue 10 grains de blé à chaque poule et 15 à chaque canard.
Il distribue ainsi 165 grains de blé.
Déterminer les nombres de poules et de canards dans cette basse-cour.

ATTENTION
Pour ce petit problème, on ne te donne aucune indication.

4 En utilisant un logiciel de construction géométrique, on a réalisé la figure ci-contre.
Les points A, B, M et N sont situés sur le cercle de centre O.
L'angle $\widehat{AOB}$ est droit et fixe. L'angle $\widehat{MON}$ est droit et M peut se déplacer sur le cercle (donc N aussi).
On trace les droites (MA) et (NB) qui se coupent en K.
On observe alors que ces deux droites semblent rester perpendiculaires lorsque M se déplace sur le grand arc $\overset{\frown}{AB}$, hormis A et B. Le but de l'exercice est de démontrer cette propriété.

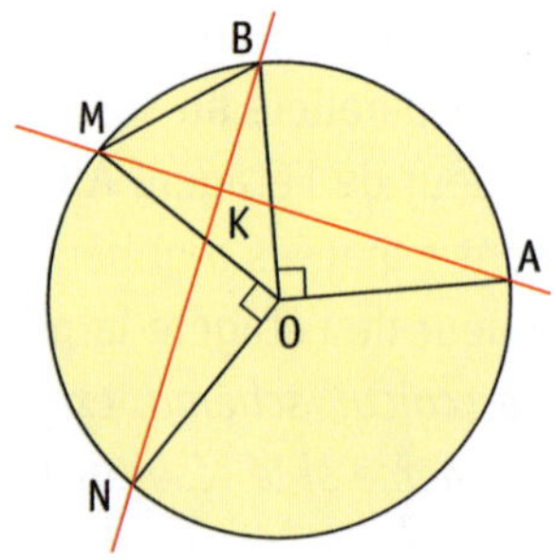

INFO
Angles.

1. Sur la figure, on trace le segment [MB]. Quelle est la mesure de $\widehat{MBK}$?
Toute justification, même partielle, sera prise en compte.

2. Même question pour $\widehat{BMK}$.

3. En déduire la mesure de $\widehat{BKM}$. Que peut-on en conclure pour les droites (MA) et (NB) ?

5 Un tableur a été utilisé pour calculer quelques images de x par une fonction f.

B2 | f_x | =B1*B1+3

	A	B	C	D	E	F	G	H	I	J
1	x	-4	-3	-2	-1	0	1	2	3	4
2	f(x)	19	12	7	4	3	4	7	12	19

1. Quelle est l'image de -3 ? (Répondre sans justifier.)
2. Quels sont les antécédents de 7 affichés sur l'écran ? (Répondre sans justifier.)
3. Quelle est l'expression de $f(x)$? (Répondre sans justifier.)
4. Calculer $f(5)$. (Détailler le calcul.)
5. Déterminer les deux antécédents de 39. (Présenter clairement les calculs.)

INFO
Fonction et tableur.

6 Le solide représenté ici en perspective est un cube.
1. Prouver que le triangle ABC est équilatéral.
2. Construire les milieux des côtés de ABC, directement sur la figure donnée, en utilisant uniquement la règle, donc sans compas et sans mesurer. (Justifier la construction.)
3. Construire le centre du cercle circonscrit à ABC. (Justifier la construction.)

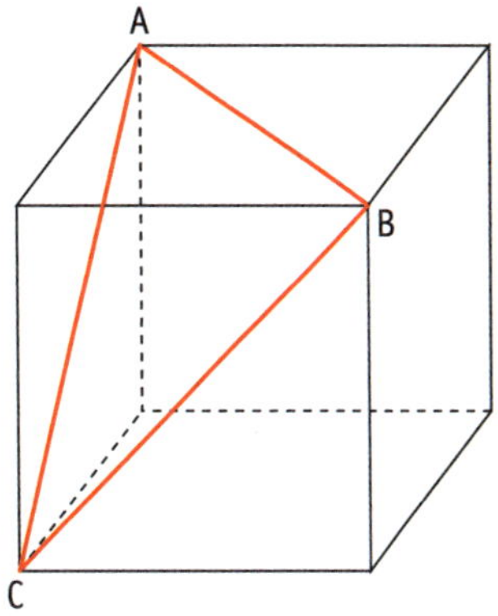

INFO
Géométrie dans l'espace.

7 On jette deux dés cubiques, un rouge et un vert, et on note la somme des points obtenus.
1. Questions élémentaires :
a. Quelle est la plus petite somme possible ?
b. Quelle est la plus grande somme possible ?
c. Énumérer les cinq façons d'obtenir une somme égale à 8.
2. On représente tous les cas possibles par le tableau suivant.

Dé vert / Dé rouge	1	2	3	4	5	6
1						
2						
3						
4						
5						
6						

a. D'après ce tableau, combien y a-t-il de cas possibles ?
b. Remplir le tableau en indiquant dans chaque case la somme obtenue.
À partir d'ici, on donnera les résultats sous forme d'une fraction irréductible.
c. Quelle est la probabilité d'obtenir une somme égale à 8 ?
d. Quelle est la probabilité d'obtenir une somme inférieure ou égale à 3 ?
e. Quelle est la probabilité d'obtenir une somme au moins égale à 4 ?
f. Quelle est la probabilité d'obtenir une somme multiple de 3 ?

INFO
Probabilités.

Corrigés p . 169-170

Unités de mesure

Longueurs

- L'unité de référence est le **mètre (m)**.

Unité	Symbole	
kilomètre	km	1 km = 1 000 m
hectomètre	hm	1 hm = 100 m
décamètre	dam	1 dam = 10 m
mètre	**m**	
décimètre	dm	1 dm = 0,1 m
centimètre	cm	1 cm = 0,01 m
millimètre	mm	1 mm = 0,001 m

Les unités de longueur vont de 10 en 10.

Aires

- L'unité de référence est le **mètre carré (m^2)**.

Unité	Symbole	
kilomètre carré	km^2	
hectomètre carré	hm^2	1 hm^2 = 10 000 m^2
décamètre carré	dam^2	1 dam^2 = 100 m^2
mètre carré	**m^2**	
décimètre carré	dm^2	1 dm^2 = 0,01 m^2
centimètre carré	cm^2	1 cm^2 = 0,000 1 m^2
millimètre carré	mm^2	

Les unités d'aire vont de 100 en 100.

- En agriculture, on utilise aussi :

Unité	Symbole	
hectare	ha	1 ha = 100 a = 10 000 m^2
are	a	1 a = 100 m^2

Volumes

- L'unité de référence est le **mètre cube (m^3)**.

Unité	Symbole	
kilomètre cube	km^3	
hectomètre cube	hm^3	
décamètre cube	dam^3	1 dam^3 = 1 000 m^3
mètre cube	**m^3**	
décimètre cube	dm^3	1 dm^3 = 0,001 m^3
centimètre cube	cm^3	
millimètre cube	mm^3	

Les unités de volume vont de 1 000 en 1 000.

- Dans la vie courante, on utilise aussi :

Unité	Symbole	
hectolitre	hL	1 hL = 100 L = 0,1 m^3
décalitre	daL	1 daL = 10 L = 0,01 m^3
litre	**L**	1 L = 1 dm^3
décilitre	dL	1 dL = 0,1 L = 100 cm^3
centilitre	cL	1 cL = 0,01 L = 10 cm^3
millilitre	mL	1 mL = 0,001 L = 1 cm^3

Masses

- L'unité de référence est le **kilogramme (kg)**.

Unité	Symbole	
kilogramme	**kg**	1 kg = 1 000 g
hectogramme	hg	1 hg = 100 g
décagramme	dag	1 dag = 10 g
gramme	g	
décigramme	dg	1 dg = 0,1 g
centigramme	cg	1 cg = 0,01 g
milligramme	mg	1 mg = 0,001 g

- On utilise aussi :
  - la tonne (t) ; 1 t = 1 000 kg
  - le quintal (q) ; 1 q = 100 kg.

Durées

- L'unité de référence est la **seconde (s)**.

Unité	Symbole	
seconde	**s**	
minute	min	1 min = 60 s
heure	h	1 h = 60 min = 3 600 s
jour	j	1 j = 24 h = 86 400 s

On utilise aussi les divisions décimales de l'heure.
Exemple : 3,5 h = 3 h 30 min.

Angles

Unité	Symbole
degré	°

Exemple :
Un angle droit mesure 90°.
Un angle plat mesure 180°.
Un angle plein mesure 360°.

Formulaire de géométrie

Quadrilatères

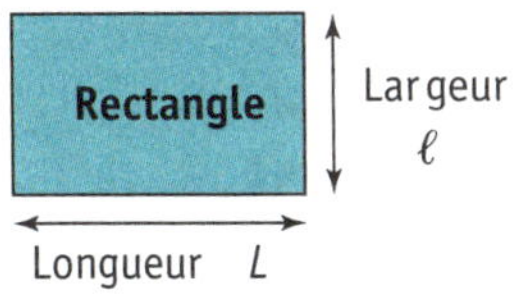

Aire = $L \times \ell$

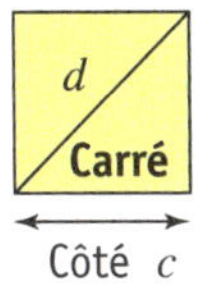

Aire = c^2

$d = c\sqrt{2}$

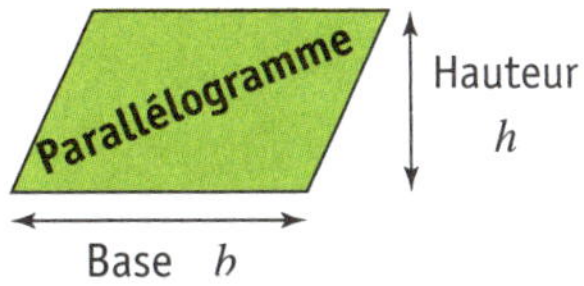

Aire = $b \times h$

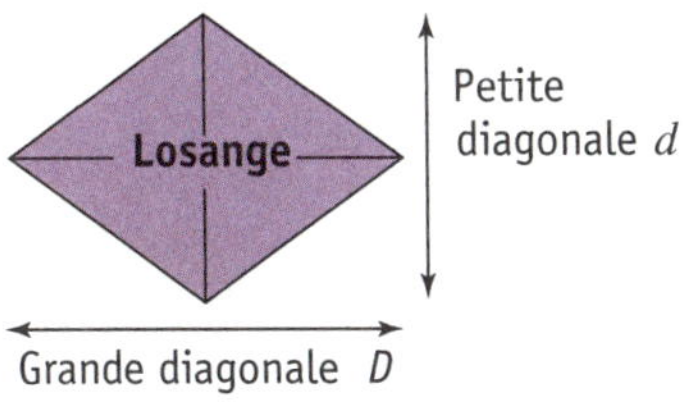

Aire = $\frac{D \times d}{2}$

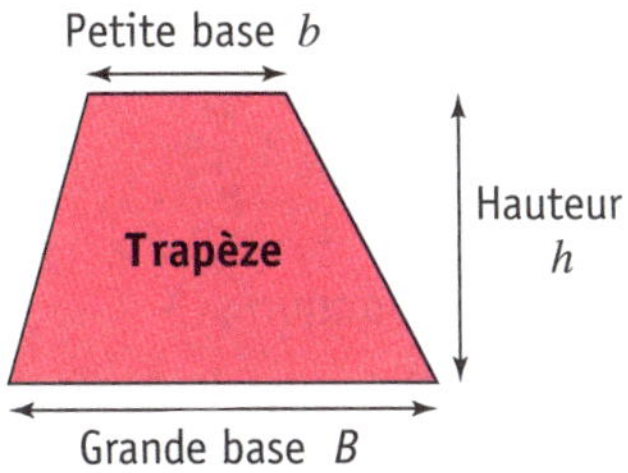

Aire = $\frac{(B + b) \times h}{2}$

Cercles et disques

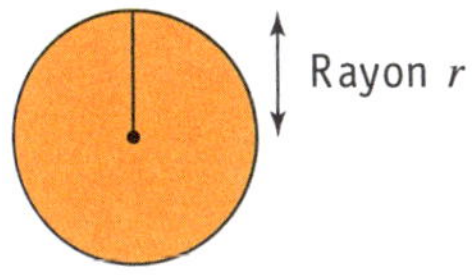

Périmètre = $2\pi \times r$

Aire = $\pi \times r^2$

Sphères et boules

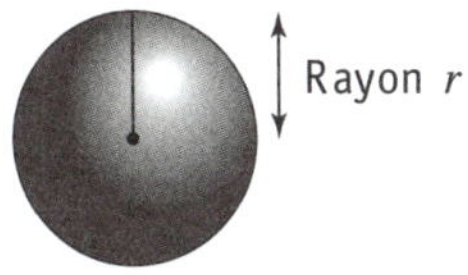

Aire = $4\pi \times r^2$

Volume = $\frac{4}{3}\pi \times r^3$

Triangles

Triangle quelconque

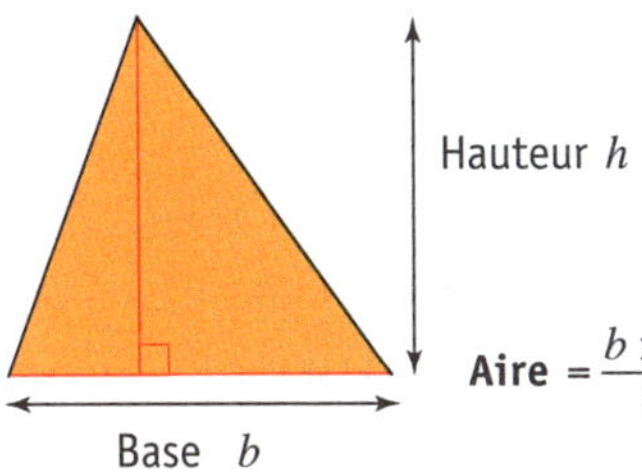

Aire = $\frac{b \times h}{2}$

Somme des angles = 180°

Triangle équilatéral

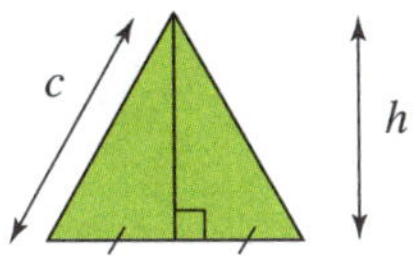

$h = \frac{c\sqrt{3}}{2}$

Triangle rectangle

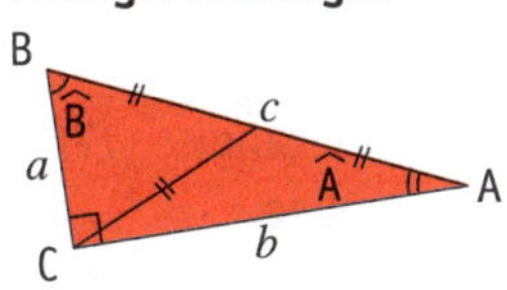

Aire = $\frac{a \times b}{2}$

Médiane = $\frac{1}{2}$ hypoténuse = $\frac{c}{2}$

Propriété de Pythagore : $c^2 = a^2 + b^2$

$\cos(\widehat{A}) = \frac{b}{c}$ $\cos(\widehat{B}) = \frac{a}{c}$

$\sin(\widehat{A}) = \frac{a}{c}$ $\tan(\widehat{A}) = \frac{a}{b}$

Prismes et cylindres

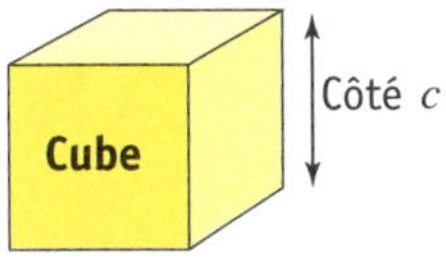

Volume = c^3

Aire totale = $6 \times c^2$

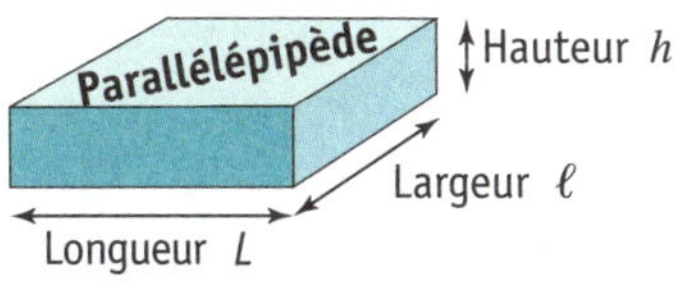

Volume = $L \times \ell \times h$

Aire totale = $2(L \times \ell + L \times h + \ell \times h)$

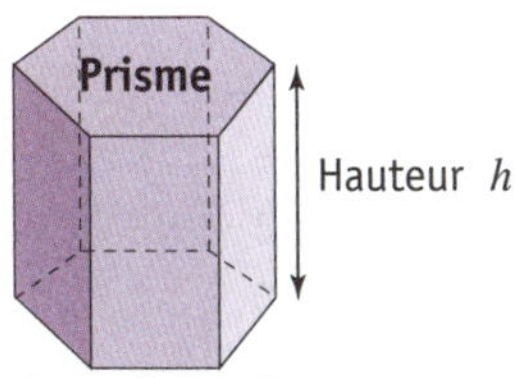

Base d'aire B et de périmètre p

Volume = $B \times h$

Aire latérale = $p \times h$

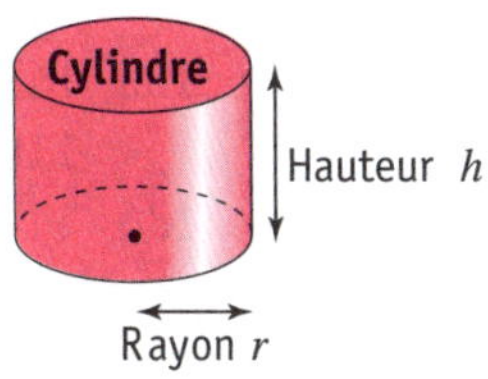

Aire de la base = $\pi \times r^2$

Volume = $\pi \times r^2 \times h$

Aire latérale = $2\pi \times r \times h$

Pyramides et cônes

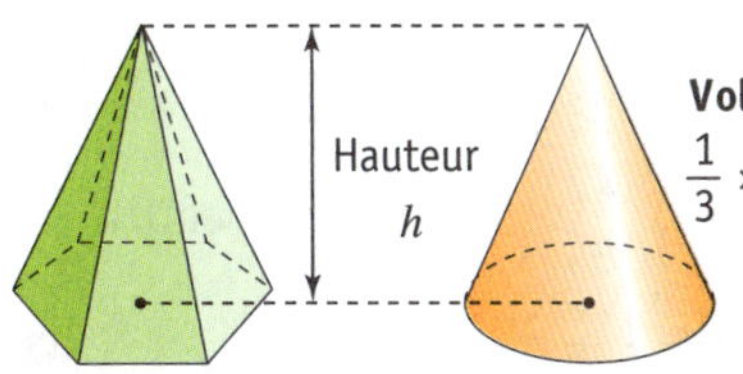

Volume = $\frac{1}{3} \times$ (aire de base) $\times h$

Symboles géométriques

// : parallèle

⊥ : perpendiculaire

[AB] : segment

(AB) : droite

[AB) : demi-droite

AB : longueur

Mots clés

1 Développer une expression

1 $A = 3x(x + 1) + 2x = 3x^2 + 3x + 2x = 3x^2 + 5x$
$B = (x + 7)(x - 2) = x^2 - 2x + 7x - 14 = x^2 + 5x - 14$
$C = (5x + 6)(2x - 1) = 10x^2 - 5x + 12x - 6 = 10x^2 + 7x - 6$
$D = (x + 2)(x - 5) + (x - 3)(x + 4)$
$= (x^2 - 3x - 10) + (x^2 + x - 12) = 2x^2 - 2x - 22$
$E = 3(x - a) + a(3 - x) + x(a - 3)$
$= 3x - 3a + 3a - ax + ax - 3x = 0$
$F = (x - 6)(x + 1) - (x + 6)(x - 1)$
$= (x^2 - 5x - 6) - (x^2 + 5x - 6) = -10x$

Remarque : les calculs de D et F ne sont pas totalement détaillés.

2 **a.** $(3x + 8)(7x + 2) = 21x^2 + 62x + 16$
b. $(2a + b)(4a + 3) = 8a^2 + 6a + 4ab + 3b$
c. $(4x - 5)(6x + 3) = 24x^2 - 18x - 15$

EXPLICATION
a. On trouve d'abord le 2 (car $8 \times 2 = 16$) puis on développe.
c. On trouve d'abord le 5 (car $5 \times 3 = 15$) puis on développe.

3 $A = (x + 8)^2 = x^2 + 2 \times 8x + 8^2 = x^2 + 16x + 64$
$B = (x - 1)^2 = x^2 - 2 \times x \times 1 + 1^2 = x^2 - 2x + 1$
$C = (h - 5)^2 = h^2 - 2 \times h \times 5 + 5^2 = h^2 - 10h + 25$
$D = (t + 3)(t - 3) = t^2 - 3^2 = t^2 - 9$
$E = (2x + 9)^2 = (2x)^2 + 2 \times (2x) \times 9 + 9^2 = 4x^2 + 36x + 81$
$F = (y + 2)^2 = y^2 + 2 \times y \times 2 + 2^2 = y^2 + 4y + 4$

4 **a.** $(3x + 7)^2 = 9x^2 + 42x + 49$
b. $(5a + 2)(5a - 2) = 25a^2 - 4$
c. $(2x + 3y)^2 = 4x^2 + 12xy + 9y^2$
d. $(1 - 6x)^2 = 1 - 12x + 36x^2$
e. $(9a + 1)(9a - 1) = 81a^2 - 1$

EXPLICATION
a. $(3x)^2 = 9x^2$ et le double produit est $2 \times 3x \times 7 = 42x$.
b. On trouve d'abord le 2 (car $2 \times 2 = 4$) et on développe.

5 **a.** $(x + 1)^2 = 1 + x^2 + 2x$
b. ~~$(x + 5)^2 = x^2 + 25$~~ car $(x + 5)^2 = x^2 + 10x + 25$.
c. ~~$(2x - 3)^2 = 4x^2 - 9$~~ car $(2x - 3)^2 = 4x^2 - 12x + 9$
ou bien $(2x + 3)(2x - 3) = 4x^2 - 9$.
d. $(a + 0{,}5)^2 = a^2 + a + 0{,}25$
e. ~~$x^2 - y^2 = (x - y)^2$~~ car $x^2 - y^2 = (x - y)(x + y)$
ou bien $x^2 - 2xy + y^2 = (x - y)^2$.
f. $9x^2 - 4y^2 = (3x + 2y)(3x - 2y)$.

6 $A = (x + 4)^2 - 8(x + 2) = (x^2 + 8x + 16) - (8x + 16) = x^2$
$B = (a - 7)^2 + (a + 7)^2$
$= (a^2 - 14a + 49) + (a^2 + 14a + 49) = 2a^2 + 98$
$C = (2x + 3)^2 - (2x - 3)^2$
$= (4x^2 + 12x + 9) - (4x^2 - 12x + 9) = 24x$
$D = (3b - 5)^2 + 30b = 9b^2 - 30b + 25 + 30b = 9b^2 + 25$
$E = 121 + (2x - 11)(2x + 11) = 121 + (4x^2 - 121) = 4x^2$

EXPLICATION
Pour A et C : avant de réduire, il faut supprimer les parenthèses précédées du signe moins.

7 $32^2 = (30 + 2)^2 = 30^2 + 2 \times 30 \times 2 + 2^2$
$= 900 + 120 + 4 = 1\,024$
$21^2 = (20 + 1)^2 = 400 + 40 + 1 = 441$
$103^2 = (100 + 3)^2 = 10\,000 + 600 + 9 = 10\,609$
$19^2 = (20 - 1)^2 = 400 - 40 + 1 = 361$
$98^2 = (100 - 2)^2 = 10\,000 - 400 + 4 = 9\,604$
$81 \times 79 = (80 + 1) \times (80 - 1) = 80^2 - 1^2 = 6\,400 - 1 = 6\,399$

EXPLICATION
On peut faire ces calculs mentalement, avec un peu d'entraînement, lorsque les nombres de départ sont proches de nombres dont les carrés sont faciles à calculer. Par exemple, 32 est proche de 30.

2 Factoriser une expression

1 $A = 9a + 18 = 9a + 9 \times 2 = 9(a + 2)$
$B = 7x - 7y = 7(x - y)$; $C = 2a + ax = a(2 + x)$
$D = 4x^2 - x = x(4x - 1)$; $E = i - i^2 = i(1 - i)$
$F = 6x - 18y + 12 = 6x - 6 \times 3y + 6 \times 2 = 6(x - 3y + 2)$

2 $A = (x - 2)(2x + 1) + (x - 2)(x + 4)$
$= (x - 2)[(2x + 1) + (x + 4)] = (x - 2)(3x + 5)$
$B = (a + 1)(a - 3) + (a + 1)^2 = (a + 1)[(a - 3) + (a + 1)]$
$= (a + 1)(2a - 2)$
$C = x(x + 8) - 2(x + 8) = (x + 8)(x - 2)$
$D = (3x - 2)(4x + 5) - 5(3x - 2) = (3x - 2)(4x + 5 - 5)$
$= 4x(3x - 2)$

EXPLICATION
Parfois, au cours de la factorisation, une expression entre crochets apparaît. On doit alors la réduire.

3 On raye B, C, D, F et G car ce sont des sommes.

4 $A = x^2 - 6x + 9 = x^2 - 2 \times x \times 3 + 3^2 = (x - 3)^2$
$B = x^2 + 2x + 1 = (x + 1)^2$; $C = a^2 - 9 = (a + 3)(a - 3)$
$D = a^2 - 2a + 1 = (a - 1)^2$
$E = x^2 + 10x + 25 = x^2 + 2 \times x \times 5 + 5^2 = (x + 5)^2$

5 $A = 4x^2 - 49 = (2x)^2 - (7)^2 = (2x + 7)(2x - 7)$
$B = 25x^2 + 30x + 9 = (5x)^2 + 2 \times 5x \times 3 + (3)^2 = (5x + 3)^2$
$C = 9x^2 - 6x + 1 = (3x - 1)^2$
$D = 81 - 36x^2 = (9)^2 - (6x)^2 = (9 + 6x)(9 - 6x)$

6 $A = 16x^2 + 24x + 9 = (4x)^2 + 2 \times 4x \times 3 + 3^2 = (4x + 3)^2$
$B = 4x^2 - 4x + 1 = (2x)^2 - 2 \times 2x \times 1 + 1^2 = (2x - 1)^2$
$C = 9x^2 - 64 = (3x)^2 - 8^2 = (3x + 8)(3x - 8)$
$D = 100r^2 - 1\,000r + 2\,500 = (10r)^2 - 2 \times 10r \times 50 + 50^2$
$= (10r - 50)^2$
$E = 25x^2 - 10x + 1 = (5x)^2 - 2 \times 5x \times 1 + 1^2 = (5x - 1)^2$
$F = 49 - 81x^2 = 7^2 - (9x)^2 = (7 + 9x)(7 - 9x)$
$G = (3x + 4)^2 - 9 = (3x + 4)^2 - 3^2$
$= (3x + 4 + 3)(3x + 4 - 3) = (3x + 7)(3x + 1)$

CONSEIL
Dès qu'on peut s'en dispenser, on évite d'écrire les intermédiaires. On peut vérifier en développant le résultat : retrouve-t-on l'expression initiale ?

7 $a = D$; $b = F$; $c = A$; $d = C$; $e = B$; $f = E$.

3 Résoudre des équations (révision)

1 **a.** $x + 5 = 3$
$x = 3 - 5 = -2$

b. $x + 12 = 0$
$x = -12$

c. $x - 4 = 5$
$x = 5 + 4 = 9$

d. $x - 7 = -5$
$x = -5 + 7 = 2$

2 **a.** $2x = 12$
$x = \frac{12}{2} = 6$

b. $3x = 7{,}5$
$x = \frac{7{,}5}{3} = 2{,}5$

c. $5x = -8$
$x = -\frac{8}{5} = -1{,}6$

d. $4x = 0$
$x = \frac{0}{4} = 0$

3 **a.** $4x = 1$
$x = \frac{1}{4}$

b. $7x = 1$
$x = \frac{1}{7}$

c. $-2x = 5$
$x = \frac{5}{-2} = -2{,}5$

d. $-8x = -16$
$x = \frac{-16}{-8} = 2$

4 **a.** $2x + 3 = 5$
$2x = 5 - 3$
$2x = 2$
$x = 1$

b. $7x - 4 = 11$
$7x = 11 + 4$
$7x = 15$
$x = \frac{15}{7}$

c. $3x - 15 = 0$
$3x = 15$
$x = 5$

5 **a.** $8x + 12 = 0$
$8x = -12$
$x = -\frac{12}{8}$
$x = -1{,}5$

b. $-3x + 1{,}5 = 6$
$-3x = 6 - 1{,}5$
$-3x = 4{,}5$
$x = \frac{4{,}5}{-3} = -1{,}5$

c. $-2x - 30 = 20$
$-2x = 20 + 30$
$-2x = 50$
$x = \frac{50}{-2} = -25$

6 **a.** $2x + \pi = 5\pi$
$2x = 5\pi - \pi$
$2x = 4\pi$
$x = 2\pi$

b. $11x + 5 = 5$
$11x = 0$
$x = 0$

c. $1 + 499x = 500$
$499x = 500 - 1$
$499x = 499$
$x = 1$

EXPLICATION
a. On calcule avec la lettre π et non avec une valeur approchée.

7 **a.** $\frac{3x}{7} = \frac{9}{14}$
$\frac{6x}{14} = \frac{9}{14}$
$6x = 9$
$x = \frac{9}{6} = 1{,}5$

b. $\frac{1}{4} + \frac{x}{2} = \frac{5}{2}$
$\frac{1}{4} + \frac{2x}{4} = \frac{10}{4}$
$1 + 2x = 10$
$2x = 9$
$x = 4{,}5$

c. $\frac{x}{3} = \frac{1}{2} + \frac{x}{6}$
$\frac{2x}{6} = \frac{3}{6} + \frac{x}{6}$
$2x = 3 + x$
$2x - x = 3$
$x = 3$

8 **a.** $\frac{1}{2} = \frac{1}{3} + x$
$\frac{1}{2} - \frac{1}{3} = x$
$\frac{3}{6} - \frac{2}{6} = x$
$x = \frac{1}{6}$

b. $\frac{x}{5} + 1 - \frac{3}{10} = 0$
$\frac{2x}{10} + \frac{10}{10} - \frac{3}{10} = \frac{0}{10}$
$2x + 10 - 3 = 0$
$2x = -7$
$x = -3{,}5$

c. $\frac{7}{3} - \frac{x}{9} = -2$
$\frac{21}{9} - \frac{x}{9} = -\frac{18}{9}$
$21 - x = -18$
$-x = -39$
$x = 39$

9 **a.** $x - \frac{2}{3} = 11 \times \frac{2}{3}$
$x = \frac{22}{3} + \frac{2}{3}$
$x = \frac{24}{3} = 8$

b. $ax = 2a$
$x = \frac{2a}{a} = 2$ car $a \neq 0$

c. $x + a = a$
$x = a - a = 0$

d. $\frac{x}{7} - 7 = 0$
$\frac{x}{7} - \frac{49}{7} = 0$
$x - 49 = 0$
$x = 49$

Variante pour le **d.** : $\frac{x}{7} = 7$ $\quad x = 7 \times 7 \quad x = 49.$

4 Résoudre des problèmes avec une équation

1 Équation : $\frac{x}{2} + 25 = 2x - 8$
$\frac{x}{2} + \frac{50}{2} = \frac{4x}{2} - \frac{16}{2}$
$x + 50 = 4x - 16$
$x - 4x = -16 - 50$
$-3x = -66$
$x = \frac{-66}{-3}$
$x = 22$

Vérification : $\frac{22}{2} + 25 = 36$ et $2 \times 22 - 8 = 36$.
Le nombre cherché est 22.

EXPLICATION
L'équation est véritablement une traduction de l'énoncé en langage mathématique.

2 Soit x le nombre d'années cherché.
Équation : $2(12 + x) = 28 + x$
Donc $24 + 2x = 28 + x$ donc $x = 4$.
Vérification : $2(12 + 4) = 32$ et $28 + 4 = 32$.
Dans 4 ans, l'âge de Jérôme sera le double de celui d'Émilie.

CONSEIL
À la fin, on répond par une phrase à la question posée.

EXPLICATION
Ici l'inconnue est donnée de manière indirecte : « combien d'années ? ».

3 Soit x la sixième note.
Le total des cinq premières notes est $5 \times 12 = 60$.
D'où l'équation :
$60 + x = 6 \times 13$
$60 + x = 78$
$x = 78 - 60$
$x = 18$.
Vérification : $78 \div 6 = 13$.
Gaby doit obtenir 18.

4

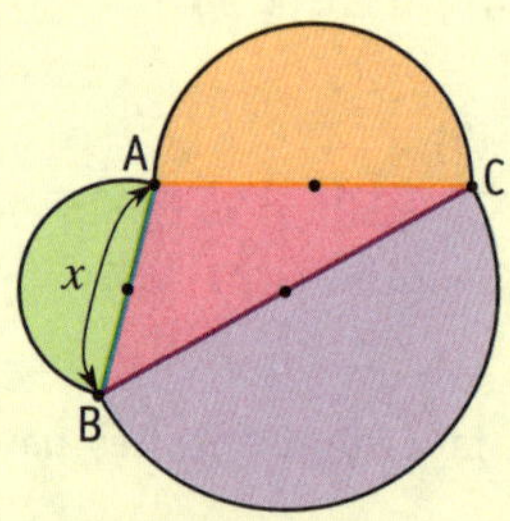

Soit $x = AB$.

Longueur totale des trois demi-cercles :

$\frac{\pi x}{2} + \frac{\pi \times 1{,}5x}{2} + \frac{\pi \times 2x}{2} = 9\pi$. D'où $\frac{4{,}5\pi x}{2} = 9\pi$.

Donc $4{,}5\pi x = 18\pi$ et $x = \frac{18\pi}{4{,}5\pi} = \frac{18}{4{,}5} = 4$.

Vérification : $\frac{\pi \times 4}{2} + \frac{\pi \times 6}{2} + \frac{\pi \times 8}{2} = 2\pi + 3\pi + 4\pi = 9\pi$.

Donc AB = 4.

5

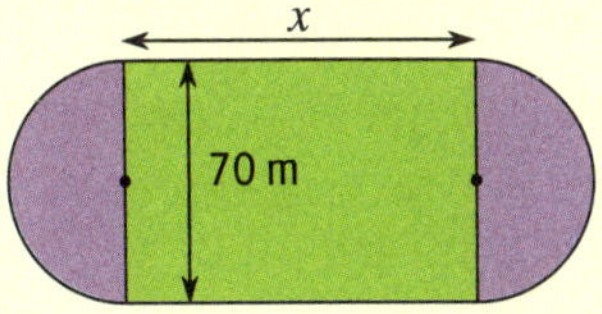

La longueur totale des deux demi-cercles est : $\pi \times 70$ (en m).

Périmètre du terrain : $2x + 70\pi = 430$ d'où $2x = 430 - 70\pi$.

D'où $x = 215 - 35\pi \approx 215 - 35 \times \frac{22}{7} = 215 - 5 \times 22 = 105$.

Donc la longueur cherchée est d'environ 105 m.

Remarque : la valeur exacte de x est : $215 - 35\pi$ (en m).

6

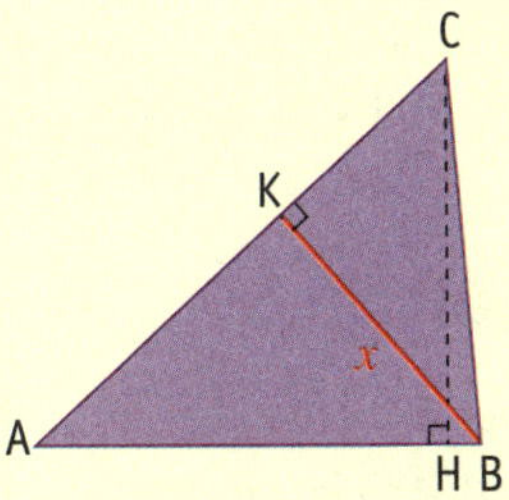

Hypothèses :
- AB = 12
- AC = 15
- CH = 10

Aire d'un triangle = $\frac{\text{base} \times \text{hauteur}}{2}$. Mais il y a trois choix possibles pour le tandem base-hauteur.

Soit x = BK. Aire du triangle ABC :

$\frac{AB \times CH}{2} = \frac{12 \times 10}{2} = 60$.

Mais c'est aussi : $\frac{AC \times BK}{2} = \frac{15 \times x}{2}$.

D'où $\frac{15x}{2} = 60$. Donc $15x = 120$ et donc $x = 8$.

Finalement, BK = 8.

5 Résoudre des équations avec un produit nul

1 **a.** $(x - 1)(x + 5) = 0$.

$x - 1 = 0$ ou $x + 5 = 0$. Donc $x = 1$ ou $x = -5$.

Vérifions que 1 est solution :

$(1 - 1)(1 + 5) = 0 \times (1 + 5) = 0$.

Vérifions que – 5 est solution :

$(-5 - 1)(-5 + 5) = (-5 - 1) \times 0 = 0$.

b. $(2x - 3)(x - 6) = 0$.

$2x - 3 = 0$ ou $x - 6 = 0$. Donc $2x = 3$ ou $x = 6$.

Donc $x = \frac{3}{2}$ ou $x = 6$.

c. $x(5x + 9) = 0$.

$x = 0$ ou $5x + 9 = 0$. Donc $x = 0$ ou $x = -\frac{9}{5}$.

Remarque : Pour vérifier on remplace x par les valeurs trouvées et on doit obtenir 0. Exemples :

b. $\left(2 \times \frac{3}{2} - 3\right)\left(\frac{3}{2} - 6\right) = (3 - 3)\left(\frac{3}{2} - 6\right) = 0$

c. $\left(-\frac{9}{5}\right) \times \left(5 \times \left(-\frac{9}{5}\right) + 9\right) = \left(-\frac{9}{5}\right) \times (-9 + 9) = 0$

2 $E = (3x + 5)(x - 1) + (4x + 9)(x - 1)$.

a. $(x - 1)$ est le facteur commun aux deux termes de E.

$E = (x - 1)[(3x + 5) + (4x + 9)] = (x - 1)(7x + 14)$

b. Résolvons $E = 0$.

Cela revient à résoudre $(x - 1)(7x + 14) = 0$.

Donc $x - 1 = 0$ ou $7x + 14 = 0$.

Donc $x = 1$ ou $x = -2$.

3 **a.** On applique $a^2 - b^2 = (a + b)(a - b)$.

Ici, $a = 2x$ et $b = 11$.

$4x^2 - 121 = (2x)^2 - 11^2 = (2x + 11)(2x - 11)$

b. Résolvons $4x^2 - 121 = 0$.

Cela revient à résoudre $(2x + 11)(2x - 11) = 0$.

$2x + 11 = 0$ ou $2x - 11 = 0$. Donc $x = -\frac{11}{2}$ ou $x = \frac{11}{2}$.

4 **a.** Ici, $a = 5x$ et $b = 3$.

$25x^2 + 30x + 9 = (5x)^2 + 2 \times 5x \times 3 + 3^2 = (5x + 3)^2$

EXPLICATION
a. On applique l'égalité remarquable $a^2 + 2ab + b^2 = (a + b)^2$.

b. Résolvons $25x^2 + 30x + 9 = 0$.

Cela revient à résoudre $(5x + 3)^2 = 0$,

c'est-à-dire $(5x + 3) \times (5x + 3) = 0$.

Donc $5x + 3 = 0$ ou $5x + 3 = 0$.

Finalement $5x + 3 = 0$. Et donc $x = -\frac{3}{5}$.

CONSEIL
À l'avenir, on pourra écrire directement $(5x + 3)^2 = 0$ donc $5x + 3 = 0$.

5 **a.** On applique $a^2 - b^2 = (a + b)(a - b)$

avec $a = 3x + 5$ et $b = 2$.

$(3x + 5)^2 - 4 = (3x + 5)^2 - 2^2$

$= (3x + 5 + 2)(3x + 5 - 2) = (3x + 7)(3x + 3)$

b. Résolvons $(3x + 5)^2 - 4 = 0$.

Cela revient à résoudre $(3x + 7)(3x + 3) = 0$.

$3x + 7 = 0$ ou $3x + 3 = 0$. Donc $x = -\frac{7}{3}$ ou $x = -1$.

6 **a.** $(2x - 7)(x + 8) = 2x^2 + 16x - 7x - 56 = 2x^2 + 9x - 56$.

b. Résolvons $2x^2 + 9x - 56 = 0$.

Cela revient à résoudre $(2x - 7)(x + 8) = 0$.

$2x - 7 = 0$ ou $x + 8 = 0$. Donc $x = \frac{7}{2}$ ou $x = -8$.

EXPLICATION
La question **a.** donne la factorisation de $2x^2 + 9x - 56$. Celle-ci permet de répondre à la question **b.**.

6 Résoudre des inéquations

1 a. $\dfrac{5x+4}{3} - \dfrac{x}{2} \leqslant 8 + \dfrac{5x}{2}$

On réduit tous les termes au même **dénominateur.**

$\dfrac{10x+8}{6} - \dfrac{3x}{6} \leqslant \dfrac{48}{6} + \dfrac{15x}{6}$

On supprime les dénominateurs en multipliant les deux membres par **6.**

$10x + 8 - 3x \leqslant 48 + 15x$

$7x + 8 \leqslant 48 + 15x$

$7x \leqslant 48 + 15x - 8$

$7x - 15x \leqslant 40$

On retranche 8 puis $15x$ aux deux membres.

$-8x \leqslant 40$

$x \geqslant \dfrac{40}{-8}$

On divise les deux membres par − 8 (qui est négatif).

$x \geqslant -5$

On achève le travail.

b.

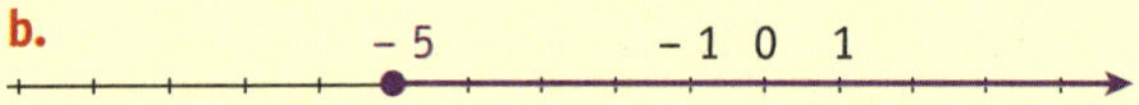

EXPLICATION

Sur la droite graduée, le gros point signifie que − 5 fait partie de l'ensemble des solutions.

2 a. Si $x = 5$, alors $3x - 5 = 15 - 5 = 10$. Or $10 > 9$.
Donc 5 n'est pas solution de cette inéquation.
Pour 4 on obtient : $7 < 9$ donc oui.
Pour 0 on obtient : $-5 < 9$ donc oui.

CONSEIL

Il est inutile de résoudre une inéquation (ou une équation) quand on veut seulement savoir si un nombre est solution.

b.

Inéquation \ Nombre	5	4	0	− 2
$3x - 5 < 9$		×	×	×
$2 - 5x \leqslant -2$	×	×		
$-3x \geqslant 0$			×	×
$4 - 2x > 1$			×	×

3 $9x + 8 \geqslant 5x + 2$

$9x - 5x \geqslant 2 - 8$

$4x \geqslant -6$

$x \geqslant -\dfrac{6}{4}$

$x \geqslant -\dfrac{3}{2}$ (ou $x \geqslant -1{,}5$)

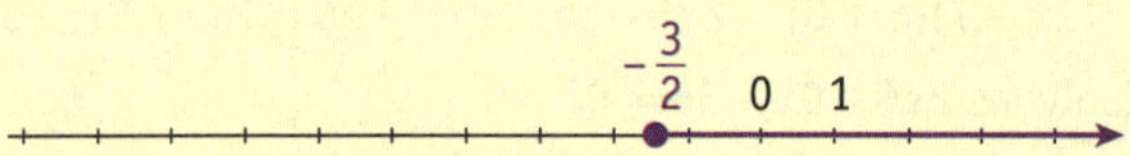

EXPLICATION

On obtient x en divisant par 4 (qui est strictement positif). Donc on ne change pas le sens.

4 $2(x - 11) > 5(x - 8)$

$2x - 22 > 5x - 40$

$2x - 5x > 22 - 40$

$-3x > -18$

$x < \dfrac{-18}{-3}$ donc $x < 6$.

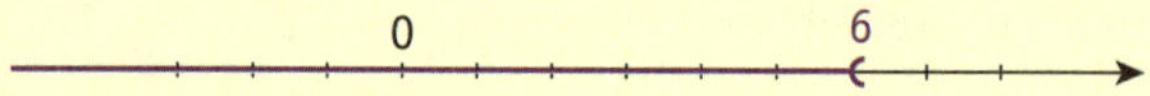

EXPLICATION

On obtient x en divisant par − 3 (qui est strictement négatif). Donc on change le sens de l'inégalité.
Sur la droite, le crochet signifie que le nombre 6 n'est pas solution.

5 $3x + \dfrac{4-x}{2} < \dfrac{5x}{3}$

$\dfrac{18x}{6} + \dfrac{12-3x}{6} < \dfrac{10x}{6}$

$18x + 12 - 3x < 10x$

$18x - 3x - 10x < -12$

$5x < -12$

$x < -\dfrac{12}{5}$ (ou $x < -2{,}4$)

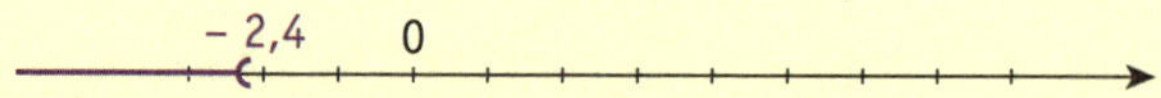

EXPLICATION

Pour supprimer le dénominateur, on a multiplié les deux membres par 6. Or $6 > 0$. Donc on n'a pas changé le sens.
En divisant par 5 non plus, car $5 > 0$. Ici le nombre − 2,4 n'est pas solution, d'où le crochet dessiné sur la droite graduée.

7 Calculer avec des puissances

1 $2^5 = 32$

$4^2 = 16$

$3^3 = 27$

$(-3)^2 = 9$

$(-3)^3 = -27$

$1\,000^2 = 1\,000\,000$

$100^3 = 1\,000\,000$

$10^6 = 1\,000\,000$

$(-10)^3 = -1\,000$

$(-10)^4 = 10\,000$

Remarque : 10^n s'écrit avec un 1 suivi de n zéros.

2 $2^{-4} = \dfrac{1}{2^4} = \dfrac{1}{16} = 0{,}0625$; $5^{-2} = \dfrac{1}{5^2} = \dfrac{1}{25} = 0{,}04$

$25^{-1} = \dfrac{1}{25} = 0{,}04$; $4^{-1} = \dfrac{1}{4} = 0{,}25$

$10^{-3} = \dfrac{1}{10^3} = \dfrac{1}{1\,000} = 0{,}001$

$(-10)^{-2} = \dfrac{1}{(-10)^2} = \dfrac{1}{100} = 0{,}01$

3 a. $3^2 \times 3^5 = (3 \times 3) \times (3 \times 3 \times 3 \times 3 \times 3) = 3^7$;
$10^5 \times 10^3 = (10 \times 10 \times 10 \times 10 \times 10) \times (10 \times 10 \times 10) = 10^8$;
$2 \times 2^4 = 2 \times (2 \times 2 \times 2 \times 2) = 2^5$.

b. $\dfrac{3^4}{3^2} = \dfrac{3 \times 3 \times \cancel{3} \times \cancel{3}}{\cancel{3} \times \cancel{3}} = 3^2$;

$\dfrac{10^5}{10^4} = \dfrac{10 \times \cancel{10} \times \cancel{10} \times \cancel{10} \times \cancel{10}}{\cancel{10} \times \cancel{10} \times \cancel{10} \times \cancel{10}} = 10$;

$\dfrac{7^3}{7^5} = \dfrac{\cancel{7} \times \cancel{7} \times \cancel{7}}{7 \times 7 \times \cancel{7} \times \cancel{7} \times \cancel{7}} = \dfrac{1}{7^2} = 7^{-2}$.

4 $(3^2)^2 = 3^2 \times 3^2 = (3 \times 3) \times (3 \times 3) = 3^4$.
$(5^2)^3 = 5^2 \times 5^2 \times 5^2 = (5 \times 5) \times (5 \times 5) \times (5 \times 5) = 5^6$.
$(10^2)^4 = 10^2 \times 10^2 \times 10^2 \times 10^2 = 10^8$.

Remarque : Le calcul n'est pas détaillé pour $(10^2)^4$.

5 **a.** $(5x)^2 = (5x) \times (5x) = 25x^2$;
$(2y)^3 = 2y \times 2y \times 2y = 8y^3$;
$(3\pi)^3 = 3\pi \times 3\pi \times 3\pi = 27\pi^3$.

b. $\left(\frac{5}{3}\right)^2 = \frac{5}{3} \times \frac{5}{3} = \frac{5 \times 5}{3 \times 3} = \frac{5^2}{3^2} = \frac{25}{9}$;

$\left(\frac{-4}{5}\right)^3 = \left(\frac{-4}{5}\right) \times \left(\frac{-4}{5}\right) \times \left(\frac{-4}{5}\right) = \frac{(-4)^3}{5^3} = \frac{-64}{125}$;

$\left(\frac{a}{b}\right)^4 = \frac{a}{b} \times \frac{a}{b} \times \frac{a}{b} \times \frac{a}{b} = \frac{a^4}{b^4}$.

Remarque : La laborieuse mise en œuvre des calculs détaillés est nécessaire à la bonne compréhension de la notion de puissance. Après cette étape, on appréciera d'autant plus l'efficacité des formules données en page 97.
Les formules conviennent aux exposants positifs et négatifs.

6 **a.** $3^4 \times 3^2 = 3^{4+2} = 3^6$; $9^5 \times 9^{-3} = 9^{5-3} = 9^2$;
$2^6 \times 2^5 = 2^{6+5} = 2^{11}$; $(-4)^{-2} \times (-4)^5 = (-4)^{-2+5} = (-4)^3$;
$10^5 \times 10^7 = 10^{5+7} = 10^{12}$; $10^{-1} \times 10^{-3} = 10^{-1-3} = 10^{-4}$.

b. $\frac{7^5}{7^3} = 7^{5-3} = 7^2$; $\frac{2^{12}}{2^{15}} = 2^{12-15} = 2^{-3}$;

$\frac{3^4}{3^{-2}} = 3^{4-(-2)} = 3^6$; $\frac{(-5)^{-3}}{(-5)^4} = (-5)^{-3-4} = (-5)^{-7}$;

$\frac{10^5}{10^{-3}} = 10^{5-(-3)} = 10^8$; $\frac{10^6}{10^7} = 10^{6-7} = 10^{-1}$.

c. $(4^2)^2 = 4^{2\times2} = 4^4$; $(a^5)^3 = a^{5\times3} = a^{15}$; $(x^{-2})^3 = x^{-2\times3} = x^{-6}$.

7 **a.** $(10x)^5 = 10^5 \times x^5$; $(3x^2)^3 = 3^3 \times (x^2)^3 = 27x^6$;
$\left(2 \times \frac{a}{b}\right)^4 = 2^4 \times \left(\frac{a}{b}\right)^4 = \frac{16a^4}{b^4}$.

b. $\left(\frac{3}{7}\right)^2 = \frac{3^2}{7^2} = \frac{9}{49}$; $\left(\frac{-2}{3}\right)^3 = \frac{(-2)^3}{3^3} = \frac{-8}{27}$;

$\left(\frac{a^2}{b^3}\right)^4 = \frac{(a^2)^4}{(b^3)^4} = \frac{a^8}{b^{12}}$.

8 Connaître les racines carrées

1 **a.** $\sqrt{121} = 11$ **d.** $\sqrt{0{,}0001} = 0{,}01$ **g.** $\sqrt{2{,}56} = 1{,}6$
b. $\sqrt{1} = 1$ **e.** $\sqrt{256} = 16$ **h.** $\sqrt{25} = 5$
c. $\sqrt{0} = 0$ **f.** $\sqrt{49} = 7$ **i.** $\sqrt{16} = 4$.

CONSEIL
Il est utile de bien connaître les tables de multiplication ainsi que les carrés de 11, 12, 13, 14, 15 et 16.

2 **a.** $\sqrt{\boxed{121}} = 11$ **c.** $\sqrt{\boxed{15}}^2 = 15$
b. $\sqrt{144} = \boxed{12}$ **d.** $-\sqrt{\boxed{49}} = -7$
e. $\sqrt{\boxed{0}} = 0$ **h.** $\sqrt{\frac{9}{4}} = \boxed{1{,}5}$
f. $\left(\sqrt{\boxed{64}}\right)^2 = 64$
g. $\sqrt{169} = \boxed{13}$ **i.** $\sqrt{\boxed{\frac{1}{4}}} = \frac{1}{2}$

EXPLICATION
▸ **h.** On remarque que $\frac{9}{4} = \left(\frac{3}{2}\right)^2$ donc $\sqrt{\frac{9}{4}} = \frac{3}{2}$.
▸ **i.** $\frac{1}{4} = \left(\frac{1}{2}\right)^2$ donc $\sqrt{\frac{1}{4}} = \frac{1}{2}$.

3 Les égalités fausses sont : b, e, f et h.
En effet pour le b. $\sqrt{0{,}04} = 0{,}2$; e. $\sqrt{(-11)^2} = 11$;
f. $\sqrt{100} = 10$ et h. $\sqrt{169} = 13$.

4

x	9	81	0,64	49	25	625	$(-3)^2$	0,16	1
$\sqrt{x}$	3	9	0,8	7	5	25	3	0,4	1

EXPLICATION
$\sqrt{(-3)^2} = \sqrt{9} = 3$.

5

x	1,1	0,1	10^3	0,2	12	0,6	1	0	$\sqrt{2}$
x^2	1,21	0,01	10^6	0,04	144	0,36	1	0	2

6 **a.** Résoudre $2x^2 - 72 = 0$ revient à résoudre $2x^2 = 72$ ou encore $x^2 = 36$.
b. Comme $36 > 0$, l'équation a deux solutions qui sont $\sqrt{36}$ et $-\sqrt{36}$, soit 6 et -6.

7 Si $2x^2 - 72 = 0$ alors $2(x^2 - 36) = 0$
d'où $2(x+6)(x-6) = 0$
soit $(x+6) = 0$ ou $(x-6) = 0$ alors $x = -6$ ou $x = 6$.
Vérification :
$2 \times (-6)^2 - 72 = 2 \times 36 - 72 = 72 - 72 = 0$
$2 \times (6)^2 - 72 = 2 \times 36 - 72 = 0$
donc -6 et 6 sont les solutions de cette équation.

EXPLICATION
Pour factoriser $2x^2 - 72$ on met 2 en facteur et on applique :
$a^2 - b^2 = (a+b)(a-b)$. Puis on résout l'équation (voir unité 5).

8 **a.** $x^2 = 4$. Comme $4 > 0$, il y a 2 solutions : $\sqrt{4}$ et $-\sqrt{4}$, donc 2 et -2.
b. $x^2 = 3$. Comme $3 > 0$, il y a 2 solutions : $\sqrt{3}$ et $-\sqrt{3}$.
c. $x^2 = 0$. Il y a une seule solution : 0.
d. $x^2 = 1$. Comme $1 > 0$, il y a 2 solutions : $\sqrt{1}$ et $-\sqrt{1}$, donc 1 et -1.
e. $x^2 + 4 = 0$.
Cela revient à résoudre $x^2 = -4$.
Comme $-4 < 0$, il n'y a aucune solution.

9 Multiplier et diviser des racines carrées

1 **a.** $\sqrt{12} = \sqrt{4 \times 3} = \sqrt{4} \times \sqrt{3} = 2\sqrt{3}$.

b. $\sqrt{72} = \sqrt{36 \times 2} = \sqrt{36} \times \sqrt{2} = 6\sqrt{2}$.

c. $\sqrt{40} = \sqrt{4 \times 10} = 2\sqrt{10}$. **d.** $\sqrt{98} = \sqrt{49 \times 2} = 7\sqrt{2}$.

e. $\sqrt{50} = \sqrt{25 \times 2} = 5\sqrt{2}$.

f. $3\sqrt{8} = 3\sqrt{4 \times 2} = 3 \times 2\sqrt{2} = 6\sqrt{2}$.

2 **a.** $\sqrt{18} \times \sqrt{2} = 3\sqrt{2} \times \sqrt{2} = 3 \times 2 = 6$.

b. $\sqrt{27} \times \sqrt{3} = 3\sqrt{3} \times \sqrt{3} = 3 \times 3 = 9$.

c. $\sqrt{5} \times \sqrt{20} = \sqrt{5} \times 2\sqrt{5} = 2 \times 5 = 10$.

d. $\sqrt{2} \times \sqrt{14} \times \sqrt{7} = \sqrt{2} \times (\sqrt{2} \times \sqrt{7}) \times \sqrt{7} = 2 \times 7 = 14$.

e. $\sqrt{20} \times \sqrt{45} = 2\sqrt{5} \times 3\sqrt{5} = 2 \times 3 \times 5 = 30$.

f. $\sqrt{12} \times \sqrt{27} = 2\sqrt{3} \times 3\sqrt{3} = 2 \times 3 \times 3 = 18$.

Remarque : Autre méthode :

a. $\sqrt{18 \times 2} = \sqrt{36} = 6$. **b.** $\sqrt{27 \times 3} = \sqrt{81} = 9$. etc.

3 **a.** $5\sqrt{3} - 4\sqrt{3} + 2\sqrt{3} - 3\sqrt{3}$
$= (5 - 4 + 2 - 3)\sqrt{3} = 0 \times \sqrt{3} = 0$.

b. $13\sqrt{5} + \sqrt{20} - 6\sqrt{5} = 13\sqrt{5} + 2\sqrt{5} - 6\sqrt{5} = 9\sqrt{5}$.

c. $\sqrt{28} + \sqrt{63} - \sqrt{7} = 2\sqrt{7} + 3\sqrt{7} - \sqrt{7} = 4\sqrt{7}$.

d. $3\sqrt{3} + \sqrt{300} - 2\sqrt{75} = 3\sqrt{3} + 10\sqrt{3} - 2 \times 5\sqrt{3} = 3\sqrt{3}$.

EXPLICATION
Grâce aux mises en facteur commun les simplifications sont spectaculaires.

4

a. $\sqrt{\dfrac{25}{16}} = \dfrac{\sqrt{25}}{\sqrt{16}} = \dfrac{5}{4}$.

b. $\dfrac{2\sqrt{3}}{\sqrt{27}} = \dfrac{2\sqrt{3}}{3\sqrt{3}} = \dfrac{2}{3}$.

c. $\dfrac{\sqrt{80}}{\sqrt{5}} = \dfrac{4\sqrt{5}}{\sqrt{5}} = 4$.

d. $\sqrt{\dfrac{169}{144}} = \dfrac{\sqrt{169}}{\sqrt{144}} = \dfrac{13}{12}$.

e. $\dfrac{7\sqrt{20}}{3\sqrt{5}} = \dfrac{7 \times 2\sqrt{5}}{3\sqrt{5}} = \dfrac{14}{3}$.

f. $\dfrac{\sqrt{75}}{\sqrt{147}} = \dfrac{5\sqrt{3}}{7\sqrt{3}} = \dfrac{5}{7}$.

EXPLICATION
Pour **a.** et **d.** on applique $\sqrt{\dfrac{a}{b}} = \dfrac{\sqrt{a}}{\sqrt{b}}$.

5 **a.** $\dfrac{3}{\sqrt{2}} = \dfrac{3 \times \sqrt{2}}{\sqrt{2} \times \sqrt{2}} = \dfrac{3\sqrt{2}}{2}$. **b.** $\dfrac{\sqrt{5}}{\sqrt{7}} = \dfrac{\sqrt{5} \times \sqrt{7}}{\sqrt{7} \times \sqrt{7}} = \dfrac{\sqrt{35}}{7}$.

c. $\dfrac{3\sqrt{2}}{\sqrt{5}} = \dfrac{3\sqrt{2} \times \sqrt{5}}{\sqrt{5} \times \sqrt{5}} = \dfrac{3\sqrt{10}}{5}$.

d. $\dfrac{33}{\sqrt{11}} = \dfrac{33\sqrt{11}}{\sqrt{11} \times \sqrt{11}} = \dfrac{33\sqrt{11}}{11} = \dfrac{11 \times 3\sqrt{11}}{11} = 3\sqrt{11}$.

6 **a.** $(3 + \sqrt{2})^2 = 3^2 + 2 \times 3 \times \sqrt{2} + (\sqrt{2})^2$
$= 9 + 6\sqrt{2} + 2 = 11 + 6\sqrt{2}$.

b. $(\sqrt{5} - \sqrt{2})^2 = (\sqrt{5})^2 - 2 \times \sqrt{5} \times \sqrt{2} + (\sqrt{2})^2$
$= 5 - 2\sqrt{10} + 2 = 7 - 2\sqrt{10}$.

c. $(\sqrt{6} + \sqrt{5})(\sqrt{6} - \sqrt{5}) = (\sqrt{6})^2 - (\sqrt{5})^2 = 6 - 5 = 1$.

d. $(3\sqrt{5} + 2)^2 = (3\sqrt{5})^2 + 2 \times 3\sqrt{5} \times 2 + 2^2$
$= 45 + 12\sqrt{5} + 4 = 49 + 12\sqrt{5}$.

7 Les égalités fausses sont a, c, e et f. En effet

a. $\sqrt{1\,681} = 41$ et $\sqrt{1\,600} + \sqrt{81} = 40 + 9 = 49$.

c. $\sqrt{169 - 25} = \sqrt{144} = 12$ et $\sqrt{169} - \sqrt{25} = 13 - 5 = 8$.

e. $\sqrt{99} - \sqrt{44} = 3\sqrt{11} - 2\sqrt{11} = \sqrt{11} \neq \sqrt{55}$.

f. Le double produit a été oublié.

Remarque : L'égalité **d.** est surprenante mais exacte car $\sqrt{8} = 2\sqrt{2}$, $\sqrt{18} = 3\sqrt{2}$ et $5\sqrt{2} = \sqrt{50}$.

10 Utiliser une fonction linéaire

1 **a.** $f(4) = 10$. $f(3) = 7{,}5$. $f(-2) = -5$.

EXPLICATION
On vise 4 sur l'axe des abscisses, on trace un segment vertical jusqu'à la droite rouge, suivi d'un segment horizontal jusqu'à l'axe des ordonnées. On peut alors lire l'image de 4.

b. $f(0{,}3) = 2{,}5 \times 0{,}3 = 0{,}75$; $f(2{,}5) = 2{,}5 \times 2{,}5 = 6{,}25$; $f(12) = 2{,}5 \times 12 = 30$.

Remarque : 12 a une image que l'on sait calculer, même si le graphique est trop petit pour la représenter.

c. Ce point est sur la droite car $2{,}5 \times (-1) = -2{,}5$.

d. Ce point n'est pas sur la droite car $2{,}5 \times 2{,}5 = 6{,}25$ et $6{,}25 \neq 6$.

2 À gauche, la courbe de la fonction n'est pas une droite. À droite, la fonction est certes représentée par une droite, mais celle-ci ne passe pas par l'origine.

EXPLICATION
Une fonction linéaire est représentée par une droite passant par l'origine.

3 **a.**

x	0	1	2	6	-1	-3	-6
$-\dfrac{1}{2}x$	0	$-\dfrac{1}{2}$	-1	-3	$\dfrac{1}{2}$	$\dfrac{3}{2}$	3

b. On marque des points dont les coordonnées sont dans le tableau, par exemple $(-6\ ;\ 3)$ et on trace la droite passant par tous ces points.

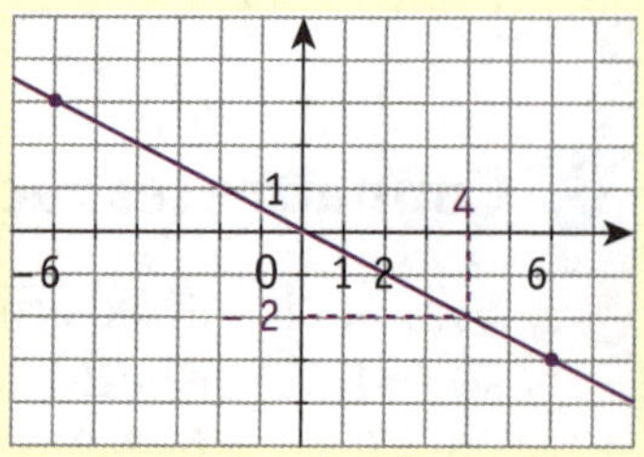

c. image de 4 : -2
image de -2 : 1
antécédent de 2 : -4
antécédent de 3 : -6

d. image de 3,6 : $f(3{,}6) = -\dfrac{1}{2} \times 3{,}6 = -1{,}8$

image de $-1{,}6$: $f(-1{,}6) = -\dfrac{1}{2} \times (-1{,}6) = 0{,}8$

image de 26 : $f(26) = -13$; image de -15 : $f(-15) = 7{,}5$

4 De gauche à droite : k, f, g, h.

EXPLICATION
Par exemple, $f(1) = 2$ donc f est représentée par le deuxième graphique, etc.

5 **a.** Pour ajouter 10 %, on multiplie par 1,10 :
$23 \times 1{,}10 = 25{,}30$ €.

CONSEIL
C'est plus rapide que de calculer d'abord l'augmentation pour l'ajouter ensuite à 23.

b. Pour ôter 15 %, on multiplie par 0,85 :
$35 \times 0{,}85 = 29{,}75$ €.

c. On multiplie d'abord par 1,20 puis par 0,75 :
$550 \times 1{,}20 \times 0{,}75 = 495$.

11 Utiliser une fonction affine

1 **a.** $f(2) = -1$, $f(0{,}5) = 2$, $f(-1{,}5) = 6$.
b. $f(2{,}4) = -2 \times (2{,}4) + 3 = -1{,}8$, $f(0{,}3) = -2 \times 0{,}3 + 3 = 2{,}4$, $f(-7) = -2 \times (-7) + 3 = 17$.
c. Le point de coordonnées (2,4 ; – 1,7) n'est pas sur la droite car $f(2{,}4) = -1{,}8$ donc $f(2{,}4) \neq -1{,}7$.
d. Comme $-2 \times 0{,}3 + 3 = 2{,}4$, le point est sur la droite.
e. La droite passe par le point de coordonnées (10 ; – 17) car $-2 \times 10 + 3 = -17$, c'est-à-dire $f(10) = -17$.
f. Comme $-2 \times (-7) + 3 = 17$ et $17 \neq 18$, la droite ne passe pas par ce point.

2 **a.**

x	0	1	2	4	5	– 1	– 2
$x - 2$	– 2	– 1	0	2	3	– 3	– 4

b.

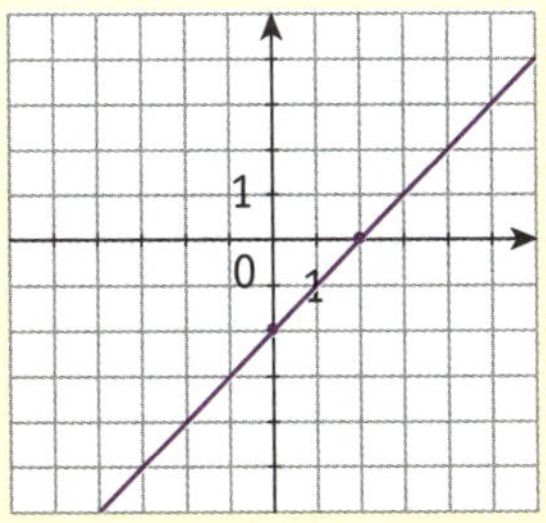

EXPLICATION
On marque des points dont les coordonnées sont dans le tableau (par exemple (0 ; – 2), (2 ; 0),...) puis on trace la droite passant par ces points.

c. image de 3 : 1, image de 6 : 4
antécédent de – 5 : – 3, antécédent de 2 : 4
d. image de 1,5 : 1,5 – 2 soit – 0,5
image de – 0,5 : – 0,5 – 2 soit – 2,5
image de 50 : 50 – 2 soit 48
image de –20 : – 20 – 2 soit – 22

3 Comme $f(-1) = 7$ alors $a \times (-1) + 3 = 7$
donc $-a = 7 - 3 = 4$. D'où $a = -4$.

4 Comme $g(-1) = 7$ alors $-2 \times (-1) + b = 7$
donc $2 + b = 7$ d'où $b = 5$.

5 Comme $h(0) = 5$ alors $a \times 0 + b = 5$ donc $b = 5$.
Comme $h(3) = 2$ alors $a \times 3 + 5 = 2$
donc $3a = 2 - 5 = -3$. D'où $a = -1$.

6 $x \mapsto 3 - x$ $\quad$ $x \mapsto -5$ C $\quad$ $x \mapsto 2 + 2x$
$x \mapsto 3x$ L $\quad$ $x \mapsto \dfrac{4}{11}$ C $\quad$ $x \mapsto -\dfrac{4}{5}x$ L

EXPLICATION
$x \mapsto 3 - x$ est de la forme $ax + b$ avec $a = -1$ et $b = 3$.
Elle n'est donc ni linéaire ni constante.
Idem avec $x \mapsto 2 + 2x$ où $a = b = 2$.

12 Résoudre des systèmes à deux inconnues

1 $\begin{cases} 2x - y = 3 & (E_1) \\ x - 3y = 1 & (E_2) \end{cases}$

- (0 ; 4) : $2 \times 0 - 4 = -4 \neq 3$ donc (0 ; 4) n'est pas solution de (E_1). Donc il n'est pas solution du système.
- (1 ; – 1) : $2 \times 1 - (-1) = 2 + 1 = 3$.
Mais $1 - 3 \times (-1) = 4 \neq 1$.
Donc (1 ; – 1) n'est pas solution de (E_2), ni du système.
- (– 4 ; – 1) : $2 \times (-4) - (-1) = -7 \neq 3$ donc (– 4 ; – 1) n'est pas solution de (E_1), ni du système.
- (1,6 ; 0,2) : $2 \times (1{,}6) - 0{,}2 = 3$; $1{,}6 - 3 \times 0{,}2 = 1$.
Donc (1,6 ; 0,2) est solution du système.

2 $(4 \times 3) + (2 \times 5) = 22$ et $(7 \times 3) - (3 \times 5) = 6$.

Donc $\begin{cases} 4x + 2y = \boxed{22} \\ 7x - 3y = \boxed{6} \end{cases}$

3 $\begin{cases} 3x - y = -1 & (E_1) \\ 6x - 3y = 3 & (E_2) \end{cases}$

À partir de (E_1), on obtient $y = 3x + 1$.
En remplaçant dans (E_2), on a $6x - 3(3x + 1) = 3$
soit $-3x - 3 = 3$ soit $-3x = 6$ d'où $x = -2$.
D'où $y = 3 \times (-2) + 1 = -5$.
Vérification : (– 2 ; – 5) est solution du système car :
$3 \times (-2) - (-5) = -6 + 5 = -1$
et $6 \times (-2) - 3 \times (-5) = -12 + 15 = 3$.

EXPLICATION
Comme pour les systèmes qui suivent, on peut procéder de plusieurs façons. Nous avons choisi ici la première méthode exposée (p. 106) appelée « méthode par substitution ».

4 $\begin{cases} 2x - 3y = 12 & (E_1) \\ 5x + 2y = 11 & (E_2) \end{cases}$

(E_1) donne $x = \dfrac{12 + 3y}{2}$.

En remplaçant dans (E_2), $5 \times \dfrac{12 + 3y}{2} + 2y = 11$.

Soit $5(12 + 3y) + 4y = 22$.

D'où $60 + 15y + 4y = 22$ donc $19y = 22 - 60 = -38$

d'où $y = -2$. Alors $x = \dfrac{12 + 3 \times (-2)}{2} = 3$.

Vérification : $(3 ; -2)$ est solution du système

car $2 \times 3 - 3 \times (-2) = 12$

et $5 \times 3 + 2 \times (-2) = 15 - 4 = 11$.

5 **a.** $\begin{cases} x + y = 7 & (E_1) \\ x - y = 9 & (E_2) \end{cases}$

En ajoutant membre à membre (E_1) et (E_2), on obtient :

$2x = 16$ d'où $x = 8$. Avec (E_1), $8 + y = 7$ donc $y = -1$.

Vérification : $(8 ; -1)$ est solution du système

car $8 + (-1) = 7$ et $8 - (-1) = 9$.

b. $\begin{cases} 4x + 5y = 13 & (E_1) \\ x - y = 1 & (E_2) \end{cases}$

Avec (E_2), $y = x - 1$.

Dans (E_1), $4x + 5(x - 1) = 13$ donc $9x - 5 = 13$.

D'où $9x = 13 + 5 = 18$.

D'où $x = 2$. Puis $y = x - 1 = 2 - 1 = 1$.

Vérification : $(2 ; 1)$ est solution du système

car $4 \times 2 + 5 \times 1 = 13$ et $2 - 1 = 1$.

EXPLICATION

a. a été résolu par élimination et **b.** par substitution.

6 **a.** $\begin{cases} 6x - 4y = 4 & (E_1) \\ 2x + 3y = 36 & (E_2) \end{cases}$

Avec (E_2), on a : $x = \dfrac{36 - 3y}{2}$.

En remplaçant dans (E_1), on a

$6\left(\dfrac{36 - 3y}{2}\right) - 4y = 4$ soit $108 - 9y - 4y = 4$.

D'où $13y = 104$ donc $y = 8$. $x = \dfrac{36 - 3 \times 8}{2} = 6$. D'où $x = 6$.

Vérification : $(6 ; 8)$ est solution du système car :

$6 \times 6 - 4 \times 8 = 4$ et $2 \times 6 + 3 \times 8 = 36$.

b. $\begin{cases} 8x - 7y = 0 & (E_1) \\ x + y = 1 & (E_2) \end{cases}$

Avec (E_2), $y = 1 - x$.

Dans (E_1), $8x - 7(1 - x) = 0$ donc $8x + 7x - 7 = 0$ soit $15x = 7$.

D'où $x = \dfrac{7}{15}$ et $y = 1 - \dfrac{7}{15} = \dfrac{15 - 7}{15} = \dfrac{8}{15}$.

Vérification : $\left(\dfrac{7}{15} ; \dfrac{8}{15}\right)$ est solution du système

car $8 \times \dfrac{7}{15} - 7 \times \dfrac{8}{15} = 0$ et $\dfrac{7}{15} + \dfrac{8}{15} = \dfrac{15}{15} = 1$.

EXPLICATION

Pour ces deux systèmes, on a adopté la méthode par substitution.

13 Résoudre des problèmes à deux inconnues

1 **a.** Soit x le prix d'une glace ; soit y le prix d'un éclair au café.

b. $\begin{cases} 3x + 5y = 15 & (E_1) \\ 5x + 3y = 15{,}4 & (E_2) \end{cases}$

c. On procède ici par substitution.

Avec (E_1), $y = \dfrac{15 - 3x}{5}$.

En remplaçant dans (E_2), on trouve :

$5x + 3\left(\dfrac{15 - 3x}{5}\right) = 15{,}4$.

Donc $25x + 3 \times 15 - 3 \times 3x = 15{,}4 \times 5$.

C'est à dire : $25x - 9x = 77 - 45$.

D'où $16x = 32$, donc $x = 2$ et $y = \dfrac{15 - 3 \times 2}{5} = 1{,}8$.

Vérification : $3 \times 2 + 5 \times 1{,}8 = 6 + 9 = 15$

et $5 \times 2 + 3 \times 1{,}8 = 10 + 5{,}4 = 15{,}4$.

Donc $(2 ; 1{,}8)$ est solution du système.

d. Le prix d'une glace est 2 € et celui d'un éclair au café est 1,8 €.

2 $f(x) = ax + b$.

$f(1) = 1$ donc $a \times 1 + b = 1$ et $f(2) = 8$ donc $a \times 2 + b = 8$.

On obtient le système :

$\begin{cases} a + b = 1 & (E_1) \\ 2a + b = 8 & (E_2) \end{cases}$

En soustrayant membre à membre (E_1) de (E_2), on obtient $a = 7$ et comme $7 + b = 1$ alors $b = -6$. Donc $f(x) = 7x - 6$.

CONSEIL

Dans cet exercice, les inconnues sont a et b.

Vérifions que $x \mapsto 7x - 6$ convient :

$f(1) = 7 \times 1 - 6 = 1$ et $f(2) = 7 \times 2 - 6 = 8$.

3 **a.** $\begin{cases} 20x + 10y = 140 & (E_1) \\ 30x + 60y = 300 & (E_2) \end{cases}$

« Divisons » (E_1) par 10 et (E_2) par 30.

CONSEIL

Quand on peut simplifier les équations, on en profite.

On obtient $\begin{cases} 2x + y = 14 & (E'_1) \\ x + 2y = 10 & (E'_2) \end{cases}$.

Avec (E'_2), $x = 10 - 2y$.

En remplaçant dans (E'_1), $2(10 - 2y) + y = 14$.

D'où $20 - 3y = 14$. On a donc $3y = 20 - 14 = 6$ soit $y = 2$.

D'où $x = 10 - 2y = 10 - 2 \times 2 = 6$.

Remarque : Pour changer de méthode, on peut aussi multiplier (E'_1) par (-2), puis ajouter membre à membre.

Vérification et conclusion :

$20 \times 6 + 10 \times 2 = 120 + 20 = 140$

et $30 \times 6 + 60 \times 2 = 180 + 120 = 300$.

Donc un adulte paie 6 € et un enfant 2 €.

b. $\begin{cases} y = -2x + 14 \\ y = -0{,}5x + 5 \end{cases}$

c. $x = 6$; $y = 2$.

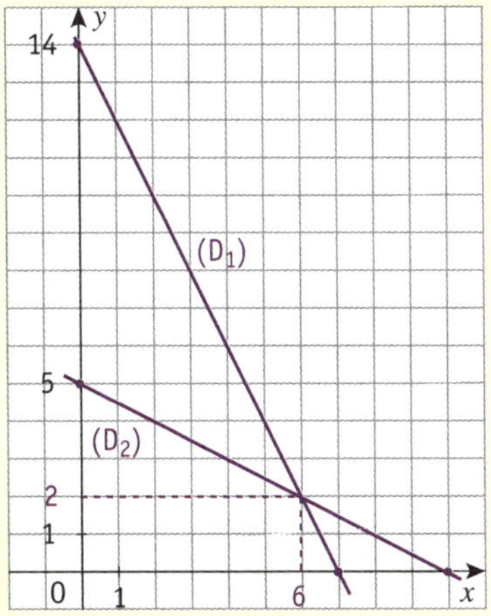

4 Soit x le nombre de lapins et y le nombre de canards.

On a : $\begin{cases} x + y = 28 & (E_1) \\ 4x + 2y = 82 & (E_2) \end{cases}$.

Avec (E_1), $y = 28 - x$.

En remplaçant dans (E_2), on a $4x + 2(28 - x) = 82$

soit $4x - 2x + 56 = 82$.

Donc $2x = 82 - 56 = 26$.

Donc $x = 13$ et $y = 28 - 13 = 15$.

Vérification et conclusion : $13 + 15 = 28$

et $4 \times 13 + 2 \times 15 = 52 + 30 = 82$.

Il y a donc 13 lapins et 15 canards dans la cour.

14 Rechercher des diviseurs communs

1 a. 1356 ; 3172 ; 200 ; 628 ; 3162 sont divisibles par 2.

b. 1356 ; 129 ; 45 ; 3162 ; 1515 sont divisibles par 3.

c. 200 ; 45 ; 1515 sont divisibles par 5.

EXPLICATION
Application directe des critères de divisibilité.

2 a. {1 ; 2 ; 3 ; 4 ; 5 ; 6 ; 10 ; 12 ; 15 ; 20 ; 30 ; 60} sont les diviseurs de 60.

{1 ; 3 ; 5 ; 7 ; 15 ; 21 ; 35 ; 105} sont ceux de 105.

EXPLICATION
Les diviseurs vont par deux.
Par exemple, pour 60, on a : 1 et 60 ; 2 et 30 ; 3 et 20, etc.

b. {1 ; 3 ; 5 ; 15} sont les diviseurs communs à 60 et 105.

3 a. Voici la liste des diviseurs de 36 :
{1 ; 2 ; 3 ; 4 ; 6 ; 9 ; 12 ; 18 ; 36}.
Voici celle de 24 : {1 ; 2 ; 3 ; 4 ; 6 ; 8 ; 12 ; 24}.

b. Le PGCD de 36 et de 24 est 12.

4 Voici la liste des diviseurs de 42 :
{1 ; 2 ; 3 ; 6 ; 7 ; 14 ; 21; 42}.
Voici celle de 56 : {1 ; 2 ; 4 ; 7 ; 8 ; 14 ; 28 ; 56}.
Le PGCD de 42 et 56 est donc 14.

5 a. Vrai. • b. Vrai. • c. Faux, car par exemple : 9 est un diviseur de 36 ; et cependant 9 et 36 ne sont pas premiers entre eux.

6 a. 30 et 100 ne sont pas premiers entre eux car, par exemple, 10 est diviseur commun de 30 et 100.

b. Non, car 3 est diviseur de 123 et 111.

c. Oui, car 1 est le seul diviseur commun à 15 et 14.

7 • $257 = 126 \times 2 + 5$

$126 = 5 \times 25 + 1$

$5 = 1 \times 5 + 0$

Donc le PGCD de 257 et 126 est 1.

• $2\,431 = 247 \times 9 + 208$

puis $247 = 208 \times 1 + 39$

$208 = 39 \times 5 + 13$

$39 = 13 \times 3 + 0$

Donc le PGCD de 2 431 et 247 est 13.

EXPLICATION
Le PGCD est le dernier reste non nul dans la liste des divisions euclidiennes successives.

8 On trouve que le PGCD de 1 436 et 513 est 1.
1 436 et 513 sont donc premiers entre eux.
Remarque : Les divisions successives ne sont pas détaillées ici.

15 Rendre une fraction irréductible

1 a. $\dfrac{720}{630} = \dfrac{72 \times 10}{63 \times 10} = \dfrac{72}{63} = \dfrac{8 \times 9}{7 \times 9} = \dfrac{8}{7}$.

b. $\dfrac{1\,050}{875} = \dfrac{210 \times 5}{175 \times 5} = \dfrac{210}{175} = \dfrac{42 \times 5}{35 \times 5}$

$= \dfrac{42}{35} = \dfrac{6 \times 7}{5 \times 7} = \dfrac{6}{5}$.

c. $\dfrac{660}{924} = \dfrac{165 \times 4}{231 \times 4} = \dfrac{165}{231} = \dfrac{55 \times 3}{77 \times 3}$

$= \dfrac{55}{77} = \dfrac{5 \times 11}{7 \times 11} = \dfrac{5}{7}$.

d. $\dfrac{5\,400}{4\,050} = \dfrac{540}{405} = \dfrac{108 \times 5}{81 \times 5} = \dfrac{108}{81} = \dfrac{12 \times 9}{9 \times 9}$

$= \dfrac{12}{9} = \dfrac{4 \times 3}{3 \times 3} = \dfrac{4}{3}$.

2 a. Diviseurs de 175 : {1 ; 5 ; 7 ; 25 ; 35 ; 175}.
Diviseurs de 63 : {1 ; 3 ; 7 ; 9 ; 21 ; 63}.

b. Le PGCD de 175 et de 63 est donc 7.

c. $\dfrac{175}{63} = \dfrac{25 \times 7}{9 \times 7} = \dfrac{25}{9}$.

3 a. Diviseurs de 52 : {1 ; 2 ; 4 ; 13 ; 26 ; 52}.
Ceux de 351 : {1 ; 3 ; 9 ; 13 ; 27 ; 39 ; 117 ; 351}.
Le PGCD de 52 et de 351 est donc 13.

b. Donc la fraction $\dfrac{52}{351}$ n'est pas irréductible.

$\dfrac{52}{351} = \dfrac{4 \times 13}{27 \times 13} = \dfrac{4}{27}$.

4 a. La fraction $\dfrac{1\,045}{1\,235}$ n'est pas irréductible car 1 045 et 1 235 sont divisibles par 5.

b. $\dfrac{1\,045}{1\,235} = \dfrac{209 \times 5}{247 \times 5} = \dfrac{209}{247}$.

c. $247 = 209 \times 1 + 38$; $209 = 38 \times 5 + 19$;
$38 = 19 \times 2 + 0$; donc le PGCD de 247 et de 209 est 19.

d. La fraction $\dfrac{209}{247}$ n'est pas irréductible car 209 et 247 ne sont pas premiers entre eux.

$\dfrac{209}{247} = \dfrac{11 \times 19}{13 \times 19} = \dfrac{11}{13}$ et $\dfrac{11}{13}$ est irréductible.

5 **a.** $\dfrac{1\,097}{263}$

$1\,097 = 263 \times 4 + 45$.
$263 = 45 \times 5 + 38$.
$45 = 38 \times 1 + 7$.
$38 = 7 \times 5 + 3$.
$7 = 3 \times 2 + 1$.
$3 = 1 \times 3 + 0$.

Donc le PGCD de 1 097 et de 263 est 1.
Donc cette fraction est irréductible.

b. $\dfrac{1\,771}{920}$

$1\,771 = 920 \times 1 + 851$.
$920 = 851 \times 1 + 69$.
$851 = 69 \times 12 + 23$.
$69 = 23 \times 3 + 0$.

Donc le PGCD de 1 771 et de 920 est 23 ; donc cette fraction n'est pas irréductible.

$\dfrac{1\,771}{920} = \dfrac{77 \times 23}{40 \times 23} = \dfrac{77}{40}$ et $\dfrac{77}{40}$ est irréductible.

16 Jongler avec les unités

1 **a.** La vitesse en m/s : $72 \div 3\,600 = 0{,}02$ km/s soit 20 m/s.
b. Elle parcourt 100 m en $100 \div 20 = 5$ s.
c. Elle parcourt en une minute : $20 \times 60 = 1\,200$ m soit 1,2 km.

> **EXPLICATION**
> Rappel : 1 h = 3 600 s. 1 min = 60 s.

2 **a.** La vitesse du train est : $v = \dfrac{d}{t} = \dfrac{581}{3{,}5} = 166$ km/h.
b. Sa vitesse en m/s est :
$166 \div 3\,600 \approx 0{,}046$ km/s soit 46 m/s environ.
c. Il parcourt 332 km en : $t = \dfrac{d}{v} = \dfrac{332}{166} = 2$ heures.

3 **a.** La fusée parcourt : $561 \times 3\,600 = 2\,019\,600$ m en 1 h.
Sa vitesse est donc 2 019,6 km/h.
b. Comme $561 \times 60 = 33\,660$ m soit 33,66 km, alors elle fait plus de 30 km en une minute.
Remarque : On peut aussi calculer le temps mis sur 30 km.

4 **a.** Le débit moyen de la Seine est :
$30\,000 \div 60 = 500$ soit 500 m³/s.
b. En 1 h, il s'écoule : $30\,000 \times 60 = 1\,800\,000$ m³.
En 1 jour, il s'écoule : $1\,800\,000 \times 24 = 43\,200\,000$ m³.

5 **a.** Pour parcourir 1 km, il faut $15 \div 350$ et pour 100 km, il faut 100 fois plus.
D'où $15 \div 350 \times 100 \approx 4{,}30$ c'est-à-dire environ 4,3 litres/100 km.
b. 45 litres c'est 3 fois 15 litres.
Donc elle peut parcourir 3×350 km $= 1\,050$ km.

6 **a.** $16\,830 \div 51 = 330$ habitants/km².
b. 1 ha = 1 hm² donc 1 km² = 100 ha ;
donc 51 km² = 5 100 ha.
D'où la superficie moyenne par habitant :
$5\,100 \div 16\,830 \approx 0{,}3$ ha/hab.

> **EXPLICATION**
> La superficie moyenne par habitant est l'aire moyenne dont « dispose » chaque habitant.

7 Le nombre de tours par seconde est : $6\,900 \div 60 = 115$ t/s.

8 0,58 kg = 580 g, donc la masse volumique est égale à $580 \div 65 \approx 8{,}9$ soit environ 8,9 g/cm³.

> **EXPLICATION**
> Pour obtenir la masse volumique exprimée en g/cm³ on divise la masse en g par le volume en cm³.

17 Connaître les notions de médiane et de quartiles

1 **a.** Appelons m la moyenne :

$$m = \frac{1\times5+1\times6+4\times7+5\times9+1\times10+2\times11+3\times12+1\times14+4\times17+2\times19}{1+1+4+5+1+2+3+1+4+2}$$
$$= \frac{272}{24} \approx 11{,}33.$$

b. Dans cette série, une note médiane doit être strictement comprise entre 10 et 11. D'où m n'est pas une note médiane.

2 **a.**

Chiffre d'affaires	1,3	1,4	1,6	1,8	1,9	2	2,1	2,2	2,3	2,5
Nombre de jours	3	9	13	12	6	7	5	20	15	10
Effectif cumulé	3	12	25	37	43	50	55	75	90	100

b. **Remarque :** ce qu'on appelle le « chiffre d'affaires » est en réalité un « nombre » qui s'écrit avec des « chiffres ».
Un chiffre d'affaires médian : 2,05 par exemple.

c. $\dfrac{3 \times 1{,}3 + \ldots + 10 \times 2{,}5}{100} = \dfrac{198{,}3}{100} = 1{,}983$.

Un chiffre d'affaires médian doit être strictement compris entre 2 et 2,1. Donc 1,983 n'est pas un chiffre d'affaires médian.
d. Par exemple, $Q_1 = 1{,}7$ et $Q_3 = 2{,}25$.

> **EXPLICATION**
> **b.** Au vu des effectifs cumulés,
> il faut $2 < M_e < 2{,}1$ où M_e désigne la médiane.
> **d.** $1{,}6 < Q_1 < 1{,}8$ et $2{,}2 < Q_3 < 2{,}3$.

3 a.

Valeur	12	13	14	15	16	18	20	21
Effectif	2	1	2	1	2	1	2	1
Effectif cumulé	2	3	5	6	8	9	11	12

b. médiane = 15,5, $Q_1 = 13,5$, $Q_3 = 19$.

c. Appelons m la moyenne :

$$m = \frac{2 \times 12 + \ldots + 1 \times 21}{12} = \frac{191}{12} \approx 15,92.$$

d. Une valeur médiane doit être strictement comprise entre 15 et 16. m peut donc être une médiane.

4 a.

Valeur	9	11	12	13	15	17
Effectif	2	5	6	4	2	1
Effectif cumulé	2	7	13	17	19	20

b. 10 valeurs sont inférieures ou égales à 12 et 10 valeurs sont supérieures ou égales à 12 donc $Q_2 = 12$.

c. $Q_1 = 11$; $Q_3 = 13$.

EXPLICATION
c. On procède comme pour Q_2.

5 $Q_2 = 115$; $Q_1 = 111,5$; $Q_3 = 118,5$.

EXPLICATION
Les 20 plus petites valeurs sont inférieures ou égales à 115. Les 20 plus grandes sont supérieures ou égales à 115.
Donc $Q_2 = 115$. Même raisonnement pour déterminer Q_1 et Q_3.

18 Calculer ses chances

1 a. $\frac{1}{6}$. **b.** $\frac{3}{6} = \frac{1}{2}$. **c.** $\frac{2}{6} = \frac{1}{3}$.

EXPLICATION
Les 6 possibilités ont chacune la même probabilité de sortir.

2 La probabilité d'obtenir I, II ou III est $\frac{9}{10}$.

Donc la probabilité d'obtenir IV est $\frac{1}{10}$.

3 a. $\frac{\text{nombre de boules blanches}}{\text{nombre total de boules}} = \frac{4}{7}$.

Donc la probabilité d'obtenir une boule blanche est $\frac{4}{7}$.

b. $\frac{1}{7}$. **c.** $\frac{3}{7}$.

EXPLICATION
b. et **c.** Même type de raisonnement qu'en **a.**

4 a.

	Garçons	Filles	Total
Pratiquent l'informatique	6	12	18
Ne pratiquent pas l'informatique	4	8	12
Total	10	20	30

b. La probabilité de E_1 est $\frac{12}{30} = \frac{2}{5}$.

La probabilité de E_2 est $\frac{10}{30} = \frac{1}{3}$. Celle de E_3 est $\frac{12}{30} = \frac{2}{5}$.

5 a. Il y a 10 billets qui permettent de gagner plus de 5 € (celui qui fait gagner 100 € et les 9 qui font gagner 10 €). Donc la probabilité de gagner une somme supérieure à 5 € est $\frac{10}{100} = \frac{1}{10}$.

b. Il y a 30 billets gagnants donc 70 billets perdants.
Donc la probabilité de ne rien gagner est $\frac{70}{100} = \frac{7}{10}$.

6 Il y a 19 chances sur 100 qu'un lecteur au moins présente un défaut, donc 81 chances sur 100 d'avoir un lecteur ne présentant aucun défaut. La probabilité recherchée est donc $\frac{81}{100}$.

7 a. Trois possibilités : R et J_1, R et J_2, J_1 et J_2.
b. La probabilité d'obtenir deux cartons jaunes est $\frac{1}{3}$ (il faut, pour cela, tirer J_1 et J_2).

8 a.

2e jet \ 1er jet	Pile	Face
Pile	PP	FP
Face	PF	FF

b. La probabilité d'obtenir 2 fois Pile est $\frac{1}{4}$.
Celle d'obtenir 2 fois Face est $\frac{1}{4}$.
Celle d'obtenir 1 fois Pile et 1 fois Face est $\frac{2}{4} = \frac{1}{2}$.

19 Utiliser des racines carrées en géométrie

1 ABC est rectangle en A, donc son hypoténuse est BC.
On applique la propriété de Pythagore.
a. Comme AB = 12 et AC = 5,
alors $BC^2 = AB^2 + AC^2 = 12^2 + 5^2 = 144 + 25 = 169$.
Donc $BC = \sqrt{169} = 13$.

b. Comme $AB = \sqrt{5}$ et $AC = \sqrt{11}$
alors $BC^2 = AB^2 + AC^2 = (\sqrt{5})^2 + (\sqrt{11})^2 = 5 + 11 = 16$.
Donc $BC = \sqrt{16} = 4$.

2 La diagonale du carré est l'hypoténuse d'un triangle rectangle isocèle.
$d^2 = 7^2 + 7^2 = 49 + 49 = 98$. Donc $d = \sqrt{98} \approx 9{,}90$ m.

3 Côté du carré : $\sqrt{72{,}25} = 8{,}5$ cm.
Périmètre du carré : $4 \times 8{,}5 = 34$ cm.

EXPLICATION
Le côté d'un carré est la racine carrée de son aire.

4 On a $AB^2 + AC^2 = (2\sqrt{3})^2 + (\sqrt{13})^2 = 4 \times 3 + 13 = 25$.
D'autre part, $BC^2 = 5^2 = 25$ d'où $AB^2 + AC^2 = BC^2$.
Donc ABC est rectangle en A d'après la réciproque de la propriété de Pythagore.

5 Pour démontrer que deux côtés ont la même longueur, on va calculer les deux longueurs AB et AC.

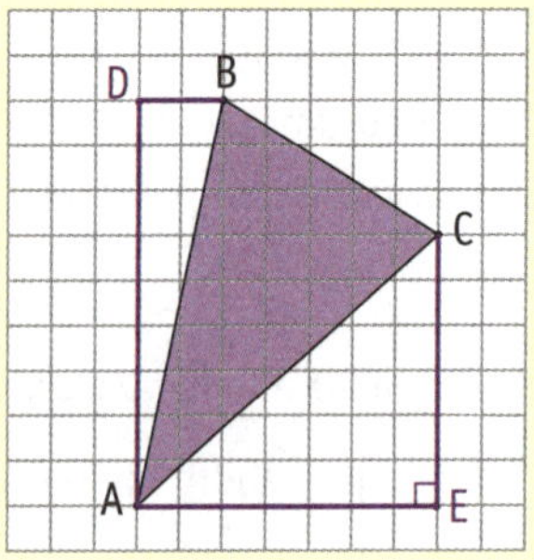

a. $AB^2 = AD^2 + DB^2 = 9^2 + 2^2 = 85$.
Donc $AB = \sqrt{85}$.
b. $AC^2 = AE^2 + EC^2 = 7^2 + 6^2 = 85$.
Donc $AC = \sqrt{85}$.
c. Comme AB = AC, alors le triangle ABC est isocèle en A.

6 **a.** CB = 8 AH = 7
(On a compté les carreaux.)

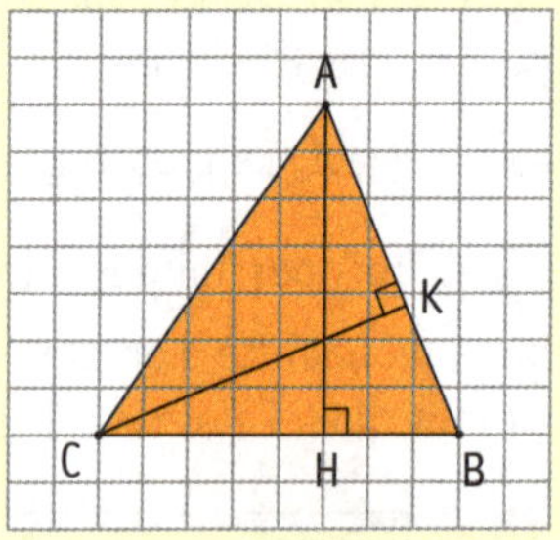

b. L'aire du triangle CAB est :
(base × hauteur) ÷ 2 = (CB × AH) ÷ 2
= (8 × 7) ÷ 2 = 28.
c. $AB^2 = AH^2 + HB^2 = 7^2 + 3^2 = 58$.
Donc $AB = \sqrt{58}$
d. $\dfrac{AB \times CK}{2} = \dfrac{\sqrt{58} \times CK}{2} = 28$,
donc $\sqrt{58} \times CK = 56$, donc $CK = \dfrac{56}{\sqrt{58}} \approx 7{,}35$.

EXPLICATION
d. On exprime l'aire de CAB en fonction de la base AB et de la hauteur CK. Ceci donne une équation d'inconnue CK.

7 Comme RAS est équilatéral, H est le milieu de [RS] et donc RH = 4 cm.
$AH^2 + RH^2 = AR^2$.
Donc $AH^2 = AR^2 - RH^2 = 8^2 - 4^2 = 64 - 16 = 48$.
Donc $AH = \sqrt{48} = \sqrt{16 \times 3} = 4\sqrt{3}$ cm.
Donc $AH \approx 6{,}93$ cm.

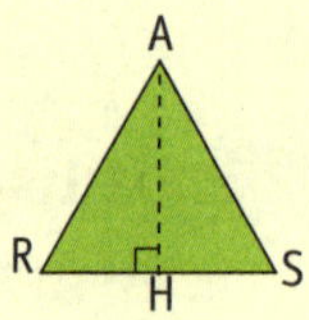

8

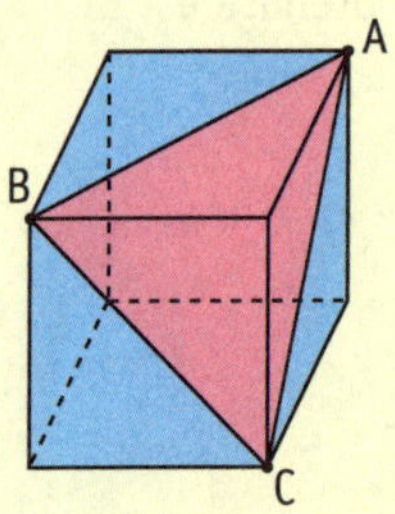

Les côtés du triangle ABC sont des diagonales de carrés.
$AB^2 = 5^2 + 5^2 = 50$.
Donc $AB = \sqrt{50} = \sqrt{25 \times 2} = 5\sqrt{2}$.
Donc $AB \approx 7{,}07$ cm.

20 Calculer des longueurs avec la propriété de Thalès

1

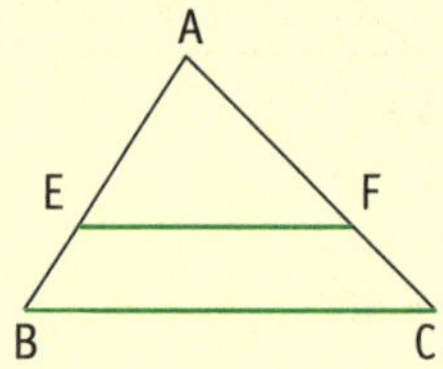

Hypothèses :
- (EF) // (BC)
- AE = 3
- AF = 4
- AC = 6
- BC = 7

a. Calcul de AB.
On a $\dfrac{AE}{AB} = \dfrac{AF}{AC}$ donc $\dfrac{3}{AB} = \dfrac{4}{6}$.
En utilisant les produits en croix, on a $4\ AB = 3 \times 6$
donc $4\ AB = 18$ d'où $AB = \dfrac{18}{4} = 4{,}5$.
Remarque : On peut aussi partir de $\dfrac{AB}{AE} = \dfrac{AC}{AF}$.
b. Calcul de EF.
On a $\dfrac{EF}{BC} = \dfrac{AF}{AC} = \dfrac{4}{6}$ donc $\dfrac{EF}{7} = \dfrac{4}{6}$ donc $6\ EF = 4 \times 7$
soit $6\ EF = 28$ d'où $EF = \dfrac{28}{6} = \dfrac{14}{3}$.

2

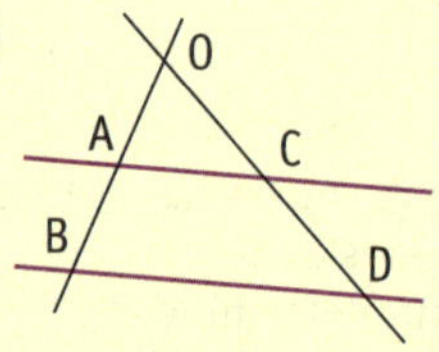

Hypothèses :
- (AC) // (BD)
- OA = 3
- OB = 9
- OC = 2
- AC = 4

a. Calcul de OD.
On a $\dfrac{OC}{OD} = \dfrac{OA}{OB}$ donc $\dfrac{2}{OD} = \dfrac{3}{9}$ donc $3\ OD = 2 \times 9$
donc $3\ OD = 18$ donc $OD = \dfrac{18}{3} = 6$.
b. Calcul de BD.
On a $\dfrac{AC}{BD} = \dfrac{OA}{OB}$ donc $\dfrac{4}{BD} = \dfrac{3}{9}$ donc $3\ BD = 4 \times 9$
d'où $3\ BD = 36$ donc $BD = \dfrac{36}{3} = 12$.

3

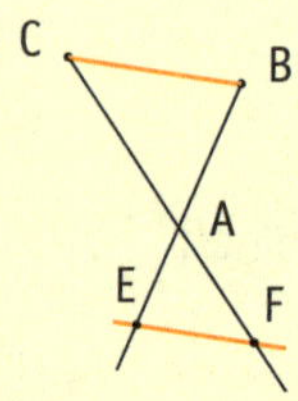

Hypothèses :
- (EF) // (BC)
- AB = 3
- EF = 2
- AC = 4
- BC = 3

a. Calcul de AE.
$\dfrac{AE}{AB} = \dfrac{EF}{BC}$ donc $\dfrac{AE}{3} = \dfrac{2}{3}$.
En multipliant les deux membres par 3, on obtient AE = 2.
b. Calcul de AF.
$\dfrac{AF}{AC} = \dfrac{AE}{AB}$ donc $\dfrac{AF}{4} = \dfrac{2}{3}$. D'où $AF = \dfrac{8}{3}$.

4

t	h	a	ℓ	e	s
5	7,5	2	3	2,8	7
12	8	7,5	5	4	6,4
37,5	28	30	22,4	36	45

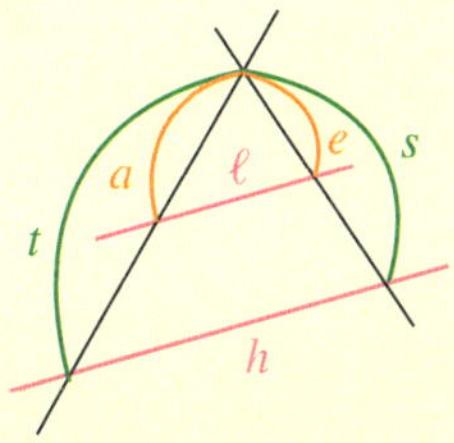

EXPLICATION
Les droites en couleur sont parallèles, donc $\frac{a}{t} = \frac{e}{s} = \frac{\ell}{h}$.
Pour la 1re ligne $\frac{2}{5} = \frac{e}{7} = \frac{3}{h}$
d'où $e = \frac{2 \times 7}{5} = 2{,}8$ et $h = \frac{3 \times 5}{2} = 7{,}5$.

5 Comme le bâton est parallèle au sapin, on a :
$\frac{1{,}20}{s} = \frac{1{,}5}{6 + 1{,}5}$ donc $\frac{1{,}20}{s} = \frac{1{,}5}{7{,}5}$
donc $1{,}5s = 1{,}20 \times 7{,}5$ d'où $s = \frac{1{,}20 \times 7{,}5}{1{,}5}$ donc $s = 6$.
Le sapin mesure donc 6 m de haut.

Remarque : bien que peu précis, ce procédé est tout à fait utilisable pour calculer la hauteur d'un pylône, d'un monument, etc.

6 On a $\frac{1{,}20}{d} = \frac{0{,}80}{13}$ donc $0{,}80d = 1{,}20 \times 13$
donc $d = \frac{1{,}20 \times 13}{0{,}80} = 19{,}5$. Le donjon mesure 19,5 m de haut.

21 Démontrer que deux droites sont parallèles

1

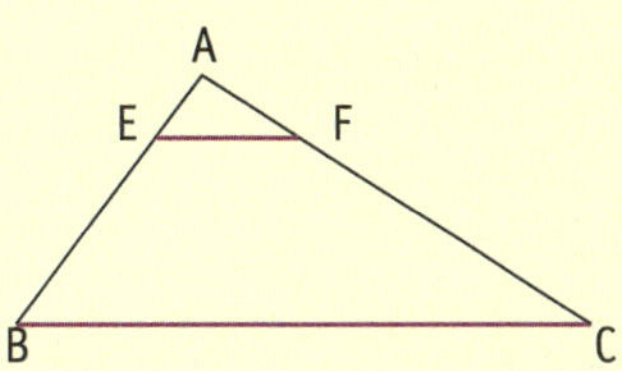

Hypothèses :
- AB = 4 cm
- AE = 1 cm
- AC = 6 cm
- AF = 1,5 cm

a. $\frac{AE}{AB} = \frac{1}{4}$. On a $\frac{AF}{AC} = \frac{1{,}5}{6} = \frac{15}{60} = \frac{15 \times 1}{15 \times 4} = \frac{1}{4}$.

b. On a $\frac{AE}{AB} = \frac{AF}{AC}$ donc les droites (EF) et (BC) sont parallèles.

EXPLICATION
Il s'agit du cas (1) de la réciproque de la propriété de Thalès ; (EF) et (BC) sont du même côté par rapport à A.

2

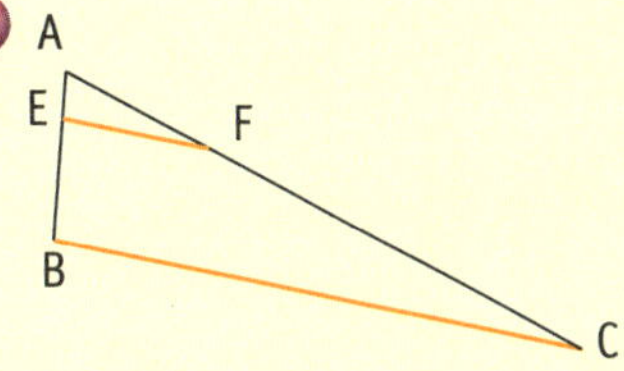

Hypothèses :
- AB = 1,4 cm
- AE = 0,4 cm
- AC = 5 cm
- AF = 1,4 cm

a. Si les droites (EF) et (BC) étaient parallèles, on aurait $\frac{AE}{AB} = \frac{AF}{AC}$.

b. Or : $\frac{AE}{AB} = \frac{0{,}4}{1{,}4} = \frac{4}{14} = \frac{2}{7}$. $\frac{AF}{AC} = \frac{1{,}4}{5} = \frac{14}{50} = \frac{7}{25}$.

c. On a $2 \times 25 = 50$ et $7 \times 7 = 49$ donc $\frac{2}{7} \neq \frac{7}{25}$ et donc $\frac{AE}{AB} \neq \frac{AF}{AC}$. Donc les droites (EF) et (BC) ne sont pas parallèles.

Remarque : on peut aussi observer que $\frac{0{,}4}{1{,}4} = 0{,}2857...$ et $\frac{1{,}4}{5} = 0{,}28$ à l'aide de la calculatrice.
Donc ces deux quotients sont inégaux.

3

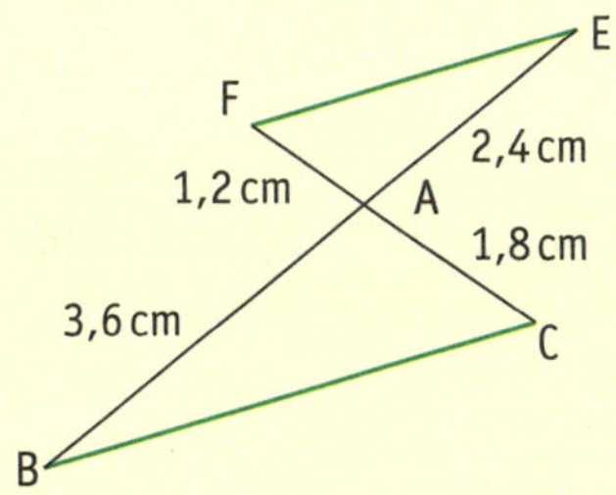

a. $\frac{AE}{AB} = \frac{2{,}4}{3{,}6} = \frac{24}{36} = \frac{2 \times 12}{3 \times 12} = \frac{2}{3}$.
$\frac{AF}{AC} = \frac{1{,}2}{1{,}8} = \frac{12}{18} = \frac{2 \times 6}{3 \times 6} = \frac{2}{3}$.

b. On a $\frac{AE}{AB} = \frac{AF}{AC}$ donc les droites (BC) et (EF) sont parallèles.

EXPLICATION
Il s'agit du cas (3) de la réciproque du théorème de Thalès : (EF) et (BC) sont de part et d'autre du point A.

4 **a.** $\frac{AF}{AD} = \frac{3}{10} = \frac{AE}{AB}$ donc (EF) et (BD) sont parallèles.

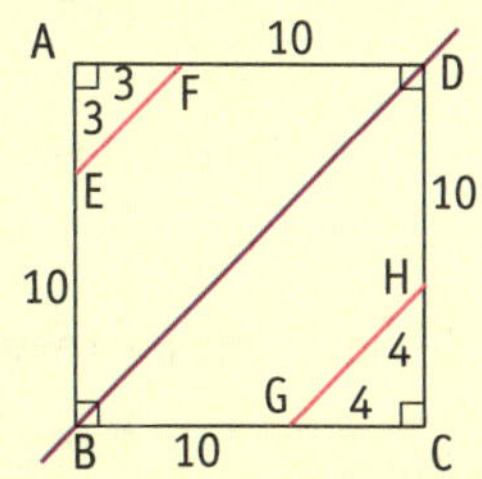

b. $\frac{CH}{CD} = \frac{4}{10} = \frac{CG}{CB}$ donc (GH) et (BD) sont parallèles.

EXPLICATION
a. et **b.** Il s'agit du cas (1) de la réciproque du théorème de Thalès.

c. D'après **a.** et **b.**, (EF) et (GH) sont parallèles car deux droites parallèles à une même droite sont parallèles entre elles.

5

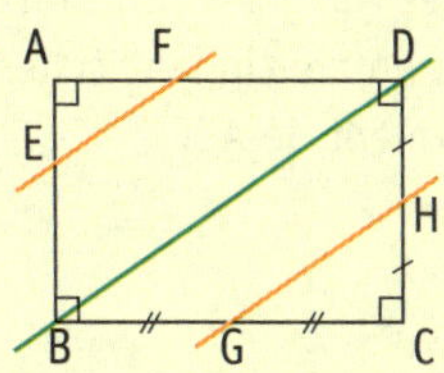

Hypothèses :
- AD = 9 cm
- AF = 3 cm
- AB = 6 cm
- AE = 2 cm

a. (GH) est une droite des milieux dans le triangle BCD, donc (GH) // (BD).

b. On a $\frac{AF}{AD} = \frac{3}{9} = \frac{1}{3}$ et $\frac{AE}{AB} = \frac{2}{6} = \frac{1}{3}$.

c. On a $\frac{AF}{AD} = \frac{AE}{AB}$ donc les droites (EF) et (BD) sont parallèles.

Mais on a aussi (GH) // (BD) d'après le **a.** donc (EF) // (GH).

6

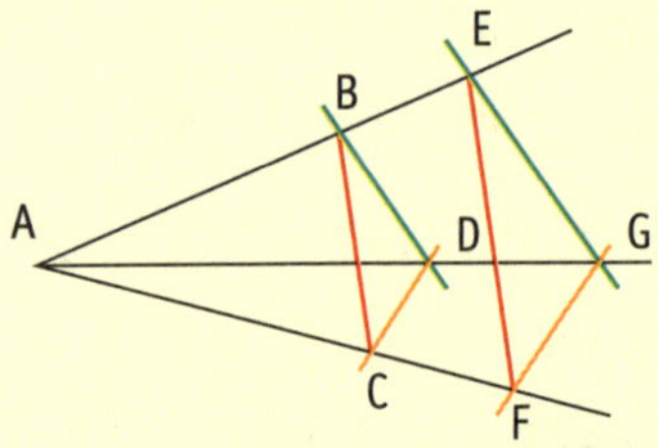

Hypothèses :
- (BD) // (EG)
- (DC) // (GF)

(BD) // (EG) donc $\frac{AB}{AE} = \frac{AD}{AG}$ et (DC) // (GF) donc $\frac{AD}{AG} = \frac{AC}{AF}$.

Donc $\frac{AB}{AE} = \frac{AC}{AF}$. Donc (BC) // (EF).

EXPLICATION
On utilise deux fois le théorème de Thalès, puis une fois sa réciproque pour conclure.

22 Agrandir et réduire

1 A'B' = 4 × AB

et AC = $\frac{1}{4}$ × A'C'

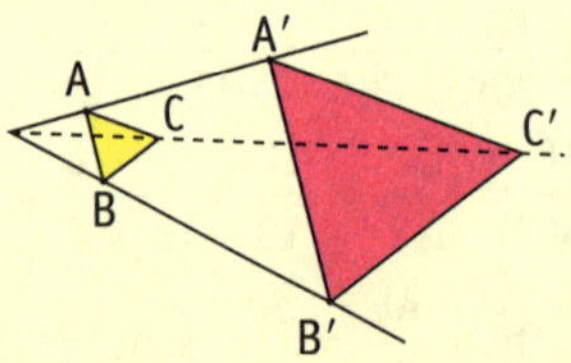

EXPLICATION
Il suffit de remarquer que $4^2 = 16$.

2

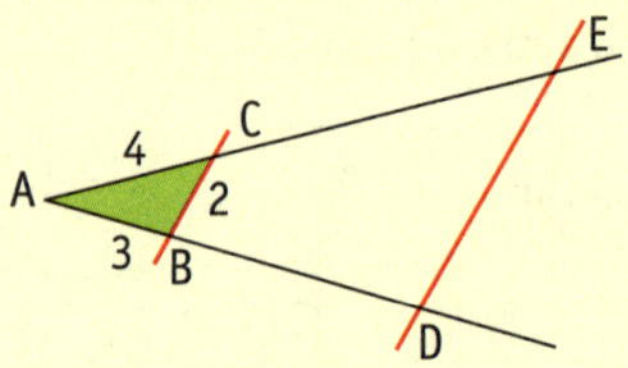

Hypothèses :
- (BC) // (DE)
- AD = 9.

a. D'après le théorème de Thalès, on a $\frac{AC}{AE} = \frac{AB}{AD}$.

Donc $\frac{4}{AE} = \frac{3}{9} = \frac{1}{3}$ donc AE = 12.

De même $\frac{BC}{ED} = \frac{1}{3}$ d'où $\frac{2}{ED} = \frac{1}{3}$, donc ED = 6.

EXPLICATION
On utilise l'égalité des produits en croix pour calculer AE et ED.

b. On a ED = 3 × BC puis AE = 3 × AC et AD = 3 × AB. Donc on obtient les dimensions du triangle ADE en multipliant celles de ABC par 3. Donc ADE est un agrandissement de ABC.

3 **a.** Le quadrillage montre que les dimensions de 𝒞′ sont celles de 𝒞 multipliées par $\frac{1}{3}$.

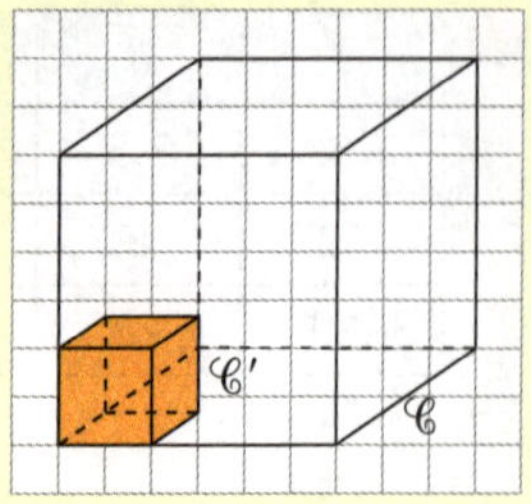

b. L'aire d'une face de 𝒞′ est l'aire d'une face de 𝒞 multipliée par $\left(\frac{1}{3}\right)^2 = \frac{1}{9}$.

c. Volume (𝒞′) = $\frac{1}{27}$ × volume (𝒞).

4 **a.** Rapport d'agrandissement : $\frac{231}{105} = 2{,}2$.

Hauteur : 66 × 2,2 = 145,2 m.

Remarque : en réalité, la pyramide de Khéops a été raccourcie d'une bonne dizaine de mètres par l'érosion.

b. Comme $2{,}2^3 = 10{,}648$, alors l'affirmation est vraie.

c. Volume (Khéops) : $\frac{231^2 \times 145{,}2}{3} = 2\,582\,672{,}4$ m³.

Volume (Mykérinos) = $\frac{105^2 \times 66}{3} = 242\,550$ m³.

D'où : Volume (Khéops) = Volume (Mykérinos) × 10,648.

EXPLICATION
b. (k, k^2, k^3), voilà une propriété bien commode !

23 Utiliser la trigonométrie

1 **a.** Sachant que AC = 5 et BC = 4, on peut calculer :

tan (Â) qui est égal à $\frac{BC}{AC} = \frac{4}{5} = 0{,}8$.

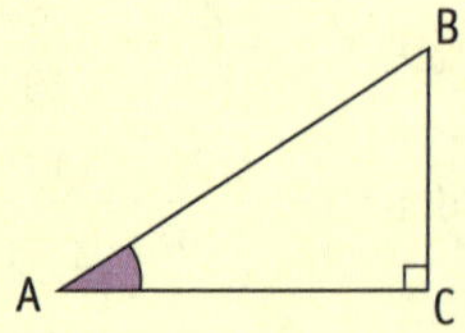

b. Sachant que AC = 6 et AB = 7, on peut calculer :

cos (Â) qui est égal à $\frac{AC}{AB} = \frac{6}{7}$ (qui n'est pas décimal).

c. Sachant que AB = 8 et BC = 3, on peut calculer :

sin (Â) qui est égal à $\frac{BC}{AB} = \frac{3}{8} = 0{,}375$.

2 cos (Â) = $\frac{9}{15} = \frac{3 \times 3}{3 \times 5} = \frac{3}{5} = 0{,}6$.

sin (Â) = $\frac{12}{15} = \frac{3 \times 4}{3 \times 5} = \frac{4}{5} = 0{,}8$.

tan (Â) = $\frac{12}{9} = \frac{4}{3}$.

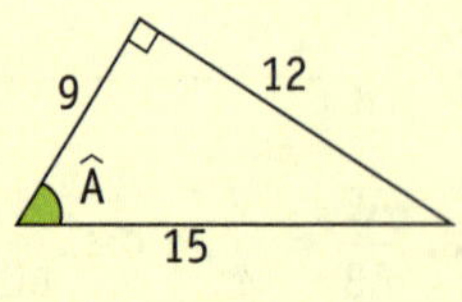

CONSEIL
Ne pas oublier de simplifier les fractions.

3 À 0,01 près : cos(33°) ≈ 0,84 ; sin(1°) ≈ 0,02 ; tan(10°) ≈ 0,18.

4

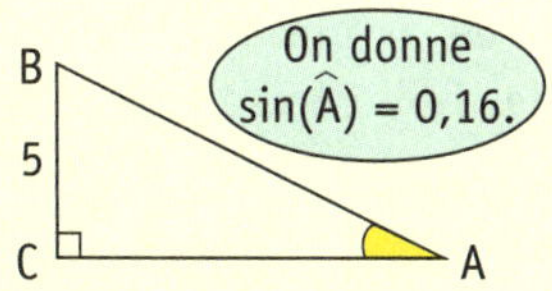

a. On a $\sin(\hat{A}) = \dfrac{BC}{AB}$ donc $0{,}16 = \dfrac{5}{AB}$

d'où $AB \times 0{,}16 = 5$ et donc $AB = 5 \div 0{,}16 = 31{,}25$.

b. Comme le triangle ABC est rectangle en C, on a

$AC^2 = AB^2 - BC^2$ donc $AC^2 = (31{,}25)^2 - 5^2 = 951{,}5625$

donc $AC = \sqrt{951{,}5625}$ soit $AC \approx 30{,}85$.

c. $\cos(\hat{A}) = \dfrac{AC}{AB} \approx \dfrac{30{,}85}{31{,}25}$ donc $\cos(\hat{A}) \approx 0{,}99$.

5 **a.** $NF = FU \times \cos(35°) = 5 \times \cos(35°)$
$\approx 4{,}10$ cm.

$UN = FU \times \sin(35°) = 5 \times \sin(35°)$
$\approx 2{,}87$ cm.

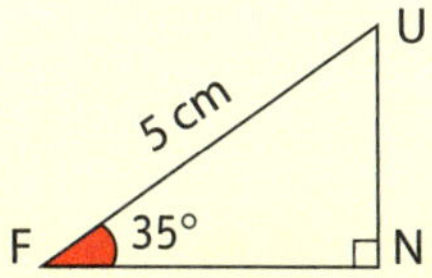

b. On a $\tan(27°) = \dfrac{EA}{SA}$

donc $\tan(27°) \times 4 = EA$

donc $EA \approx 2{,}04$ cm.

De plus, $\dfrac{SA}{SE} = \cos(27°)$

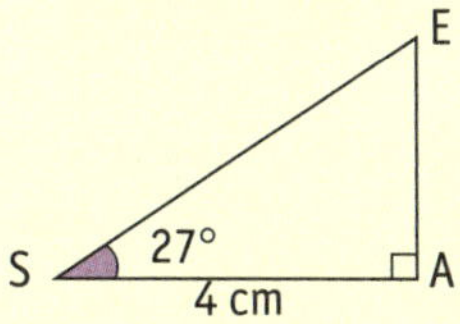

donc $SE = \dfrac{SA}{\cos(27°)} = \dfrac{4}{\cos(27°)} \approx 4{,}49$ cm.

c. On a $\tan(49°) = \dfrac{YO}{JY}$

donc $\tan(49°) \times JY = 4$

donc $JY = \dfrac{4}{\tan(49°)} \approx 3{,}48$ cm.

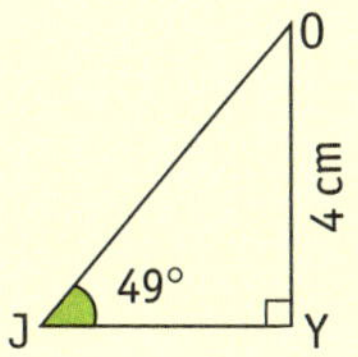

De plus $\dfrac{YO}{JO} = \sin(49°)$ donc $\dfrac{YO}{\sin(49°)} = JO$

donc $JO = \dfrac{4}{\sin(49°)} \approx 5{,}30$ cm.

Remarque : **b.** et **c.** Pour calculer SE et JO, on peut aussi utiliser le théorème de Pythagore.

6 Le triangle OPE est isocèle en O car OP = OE = 3 et comme H est le pied de la hauteur issue de O, alors H est le milieu de [EP]. De plus, (OH) est la bissectrice de l'angle $\widehat{POE}$.

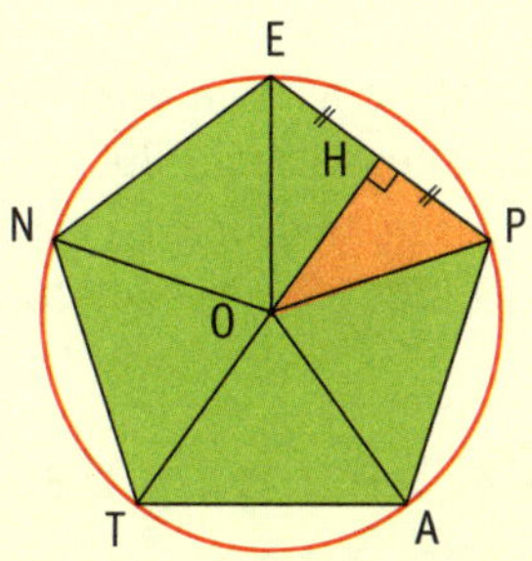

a. $\widehat{POE} = \dfrac{360°}{5} = 72°$.

$\widehat{POH} = \dfrac{72°}{2} = 36°$.

b. On a $OH = OP \times \cos(36°) = 3 \times \cos(36°) \approx 2{,}427$.

$PH = OP \times \sin(36°) = 3 \times \sin(36°) \approx 1{,}763$.

$PE = 2 \times PH \approx 3{,}527$.

24 Calculer des angles

1 **Remarque :**

- Sur certaines calculatrices, les touches $\sin^{-1}$, $\cos^{-1}$ et $\tan^{-1}$ sont dénommées asn, acs et atn.
- Pour déterminer x dans la 2e ligne,

on tape $\cos^{-1}(0{,}3)$, et on obtient 72,542°.

Pour les lignes suivantes on utilise successivement $\sin^{-1}$ puis $\tan^{-1}$.

x (en degrés)	$\cos(x)$	$\sin(x)$	$\tan(x)$
5	0,996	0,087	0,087
72,542°	0,3	0,954	3,180
11,537°	0,980	0,2	0,204
72,121°	0,307	0,952	3,1

2 $\tan(\hat{A}) = \dfrac{BC}{AC} = \dfrac{6}{5} = 1{,}2$.

Donc $\hat{A} \approx 50{,}194°$.

$\cos(\hat{A}) \approx 0{,}640$.

$\sin(\hat{A}) \approx 0{,}768$.

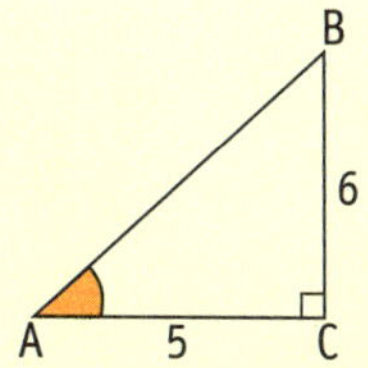

EXPLICATION

$\tan^{-1}(1{,}2) \approx 50{,}194°$. Par suite $\hat{A}$ est connu, donc on calcule directement $\sin(\hat{A})$ et $\cos(\hat{A})$.

3 $\sin(\hat{A}) = \dfrac{BC}{AB} = \dfrac{3}{7} \approx 0{,}429$

Donc, $\hat{A} \approx 25{,}377°$.

$\cos(\hat{A}) \approx 0{,}904$.

$\tan(\hat{A}) \approx 0{,}474$.

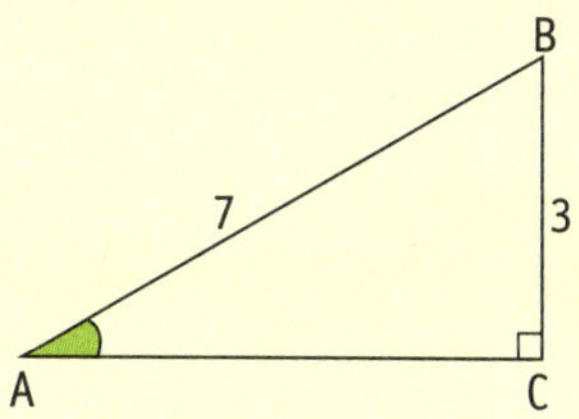

EXPLICATION

$\sin^{-1}\left(\dfrac{3}{7}\right) \approx 25{,}377°$.

4 **a.** On a $AB^2 = 5^2 = 25$;

$BC^2 = 9$ et $AC^2 = 16$.

Donc $AC^2 + BC^2 = 16 + 9 = 25$

Donc $AC^2 + BC^2 = AB^2$.

Donc ABC est rectangle en C, d'après la réciproque du théorème de Pythagore.

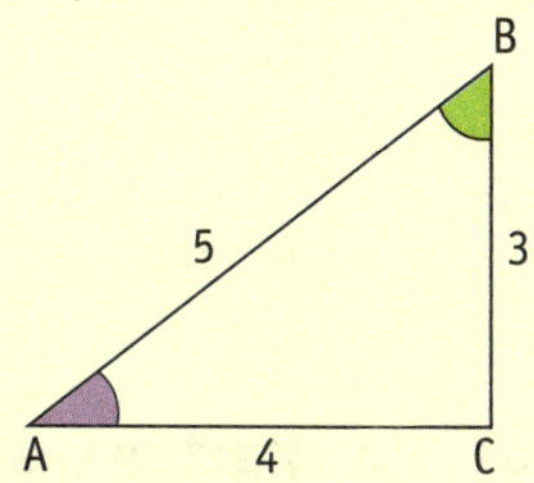

b. $\sin(\hat{A}) = \dfrac{BC}{AB} = \dfrac{3}{5} = 0{,}6$.

Donc $\hat{A} \approx 36{,}87°$ et on a $\hat{B} = 90° - \hat{A} \approx 53{,}13°$.

EXPLICATION

Les angles aigus d'un triangle rectangle sont complémentaires, ce qui signifie que la somme de leurs mesures est 90°.

5

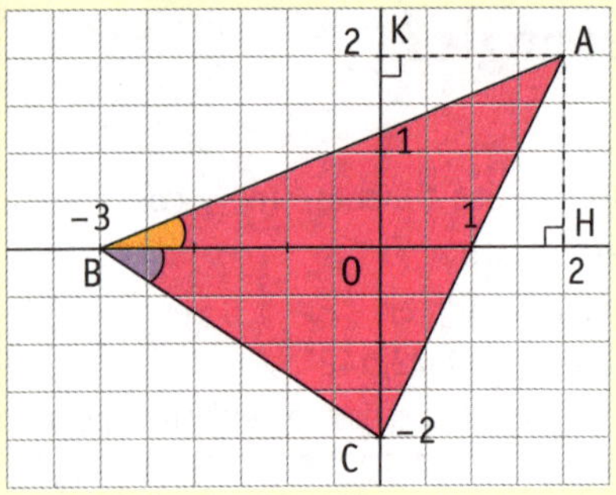

a. Dans le triangle rectangle AHB, on a

$\tan(\widehat{ABO}) = \dfrac{AH}{BH} = \dfrac{2}{5} = 0{,}4$ alors $\widehat{ABO} \approx 21{,}80°$.

b. Dans le triangle rectangle OBC, on a

$\tan(\widehat{OBC}) = \dfrac{OC}{OB} = \dfrac{2}{3}$, d'où $\widehat{OBC} \approx 33{,}69°$.

$\widehat{ABC} = \widehat{ABO} + \widehat{OBC} \approx 21{,}80° + 33{,}69° \approx 55{,}49°$.

c. Dans le triangle rectangle OBC, on a

$\tan(\widehat{BCO}) = \dfrac{3}{2} = 1{,}5$ donc $\widehat{BCO} \approx 56{,}31°$.

Dans le triangle rectangle KCA, on a

$\tan(\widehat{KCA}) = \dfrac{1}{2} = 0{,}5$ donc $\widehat{KCA} \approx 26{,}57°$.

$\hat{C} = \widehat{BCO} + \widehat{KCA}$ d'où $\hat{C} \approx 56{,}31° + 26{,}57° \approx 82{,}88°$.

d. On a $\hat{A} = 180° - (\hat{B} + \hat{C})$

donc $\hat{A} \approx 180° - (55{,}49° + 82{,}88°) \approx 41{,}63°$.

EXPLICATION
La somme des angles d'un triangle est égale à 180°.

6 On a $\cos^2(\hat{A}) + \sin^2(\hat{A}) = 1$

donc $\cos^2(\hat{A}) = 1 - \sin^2(\hat{A}) = 1 - 0{,}3522 = 0{,}876\,096$

d'où $\cos(\hat{A}) = \sqrt{0{,}876\,096} = 0{,}936$.

De plus, $\tan(\hat{A}) = \dfrac{\sin(\hat{A})}{\cos(\hat{A})} = \dfrac{0{,}352}{0{,}936} \approx 0{,}376\,068$.

EXPLICATION
On a pu calculer $\tan(\hat{A})$ avec une grande précision car $\cos(\hat{A})$ et $\sin(\hat{A})$ sont connus exactement.

25 Connaître les angles inscrits

1 **a.** Comme $\widehat{ABC} = 20°$,
alors $\widehat{AOC} = 2 \times \widehat{ABC} = 40°$,
car l'angle inscrit est la moitié de l'angle au centre et donc l'angle au centre est le double de l'angle inscrit.

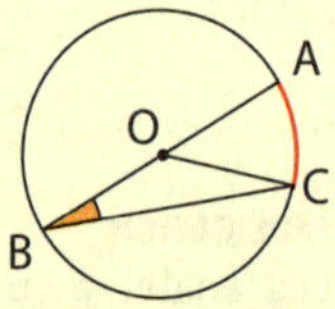

b.
$\widehat{BAC} = \dfrac{1}{2}\widehat{BOC} = 33°$.

$\widehat{AOB} = 180° - 66° = 114°$.

$\widehat{ACB} = \dfrac{1}{2}\widehat{AOB} = 57°$.

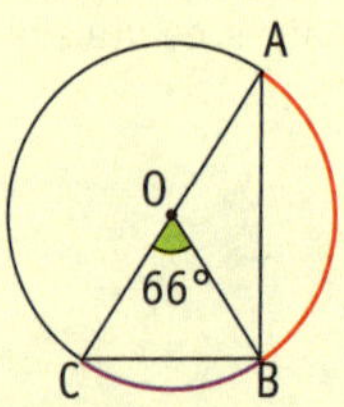

2 **a.** OA et OC sont des rayons du cercle et OA = AC. Donc les trois côtés de AOC ont la longueur d'un rayon. Donc AOC est équilatéral.

b. $\widehat{AOC} = 60°$. $\widehat{ABC} = \dfrac{1}{2}\widehat{AOC} = 30°$.

Remarque : pour tout point B du grand arc $\overset{\frown}{AC}$, $\widehat{ABC} = 30°$

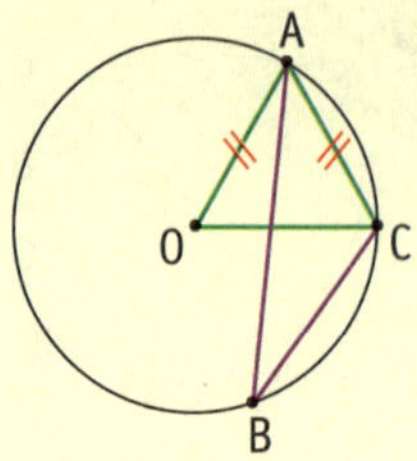

3 **a.** $\widehat{ACB} = \dfrac{1}{2}\widehat{AOB} = 35°$.

b. BOC est isocèle en O ; donc ses angles à la base sont égaux.

Donc $\widehat{BOC} = 180° - 2 \times 65° = 50°$.

c. $\widehat{BAC} = \dfrac{1}{2}\widehat{BOC} = 25°$.

$\widehat{ABC} = 180° - (\widehat{ACB} + \widehat{BAC}) = 180° - (35° + 25°) = 120°$.

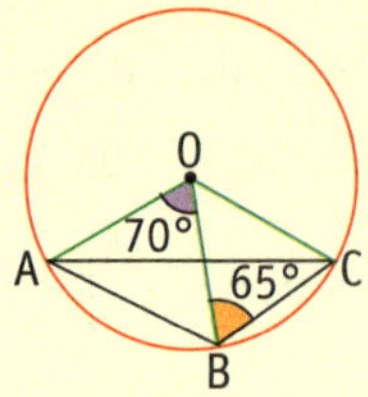

EXPLICATION
La somme des angles d'un triangle fait 180°.
Cette propriété intervient à la fin du **b.** et à la fin du **c.**

4 **a.** Les quatre côtés de ACBD sont des rayons des cercles. Ils ont donc la même longueur. Donc ACBD est un losange. En conséquence, les angles opposés $\widehat{CAD}$ et $\widehat{CBD}$ sont égaux.

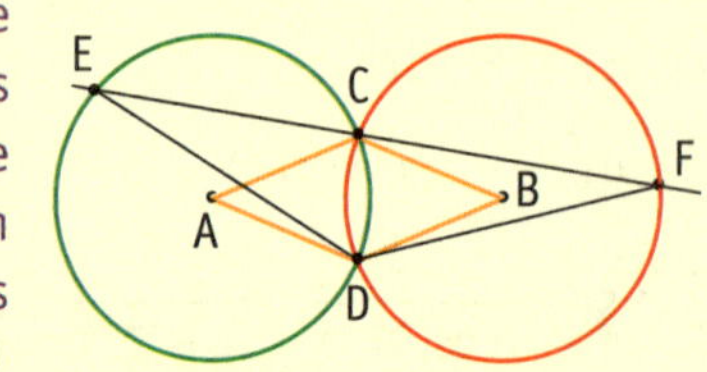

b. D'une part $\widehat{CED} = \dfrac{1}{2}\widehat{CAD}$ et d'autre part $\widehat{CFD} = \dfrac{1}{2}\widehat{CBD}$.

Or $\widehat{CAD} = \widehat{CBD}$. Donc $\widehat{CED} = \widehat{CFD}$.

Donc le triangle DEF ayant deux angles égaux, est isocèle en D.

Remarque : dans le cas où chacun des deux cercles passe par le centre de l'autre, on peut démontrer que DEF est équilatéral.

5 **a.** Le triangle rectangle ABC est inscriptible dans un demi-cercle de diamètre [BC].
Donc O est le milieu de l'hypoténuse [BC].
Il s'ensuit que B, O et C sont alignés.

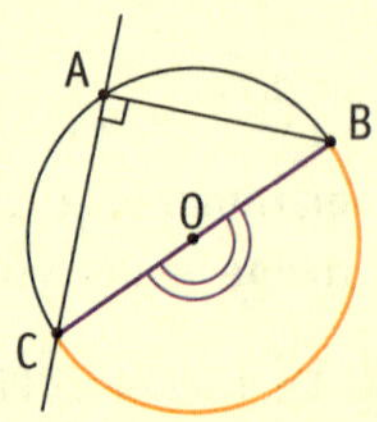

b. L'angle au centre qui intercepte l'arc $\overset{\frown}{BC}$ (en orange sur la figure) est l'angle $\widehat{BOC}$ (marqué sur la figure).
Il mesure le double de l'angle inscrit $\widehat{BAC}$.
Donc $\widehat{BOC} = 90° \times 2 = 180°$. Donc B, O et C sont alignés.

26 Résoudre des problèmes de sphère

1

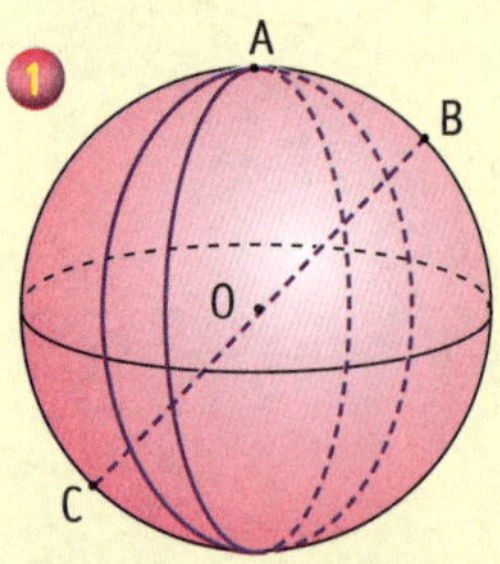

Remarque :
- Ne pas hésiter à tracer d'autres grands cercles, car le dessin à main levée nécessite un peu d'entraînement.
- [BC] est un diamètre de la sphère : il passe par le centre O.

2 **a.** Aire $= 4 \times \pi \times 6^2 = 144\pi$ soit 452,39 m² à 0,01 près.
b. Aire $= 4 \times \pi \times 5^2 = 100\pi$ soit 314,16 cm² à 0,01 près.
c. Aire $4 \times \pi \times 13^2 = 676\pi$ soit 2 123,72 km² à 0,01 près.

EXPLICATION
On donne la valeur exacte avant de donner une valeur approchée.

3 **a.** Volume $= \frac{4}{3} \times \pi \times 12^3 = 2\,304\pi \approx 7\,238{,}230$ mm³
b. Volume $= \frac{4}{3} \times \pi \times 9^3 = 972\pi \approx 3\,053{,}628$ cm³
c. Volume $= \frac{4}{3} \times \pi \times 15^3 = 4\,500\pi \approx 14\,137{,}167$ m³.

4 Aire $= 4 \times \pi \times (6\,400)^2 \approx 515$ millions de km².
Volume $= \frac{4}{3} \times \pi \times 6\,400^3 \approx 1\,098$ milliards de km³.

EXPLICATION
Ces résultats sont impressionnants : un km³ est le volume d'un cube de 1 km de côté.

5 **a.**

Sphère	$\mathscr{A}$	$\mathscr{B}$	$\mathscr{C}$	$\mathscr{D}$
Rayon	4 cm	8 cm	5 m	3 cm
Diamètre	8 cm	16 cm	10 m	6 cm
Aire de la sphère	201,06 cm²	804,25 cm²	314,16 m²	113,10 cm²
Volume de la boule	268,08 cm³	2 144,66 cm³	523,60 m³	113,10 cm³

b. L'aire de $\mathscr{B}$ est égale à 4 fois l'aire de $\mathscr{A}$.
Le volume de $\mathscr{B}$ est égal à 8 fois le volume de $\mathscr{A}$.

EXPLICATION
b. Quand le rayon de la sphère double, l'aire de la sphère est multipliée par 2^2 et le volume par 2^3, c'est-à-dire par 8.

6 **a.** Le réservoir se compose d'une demi-sphère posée sur un cylindre. Le rayon du cylindre et celui de la sphère sont de 10 m. La hauteur du cylindre aussi.

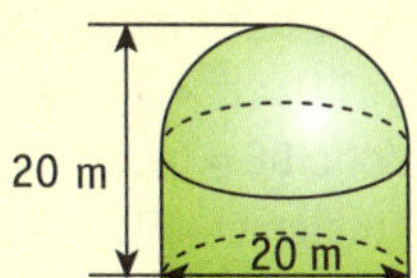

Volume du réservoir = volume du cylindre + volume de la demi-boule

$= \pi \times 10^2 \times 10 + \frac{1}{2} \times \frac{4}{3} \times \pi \times 10^3$

$= \pi \times 10^3 + \frac{2}{3}\pi \times 10^3 = \left(\pi + \frac{2}{3}\pi\right) \times 10^3 = \frac{5\pi}{3} \times 10^3$

$\approx 5\,236$ m³.

b. $\pi \times 20 \times 10 + \frac{1}{2} \times 4 \times \pi \times 10^2 = 400\pi \approx 1\,257$ m².

EXPLICATION
b. (Aire latérale du cylindre) + (Aire de la demi-sphère).

7 **a.**

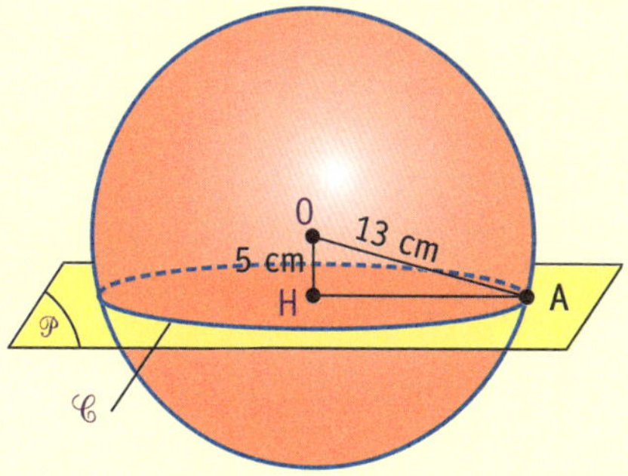

b. On applique le théorème de Pythagore dans OHA.
$HA^2 = OA^2 - OH^2 = 13^2 - 5^2 = 144$. Donc $HA = \sqrt{144} = 12$.
Donc le rayon du cercle $\mathscr{C}$ est 12 cm.

27 Couper un solide par un plan

1 **a.** Voir ci-contre.
b. Cette section est un carré.
Aire $= 8^2 = 64$ cm².

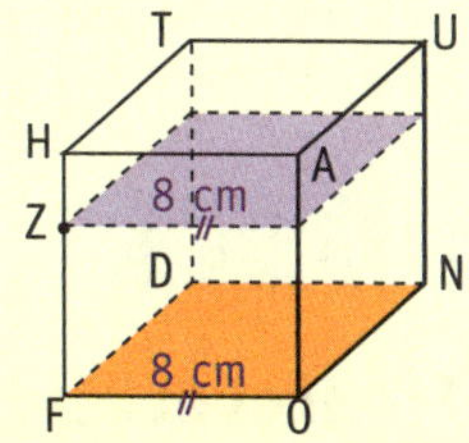

EXPLICATION
On applique les résultats du cours. Les côtés du carré à tracer sont parallèles à ceux du carré HAUT.

2 **a.** Cette section est un rectangle.
b. Le triangle CAD est rectangle en A, on a donc
$CD^2 = AC^2 + AD^2 = 5^2 + 12^2 = 169$
donc $CD = \sqrt{169} = 13$.

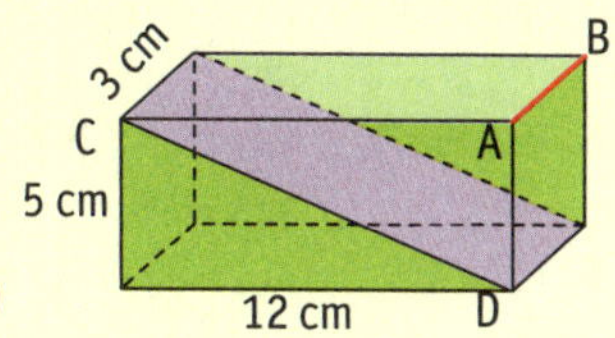

Les dimensions de cette section sont : 13 cm sur 3 cm.

3 **a.** Cette section est un cercle.
b. Périmètre $= 2 \times \pi \times 3 = 6\pi$ soit environ 18,8 cm.

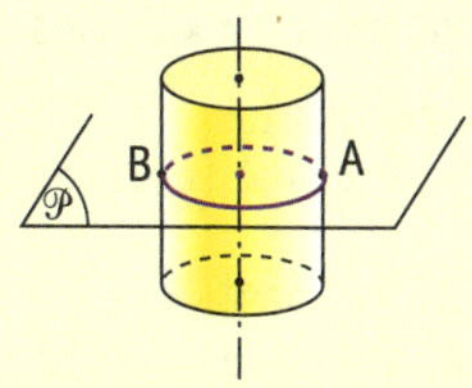

EXPLICATION
L'information « 10 cm de haut » n'intervient pas.

4 **a.** Cette section est un rectangle (et même un carré !).
b. Aire $= 10^2$ soit 100 cm².

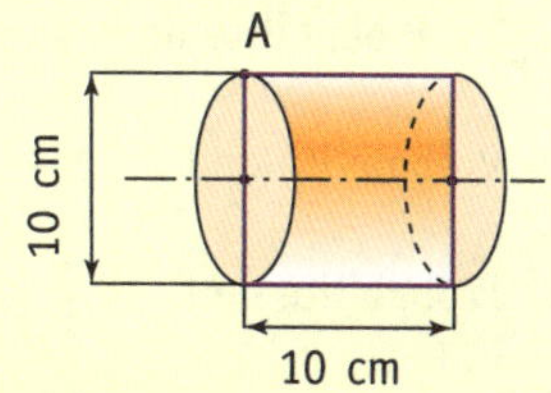

EXPLICATION
Quand le plan contient l'axe du cylindre, la section obtenue est un rectangle dont les dimensions sont la hauteur et le diamètre du cylindre.

5 **a.** Voir ci-contre.

b. Les côtés de la section sont parallèles aux côtés correspondants de la base.

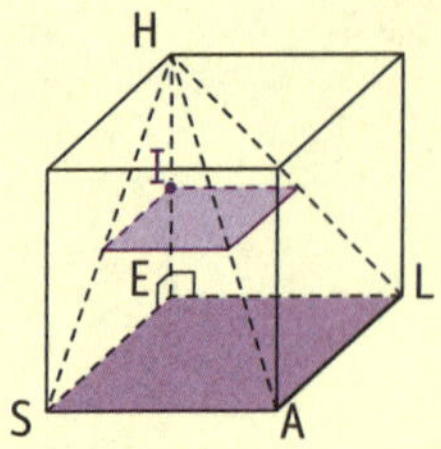

c. Cette section est une réduction de la base carrée SALE ; c'est donc un carré.

Le coefficient de réduction est $\frac{1}{2}$;

la section est donc un carré de 3 cm de côté.

6 **a. b.** Voir ci-contre.

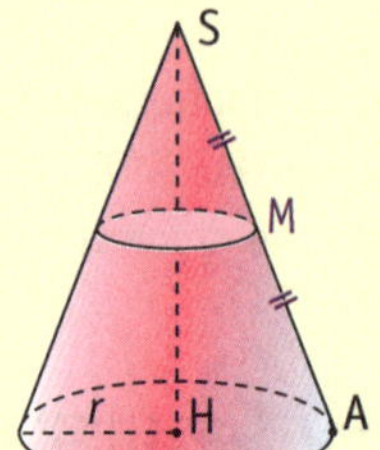

c. Cette section est une réduction de moitié du disque de base : c'est donc un disque de rayon 5 cm.

Remarque : comme M est le milieu de [SA] alors $\frac{SM}{SA} = \frac{1}{2}$

et les dimensions du petit cône sont la moitié de celles du grand.

VERS LE BREVET

1 Brevet blanc 1

1 **1.** On a $\sqrt{12} = \sqrt{4 \times 3} = \sqrt{4} \times \sqrt{3} = 2\sqrt{3}$ donc **c.**

2. $\frac{7}{4} - \frac{3}{4} \times \frac{2}{7} = \frac{7}{4} - \frac{6}{28} = \frac{49}{28} - \frac{6}{28} = \frac{43}{28}$ donc **a.**

3. $\frac{3^4 \times 3^3}{3^8} = \frac{3^7}{3^8} = \frac{1}{3}$ donc **b.**

4. $(2x - 3)^2 = (2x)^2 - 2 \times 2x \times 3 + 3^2$
$= 4x^2 - 12x + 9$ donc **c.**

5. $(1 + \sqrt{5})^2 = 1^2 + 2\sqrt{5} + (\sqrt{5})^2 = 1 + 2\sqrt{5} + 5$
$= 6 + 2\sqrt{5}$ donc **a.**

2 On a $2(x + 4) = 3x$ soit $2x + 8 = 3x$ d'où $8 = x$.
Donc les deux figures ont le même périmètre pour $x = 8$.

EXPLICATION
Le périmètre du rectangle est $2(x + 4)$ et celui du triangle $3x$.

3 **1.** f n'est pas linéaire car d ne passe pas par l'origine du repère.
2. L'image de 3 est 0,5.
3. L'antécédent de 1 est 2.
4. $x = 4$ est la solution de l'équation $f(x) = 0$.

4 • Probabilité de $E_1 = \frac{2}{6} = \frac{1}{3}$.

• Probabilité de $E_2 = 1 - \frac{1}{3} = \frac{2}{3}$.

• Probabilité de $E_3 = \frac{4}{6} = \frac{2}{3}$.

• Probabilité de $E_4 = \frac{0}{6} = 0$.

Remarque : on dit que E_4 est un événement impossible.

• Probabilité de $E_5 = \frac{5}{6}$.

5 **1.**

Prix	7 €	8 €	9 €	10 €
Effectifs	3	3	1	3

$3 + 3 + 1 + 3 = 10$

Prix	11 €	12 €	15 €	16 €	17 €
Effectifs	2	3	2	2	1

$2 + 3 + 2 + 2 + 1 = 10$

2. $m = \frac{(3\times7)+(3\times8)+(1\times9)+(3\times10)+(2\times11)+(3\times12)+(2\times15)+(2\times16)+(1\times17)}{20}$

d'où $m = 11{,}05$ €.

3. 10,5 € est un prix médian.

4. Le 1er quartile est 8 ; le 3e quartile est 13,5.

EXPLICATION
5 prix dépassent 13,5 et 15 sont en dessous de 13,5.

6

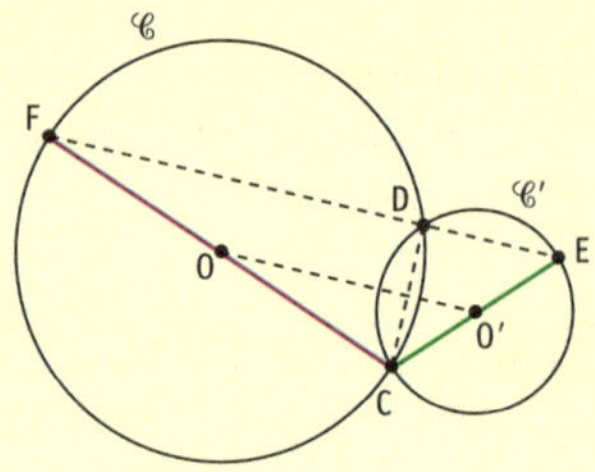

1. On joint le point D du cercle 𝒞 à F et à C qui sont les extrémités du diamètre [FC]. Donc FCD est un triangle rectangle en D.

2. Pour la même raison, le triangle CDE est rectangle en D. Donc l'angle $\widehat{FDE}$ est plat.
Donc F, D et E sont alignés.

EXPLICATION
L'angle $\widehat{FDE}$ mesure 90° + 90° = 180°. Donc $\widehat{FDE}$ est un angle plat.

3. (OO') est une droite des milieux dans FCE. Donc (OO') // (FE) et donc (OO') // (FD). On a vu que FDC est rectangle en D, donc (FD) ⊥ (DC) et comme (OO') // (FD) alors (OO') ⊥ (DC).

EXPLICATION
Si deux droites sont parallèles, toute perpendiculaire à l'une est perpendiculaire à l'autre.

4. On a FE = FD + DE. En appliquant le théorème de Pythagore au triangle FDC rectangle en D, on obtient $FC^2 = DC^2 + FD^2$.
Or $FC = 2 \times 5$; donc $FD^2 = 10^2 - 2^2 = 100 - 4 = 96$;
donc $FD = \sqrt{96} = \sqrt{16 \times 6} = 4\sqrt{6}$.
Dans le triangle CDE on a : $CD^2 + DE^2 = CE^2$.
Or $CE = 2 \times 3$; donc $DE^2 = 6^2 - 2^2 = 36 - 4 = 32$;
donc $DE = \sqrt{32} = \sqrt{16 \times 2} = 4\sqrt{2}$.
Finalement $FE = 4\sqrt{6} + 4\sqrt{2} = 4(\sqrt{6} + \sqrt{2})$.

7 **1.** La somme des chiffres de 1 287 est 18 donc elle est divisible par 9. De même la somme des chiffres de 1 683 est divisible par 9. Donc 9 est diviseur commun à 1 287 et 1 683. On vérifie que 11 est en effet un diviseur de 1 287 et de 1 683.
Remarque : On a 1 287 = 9 × 143 et 1 683 = 9 × 187.
On a 1 287 = 11 × 117 et 1 683 = 11 × 153.

2. 99 est le plus grand diviseur commun de 1 287 et 1 683 : c'est le PGCD.

3. $\frac{1\,287}{1\,683} = \frac{99 \times 13}{99 \times 17} = \frac{13}{17}$. La fraction obtenue est irréductible.

4. Le nombre de lots doit être un diviseur commun de 1 287 et 1 683, donc le nombre maximum de lots est le PGCD de 1 287 et 1 683. C'est 99.

8 **1.** $\begin{cases} x + 4y = 24 & (1) \\ x + y = 12 & (2) \end{cases}$

En soustrayant membre à membre les équations (1) et (2), on obtient $3y = 24 - 12$ d'où $y = 4$.

Par suite en remplaçant y par 4 dans l'équation (2), on obtient $x + 4 = 12$ donc $x = 8$.

EXPLICATION
En soustrayant membre à membre, on élimine l'inconnue x.

2. Soit x le nombre de livres à 5 € et y celui des livres à 20 €, alors $x + y = 12$ et $5x + 20y = 120$. Cette dernière équation peut aussi s'écrire $5(x + 4y) = 120$; donc $x + 4y = 24$.

On a donc le système $\begin{cases} x + 4y = 24 \\ x + y = 12 \end{cases}$.

Ce système a été résolu au **1.** Théa a donc acheté 8 livres à 5 € et 4 livres à 20 €.

Vérification : $(8 \times 5) + (4 \times 20) = 120$ €.

2 Brevet blanc 2

1 **1.** La diagonale d'un carré s'obtient en multipliant le côté par $\sqrt{2}$. Donc la réponse est **b.**

EXPLICATION
On retrouve ce résultat en appliquant la propriété de Pythagore dans le triangle rectangle ayant pour hypoténuse la diagonale.
4,24 n'est pas la valeur exacte ; ce n'est qu'une valeur approchée à 0,01 près.

2. Si on divise les côtés par 3 alors l'aire est divisée par 3^2, donc par 9. Donc la réponse est **c.**

3. $\frac{AC}{AE} = \frac{BC}{DE}$ donc $\frac{AC}{5} = \frac{2}{3}$ donc $AC = \frac{2}{3} \times 5 = \frac{10}{3}$. Donc **a.**

EXPLICATION
On applique la propriété de Thalès.

4. $AC^2 = 41^2 = 1\,681$ et $AB^2 + BC^2 = 40^2 + 9^2 = 1\,681$.
Donc la réponse est **b.**

EXPLICATION
On applique la réciproque de la propriété de Pythagore.

5. $AC = BC \times \sin(\hat{B}) = 12 \times \sin(37°) \approx 7,22$ cm. Donc **b.**

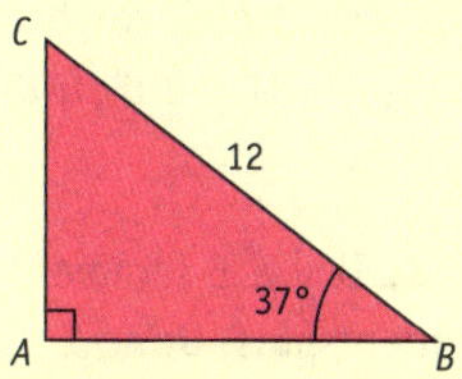

EXPLICATION
$\sin(\hat{B}) = \frac{AC}{BC} = \frac{\text{côté opposé}}{\text{hypoténuse}}$ donc $AC = BC \times \sin(\hat{B})$

2 **1.** $A = (3x)^2 + 2 \times 3x \times 1 + 1^2 = 9x^2 + 6x + 1$
$B = y^2 - 2 \times y \times 5 + 5^2 = y^2 - 10y + 25$
$C = a^2 - 4^2 = a^2 - 16$

2. $D = (3 + x)^2$. $E = (y - 2)^2$. $F = (7 + 3x)(7 - 3x)$.

EXPLICATION
$(a + b)^2 = a^2 + 2ab + b^2$; $(a - b)^2 = a^2 - 2ab + b^2$; $(a + b)(a - b) = a^2 - b^2$

3 **1.** La fonction f_1 est linéaire car $\mathscr{C}_1$ est une droite passant par l'origine.

2. La fonction f_3 n'est pas affine car sa représentation graphique n'est pas une droite.

3. A(– 4 ; 5).

4. – 4 a pour image 5 par f_1 et par f_2.

5. – 6 et 2.

EXPLICATION
Ce sont les abscisses des points où $\mathscr{C}_3$ coupe l'axe des abscisses.

6. On résout l'équation $\frac{1}{2}x + 7 = 0$ et on obtient $x = -14$.

Remarque : Le calcul nous apprend ce que le dessin ne montre pas.

4 En 1 h, le microtracteur parcourt 3 km ; et 20 min, c'est le tiers de 1 h. Donc en 1 h 20 min le microtracteur parcourt $3 + 1 = 4$ km $= 4\,000$ m.

La surface tondue est donc : $4\,000 \times 1,1 = 4\,400$ m^2.

EXPLICATION
On peut faire comme si cette surface était un rectangle.

5 **1.** Il y a $3 + 6 + 1 = 10$ boules dans l'urne. Parmi elles, 3 boules sont rouges.

La probabilité de E_1 est donc $\frac{3}{10} = 0,3$.

Remarque : Le dénominateur 10 incite à donner les résultats sous forme décimale. Mais les fractions sont toujours possibles.

2. Les boules qui ne sont pas blanches sont au nombre de 4 (les 3 rouges et la verte).

Donc la probabilité de E_2 est $\frac{4}{10} = 0,4$.

6 $BC = AB \times \tan(\widehat{a}) = 10 \times \tan(40°) \approx 8,39$ cm.

EXPLICATION
$\tan(\hat{a}) = \frac{BC}{AB}$, donc ...
La calculatrice calcule directement $10 \times \tan(40°)$.
Inutile de noter la valeur de tan(40°).

$BD = BC \times \cos(\widehat{b}) \approx 8,39 \times \cos(25°) \approx 7,60$ cm.

EXPLICATION
$\cos(\hat{b}) = \frac{BD}{BC}$, donc....

$BE = BD \times \sin(\widehat{c}) \approx 7,60 \times \sin(50°) \approx 5,82$ cm.

EXPLICATION
$\sin(\hat{c}) = \frac{BE}{BD}$, donc...
Si on conserve en machine les valeurs trouvées pour BC et BD, on trouve $BE \approx 5,83$ cm.

7 **1.** SA est l'hypoténuse du triangle SHA rectangle en H.

$SA = \sqrt{SH^2 + AH^2} = \sqrt{4^2 + 2^2} = \sqrt{20} = 2\sqrt{5}$ cm.

EXPLICATION
Le rayon du cône est égal à la moitié de l'arête du cube. Donc AH = 2 cm. On utilise la propriété de Pythagore dans SHA.

2. Volume du cône $\dfrac{(\pi \times 2^2) \times 4}{3} = \dfrac{16\pi}{3}$ cm^3.

EXPLICATION
Volume = $\dfrac{\text{(aire de base)} \times \text{hauteur}}{3}$
Et la base est un disque de rayon 2 cm.

3. Volume du cube : $4^3 = 64$ cm^3.
Volume approché du cône $\dfrac{16\pi}{3} \approx 16{,}755$ cm^3.
Calcul du pourcentage :

16,755	x
64	100

Donc $x \approx \dfrac{16{,}755 \times 100}{64} \approx 26$.

Donc le cône occupe environ 26 % du volume du cube.

8 Le triangle ABC est inscrit dans un demi-cercle de diamètre [AC]. Donc il est rectangle en B et ceci permet d'utiliser la trigonométrie.
$\sin(\hat{C}) = \dfrac{AB}{AC}$; donc $AC \times \sin(\hat{C}) = AB$;
donc $AC = \dfrac{AB}{\sin(\hat{C})} = \dfrac{3}{\sin(25°)} \approx 7{,}099$ cm.
On obtient alors le rayon du cercle en divisant AC par 2.
On trouve 3,549 cm à 0,001 cm près.

3 Brevet blanc 3

1 **1.** $f(-3) = -14$ d'après le tableau.
2. L'antécédent de 1 est 2 d'après le tableau.
3. $f(0) = -5$ d'après le tableau. Comme f est affine alors $f(x) = ax + b$; on a trouvé $f(0) = -5$ donc $b = -5$.
D'où $f(x) = ax - 5$. Mais, par exemple, $f(1) = -2$ donc $1 \times a - 5 = -2$ d'où $a = -2 + 5 = 3$. On en déduit $f(x) = 3x - 5$.
4. $f(2\,017) = 3 \times 2\,017 - 5 = 6\,051 - 5 = 6\,046$.

2 **1.** Pour résoudre le système $\begin{cases} 2x + y = 180 \\ x - y = 36 \end{cases}$
on ajoute membre à membre les deux équations et on obtient $3x = 216$ d'où $x = \dfrac{216}{3} = 72$.

En remplaçant dans l'équation $x - y = 36$, on a $72 - y = 36$ soit $72 - 36 = y$ donc $y = 36$. Finalement, $x = 72$; $y = 36$.

2. Notons x la mesure de l'angle $\hat{B}$. Comme ABC est isocèle en A alors x est aussi la mesure de $\hat{C}$. Notons y la mesure de $\hat{A}$.
Comme la somme des angles d'un triangle vaut 180°, on a $2x + y = 180°$. De plus, par hypothèse, $x - y = 36°$.
On obtient le système $\begin{cases} 2x + y = 180 \\ x - y = 36 \end{cases}$ qui est celui du **1.**
D'après le résultat de la question **1.**, $x = 72$ et $y = 36$. Donc l'angle $\hat{A}$ mesure 36°, l'angle $\hat{B}$ et l'angle $\hat{C}$ mesurent 72°.

EXPLICATION
La question **2** est d'ordre géométrique mais elle se résout à l'aide d'un système d'équations.

3 **1.** AD = 6 cm donc AQ = AD − QD = $6 - x = 6 - 2 = 4$ cm.
Dans le triangle rectangle AMQ, on a $\tan\widehat{AMQ} = \dfrac{AQ}{AM} = \dfrac{4}{2} = 2$.
En utilisant la calculatrice, on obtient $\widehat{AMQ} \approx 63{,}4°$.
2. L'aire du carré MNPQ est égale à QM^2.
Comme le triangle AMQ est rectangle en A on a :
$QM^2 = AQ^2 + AM^2$ (théorème de Pythagore).
Mais dans cette question, AM = 1 cm donc AQ = AD − QD = 6 − 1 = 5 cm.
D'où $QM^2 = 5^2 + 1^2 = 26$. Donc l'aire de MNPQ est 26 cm^2.
3. Développons la formule d'Alice :
$36 - 2x(6 - x) = 36 - 2x \times 6 + 2x \times x = 36 - 12x + 2x^2$.
Développons la formule d'Ali :
$x^2 + (6 - x)^2 = x^2 + 36 - 2 \times 6 \times x + x^2$
$= x^2 + 36 - 12x + x^2 = 2x^2 - 12x + 36$.
Donc les deux expressions sont bien égales.

EXPLICATION
Autre méthode pour la question **2** :
Aire(MNPQ) = Aire(ABCD) − 4 × Aire(AMQ).
Mais Aire(AMQ) = $\dfrac{1}{2} \times AM \times AQ = \dfrac{5}{2}$ cm^2. D'où :
Aire(MNPQ) = $AB \times AB - 4 \times \dfrac{5}{2} = 6 \times 6 - \dfrac{20}{2} = 36 - 10 = 26$ cm^2.

4 **1.** On applique la méthode des divisions successives :
$1\,050 = 735 \times 1 + 315$
$735 = 315 \times 2 + 105$
$315 = 105 \times 3 + 0$. Donc **b**.
2. Notons L longueur et ℓ la largeur du rectangle. L'aire initiale est $L \times \ell$.
Notons L' et ℓ' la longueur et la largeur du rectangle final.
On a $\ell' = \ell - 37{,}5\ \%\ \ell = \ell(1 - 37{,}5/100) = \ell \times 0{,}625$.
Et $L' = L + 60\ \%\ L = L(1 + 60/100) = L \times 1{,}6$.
Donc $L' \times \ell' = L \times 1{,}6 \times \ell \times 0{,}625 =$
$L \times \ell \times 1{,}6 \times 0{,}625 = L \times \ell$ car $1{,}6 \times 0{,}625 = 1$.
Donc l'aire est inchangée. Donc **c**.
3. $\dfrac{(7^2)^3 \times 7^{-4} \times 7}{7^5} = \dfrac{7^6 \times 7^{-4} \times 7}{7^5} = \dfrac{7^2 \times 7}{7^5} = \dfrac{7^3}{7^5} = 7^{-2}$.
Donc **a**.
4. Il y a 3 600 s dans une heure. Donc en une heure, il tombe dans le seau : $0{,}5 \times \dfrac{3\,600}{2} = 900$ cm^3 soit 0,9 L.
Donc en 24 h, il tombe $24 \times 0{,}9 = 21{,}6$ L. Donc **a**.
5. $2x(x - 3) = 0$ d'où $2x = 0$ ou $x - 3 = 0$. Soit $x = 0$ ou $x = 3$.
Donc **b**.

5 **1.** Il y a 5 femmes qui gagnent moins de 1 400 € et 5 qui gagnent plus. Donc 1 400 € est une médiane.
2. Calculons le salaire moyen des femmes :
$\dfrac{1}{10} \times (1\,200 + 1\,230 + 1\,250 + 1\,310 + 1\,390 + 1\,410 + 1\,418 + 1\,500 + 1\,700 + 2\,100) = 1\,450{,}80$
Donc le salaire moyen des femmes est de 1 450,80 €. Il est inférieur au salaire moyen des hommes qui s'élève à 1 789 €.
3. Il y a 20 hommes et 10 femmes dans l'entreprise donc le salaire moyen de l'entreprise est :
$\dfrac{20 \times 1\,789 + 10 \times 1\,450{,}80}{20 + 10} \approx 1\,676{,}27$ €.

4. Il y a 10 femmes dans l'entreprise et 30 personnes dans l'entreprise. D'où la probabilité que ce soit une femme : $\frac{10}{30} = \frac{1}{3}$.

5. Le salaire médian des hommes est de 2 000,00 €, il y a donc la moitié des hommes de l'entreprise qui gagnent moins de 2 000,00 €. Donc la probabilité cherchée est $\frac{10}{20} = \frac{1}{2}$.

6 **1.** Le volume du cône est $V = \frac{1}{3} \times H \times B$ avec $H = 3$ cm.

Calculons l'aire de la base : $B = \pi \times R^2 = \pi \times 2^2 = 4\pi$ cm².

Donc $V = \frac{1}{3} \times 3 \times 4\pi = 4\pi$ cm³ d'où $V \approx 12{,}57$ cm³.

2. Comme $h = 1{,}44$ cm et $H = 3$ cm alors le rapport de réduction est $k = \frac{1{,}44}{3} = 0{,}48$.

Donc le rayon r vaut $r = R \times 0{,}48 = 2 \times 0{,}48 = 0{,}96$ cm.

Le volume du cône émergé est $v = k^3 \times V = 0{,}48^3 \times 4\pi$. Soit $v \approx 1{,}39$ cm³.

3. Calculons le rapport $\frac{V-v}{V}$ ($V - v$ étant le volume de la partie immergée).

$$\frac{V-v}{V} = \frac{V - 0{,}48^3 V}{V} = \frac{V(1-0{,}48^3)}{V} = 1 - 0{,}48^3 \approx 0{,}89.$$

Donc le volume de la partie immergée représente bien environ 90 % du volume du glaçon.

EXPLICATION

Cet exercice montre que le volume de la partie émergée est environ le dixième de celui du glaçon. Cependant le rapport des hauteurs de ces deux volumes peut être très différent de cette proportion. Tout dépend de la forme du glaçon.

7 **1.** On applique le théorème de Pythagore dans le triangle ROI :

$OI^2 + OR^2 = IR^2$ d'où $1{,}35^2 + OR^2 = 1{,}59^2$.

Donc $OR^2 = 1{,}59^2 - 1{,}35^2 = 0{,}7056$.

Donc $OR = \sqrt{0{,}7056} = 0{,}84$ m.

2. On a d'une part $\frac{IA}{IO} = \frac{0{,}90}{1{,}35} = \frac{90}{135} = \frac{2 \times 45}{3 \times 45} = \frac{2}{3}$.

D'autre part $\frac{IB}{IR} = \frac{1{,}06}{1{,}59} = \frac{106}{159} = \frac{2 \times 53}{3 \times 53} = \frac{2}{3}$.

Donc $\frac{IA}{IO} = \frac{IB}{IR}$. D'après la réciproque du théorème de Thalès, on a (AB) parallèle à (OR). Donc l'étagère AB est parallèle au sol.

3. D'après la propriété de Thalès, on a $\frac{IA}{IO} = \frac{AB}{OR}$ donc $\frac{AB}{OR} = \frac{2}{3}$.

Donc $AB = \frac{2}{3} \times OR = \frac{2}{3} \times 84 = 56$ cm. Donc l'étagère AB mesure 56 cm.

4. Les étagères étant espacées régulièrement, elles sont fixées sur [OI] tous les 45 cm. Donc l'étagère la plus haute est une réduction de OR dans le rapport $\frac{1}{3}$. Donc elle mesure $\frac{84}{3} = 28$ cm.

EXPLICATION

Autre méthode pour la question **4** : on peut aussi dire que l'étagère la plus haute est une droite des milieux dans le triangle IAB donc elle mesure AB/2 = 56/2 = 28 cm.

4 Brevet blanc 4

1 **1.** $x = \frac{3}{0{,}1}$ et $y = 3 \times 0{,}1$.

Donc $x \times y = \frac{3}{0{,}1} \times 3 \times 0{,}1 = 9$. Donc **c**.

2. $3 + (-5) + (-7) + 3 + 4 + (-8) + 3 = -7$.

La moyenne des températures est donc $(-7) \div 7 = -1$. Donc **a**.

3. $\frac{1}{3} - \frac{1}{4} = \frac{1}{12}$. Deux copies font donc $\frac{1}{12}$ du paquet.

Il y a donc $2 \times 12 = 24$ copies dans le paquet. Donc **b**.

EXPLICATION

Autre méthode pour la question **3** : Soit x le nombre de copies. On résout : $\frac{x}{4} + 2 = \frac{x}{3}$. On trouve : $x = 24$.

4. En une année de 12 mois, il pousse :

$3 \times 100\,000 \times 12 = 3\,600\,000$ cm de cheveux.

Or 3 600 000 cm = 36 000 m = 36 km. Donc **c**.

5. $\frac{1}{2^4} = \frac{1}{16}$; donc il faut 16 feuilles pour faire un m².

Il y a donc $\frac{500}{16}$ m² dans une ramette.

Donc la ramette pèse : $80 \times \frac{500}{16} = 2\,500$ g = 2,5 kg. Donc **b**.

2 **1.** D'après le théorème de Pythagore, $h^2 = 2^2 - 1^2 = 3$, donc $h = \sqrt{3}$ cm.

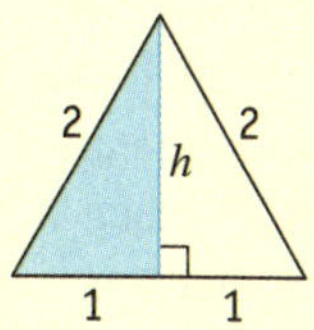

2. Aire du triangle :

$$\frac{\text{base} \times \text{hauteur}}{2} = \frac{2 \times \sqrt{3}}{2} = \sqrt{3} \text{ cm}^2.$$

3. Aire du disque : $\pi \times r^2 = \pi \times 2^2 = 4\pi$ cm².

Aire de l'hexagone : $6\sqrt{3}$ cm² car il est formé de six triangles équilatéraux de côté 2 cm.

D'où l'aire à calculer : $4\pi - 6\sqrt{3}$ cm².

3 Soit p le nombre de poules et c le nombre de canards.

Nombre de grains de maïs : $5p + 7c = 79$.

Nombre de grains de blé : $10p + 15c = 165$.

On a obtenu un système de deux équations à deux inconnues.

En multipliant par 2 les deux membres de la première équation, on obtient : $10p + 14c = 158$.

Le système devient : $\begin{cases} 10p + 15c = 165 \\ 10p + 14c = 158 \end{cases}$

Par soustraction, on trouve : $c = 7$

On remplace maintenant c par 7 dans la première équation (par exemple). On obtient : $5p + 49 = 79$; d'où $5p = 30$ puis $p = 6$.

Conclusion : La basse-cour contient 6 poules et 7 canards.

Remarque : Ne pas oublier de faire une vérification au brouillon. On aurait pu résoudre le système par substitution, mais la méthode proposée ici conduit à des calculs plus simples.

4 **1.** $\widehat{MBK}$ est un angle inscrit ; il intercepte le même arc $\overset{\frown}{MN}$ que l'angle au centre $\widehat{MON}$ qui est droit.

Donc $\widehat{MBK}$ mesure la moitié d'un angle droit : $\widehat{MBK} = 45°$.

2. Pareillement, l'angle inscrit $\widehat{BMK}$ intercepte le même arc $\overset{\frown}{AB}$ que l'angle au centre $\widehat{AOB}$ qui est droit. Donc $\widehat{BMK} = 45°$.

3. Le triangle MBK a deux angles de 45°. Son troisième angle mesure 180° – 2 × 45° = 90°.
Donc l'angle $\widehat{BKM}$ est droit. On en conclut que (MA) ⊥ (NB).

Remarque : On peut aussi démontrer que MA = NB.

5 On lit, dans le tableau de calculs, les réponses aux trois premières questions.
1. L'image de – 3 est 12.
2. Les antécédents de 7 sont – 2 et 2.
3. Dans la case B2, $f(x)$ s'exprime par B1*B1+3 où B1 est la case de x. Donc, en notations algébriques : $f(x) = x \times x + 3$.
C'est-à-dire $f(x) = x^2 + 3$.
4. $f(5) = 5^2 + 3 = 28$.
5. On résout l'équation $x^2 + 3 = 39$. On obtient $x^2 = 36$. Donc $x = 6$ ou $x = -6$. Les antécédents de 39 sont donc 6 et –6.

EXPLICATION
Dans la question **5**, on a résolu l'équation $x^2 + 3 = 39$; on est donc sûr que 39 n'a que deux antécédents. Dans la question **2**, on a lu sur le tableau ; donc le doute subsiste sur le nombre d'antécédents.

6 **1.** Les trois côtés de ABC sont des diagonales de faces du cube. Ils ont donc la même longueur. Donc ABC est équilatéral.
2. Les diagonales d'un carré se coupent en leur milieu. Il suffit donc de tracer la seconde diagonale dans les trois faces du cube qui contiennent les côtés de ABC (en vert sur la figure).
On obtient ainsi les milieux des côtés de ABC.
3. Puisque ABC est équilatéral, ses médianes sont aussi les médiatrices. Donc leur intersection est le centre du cercle circonscrit à ABC.

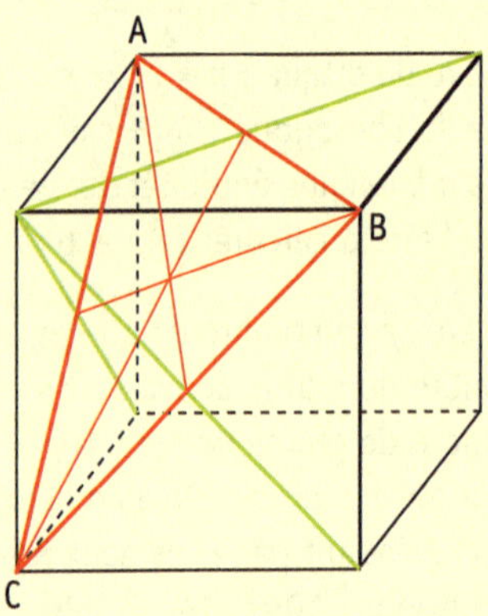

Remarque : Ne pas essayer de tracer le cercle circonscrit avec un compas, car en perspective, les cercles deviennent des ellipses.

7 **1. a.** Plus petite somme possible : 1 + 1 = 2.
b. Plus grande somme possible : 6 + 6 = 12.
c. 8 = 6 + 2 = 5 + 3 = 4 + 4 = 3 + 5 = 2 + 6.
2. a. Le tableau contient 36 cases. Il y a donc 36 cas possibles.
b.

Dé vert / Dé rouge	1	2	3	4	5	6
1	2	3	4	5	6	7
2	3	4	5	6	7	8
3	4	5	6	7	8	9
4	5	6	7	8	9	10
5	6	7	8	9	10	11
6	7	8	9	10	11	12

c. 8 apparaît 5 fois dans le tableau. Sa probabilité est donc $\frac{5}{36}$.

d. Dans le tableau, il y a 3 sommes inférieures ou égales à 3.
La probabilité cherchée est donc $\frac{3}{36} = \frac{1}{12}$.
e. Il y a 33 cases contenant une somme au moins égale à 4.
La probabilité cherchée est donc $\frac{33}{36} = \frac{11}{12}$.

EXPLICATION
Les événements des questions **d.** et **e.** sont des événements « contraires ». On constate que la somme de leurs probabilités est 1. Ceci est une propriété générale.

f. Dans le tableau, les multiples de 3 sont 3, 6, 9 et 12.
On observe que 12 cases contiennent un multiple de 3.
La probabilité d'en obtenir un est donc $\frac{12}{36} = \frac{1}{3}$.

HISTOIRE-GÉO/ÉD. CIVIQUE

C'est tout le programme d'histoire-géographie et d'éducation civique de ton année qui est récapitulé dans cette partie. Sur chacun des **21 thèmes clés** du programme te sont d'abord proposés un résumé de cours et des exercices de type brevet qui concernent :

La partie comprend aussi :

HISTOIRE

1 Les transformations scientifiques et technologiques au XXe siècle

Comment évolue la médecine ? Quelles en sont les conséquences ?

- Le XXe siècle est marqué par de nombreux **progrès techniques et scientifiques**. Ces progrès sont rendus possibles grâce à la **recherche**, qui se voit dotée par les États et les entreprises d'importants moyens financiers, humains et matériels.
- La **médecine** progresse de manière spectaculaire. La connaissance du corps humain et les diagnostics sont affinés grâce aux techniques d'imagerie médicale (rayons X, scanner, IRM). Des médicaments et des vaccins sont mis au point (pénicilline, vaccin contre le tétanos...), ainsi que de nouvelles techniques de soins (radiothérapie, thérapie génique...).
- Les innovations médicales entraînent un **recul de la mortalité** – notamment infantile – et un **allongement de l'espérance de vie**.

1 **Présente un exemple d'innovation médicale.**

....

SCORE .... /1

2 **Observe le graphique et réponds aux questions suivantes.**

L'évolution de la mortalité et de l'espérance de vie au XXe siècle en France

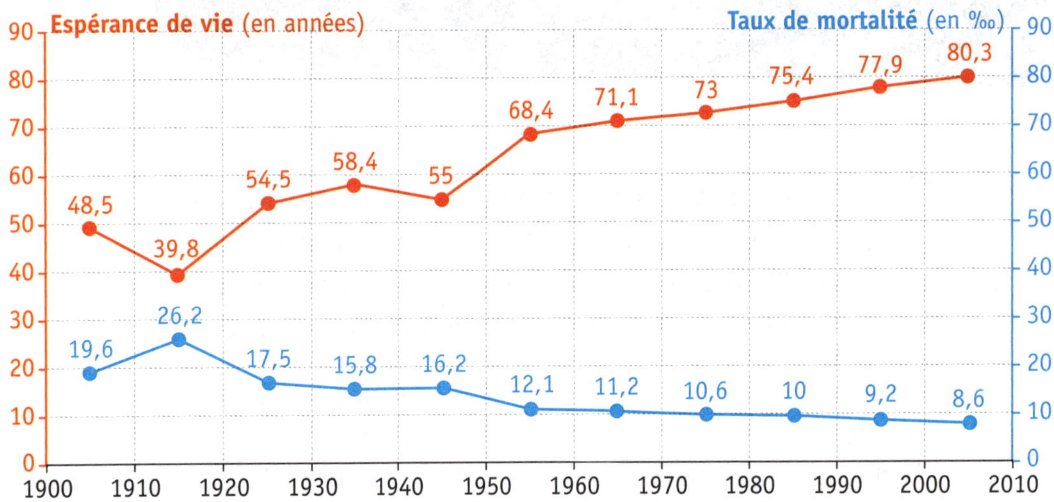

a. Quels sont les deux indicateurs représentés ?

....

b. Comment évoluent ces deux indicateurs ? Justifie ta réponse.

....

c. Comment expliquer ces évolutions ? Justifie ta réponse.

....

SCORE .... /4

ATTENTION

Évoluer veut dire changer. Il faut donc dire si ces indicateurs augmentent ou diminuent, et qualifier cette augmentation ou diminution.

COUP DE POUCE

L'augmentation de la mortalité et la baisse de l'espérance de vie en 1915 et 1945 correspondent aux guerres mondiales.

Corrigés p. 210

TOTAL .... / 5

Plus d'exercices sur www.hatier-entrainement.com

HISTOIRE

2 La Première Guerre mondiale : vers une guerre totale (1914-1918)

Quelles sont les caractéristiques de cette guerre ?

- La guerre débute en **août 1914** et s'achève le **11 novembre 1918**, lors de la signature de l'armistice.
- La bataille de Verdun et le génocide des Arméniens (extermination volontaire et systématique de ce peuple, décidée par le gouvernement turc) sont les manifestations d'une **violence de masse** et d'une **guerre totale**, qui touche tant les soldats que les civils. À Verdun en 1916, Français et Allemands s'affrontent dans les tranchées, où les conditions de vie sont épouvantables (rats, boue...) et le danger permanent (assauts).
- La guerre entraîne une **vague révolutionnaire en Europe**, à l'instar de la Russie où les bolcheviques de Lénine arrivent au pouvoir en 1917.
- Les traités de paix de 1919-1920 modifient considérablement les frontières en Europe. Le sort de l'Allemagne est réglé par le **traité de Versailles** du 28 juin 1919 : les conditions en sont très dures. Ces traités sont, dès l'origine, **sources de tensions** : certains États en sont mécontents et les contestent.

1 Qui arrive au pouvoir en Russie en 1917 ? ....

SCORE .... /1

2 Pourquoi parle-t-on de violence de masse pour la Première Guerre mondiale. Donne un exemple précis au brouillon.

SCORE .... /2

3 Observe la carte et réponds aux questions au brouillon.

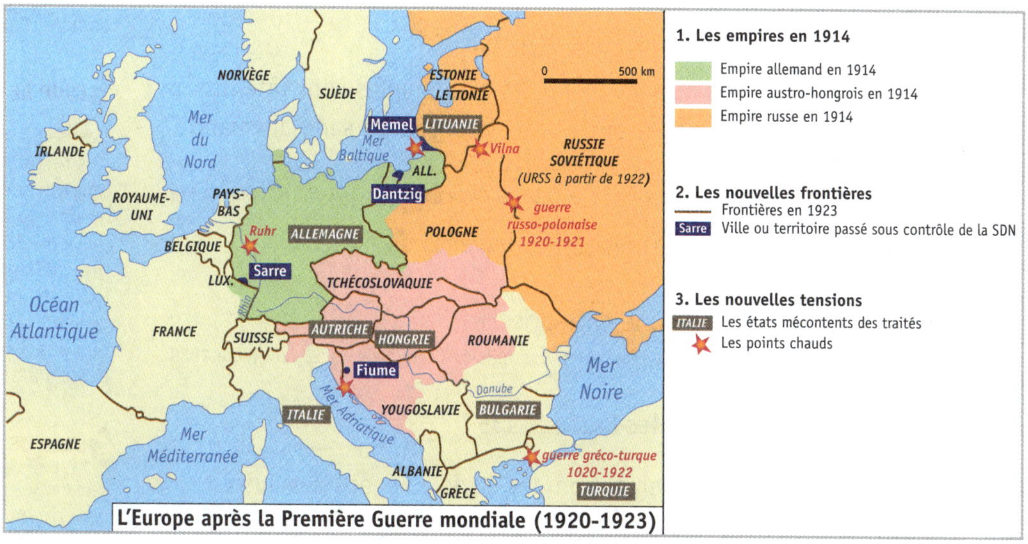

L'Europe après la Première Guerre mondiale (1920-1923)

a. Qu'advient-il de l'Empire austro-hongrois après la guerre ?
b. Quel sort territorial est réservé à l'Allemagne ?
c. Pourquoi les nouvelles frontières sont-elles sources de tensions ?

SCORE .... /5

COUP DE POUCE
L'expression « violence de masse » désigne des violences exercées à grande échelle sur les soldats et les civils.

ATTENTION
La carte montre en vert, rose et orange les territoires des Empires allemand, austro-hongrois et russe en 1914. En marron, ce sont les frontières d'après-guerre.

COUP DE POUCE
L'Alsace et la Moselle sont rendues à la France.

Corrigés p. 210

TOTAL .... / 8

HISTOIRE

3 Les régimes totalitaires dans les années 1930

Qu'est-ce qu'un régime totalitaire ?

- De **1924 à 1953**, **Staline** s'impose comme seul chef de l'**URSS**. Il met en place une **économie étatisée et planifiée** (plan quinquennal). En 1929, les terres et le bétail des paysans sont confisqués, puis collectivisés dans des kolkhozes, malgré de très vives oppositions. Staline renforce aussi le **contrôle de la population** (encadrement par des organisations communistes et propagande). Toute opposition est traquée par la police politique (Tcheka puis NKVD) et punie de mort ou de travaux forcés (**Goulag**), comme lors de la **Grande Terreur** de 1937-1938.
- L'**idéologie nazie** repose sur **l'inégalité des races** (supériorité des Aryens), l'antisémitisme et la conquête d'un espace vital à l'Est. Au pouvoir en **Allemagne** de **1933 à 1945**, **Hitler** organise l'État pour réaliser son projet. Le peuple allemand doit être unifié derrière son chef (police politique et camps de concentration pour rééduquer), encadré et purifié de ses éléments étrangers. En 1935, les **lois de Nuremberg** visent donc à protéger le sang allemand.

★ 1 À quels événements correspondent les dates suivantes ?

- 1924-1953 : ....
- 1937-1938 : ....

SCORE .... /2

★★ 2 Dans un développement construit, au brouillon, montre en quoi le régime stalinien est un régime totalitaire.

SCORE .... /5

★★ 3 Lis les textes et réponds aux questions suivantes au brouillon.

> **Art. 1 :** « Les mariages entre Juifs et sujets de sang allemand ou assimilés sont interdits. »
> **Art. 2 :** « Le rapport extra-marital (hors mariage) entre Juifs et sujets de sang allemand ou assimilés est interdit. »
>
> Lois pour la défense du sang et de l'honneur allemands (lois de Nuremberg), 1935.
>
> **Art. 1 :** « Il est interdit aux Juifs d'exploiter des magasins de vente ou d'exercer un métier artisanal indépendamment. »
> **Art. 2 :** « Un Juif ne peut plus être à la tête d'une entreprise. »
>
> Ordonnances pour l'élimination des Juifs de l'économie du 12 novembre 1938.

a. Quelles interdictions sont faites aux Juifs par les lois de 1935 ?

b. En quoi ces lois sont-elles révélatrices de la perception des nazis à l'égard des Juifs ?

c. Quelles interdictions sont faites aux Juifs par les ordonnances de 1938 ?

d. Quel est le but de ces ordonnances ?

SCORE .... /7

COUP DE POUCE
Un **régime totalitaire** contrôle la vie politique, économique et sociale d'un pays.

COUP DE POUCE
Les nazis utilisent des termes appartenant au champ lexical de la médecine pour désigner les Juifs, qu'ils considèrent comme des « bactéries », des « maladies ».

COUP DE POUCE
Par ces ordonnances, les nazis privent les Juifs de leurs moyens de subsistance en Allemagne.

Corrigés p. 210

TOTAL .... / 14

4 La Seconde Guerre mondiale : une guerre d'anéantissement (1939-1945)

Pourquoi parle-t-on d'une guerre d'anéantissement ?

- De **1939 à 1945**, les forces de l'**Axe** et les **Alliés** s'affrontent en Europe, en Afrique du Nord et dans le Pacifique. Cette **guerre totale** mobilise toutes les forces des pays engagés dans une lutte idéologique dans le but d'anéantir l'adversaire.
- En Europe, la guerre s'achève le **8 mai 1945**. Les **6 et 9 août**, les villes japonaises d'**Hiroshima** et **Nagasaki** sont frappées par des **bombes atomiques**.
- Avec la conquête de l'espace vital à l'Est, les nazis sont confrontés à de plus en plus de populations juives, qui sont alors regroupées dans des ghettos. En URSS à l'été 1941, des unités mobiles de tuerie (***Einsatzgruppen***) éliminent d'abord des hommes, puis des femmes et des enfants. La poursuite de la guerre entraîne le basculement dans le **génocide** à la fin de l'année 1941. Les **Juifs** d'Europe de l'Est puis de toute l'Europe sont transférés dans des **centres de mise à mort** (Treblinka, Auschwitz-Birkenau) où ils sont immédiatement tués. C'est la **Shoah**. Les **Tziganes** subissent le même sort.

★ **1** **Quand la guerre s'achève-t-elle en Europe ?** ....

SCORE .... /1

★ **2** **Au brouillon, dans un développement construit, décris et explique le processus d'extermination des Juifs et des Tziganes.**

SCORE .... /5

★ **3** **Lis le texte et réponds aux questions suivantes.**

> « Les Japonais ont déclenché la guerre en attaquant Pearl Harbor par les airs. Ils ont reçu la monnaie de leur pièce. Et ce n'est pas fini. La bombe atomique permet d'intensifier d'une manière nouvelle et révolutionnaire la destruction du Japon. Sa force relève de celle qui alimente le soleil dans sa puissance. Cette force vient d'être lancée contre ceux qui ont déchaîné la guerre en Extrême-Orient. Nous sommes désormais en mesure d'anéantir plus rapidement et plus complètement toutes les entreprises productrices que possèdent les Japonais, dans n'importe laquelle de leurs villes. Nous détruirons leurs docks, leurs usines et leurs moyens de communication. S'ils n'acceptent pas maintenant nos conditions, ils peuvent s'attendre à une pluie de feu qui sèmera des ruines telles qu'on n'en a jamais vu sur cette Terre. »

Discours de Harry Truman, président des États-Unis, 7 août 1945.

a. Présente le document et son contexte.

....

b. Quel événement est évoqué dans la première phrase ? De quand date-t-il ?

....

c. Pourquoi peut-on dire que la guerre entre Américains et Japonais est une guerre totale ?

....

d. En quoi l'utilisation de l'arme atomique est révélatrice d'une guerre d'anéantissement ?

....

SCORE .... /8

COUP DE POUCE

Pour le contexte, il faut préciser quel est l'événement qui vient de se produire.

COUP DE POUCE

- Une **guerre totale** mobilise l'ensemble des forces humaines, matérielles, financières et morales du pays.
- Une **guerre d'anéantissement** a pour objectif de détruire l'adversaire, par tous les moyens, sans distinction entre militaires et civils.

Corrigés p. 211

TOTAL .... / 14

5 La guerre froide

Comment se présente le monde pendant la guerre froide ?

- Le 26 juin 1945, l'**Organisation des Nations unies (ONU)** est créée. Son premier objectif est de garantir la paix dans le monde. Pour cela, le Conseil de sécurité peut prendre des résolutions, comme l'envoi de casques bleus.
- Durant la **guerre froide (1947-1991)**, le monde est divisé en **deux blocs** : l'Ouest dominé par les **États-Unis** et l'Est dominé par l'**URSS**. Les deux Grands s'affrontent indirectement. Berlin est le symbole et un enjeu de cette guerre. En 1948-1949, le blocus soviétique échoue grâce au pont aérien des Occidentaux. Mais l'Allemagne est scindée en deux États (RFA/RDA). En **1961**, les dirigeants communistes décident de construire un **mur à Berlin**, qui sépare la ville en deux jusqu'au **9 novembre 1989**. La guerre froide s'achève avec la disparition des régimes communistes en Europe de l'Est et de l'URSS (1991).
- La **construction européenne** débute dans les années 1950. Il s'agit de coopérer pour éviter une nouvelle guerre et se reconstruire plus rapidement. En pleine guerre froide, cette coopération ne concerne que les démocraties d'Europe de l'Ouest. Les **traités de Rome (1957)** créent la **CEE** et mettent en place un marché commun.

★ 1 En quelle année est créée l'ONU ? ....

SCORE .... /1

★★ 2 Au brouillon, raconte les débuts de la construction européenne.

SCORE .... /5

★★ 3 Observe les cartes et réponds aux questions suivantes.

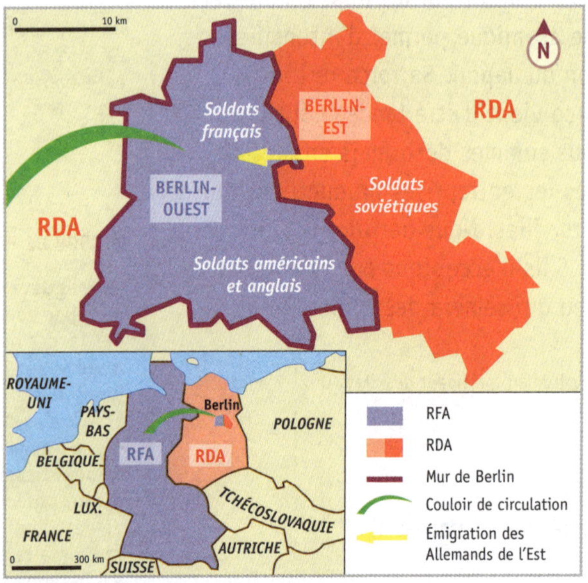

L'Allemagne et Berlin en 1961

a. Comment se présente le territoire allemand en 1961 ?

....

b. Quelle est la particularité de Berlin ?

....

c. Qu'ont fait certains Allemands de l'Est ?

....

d. Par où passaient-ils ? Pour quelle raison passaient-ils par là ?

....

....

e. Quelle solution est trouvée par les dirigeants communistes pour mettre fin à cet exode ?

....

....

SCORE .... /6

COUP DE POUCE
En 1951, six pays (France, RFA, Italie, Belgique, Pays-Bas, Luxembourg) se regroupent dans la CECA pour la production et le commerce de l'acier et du charbon.

COUP DE POUCE
Tu dois localiser Berlin dans le territoire allemand et préciser son statut particulier.

INFO
- La **République fédérale allemande** est un État démocratique, qui appartient au bloc Ouest.
- La **République démocratique allemande** est un État autoritaire, qui appartient au bloc Est.

Corrigés p. 211

TOTAL .... / 12

HISTOIRE

6 Des colonies aux États nouvellement indépendants

Comment les colonies accèdent-elles à l'indépendance ?

- Dès 1945, les colonies réclament leur indépendance aux métropoles européennes, notamment au nom du **droit des peuples à disposer d'eux-mêmes**. Ces revendications sont soutenues sur la scène internationale par les deux Grands (États-Unis et URSS) et l'ONU.
- La principale phase de **décolonisation** a lieu entre **1947 (indépendance de l'Inde)** et **1962 (indépendance de l'Algérie)**. Elle touche tout d'abord l'Asie, puis l'Afrique. Les colonies obtiennent leur indépendance soit par la guerre (Indochine, Algérie), soit par la négociation (Inde, Afrique subsaharienne).

1 Quand a lieu la principale phase de décolonisation ? ....

SCORE .... /1

2 Par quels moyens les colonies obtiennent-elles leur indépendance ?

....

SCORE .... /1

COUP DE POUCE Deux réponses sont attendues.

3 Observe la carte et réponds aux questions suivantes.

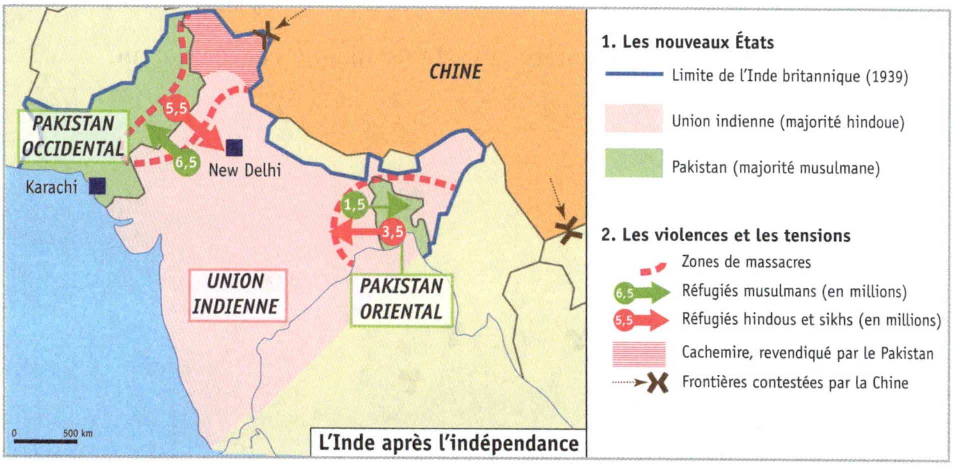

L'Inde après l'indépendance

INFO Le Pakistan oriental prend son indépendance en 1971, sous le nom de **Bangladesh**.

a. Quels sont les deux États qui naissent après l'indépendance de l'Inde ?

....

b. Quelle en est la conséquence pour les populations ?

....

....

c. Montre que l'indépendance n'amène pas le calme.

....

....

SCORE .... /4

COUP DE POUCE Sur la carte, les flèches indiquent les déplacements de population. Elles sont coloriées en rose pour les hindous et en vert pour les musulmans.

Corrigés p. 212

TOTAL .... / 6

7 Géopolitique du monde actuel

Pourquoi parle-t-on aujourd'hui d'un monde multipolaire ?

- Après la guerre froide, les **États-Unis** apparaissent comme la seule **superpuissance**. Ils se posent dès lors en « gendarmes du monde » et multiplient les interventions. Cette suprématie américaine s'observe dans tous les domaines, notamment militaire et diplomatique.
- Dans les années 1990, la construction européenne se poursuit et prend une dimension politique avec le **traité de Maastricht en 1992**. Il instaure une PESC (Politique étrangère et de sécurité commune) qui doit renforcer le poids politique de l'UE. De plus, une monnaie commune, l'**euro**, entre en vigueur en **2002**.
- Aujourd'hui, d'autres puissances aspirent à jouer un plus grand rôle sur la scène internationale. C'est le cas des **pays émergents** (Chine, Inde, Brésil...).
- Le **Moyen-Orient** s'étend de la rive Est de la Méditerranée jusqu'au Pakistan. De nombreuses **guerres** s'y sont déroulées ou s'y déroulent encore (conflit israélo-palestinien, guerres en Irak, en Syrie). La région est également agitée par des **attentats terroristes**.

1 ★ **Quel traité est signé en 1992 ? Donne un exemple des mesures qu'il prévoit.**

....

SCORE .... /2

2 ★★ **À l'aide du résumé, réalise la légende puis complète la carte du monde contemporain.**

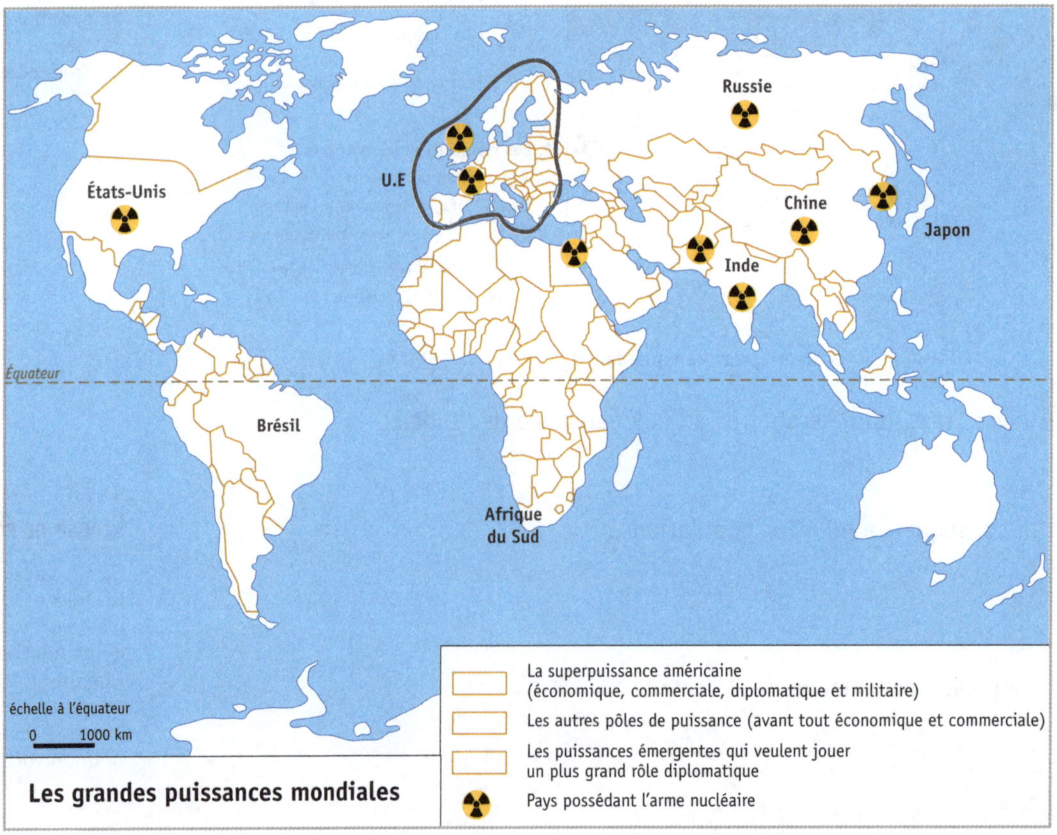

Les grandes puissances mondiales

SCORE .... /7

INFO

Les **pays émergents** qui veulent jouer un plus grand rôle diplomatique sont désignés par le terme de **BRICS** (= Brésil, Russie, Inde, Chine, Afrique du Sud).

COUP DE POUCE

Il faut ici opter pour un dégradé de couleurs pour montrer le rôle plus ou moins important des pays.

Corrigés p. 212

TOTAL .... / 9

HISTOIRE

8 La République de l'entre-deux-guerres : victorieuse et fragilisée

Comment la République fait-elle face à l'après-guerre puis à la crise ?

- Après l'armistice de 1918, une vie politique normale reprend. Mais les troubles sociaux (grèves) persistent, alimentés par l'exemple de la révolution russe. De plus, socialistes (SFIO) et communistes (PCF) se divisent au **Congrès de Tours (1920)**.
- Au début des années 1930, la France est touchée par une **crise économique** (baisse de la production) et **sociale** (explosion du chômage), doublée d'une crise **politique**. **La République est menacée**, notamment par les ligues d'extrême-droite.
- Les partis de gauche (PCF, SFIO et Parti radical) s'unissent au sein du **Front Populaire**. Ils remportent les législatives de **1936** et le socialiste **Léon Blum** devient Président du Conseil. Le Front populaire permet à la République de se maintenir et prend des mesures qui marquent durablement le pays. Ainsi, les **accords de Matignon** prévoient une augmentation des salaires et l'établissement de délégués du personnel ; les lois sociales instaurent la semaine de 40 heures et deux semaines de congés payés.

1 À partir d'un exemple concret, montre que la Révolution russe a eu un impact en France.

....

SCORE .... /1

COUP DE POUCE L'impact peut porter sur la vie politique ou sur le climat social.

2 En développant ta réponse, décris les différents aspects de la crise des années 1930.

....

....

SCORE .... /5

COUP DE POUCE Cette crise est économique, sociale et politique.

3 Observe l'affiche et réponds aux questions.

Affiche de Léon Blot réalisée pour l'organisation de droite Ordre et bon sens, 1936.

a. Décris le document.

....

....

....

b. De quelle mesure est-il question ?

....

c. L'auteur y est-il favorable ou hostile ? Justifie.

....

....

....

....

SCORE .... /7

ATTENTION En plus de bien étudier chaque élément de l'affiche, n'oublie pas de t'intéresser au commanditaire.

Corrigés p. 212-213

TOTAL .... / 13

HISTOIRE

9 Effondrement et refondation républicaine (1940-1946)

Quelles sont les conséquences de l'effondrement de la République ? Comment renaît-elle ?

- Au printemps 1940, l'armée française est battue et le pays envahi. **Pétain** demande l'armistice : les conditions sont très dures. Rapidement, il met fin à la République en obtenant les pleins pouvoirs. C'est le début du **régime de Vichy**.
- Vichy est un **régime autoritaire** qui veut « refonder la France » sur des valeurs traditionnelles : c'est la « **Révolution nationale** ». Vichy **collabore** avec l'Allemagne nazie (fourniture de denrées, de main-d'œuvre avec le STO), met en place une législation **antisémite** et participe à la déportation des Juifs.
- Le **18 juin 1940**, le **général de Gaulle** lance un **appel à la résistance**. En France occupée, les réseaux et les maquis s'engagent dans une lutte idéologique (journaux clandestins) et armée (sabotages) contre l'occupant. Ces mouvements sont rassemblés par Jean Moulin qui crée le **Conseil national de la Résistance (CNR)**, en mai 1943. Le CNR prépare également le retour à la démocratie et la reconstruction (retour de la République, droit de vote des femmes, Sécurité sociale).

1 ★★ **Quelles sont les conséquences de la défaite de 1940 ? Réponds au brouillon.**

SCORE .... /2

2 ★ **Qui appelle à la résistance ? À quelle date ?**

....

SCORE .... /2

3 ★ **Donne deux moyens d'action des résistants en France.**

....

SCORE .... /2

4 ★★ **Observe le document et réponds aux questions au brouillon.**

Affiche de la droite nationaliste réalisée par R. Vachet en 1940.

a. Présente le document et décris les deux parties de l'affiche.

b. Quels régimes sont associés à chaque partie de l'affiche ?

c. Quelle image du nouveau régime montre cette affiche ?

SCORE .... /6

COUP DE POUCE
Les conséquences sont territoriales et politiques.

INFO
En France, les résistants sont pourchassés par la **Milice**.

COUP DE POUCE
Observe attentivement les différents éléments qui composent l'affiche (couleurs, symboles, devise) et explique ce que signifie Révolution nationale.

Corrigés p. 213

Plus d'exercices sur www.hatier-entrainement.com

TOTAL .... / 12

HISTOIRE

10 La Ve République à l'épreuve de la durée

Comment évoluent la vie politique et la société ?

- En **1958**, la **Ve République** est fondée ; le **général de Gaulle** en devient le premier Président. Il veut maintenir la France parmi les grandes puissances et mène donc, en pleine guerre froide, une politique étrangère originale. En **mai 1968**, il doit faire face à une contestation étudiante, qui se transforme en **crise sociale et politique**. Il démissionne en 1969.
- En **1981**, le socialiste **François Mitterrand** devient président de la République : c'est l'**alternance**. De 1981 à 1986, de grandes réformes sont menées par la gauche (semaine de 39 heures, retraite à 60 ans, décentralisation...).
- Après 1945 (croissance économique), la France a besoin de **main-d'œuvre** et fait donc appel à des immigrés. De plus, **la société française change** (rôle de la femme, apparition du chômage...). Pour répondre aux nouvelles aspirations des Français(es), **l'État légifère :** création d'un salaire minimum (SMIC en 1970), légalisation de l'IVG en 1975...

1 **Pourquoi parle-t-on d'alternance en 1981 ?**

....

SCORE .... /1

2 **Observe le tableau et réponds aux questions suivantes.**

Répartition des immigrés en France selon le pays de naissance	1975	1982	1990	1999	2010
Venant de l'UE (en % de la population immigrée)	63	53	47	41	37,5
– Espagne	15	12	9	7	4,5
– Italie	17	14	11	9	5,5
– Portugal	17	16	14	13	10,7
Hors UE (en % de la population immigrée)	37	47	53	59	62,5
– Maghreb	25	29	29	30	29,9
– Reste de l'Afrique	2	5	7	9	13
– Asie	4	8	12	13	14,3
Total des effectifs (en millions)	3,8	4	4,2	4,3	5,5

Source : INSEE, 2012.

a. Comment évolue le nombre d'immigrés en France depuis 1975 ?

....

b. D'où venait la majorité des immigrés en 1975 ? Donne deux exemples de pays.

....

c. Est-ce encore le cas en 2010 ? Justifie ta réponse.

....

SCORE .... /6

COUP DE POUCE

Tu dois aussi qualifier cette évolution en précisant si elle forte ou faible.

ATTENTION

Différentes couleurs sont utilisées : du bleu pour les immigrés venant de l'UE, du violet pour ceux hors UE.

Corrigés p. 213

TOTAL .... / 7

GÉOGRAPHIE

11 Habiter la France : un territoire sous influence urbaine

Comment se répartit la population sur le territoire ?

- La natalité française est l'une des plus fortes d'Europe. Mais cela n'empêche pas un **vieillissement de la population**, dû à un allongement de l'espérance de vie.
- La France compte **66 millions d'habitants**, inégalement répartis sur le territoire. Les plus fortes densités de population s'observent autour des métropoles, le long des littoraux et des fleuves, sur les frontières du Nord et de l'Est. Les plus faibles densités s'expliquent notamment par les contraintes naturelles (Alpes, Pyrénées). On parle d'une « **diagonale du vide** ». Les régions de l'Ouest et du Sud sont **attractives**.
- Aujourd'hui, 82 % des Français vivent dans une **aire urbaine**. Au XXe siècle, la population des aires urbaines a augmenté et celles-ci se sont donc étendues. Cet **étalement urbain** entraîne de nombreuses mobilités et des conflits d'usage, notamment avec les agriculteurs.

★★ 1 Au brouillon, dans un développement construit, décris et explique la répartition de la population française sur le territoire, ainsi que ses dynamiques spatiales.

SCORE .... /5

COUP DE POUCE
Tu dois citer les espaces peuplés et moins peuplés et expliquer les raisons. Ensuite, il faut expliquer les mobilités de la population sur le territoire (régions attractives).

★★ 2 Lis le document et réponds aux questions au brouillon.

> L'urbanisation de l'espace français se traduit par une extension des villes et surtout aujourd'hui des aires urbaines. Celles-ci rassemblent 82 % de la population. Les territoires socialement et quotidiennement reliés aux pôles urbains[1] sont de plus en plus vastes et peuplés, avec la formation, autour des banlieues, de couronnes périurbaines qui sont les lieux de la plus forte croissance démographique depuis trente ou quarante ans. [...] La croissance des couronnes périurbaines est avant tout liée à l'installation de nouveaux résidents. On vient avant tout y chercher la possibilité de l'habitat individuel, (...), un cadre de vie rural. Mais surtout, on y fuit des prix immobiliers ayant connu dans les pôles urbains une hausse rapide.
>
> *La France. Territoires et aménagement face à la mondialisation*, sous la direction d'Y. Colombel et D. Oster, 2011.
>
> 1. Un pôle urbain est constitué d'une ville-centre et de sa banlieue.

a. « La population française est majoritairement urbaine. » Justifie cette affirmation par un élément du texte.

b. Dans les aires urbaines, quel espace a connu la plus forte croissance démographique ?

c. Cite les trois facteurs qui expliquent cette croissance.

d. Tâche cartographique :
– complète la légende en indiquant les trois espaces d'une aire urbaine ;
– indique le flux migratoire important de l'aire urbaine.

SCORE .... /7

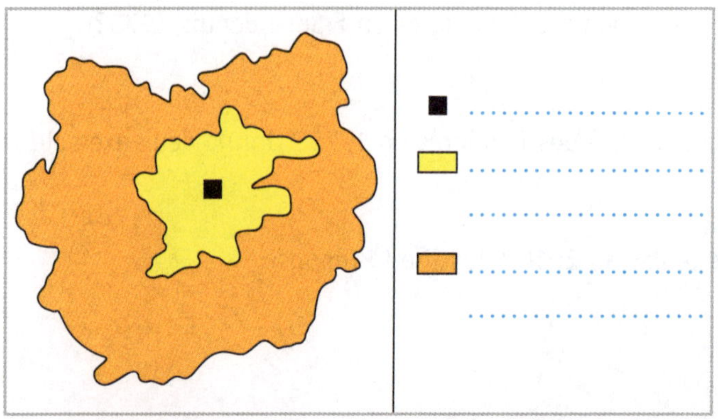

COUP DE POUCE
Un **flux migratoire** est un déplacement de personnes.

Corrigés p. 213-214

TOTAL .... / 12

12 La région

Comment fonctionne la région ?

- Les régions ont été créées en 1955. Avec les **lois de décentralisation de 1982-1983**, les régions deviennent des **collectivités territoriales** et leurs compétences ont augmenté (gestion de l'éducation, de l'action sociale, des transports,...).
- Les régions sont gérées par des **conseillers généraux**, élus tous les six ans au suffrage universel direct.
- La France compte **27 régions** en 2014 – 22 en métropole et 5 en outre-mer –, mais l'État envisage d'en réduire le nombre. Leur taille, leur richesse et leur poids démographique varient fortement de l'une à l'autre.

1 **Par qui sont gérées les régions ?**

....

SCORE .... /1

INFO

Le **préfet** est le représentant de l'État dans la région. Il contrôle la légalité des décisions prises.

2 **Comment appelle-t-on le transfert des compétences de l'État aux collectivités territoriales ? Donne un exemple de domaine géré par la région.**

....

SCORE .... /2

3 **Place sur la carte les 27 régions et les 10 plus grandes aires urbaines françaises.**

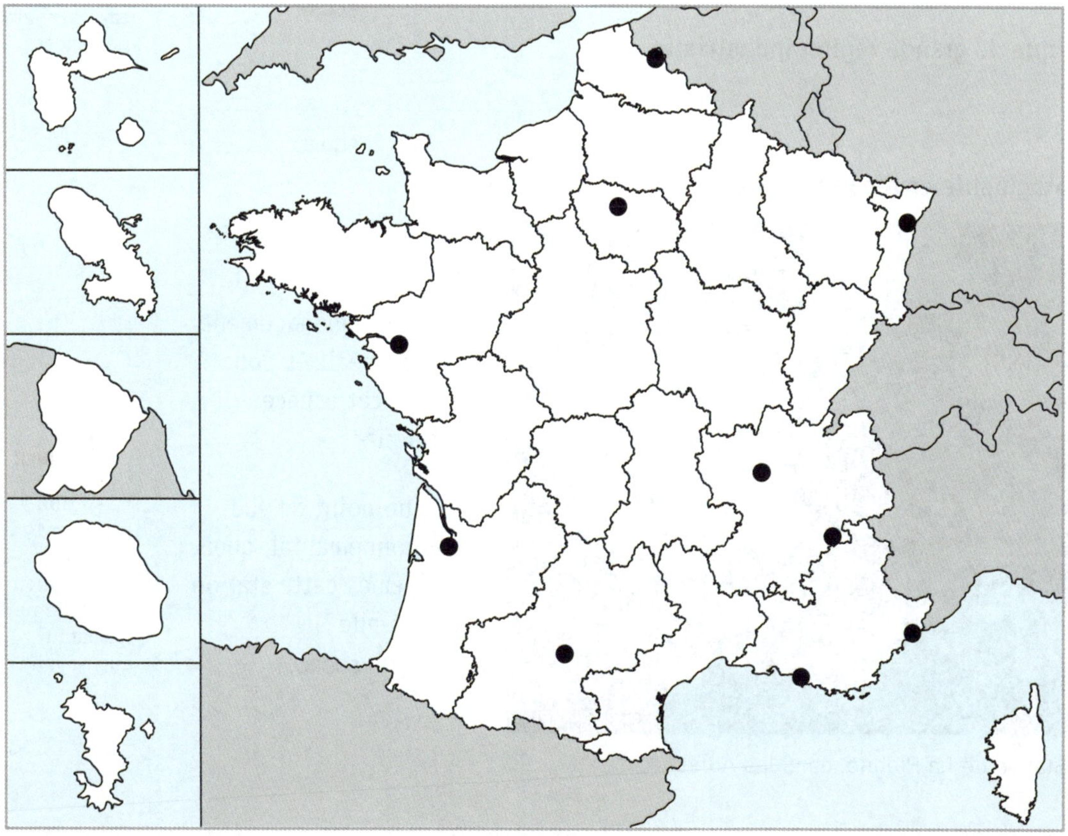

SCORE .... /10

Corrigés p. 214

TOTAL .... / 13

Plus d'exercices sur www.hatier-entrainement.com

13 Les espaces productifs

Comment expliquer la localisation des espaces productifs ?

- L'agriculture française s'est modernisée dans les années 1960, grâce à la PAC et aux aides de l'État. Sa productivité a augmenté. On assiste à une forte **spécialisation des espaces agricoles**.
- La France est une **puissance industrielle** tant dans les secteurs de base que de pointe. Les activités industrielles sont inégalement réparties sur le territoire. Elles se concentrent dans les métropoles (technopôles) et dans les ZIP, en Île-de-France et en Rhône-Alpes.
- La France est la **première destination touristique mondiale**. Les services se concentrent soit dans les centres-villes, soit dans des quartiers d'affaires (paysage de buildings) en périphérie des grandes métropoles.
- Pour ces activités, les pouvoirs publics (État et UE) légifèrent tant pour assurer la sécurité des populations que pour **préserver l'environnement** et assurer un développement plus durable.

★ 1 Quel type d'agriculture est maintenant encouragé par les pouvoirs publics ? Pour quelle raison ?

....

....

SCORE .... /2

COUP DE POUCE

L'**agriculture productiviste** a des conséquences négatives sur l'environnement : elle est très consommatrice en eau, en engrais et pesticides.

★ 2 Donne un exemple de grande région industrielle.

....

SCORE .... /1

★★ 3 Observe la photographie et réponds aux questions au brouillon.

Station de La Plagne, dans les Alpes.

a. Présente et localise le document.

b. Quels aménagements ont été réalisés pour rendre cet espace attractif ?

c. D'un point de vue environnemental, quels problèmes cette station pose-t-elle ?

SCORE .... /4

INFO

La station a été créée en 1961, *ex nihilo*. Cela veut dire qu'aucun aménagement n'existait auparavant.

Corrigés p. 214

TOTAL .... / 7

GÉOGRAPHIE

14 L'organisation du territoire français

Où se répartissent les activités sur le territoire ?

- Le **poids de l'agglomération parisienne** est démographique, économique, politique, culturel et financier. La politique d'aménagement du territoire vise à renforcer sa compétitivité, dans le cadre de la mondialisation.
- Il existe d'autres espaces dynamiques : les **métropoles du Sud et de l'Ouest** (industries de haute technologie) ; les **littoraux** (activités touristiques ou industrielles) ; les **espaces frontaliers** valorisés par la construction européenne, notamment ceux du Nord et de l'Est proches de la **mégalopole** européenne.
- Tous ces espaces sont intégrés dans l'espace national, européen et mondial grâce aux **transports** (LGV à dimension européenne, aéroports, ports).
- Les espaces les moins dynamiques appartiennent, pour la plupart, à la « **diagonale du vide** », qui s'étend des Pyrénées aux Ardennes, en passant par le Massif central. Leur faiblesse est démographique (peu peuplés, population vieillissante) et économique (activités moins compétitives). De plus, ils sont moins bien desservis par les transports (enclavement). Ces espaces bénéficient d'**aides financières de l'UE** pour améliorer leur compétitivité.

1 **Au brouillon, dans un développement construit, décris et explique la répartition des activités sur le territoire français.**

SCORE .... /5

COUP DE POUCE
Tu dois citer les espaces dynamiques, les activités qui s'y concentrent et les avantages de ces espaces (desserte par les transports). N'oublie pas d'indiquer les espaces les moins dynamiques.

2 **Tâche cartographique**

a. Complète la légende du croquis en associant à chaque figure le type d'espace qui lui correspond parmi les cinq proposés ci-dessous :
espaces industriels en reconversion • espaces périphériques dynamiques • métropole mondiale • cœur économique du pays • espaces à dominante rurale

b. Donne un titre au croquis.

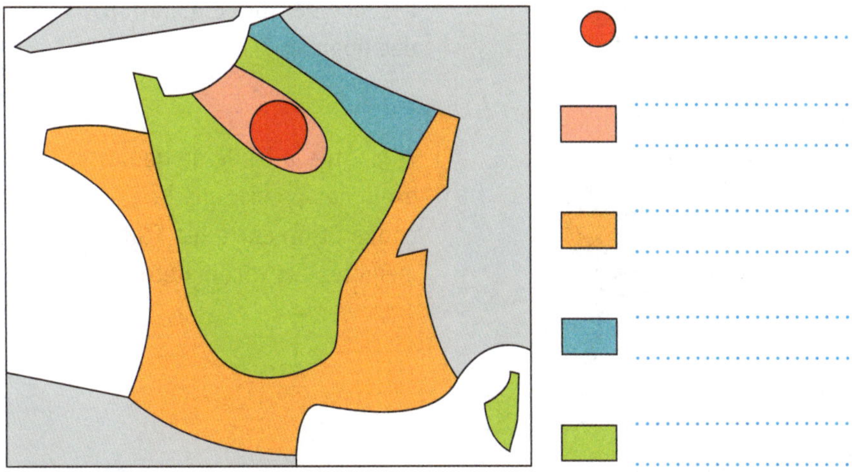

TITRE : ....

SCORE .... /6

Corrigés p. 214

Plus d'exercices sur www.hatier-entrainement.com

TOTAL .... / 11

GÉOGRAPHIE

15 L'Union européenne, une union d'États

Qu'est-ce qui unit les pays de l'UE ? Quels contrastes observe-t-on au sein de l'UE ?

- L'UE est une association économique et monétaire. Les **traités de Rome (1957)** établissent un **marché commun**, où les marchandises, les capitaux puis les hommes (grâce aux accords Schengen en 1985) circulent librement. L'**euro** entre en vigueur en **2002** et est aujourd'hui adopté par 19 pays. Néanmoins, cette coopération est incomplète : certains États ne participent pas à l'espace Schengen et/ou n'ont pas accepté l'euro.
- L'UE reste un **espace en construction**. Aujourd'hui, elle compte 28 membres et 5 pays sont officiellement candidats à l'entrée dans l'UE (Turquie, Macédoine, Monténégro, Islande, Serbie).
- Au sein de l'UE, on distingue trois espaces : le Nord-Ouest, l'espace le plus dynamique notamment la **mégalopole** ; les **périphéries du Nord et du Sud** avec des activités moins développées et les **nouveaux adhérents de l'Est** en retard (PIB/hab. et IDH inférieurs). Pour faire face à ces disparités, l'UE verse des aides financières (**politique de cohésion**).

★ **1** **De quand datent les traités de Rome ? Que mettent-ils en place ?**

....

SCORE .... /2

★★ **2** **Quelle partie de l'UE est la moins développée ? Justifie ta réponse au brouillon.**

SCORE .... /2

★★ **3** **Observe la carte et réponds aux questions.**

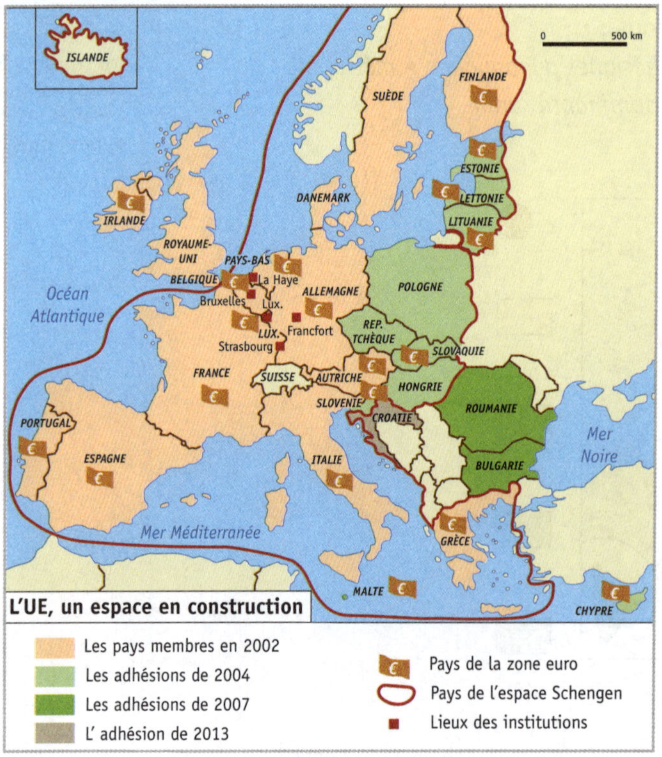

a. Combien d'États compte l'UE en 2015 ?

....

b. Comment s'appelle l'espace de libre circulation des hommes ?

....

c. Montre, à l'aide de deux exemples précis, que la coopération entre les États membres est incomplète.

....

....

....

....

SCORE .... /4

COUP DE POUCE
L'IDH est l'indicateur qui mesure le niveau de développement d'un pays. Tu peux aussi te servir du PIB/hab. ou de la mortalité infantile.

INFO
Le fonctionnement politique de l'UE est compliqué car il est **difficile** d'obtenir l'**unanimité** des 28 pays membres.

COUP DE POUCE
La coopération incomplète s'observe dans les domaines économique et monétaire.

Corrigés p. 215

TOTAL .... /8

GÉOGRAPHIE

16 La France, une influence mondiale

Sur quels aspects repose l'influence française dans le monde ?

- La France possède de **nombreux territoires ultramarins**, aux différents statuts (DROM, COM, POM), qui lui offrent d'indéniables avantages. Au niveau économique, la France dispose ainsi d'une **vaste ZEE**, avant tout exploitée pour la pêche. Au niveau stratégique, les possessions ultramarines permettent à la France d'être **présente sur tous les continents et tous les océans**. Beaucoup de ces possessions abritent des **bases militaires**, permettant à l'armée française d'intervenir rapidement dans le monde.
- La France est la **5e puissance économique mondiale**. Son savoir-faire est reconnu et plusieurs de ses firmes transnationales (FTN) figurent parmi les premières mondiales. La France joue aussi un **rôle diplomatique** important, grâce à sa place à l'ONU et à sa puissance militaire. Enfin, le rayonnement de la France est **culturel**. Le français est parlé par 220 millions de personnes et est l'une des langues officielles de certains pays. La France est également le **premier pays touristique au monde**.

1 Cite trois exemples de possessions ultramarines françaises.

....

SCORE .... /1

2 Donne un avantage offert par la possession de territoires ultramarins.

....

....

SCORE .... /1

COUP DE POUCE
Cet avantage peut être d'ordre économique ou d'ordre stratégique.

3 Lis le texte et réponds aux questions.

« Nous sommes un membre permanent du Conseil de sécurité, nous avons des moyens de défense. [...] La *Déclaration des droits de l'homme et du citoyen* ; la *Déclaration universelle des droits de l'Homme* n'a pas été écrite et conçue par un Français pour rien. Le respect des droits fondamentaux de la personne humaine ; la recherche partout de la paix, c'est cela qui porte la marque de la France et est un instrument d'influence. [...] La France est l'un des principaux pays contributeurs à l'aide au développement. [...] Sur le plan de la sécurité, la France contribue sans doute plus que tout autre, hormis les États-Unis, à la stabilité du monde. Songez à l'intervention au Mali, qui vient après d'autres interventions. »

Intervention de Laurent Fabius (ministre des Affaires étrangères), 27 mars 2013, www.diplomatie.gouv.fr.

INFO
La puissance militaire française repose, notamment, sur la possession de l'**arme nucléaire**.

a. Présente le document.

....

b. De quel aspect de la puissance française est-il ici question ?

....

c. Grâce à quels moyens la France exerce-t-elle une influence diplomatique dans le monde ?

....

....

SCORE .... /6

COUP DE POUCE
L'**aide publique au développement (APD)** est l'ensemble des dons et des prêts préférentiels accordés par les pays développés aux pays en développement.

Corrigés p. 215

TOTAL .... / 8

GÉOGRAPHIE

17 Réalités et limites de la puissance de l'Union européenne

Quels sont les aspects de la puissance européenne ? Quelles sont ses limites ?

- L'UE est **un des pôles de la Triade**. C'est donc un espace riche et développé : son PIB/hab. et son IDH sont très largement supérieurs à la moyenne mondiale, ce qui en fait un **espace attractif**.
- L'UE est une puissance économique (**1er PIB mondial**), compétitive dans les domaines agricole et industriel. Elle est également la **1re puissance commerciale et financière**.
- Dans les **domaines diplomatique et militaire**, l'UE joue un **rôle plus limité**. Malgré la mise en place d'une Politique étrangère et de sécurité commune (PESC), les États restent souverains en matière de politique étrangère ; d'où des prises de position parfois divergentes. En matière militaire, le budget reste faible et les États ne parviennent pas toujours à s'entendre sur une action commune.

★ 1 **Pourquoi peut-on dire que l'UE est un espace riche et développé ?**

....

SCORE .... /1

★★ 2 **Dans un développement construit présente les limites à la puissance européenne.**

SCORE .... /5

COUP DE POUCE
Ces limites s'observent dans les domaines diplomatique et militaire.

★★ 3 **Observe le document et réponds aux questions suivantes.**

L'UE et les autres pôles de puissance mondiaux en 2012

	UE à 28	États-Unis	Chine	Japon
Part du PIB mondial (en %)	30	24	9	8,8
Part des exportations mondiales (en %)	51,2 (dont 34,1 intra-UE)	11,8	13,4	6,8
Part des importations mondiales (en %)	48,6 (dont 34,1 intra-UE)	16,8	10,6	6,3
Part du flux des IDE entrants (en %)	19[1]	12,4	9	0,1

1. UE à 27, puisque la Croatie n'était pas membre en 2012.

Source : Eurostat et CNUCED

COUP DE POUCE
Les investissements directs à l'étranger (IDE) sont les sommes d'argent qu'investit une entreprise pour créer ou acquérir une entreprise ou une usine à l'étranger.

a. Quels aspects de la puissance européenne sont présentés dans ce tableau ?

....

b. Montre que le principal partenaire commercial de l'UE est elle-même et explique les raisons à l'aide de tes connaissances (voir unité 15).

....

c. Quelle expression désigne les trois pôles qui dominent le monde ?

....

SCORE .... /6

Corrigés p. 215

TOTAL .... / 12

18 La République et la citoyenneté

Sur quels principes et valeurs repose la République ? Quels droits offre-t-elle ?

- La Ve **République**, fondée en **1958**, est **indivisible, laïque, démocratique** et **sociale**. Ses valeurs, résumées dans la **devise** « Liberté, Égalité, Fraternité », sont représentées par des **symboles** (drapeau, *La Marseillaise*, Marianne).
- **Toute personne résidant en France** – même si elle n'a pas la nationalité française – dispose de droits civils, sociaux et économiques.
- Les **nationaux français** disposent en plus de droits politiques (vote et éligibilité). Ils sont également citoyens européens depuis le traité de Maastricht (1992).

1 **Dans quel texte sont énoncés les principes, les valeurs et les symboles de la République ? Date-le.**

....

SCORE .... /2

2 **Pour avoir des droits sociaux, faut-il avoir la nationalité française ? Justifie ta réponse au brouillon.**

SCORE .... /2

3 **« Les citoyens français disposent de droits supplémentaires. » Justifie cette affirmation au brouillon.**

SCORE .... /2

4 **Lis le texte et réponds aux questions suivantes.**

> **Art. 8 :** « Il est institué une citoyenneté de l'Union. Est citoyen de l'Union toute personne ayant la nationalité d'un État membre. [...] »
> **Art. 8 a :** « Tout citoyen de l'Union a le droit de circuler et de séjourner librement sur le territoire des États membres. [...] »
> **Art. 8 b. 1 :** « Tout citoyen de l'Union résidant dans un autre État membre dont il n'est pas ressortissant a le droit de vote et d'éligibilité aux élections municipales de l'État membre où il réside, dans les mêmes conditions que les ressortissants de cet État. [...] »
> **Art. 8 b. 2 :** « [...] [ainsi que] le droit de vote et d'éligibilité aux élections au Parlement européen dans l'État membre où il réside, dans les mêmes conditions que les ressortissants de cet État. [...] »
>
> Traité de Maastricht sur l'Union européenne, 1992.

a. Présente le document.

....

b. À quelle condition est-on citoyen européen ?

....

c. Quels droits civils sont instaurés par ce traité ?

....

d. Quels droits politiques sont instaurés par ce traité ?

....

SCORE .... /6

COUP DE POUCE

- Les **droits civils** sont les droits qui donnent des libertés fondamentales.
- Les **droits économiques** sont des droits qui protègent dans le monde du travail.
- Les **droits politiques** sont les droits qui permettent de participer à la souveraineté nationale.

Corrigés p. 216

TOTAL .... / 12

ÉDUCATION CIVIQUE

19 La vie politique

Comment fonctionne la République française ?

- La France est une **démocratie** : le citoyen est au cœur de la vie politique grâce au droit de vote et les pouvoirs sont séparés. Le **pouvoir exécutif** appartient au **Président** (élu tous les cinq ans au suffrage universel direct) et au **gouvernement**. Le Président dispose de pouvoirs spécifiques (« domaine réservé »). Le **pouvoir législatif** appartient au **Parlement**, composé de l'**Assemblée nationale** (élue tous les cinq ans au suffrage universel direct) et du **Sénat** (élu tous les six ans au suffrage universel indirect).
- Par les **lois de décentralisation de 1982-1983**, l'État a confié une partie de ses compétences aux **collectivités territoriales** (communes, départements, régions), gérées par des conseils élus au suffrage universel direct tous les six ans.

★ 1 Quelles sont les collectivités territoriales en France ?

....

SCORE .... /1

★★ 2 Observe le schéma et réponds aux questions suivantes.

Les institutions de la République

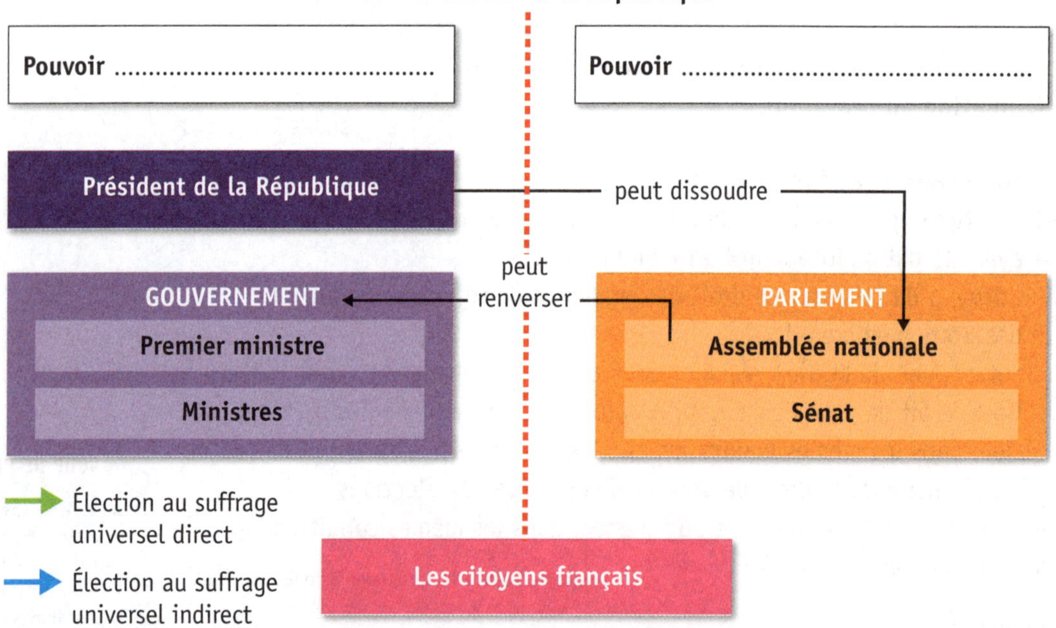

a. Complète les deux cadres qui se trouvent en haut du schéma.

b. Indique, à l'aide des flèches proposées en légende, les moyens de désignation des différents acteurs politiques.

c. « La France est une démocratie. » Justifie cette affirmation à l'aide de deux éléments du schéma.

....

....

SCORE .... /9

ATTENTION
Le **gouvernement** n'est pas élu, mais **nommé** par le président de la République.

INFO
La France est une **démocratie** car les droits de l'Homme y sont garantis, ainsi que le pluralisme politique.

Corrigés p. 216

TOTAL .... / 10

ÉDUCATION CIVIQUE

20 La vie démocratique et sociale

Comment les Français participent-ils à la vie démocratique et sociale du pays ?

- Pour s'investir dans la **vie démocratique**, les Français disposent du **droit de vote et d'éligibilité**. Ils peuvent également adhérer à un **parti politique** (PS, UMP, Modem...) ou participer à un référendum local.
- Les Français participent à la **vie sociale** en militant dans un **syndicat** (CFDT, CGT, Medef...). Un syndicat est une association de personnes qui, dans le cadre de leur activité professionnelle, se regroupent pour défendre des intérêts communs, grâce à des négociations, des manifestations et la grève.
- Les **médias** participent à la vie démocratique : ils diffusent des informations et sont un moyen d'expression, notamment par le biais des **sondages d'opinion**. Leurs activités sont encadrées par la loi qui interdit la diffamation, l'incitation à la haine...
Leur utilisation nécessite donc vigilance, en particulier sur internet, et esprit critique.

1 Cite deux moyens dont disposent les Français pour s'investir dans la vie démocratique.

....

SCORE .... /1

2 Quels sont les rôles des médias ? ....

....

SCORE .... /2

COUP DE POUCE
On attend ici deux réponses.

3 Observe le document et réponds aux questions suivantes.

a. Présente le document.

....

....

b. Décris le document.

....

....

....

c. Contre quelle mesure cette affiche a-t-elle été réalisée ?

....

....

d. Qu'incite aussi à faire cette affiche ?

....

....

SCORE .... /5

INFO
La **CGT** (Confédération générale du travail) est un syndicat de salariés, créé en 1895.

COUP DE POUCE
Les syndicats fonctionnent grâce aux **cotisations** de leurs adhérents.

Corrigés p. 216

TOTAL .... / 8

ÉDUCATION CIVIQUE

21 La défense et la paix

Quel est le rôle de l'ONU ? Quelles sont les missions de la défense française ?

- De nombreuses menaces pèsent sur la paix et la sécurité mondiales (guerres, terrorisme, menace nucléaire,...). Créée en **1945**, l'**ONU** a pour mission de **garantir la paix** dans le monde. Son **Conseil de sécurité** peut donc voter des résolutions prévoyant l'envoi de casques bleus pour rétablir et/ou maintenir la paix. Néanmoins, l'ONU ne peut régler tous les conflits.
- L'**armée française** a pour mission de protéger le territoire et de secourir et protéger la population. Elle peut intervenir en dehors de ses frontières dans le cadre de missions humanitaires et de missions de rétablissement et/ou de maintien de la paix, souvent dans le cadre de l'ONU.
- Aujourd'hui, l'armée française est uniquement composée de professionnels. Mais, le citoyen se doit de participer à la défense de la nation, en suivant un **parcours de citoyenneté**.

★ **1** **Donne un exemple de menace pour la paix et la sécurité mondiales.**

....

SCORE .... /1

★★ **2** **L'armée française intervient-elle uniquement sur le territoire français ? Justifie.**

....

....

SCORE .... /2

COUP DE POUCE
L'armée française a pour mission de secourir la population française où qu'elle soit dans le monde.

★★ **3** **Observe le document et réponds aux questions suivantes.**

a. Quelles sont les trois étapes du parcours de citoyenneté ?

....

....

b. À qui s'adresse ce parcours ?

....

....

....

c. Montre que l'accomplissement du parcours de citoyenneté est un devoir.

....

....

....

SCORE .... /7

INFO
Lors de la **JDC (journée défense et citoyenneté)**, les jeunes Français(es) sont informé(e)s sur les responsabilités du citoyen et les enjeux de la défense. Ils peuvent bénéficier d'une initiation aux gestes de premiers secours et d'une visite d'installations militaires.

Corrigés p. 217

Plus d'exercices sur www.hatier-entrainement.com

TOTAL .... / 10

BREVET BLANC 1

L'épreuve du brevet

- L'épreuve dure **2 heures**. Elle est notée sur **40 points**. Chaque partie comprend **l'étude d'un document**, précédée de **questions de cours** qui appellent des réponses plus ou moins courtes. L'une d'elles – en histoire ou en géographie – appelle un **développement construit** d'une vingtaine de lignes. Une **tâche cartographique** peut aussi être demandée.

Histoire

QUESTIONS 7 POINTS

1. À quel événement correspond la date de 52 avant J.-C. ? 1,5 POINT
2. Quand est signé l'édit de Nantes ? Qu'autorise-t-il ? 1,5 POINT
3. Expliquez ce qu'est la guerre de tranchées. 2 POINTS
4. Sur quels fondements repose l'idéologie nazie ? 2 POINTS

COUP DE POUCE

Trois éléments de réponse sont attendus dans la question 4.

TRAVAIL SUR DOCUMENT 6 POINTS

Appel du général de Gaulle, discours radiodiffusé par la BBC

« Ce gouvernement, alléguant la défaite de nos armées, s'est mis en rapport avec l'ennemi pour cesser le combat.

Certes, nous avons été, nous sommes, submergés par la force mécanique, terrestre et aérienne, de l'ennemi. [...] Mais le dernier mot est-il dit ? L'espérance doit-elle disparaître ? La défaite est-elle définitive ? Non !

Croyez-moi, moi qui vous parle en connaissance de cause et vous dis que rien n'est perdu pour la France. [...] Car la France n'est pas seule ! Elle n'est pas seule ! Elle n'est pas seule ! Elle a un vaste Empire derrière elle. Elle peut faire bloc avec l'Empire britannique qui tient la mer et continue la lutte. Elle peut, comme l'Angleterre, utiliser sans limites l'immense industrie des États-Unis. Cette guerre n'est pas limitée au territoire malheureux de notre pays. Cette guerre est une guerre mondiale. [...]

Moi, Général de Gaulle, actuellement à Londres, j'invite les officiers et les soldats français qui se trouvent en territoire britannique ou qui viendraient à s'y trouver, avec leurs armes ou sans leurs armes, j'invite les ingénieurs et les ouvriers spécialistes des industries d'armement qui se trouvent en territoire britannique ou qui viendraient à s'y trouver, à se mettre en rapport avec moi.

Quoi qu'il arrive, la flamme de la résistance française ne doit pas s'éteindre et ne s'éteindra pas. Demain, comme aujourd'hui, je parlerai à la Radio de Londres. »

1. De quand date ce discours (jour, mois et année) ? 1 POINT
2. Quel est le contexte militaire et politique de la France au moment du discours ? 1 POINT
3. Quelles sont les raisons invoquées par de Gaulle pour refuser la défaite ? Justifiez à l'aide d'extraits du discours. 3 POINTS
4. Quel est le but de ce discours ? 1 POINT

INFO

La veille, le maréchal Pétain s'est adressé aux Français en leur demandant de cesser les combats dans la mesure où il a demandé l'armistice.

Géographie

QUESTIONS 8 POINTS

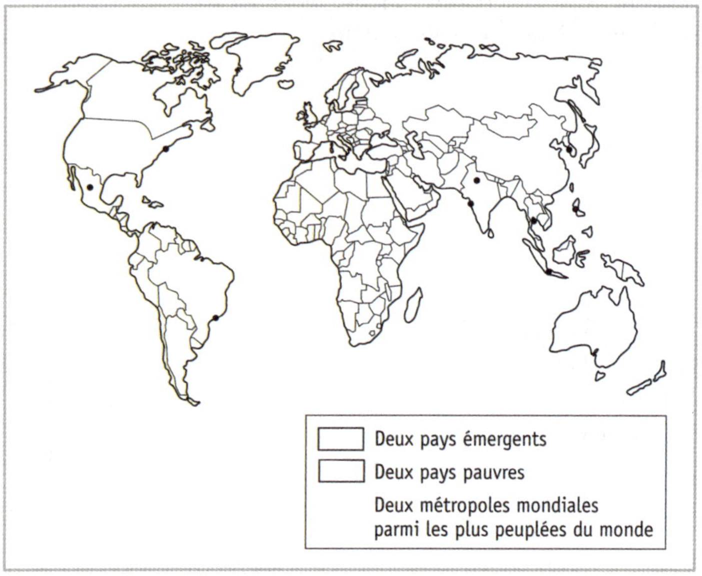

1. Complétez la légende ci-contre en choisissant des figurés et couleurs adaptés, puis localisez, nommez et coloriez ces éléments sur le fond de carte. 3 POINTS

2. Dans un développement construit, présentez les aspects de la puissance européenne. 5 POINTS

ATTENTION
Pour la question 2, il s'agit de fournir une réponse construite, d'une vingtaine de lignes sur les aspects agricoles, industriels, commerciaux et financiers de la puissance européenne.

TRAVAIL SUR DOCUMENT 5 POINTS

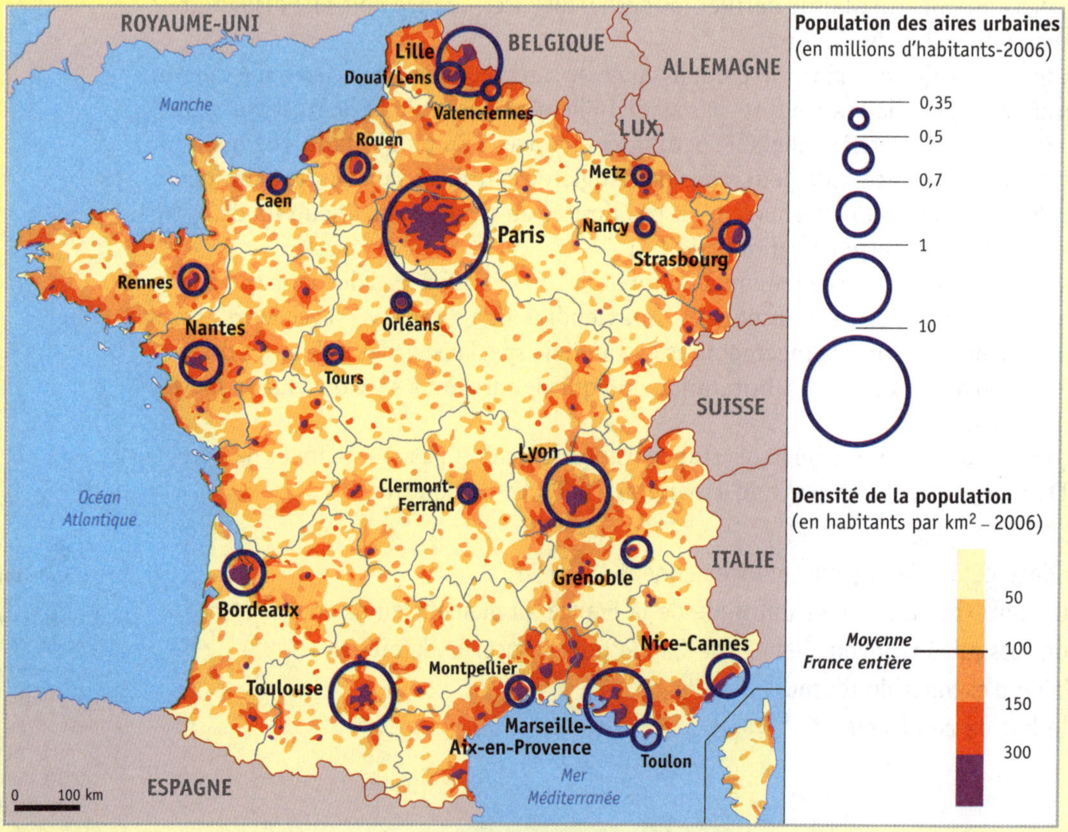

1. Donnez un titre à cette carte. 0,5 POINT
2. Comment est répartie la population sur le territoire ? 0,5 POINT
3. Sur la carte, entourez en rouge et nommez un espace fortement peuplé. Puis expliquez les raisons de ce fort peuplement. 2 POINTS
4. Présentez la « diagonale du vide » puis tracez-la en vert sur la carte. 2 POINTS

COUP DE POUCE
Il faut situer cette « diagonale du vide » et expliquer pourquoi on parle de « vide ».

Éducation civique

QUESTIONS 4 POINTS

1. Quelles sont les trois valeurs de la République française ? 1 POINT
2. Quel est le rôle des syndicats ? 1 POINT
3. « La France est un État décentralisé. » Expliquez cette phrase à l'aide d'un exemple. 2 POINTS

COUP DE POUCE
Dans la question 3, il faut rappeler la définition de décentralisation et expliquer les compétences des collectivités territoriales.

TRAVAIL SUR DOCUMENT 6 POINTS

Le débat de l'entre-deux-tours des présidentielles de 2012

1. Complétez les cadres ci-dessus sans employer le nom des personnes. 2 POINTS
2. Dans quel lieu a été filmé ce débat ? 0,5 POINT
3. Que représente le décor de l'arrière-plan ? 0,5 POINT
4. Relevez dans le document deux médias différents. 1 POINT
5. En vous appuyant sur l'exemple illustré par le document, expliquez comment les médias participent à la vie démocratique. 2 POINTS

INFO
4 points sont attribués pour la maîtrise de la langue.

Corrigés p. 217-218

Se préparer à l'épreuve du brevet

- L'épreuve ne se prépare pas au dernier moment… **Participer en classe** facilite l'acquisition du contenu des cours. Chaque soir, le cours doit être relu avec le livre sous les yeux pour **mémoriser progressivement**. Enfin, il faut prévoir entre quinze jours et un mois avant l'épreuve pour **revoir l'ensemble du programme** et **reprendre les évaluations et les corrigés** pour comprendre les erreurs qui ont été faites et éviter de les reproduire.

Histoire

QUESTIONS 8 POINTS

1. À quelle période Louis XIV règne-t-il sur la France ? 1 POINT
2. À quelle période Napoléon III règne-t-il sur la France ? 1 POINT
3. À quelle période François Mitterrand dirige-t-il la France ? 1 POINT
4. Dans un développement construit, présentez les crises de Berlin et montrez en quoi elles sont révélatrices de la guerre froide. 5 POINTS

COUP DE POUCE
La **guerre froide** est l'affrontement indirect entre les États-Unis et l'URSS entre 1947 et 1991.

TRAVAIL SUR DOCUMENT 5 POINTS

La crise des années 1930 en France

	1929	1930	1931	1932	1933	1934	1935
Production industrielle (indice 100 en 1929)	100	98	85	72	81	75	72
Salaires (indice 100 en 1929)	100	106	101	92	88	81	75
Chômeurs secourus	1 000	1 700	45 000	260 000	275 000	335 000	426 000

1. Comment évoluent les trois indicateurs présentés dans le tableau ? 3 POINTS
2. À quel type de crise est donc confrontée la France dans les années 1930 ? 1 POINT
3. Quelles en sont les conséquences sur le plan politique ? 1 POINT

ATTENTION
Le tableau présente la situation de la France de 1929 (année du début de la crise aux États-Unis) à 1935 (juste avant l'arrivée du Front populaire au pouvoir). La France est réellement touchée par la crise en 1931.

Géographie

QUESTIONS 8 POINTS

1. Complétez la légende ci-contre en choisissant des figurés et couleurs adaptés, puis localisez, nommez et coloriez ces éléments sur le fond de carte. 3 POINTS

2. Où sont situées les régions attractives en France ? 1 POINT

3. Présentez le poids de Paris dans l'organisation du territoire français. 2 POINTS

4. Expliquez les contrastes au sein de l'Union européenne. 2 POINTS

COUP DE POUCE
Il s'agit de présenter les inégalités économiques et de développement.

TRAVAIL SUR DOCUMENT 5 POINTS

La Grande-Motte est une station balnéaire située dans le département de l'Hérault. Elle a été construite *ex nihilo* (= à partir de rien) en 1965. Son aménagement s'est réalisé dans le cadre de la mission Racine, mise en œuvre par l'État pour aménager la côte languedocienne (et ainsi éviter la fuite des touristes vers l'Espagne).

1. Présentez et localisez le document. 1,5 POINT

2. Quelle est l'activité dominante ? 0,5 POINT

3. De quels atouts naturels bénéficie cette activité à La Grande-Motte ? 2 POINTS

4. Quels aménagements ont été réalisés pour permettre le développement de cette activité ? 1 POINT

COUP DE POUCE
Pense au climat de cette région.

Éducation civique

QUESTIONS 5 POINTS

1. Quel traité crée la citoyenneté européenne? De quand date-t-il? 1 POINT

2. Citez un moyen pour acquérir la nationalité française. 0,5 POINT

3. Quel organisme a pour mission de maintenir la paix dans le monde? Donnez un moyen dont il dispose pour y parvenir. 1,5 POINT

4. « La France est une République laïque. » Expliquez cette affirmation en vous appuyant sur un exemple précis. 2 POINTS

COUP DE POUCE
Prends l'exemple de l'école pour justifier cette affirmation.

TRAVAIL SUR DOCUMENT 5 POINTS

Art. 6 : « Le président de la République est élu pour cinq ans au suffrage universel direct. Nul ne peut exercer plus de deux mandats consécutifs. »

Art. 7 : « Le président de la République est élu à la majorité absolue des suffrages exprimés. Si celle-ci n'est pas obtenue au premier tour de scrutin, il est procédé, le quatorzième jour suivant, à un second tour. »

Art. 8 : « Le président de la République nomme le Premier ministre. Il met fin à ses fonctions sur la présentation par celui-ci de la démission du Gouvernement. Sur la proposition du Premier ministre, il nomme les autres membres du Gouvernement et met fin à leurs fonctions. »

Art. 9 : « Le président de la République préside le Conseil des ministres. »

Art. 24 : « Le Parlement vote la loi. Il contrôle l'action du Gouvernement. »

Art. 50 : « Lorsque l'Assemblée nationale adopte une motion de censure ou lorsqu'elle désapprouve le programme [...], le Premier ministre doit remettre au président de la République la démission du Gouvernement. »

Extraits de la Constitution de la Ve République.

1. De quel texte sont extraits les articles ci-dessus? De quand date ce texte? 1 POINT

2. Comment est élu le président de la République? 1 POINT

3. Comment sont désignés les membres du Gouvernement? 1 POINT

4. Le Parlement détient le pouvoir législatif. Justifiez cette affirmation. 1 POINT

5. Montrez que l'Assemblée nationale contrôle le Gouvernement. 1 POINT

COUP DE POUCE
Une **motion de censure** est la mise en cause du Gouvernement. Elle doit être présentée par au moins 10 % des députés. Elle est soumise ensuite au vote de l'ensemble des députés.

Corrigés p. 218-220

S'équiper pour l'épreuve du brevet

- Le jour de l'épreuve, le prêt de matériel entre les candidats est interdit. Tu dois donc apporter le **matériel nécessaire** : stylos de différentes couleurs, crayon à papier, gomme, crayons de couleurs... Il ne faut pas non plus oublier la **convocation** et la **carte d'identité** ou le **passeport**.

Histoire

QUESTIONS 6 POINTS

1. Choisissez un événement de la Révolution française et datez-le. 1 POINT
2. Citez et datez un des traités fondamentaux pour la construction européenne. 1 POINT
3. Donnez une conséquence des progrès de la médecine au XXe siècle. 1 POINT
4. Citez deux moyens utilisés pour encadrer la population dans un régime totalitaire. 2 POINTS
5. Citez un exemple d'adaptation législative à l'évolution de la société sous la Ve République. 1 POINT

COUP DE POUCE

Dans la question 4, tu peux utiliser l'exemple de l'URSS stalinienne et/ou de l'Allemagne nazie.

COUP DE POUCE

« Adaptation législative » signifie le vote d'une loi qui prend en compte les changements de la société, par exemple sur le rôle des femmes.

TRAVAIL SUR DOCUMENT 7 POINTS

Plan du centre de mise à mort de Treblinka (1942-1943)

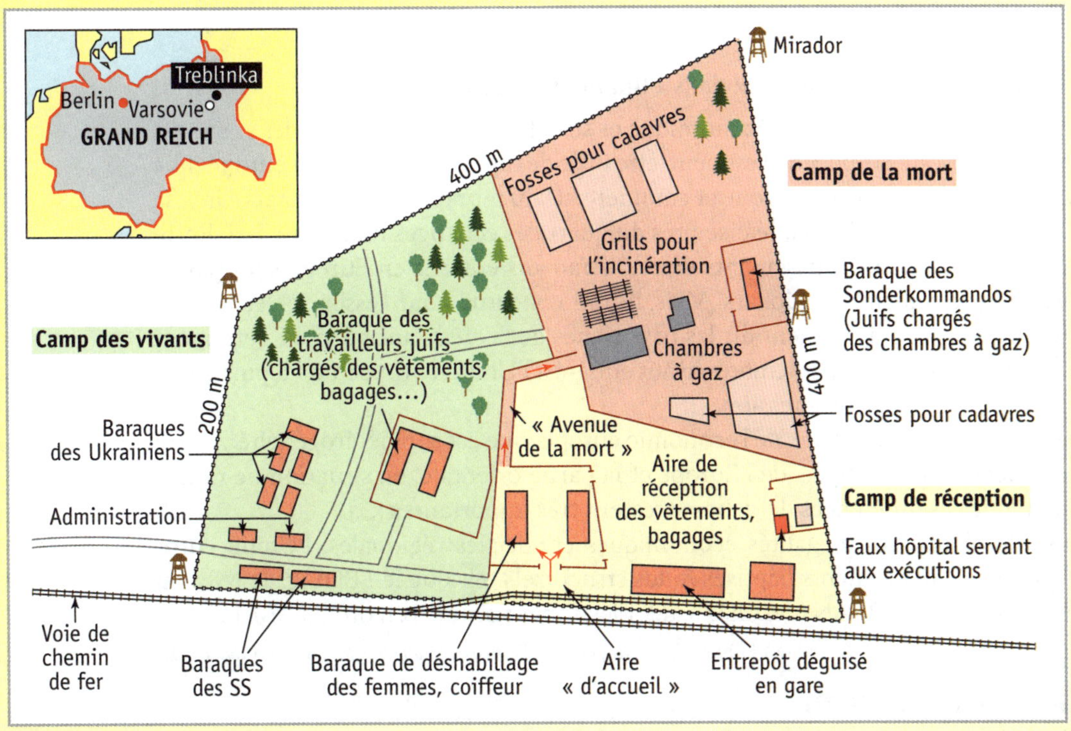

1. Indiquez et situez le lieu représenté. 1 POINT
2. À Treblinka, qui sont les gardiens ? 1 POINT
3. À partir du document, décrivez le sort des déportés. 3 POINTS
4. Environ 760 000 personnes sont tuées à Treblinka. Il y avait environ 200 gardiens. Expliquez comment cette mise à mort est industrialisée. 2 POINTS

Géographie

QUESTIONS 8 POINTS

1. Sur la carte ci-contre : 2 POINTS
- localisez et nommez une façade maritime ;
- localisez et nommez les régions Aquitaine et Rhône-Alpes ;
- localisez et nommez l'aire urbaine de Toulouse.

2. Citez un exemple qui montre que la France est une puissance au rayonnement culturel et politique mondial. 1 POINT

3. En rédigeant un développement construit, décrivez et expliquez le poids de Paris et son rayonnement à différentes échelles. 5 POINTS

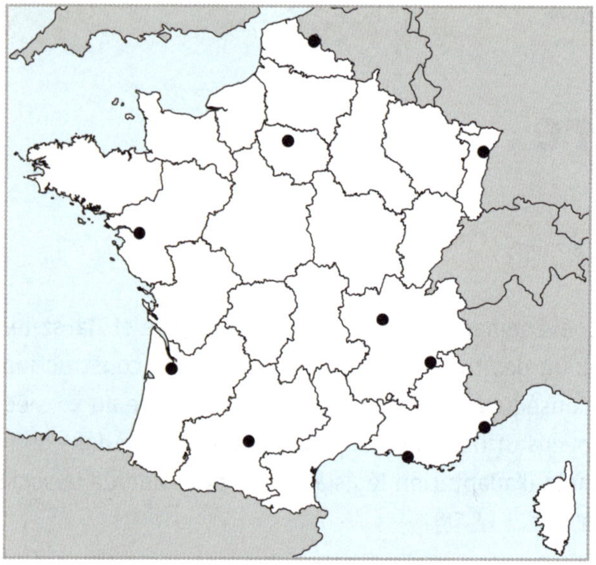

COUP DE POUCE

Le poids de Paris s'observe dans les domaines démographique, économique, financier, culturel et politique.
Le rayonnement s'observe à l'échelle nationale, européenne et mondiale.

TRAVAIL SUR DOCUMENT 5 POINTS

Les contrastes économiques et sociaux dans l'Union européenne

« À l'heure où la crise financière, économique et sociale jette le trouble sur les capacités du système économique européen, il est peut-être utile de rappeler que l'Union européenne reste la première puissance économique et commerciale du monde devant les États-Unis, la Chine et le Japon. À elle seule, elle réalise près du quart des échanges mondiaux [...]. Entre 1993 et 2005, les flux des investissements directs étrangers entrant en Europe sont passés de 80 à près de 400 milliards de dollars. Mais, ils ont concerné pour l'essentiel les pays de l'Union européenne à 15, autrement dit les pays riches de l'Ouest européen, et nettement moins les douze nouveaux pays membres ayant adhéré à l'Union européenne depuis 2004, même s'ils enregistrent une progression.

De ce fait, l'autre caractéristique de l'économie européenne est son hétérogénéité[1]. Entre la partie occidentale, développée, de l'Europe et la partie orientale, en situation de rattrapage économique, les différences de richesse restent très importantes [...].

Soucieuse de réduire les inégalités économiques et sociales régionales, l'Union européenne s'est dotée d'instruments baptisés fonds structurels tels que le FEDER[2], le FSE[3] ou encore les programmes URBAN (destinés à aider les zones urbaines en difficultés). [...]. »

D'après Boris Grésillon, *Europe, Europes*, © La Documentation française, 2010.

1. Diversité.
2. Fonds Européen de Développement Régional.
3. Fonds Social Européen.

1. Quelle place occupe l'UE dans l'économie mondiale ? Justifiez à l'aide d'un exemple. 1 POINT

2. Tâche cartographique 2 POINTS
Dans le texte, deux parties de l'UE s'opposent d'un point de vue économique :
- représentez ce contraste sur la carte ci-contre ;
- complétez la légende.

3. Relevez dans le texte deux instruments utilisés par l'UE pour réduire les inégalités sur son territoire. 2 POINTS

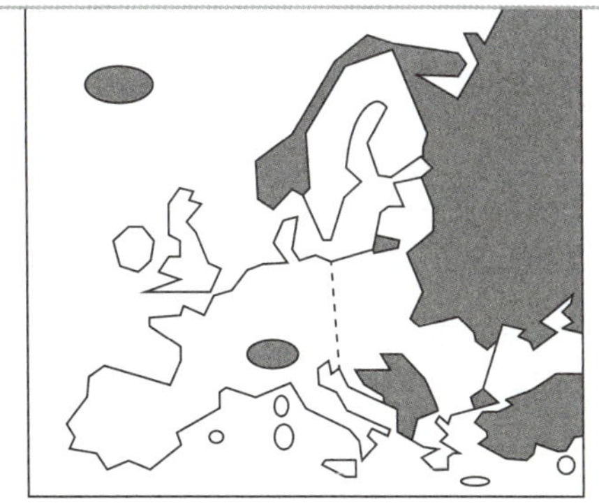

États européens non membres de l'UE
☐ ....
☐ ....

COUP DE POUCE
Pour représenter un espace, tu peux utiliser un aplat de couleurs. On utilise des couleurs chaudes (comme le rouge) pour un espace dynamique. Tu peux aussi faire un dégradé de couleurs pour montrer les différences de dynamisme entre les espaces.

Éducation civique

QUESTIONS 5 POINTS

1. Nommez deux principes et deux symboles de la République française. 2 POINTS
2. « Les médias sont nécessaires dans une démocratie. » Donnez deux arguments qui justifient cette affirmation. 2 POINTS
3. Citez deux conditions pour être électeur en France. 1 POINT

ATTENTION
On te demande de nommer des principes (au nombre de quatre énoncés dans la Constitution) et non pas les trois valeurs de la République.

TRAVAIL SUR DOCUMENT 5 POINTS

Les missions de la défense nationale

« Au lendemain de mon élection, j'ai demandé qu'un nouveau Livre blanc[1] sur la défense et la sécurité nationale soit établi. [...] Les menaces identifiées en 2008 – terrorisme, cybermenace[2], prolifération nucléaire, pandémie[3]... – se sont amplifiées.

Par son économie, par ses idées, par sa langue, par ses capacités diplomatiques et militaires, par la place qu'elle occupe au Conseil de sécurité des Nations unies, la France est engagée sur la scène internationale, conformément à ses intérêts et ses valeurs. Elle agit en concertation étroite avec ses partenaires européens comme avec ses alliés, mais garde une capacité d'initiative propre.

Le Livre blanc met l'accent sur les trois priorités de notre stratégie de défense : la protection, la dissuasion, l'intervention. Elles se renforcent mutuellement. »

François Hollande, président de la République,
extrait de la préface du Livre blanc sur la défense et la sécurité nationale, 2013.

1. Le Livre blanc sur la défense et la sécurité nationale présente la stratégie de défense de la France pour les prochaines années.
2. Menaces des intérêts de l'État, faites par le biais d'internet. 3. Épidémie mondiale.

1. Quel pouvoir inscrit dans la Constitution permet au président de la République de commander un nouveau Livre blanc sur la défense et la sécurité nationale ? 1 POINT
2. Relevez deux menaces citées dans le texte. 1 POINT
3. À l'aide du texte, citez une organisation internationale à laquelle la France participe. 1 POINT
4. Le Livre blanc indique les trois priorités de la défense française : « la protection, la dissuasion, l'intervention ». Choisissez-en une et illustrez-la avec un exemple. 2 POINTS

Corrigés p. 220-221

BREVET BLANC 4

Bien s'organiser le jour de l'épreuve du brevet

- L'épreuve dure deux heures et comprend trois parties. Il faut donc **gérer son temps.** À titre indicatif, tu peux consacrer 40 minutes à l'histoire, 40 minutes à la géographie et 35 minutes à l'éducation civique.
- Ne perds pas trop de temps sur les questions qui te paraissent difficiles : tu pourras y revenir par la suite. Pour la rédaction du développement construit, **faire un brouillon** n'est pas une perte de temps. Enfin, consacre les cinq dernières minutes à la **relecture de la copie.**

Histoire

QUESTIONS 7 POINTS

1. À quels siècles correspond « l'âge des cathédrales gothiques » ? 1 POINT

2. Mahomet est contraint de quitter La Mecque et se réfugie à Médine. Comment s'appelle cet événement ? Datez-le. 1 POINT

3. Dans un développement construit, racontez à partir de l'exemple de décolonisation étudié en classe la manière dont une colonie devient un État indépendant. 5 POINTS

COUP DE POUCE

Cet exemple peut être l'Algérie, l'Inde ou un État d'Afrique subsaharienne, selon ce que le professeur a traité en classe.

TRAVAIL SUR DOCUMENT 6 POINTS

Discours radiodiffusé du général de Gaulle, 27 avril 1965

« Nous avons choisi l'indépendance. Il s'agit que, sans renier notre amitié américaine, nous nous comportions en Européens que nous sommes.

Chaque nation doit être responsable d'elle-même. De là, notre réprobation devant la guerre qui s'étend en Asie de jour en jour[1] [...], le concours que nous apportons au développement de bon nombre de nouveaux États africains, les rapports que nous nouons avec la Chine[2], etc. Bref, il y a maintenant une politique de la France, et elle se fait à Paris. <u>Au point de vue de la sécurité, notre indépendance exige, à l'ère atomique, que nous ayons les moyens voulus pour dissuader, nous-mêmes, un éventuel agresseur</u>. »

1. La guerre du Vietnam.
2. Reconnaissance de la Chine communiste, qui n'a pas été reconnue par les États-Unis.

1. Quelle fonction exerce l'auteur de ce discours en 1965 ? 1 POINT

2. Donnez deux exemples montrant que de Gaulle prend ses distances vis-à-vis des États-Unis. 2 POINTS

3. Pourquoi de tels choix en matière de politique internationale ? 2 POINTS

4. À quoi fait référence le passage souligné ? 1 POINT

ATTENTION

Ce discours est prononcé en pleine guerre froide, alors que les pays d'Europe de l'Ouest sont présentés comme partie intégrante du bloc Ouest dominé par les États-Unis.

Géographie

QUESTIONS 5 POINTS

1. Localisez et nommez sur la carte ci-dessous, en vous aidant de la légende : 3 POINTS
- deux foyers de peuplement ;
- deux océans ;
- deux États parmi les cinq les plus peuplés du monde.

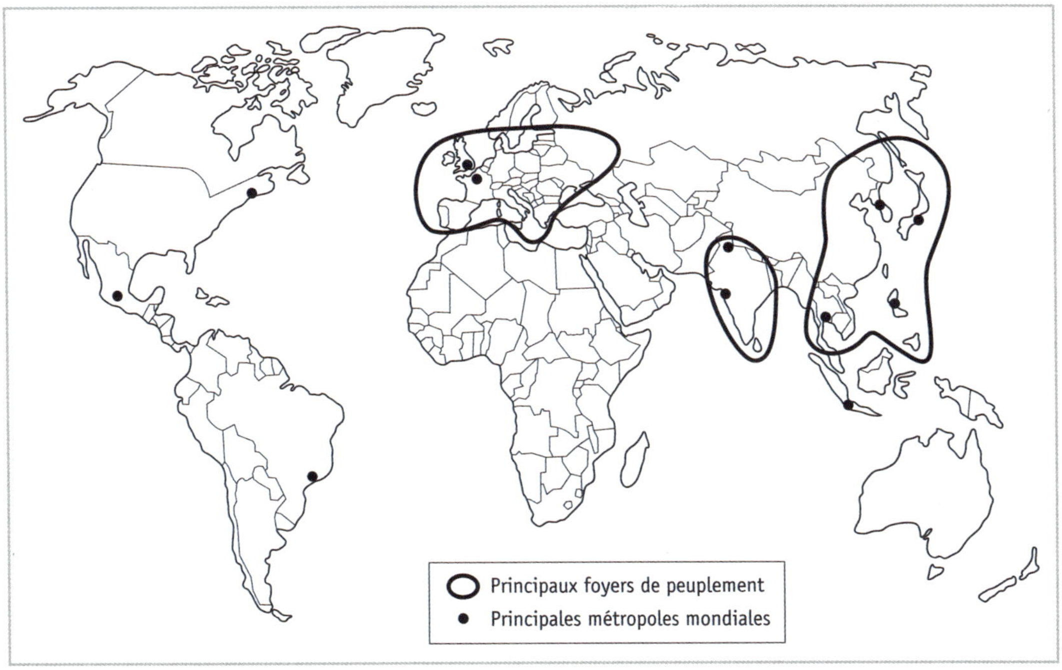

2. Citez un domaine dans lequel la puissance de l'Union européenne est plus limitée et donnez un exemple pour illustrer votre propos. 2 POINTS

TRAVAIL SUR DOCUMENT 8 POINTS

Les mobilités de la population en France métropolitaine

« Le solde migratoire[1] est négatif pour le Nord, la Picardie, la Champagne-Ardenne, la Lorraine, une partie du Massif Central, l'Est, le sud et l'ouest du Bassin parisien, mais aussi pour l'Île-de-France.

L'Île-de-France apparaît comme un cas à part. En moyenne, il y a 105 000 arrivées pour 178 000 départs, chaque année depuis 2001. Les jeunes adultes (étudiants, jeunes actifs) composent le principal flux d'arrivants. Les couples, les retraités et les moins qualifiés sont ceux qui partent le plus. Une minorité s'installe à proximité de l'Île-de-France pour des raisons de coût et de conditions de vie. La majorité des départs (75 %) s'effectue vers des régions non limitrophes : Provence-Alpes-Côte d'Azur, Rhône-Alpes, Bretagne, Pays de la Loire, Aquitaine, Midi-Pyrénées, Languedoc-Roussillon. La recherche d'un cadre de vie agréable est essentielle [...].

Globalement, la redistribution profite surtout aux Midis. Le solde est positif pour l'ensemble des régions du Sud, mais aussi pour le littoral de l'Atlantique et l'Alsace. »

D'après Vincent Adoumié (dir.), *Géographie de la France*, Coll. HU Géographie, 2e éd. © Hachette Supérieur, 2011.

1. Différence entre les arrivées et les départs de population dans un espace.

1. Reportez, dans le tableau suivant, deux noms de région de départ et deux noms de région d'arrivée. 2 POINTS

Régions de départ	Régions d'arrivée
–	–
–	–

2. Identifiez la catégorie de population attirée par l'Île-de-France et une catégorie de population qui la quitte. 1 POINT

3. Tâche cartographique 3 POINTS

À l'aide du texte et de vos connaissances, complétez le croquis suivant :
- complétez la légende ;
- complétez un flux migratoire important sur la carte.

4. À l'aide du croquis ci-dessous et de vos connaissances, citez deux raisons qui expliquent l'attractivité de certaines régions. 2 POINTS

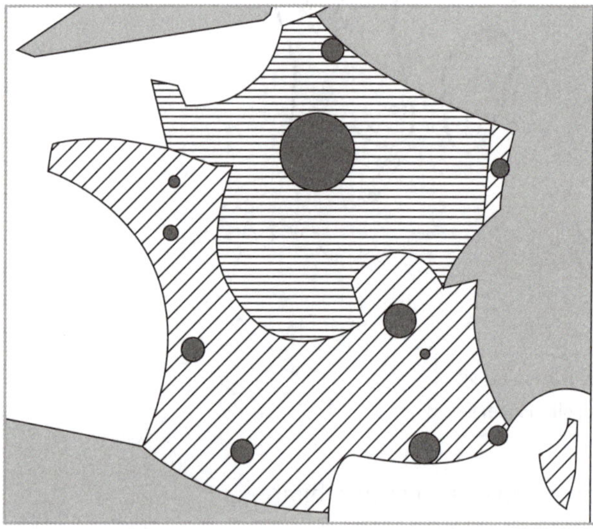

> **COUP DE POUCE**
> Pour représenter un espace, tu peux utiliser un aplat de couleurs ou des hachures. On utilise des couleurs chaudes (comme le rouge) pour un espace attractif, des couleurs froides (comme le bleu) pour un espace peu attractif. Tu peux aussi faire un dégradé de couleurs pour montrer les différences de dynamisme entre les espaces.

Éducation civique

QUESTIONS 5 POINTS

1. Citez deux moyens dont disposent les Français pour s'investir dans la vie démocratique et sociale du pays. 2 POINTS

2. Définissez le principe de République sociale et donnez un exemple de son application en France. 2 POINTS

3. Qui possède le pouvoir législatif selon la Constitution de la Ve République ? 1 POINT

> **COUP DE POUCE**
> Dans la question 2, tu peux prendre l'exemple de l'école gratuite, de la Sécurité sociale, de l'aide juridictionnelle...

TRAVAIL SUR DOCUMENT 5 POINTS

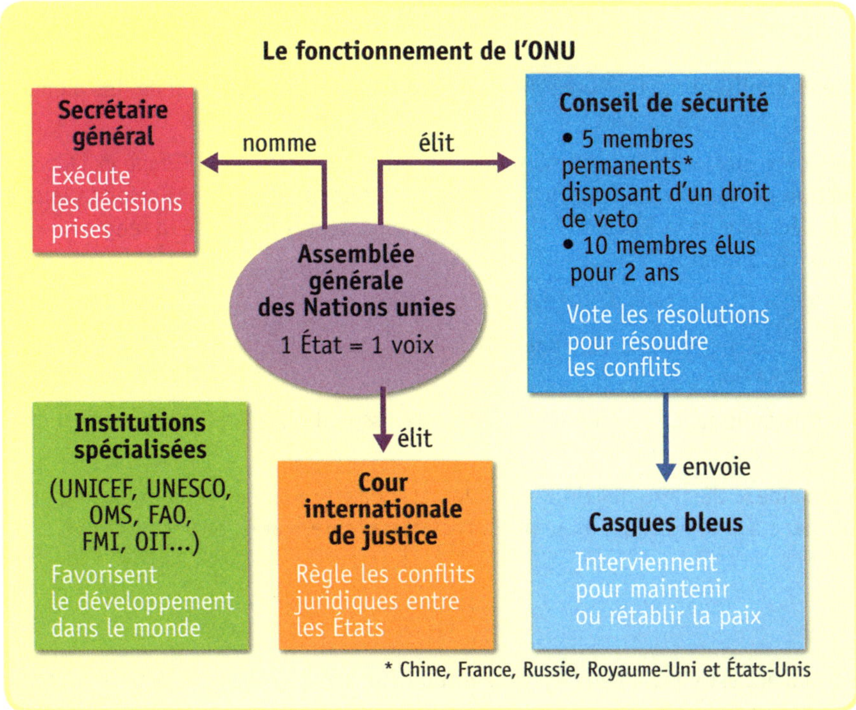

1. En quelle année l'ONU a-t-elle été créée ? 1 POINT
2. Montrez que le fonctionnement de l'Assemblée générale de l'ONU est démocratique. 1 POINT
3. Quelle est la première mission de l'ONU ? 1 POINT
4. De quel moyen dispose-t-elle pour y parvenir ? 1 POINT
5. À quelle difficulté l'ONU peut-elle être confrontée ? 1 POINT

INFO
Un droit de veto permet de bloquer l'application d'une décision.

COUP DE POUCE
Observe le fonctionnement du Conseil de sécurité et les droits des membres permanents.

Corrigés p. 221-222

Repères d'histoire

Antiquité

• IIIe millénaire av. J.-C. :	Les premières civilisations. En Mésopotamie, en Égypte, en Chine et en Inde, les premières sociétés organisées apparaissent.
• VIIIe siècle av. J.-C.	– Homère, poète grec, retrace les exploits des ancêtres des Grecs dans l'*Iliade* et l'*Odyssée*. – La fondation de Rome intervient en 753 av. J.-C. par Romulus et Rémus selon la légende. – Début de l'écriture de la Bible, livre qui rassemble les textes sacrés de la religion monothéiste des Hébreux.
• Ve siècle av. J.-C.	Périclès dirige la cité grecque d'Athènes à son apogée.
• 52 av. J.-C.	Jules César bat le chef gaulois Vercingétorix à Alésia, ce qui permet aux Romains d'achever la conquête de la Gaule.
• Ier siècle	Début du christianisme. Cette religion monothéiste, issue du judaïsme, est fondée sur l'enseignement de Jésus-Christ.
• Ier et IIe siècles	La « Paix romaine ». L'Empire romain domine le bassin méditerranéen et connaît une grande prospérité grâce aux légions qui assurent la sécurité à l'intérieur et aux frontières.

Moyen Âge

• 622	L'Hégire. Mahomet est chassé de La Mecque et doit fuir pour Médine. Cette date marque le point de départ du calendrier musulman.
• 800	Le couronnement de Charlemagne, qui devient empereur et règne sur de vastes territoires.
• X^e-XIIe siècles	L'âge des églises romanes. En Occident, les églises sont construites en pierre dans un style architectural qui repose sur une voûte en berceau et des arcs semi-circulaires.
• 1096-1099	La première croisade est l'expédition militaire des chevaliers chrétiens lancée par le Pape pour lutter contre les musulmans en Orient (Jérusalem).
• XIIe-XVe siècles	L'âge des églises gothiques. En Occident, les cathédrales sont construites dans un style architectural qui repose sur une voûte en croisée d'ogives, des arcs brisés, des vitraux.

Temps modernes

• 1492	Premier voyage de Christophe Colomb qui traverse l'Atlantique et découvre le continent américain au nom du roi et de la reine d'Espagne.
• XVe-XVIe siècles	La Renaissance est un grand mouvement artistique et littéraire qui s'inspire de l'Antiquité.
• 1598	L'édit de Nantes, signé par Henri IV, met fin aux guerres de religion en France. Il accorde aux protestants la liberté de conscience et de culte en certains lieux.
• 1661-1715	Louis XIV règne sans Premier ministre et établit la monarchie absolue. Il fait construire le château de Versailles, de style classique, symbole de son pouvoir.
• Milieu du XVIIIe siècle	*L'Encyclopédie* rassemble toutes les connaissances de l'époque et diffuse les idées des philosophes des Lumières.
• 1789-1799 – 14 juillet 1789 – Août 1789 – Septembre 1792	**Révolution française** La prise de la Bastille par les Parisiens montre que le peuple soutient la Révolution. La Déclaration des droits de l'homme et du citoyen est un texte qui résume les principes de la Révolution et reconnaît aux Français des droits comme la liberté et l'égalité. Proclamation de la Ire République qui dure jusqu'en 1804.
• 1799-1815	Le Consulat et l'Empire. Napoléon Bonaparte prend le pouvoir par un coup d'État en 1799 et instaure une République autoritaire, le Consulat.
• 1804	Napoléon Ier, empereur des Français, est sacré à la cathédrale Notre-Dame de Paris et restaure la monarchie.
• 1815	Congrès de Vienne, les pays européens se réunissent pour réorganiser l'Europe après les défaites de Napoléon Ier.

Époque contemporaine (XIXe, XXe et début XXIe siècles)

• 1815-1848	Monarchie constitutionnelle en France avec les rois Louis XVIII, Charles X et Louis-Philippe.
• 1848-1852	La Seconde République, mise en place après la Révolution de 1848, vote le suffrage universel masculin et l'abolition de l'esclavage dans les colonies.
• 1852-1870	Second Empire. Napoléon III, neveu de Napoléon Ier, élu Président de la Seconde République, prend le pouvoir par un coup d'État et restaure la monarchie.
• 1870-1940 – 1882 – 1894-1906 – 1905 – 1914-1918 – 1916 – 11 novembre 1918	Troisième République mise en place après la défaite de Napoléon III à Sedan face aux Prussiens. La loi de Jules Ferry rend l'école gratuite, laïque et obligatoire. L'affaire Dreyfus : Dreyfus est un militaire juif, accusé à tort d'avoir fourni des secrets militaires à l'Allemagne. La France se divise entre les dreyfusards et les antidreyfusards. La loi de séparation des Églises et de l'État impose la laïcité en France. Toutes les religions sont reconnues, aucune n'est privilégiée. La Première Guerre mondiale est une guerre totale et brutale. La Bataille de Verdun fait plus de 300 000 morts en 10 mois. L'armistice est signé à Rethondes.
• 1917	La Révolution russe. Lénine et les bolcheviks prennent le pouvoir par un coup d'État en Russie.
• 1924-1953	Staline au pouvoir met en place un régime totalitaire en URSS.
• 1933-1945	Hitler au pouvoir en Allemagne, met en place un régime totalitaire, raciste et expansionniste.
• 1936	Le Front populaire en France remporte les élections législatives et vote des lois sociales qui améliorent les conditions de vie de la population.
• 1939-1945 – 18 juin 1940 – 1940-1944 – 8 mai 1945 – 1944-1945 – août 1945	**Seconde Guerre mondiale** L'appel du général de Gaulle, lancé depuis Londres, représente l'acte fondateur de la Résistance contre l'occupation allemande de la France. Le Régime de Vichy est dirigé par le maréchal Pétain. Fin de la Seconde Guerre mondiale en Europe, l'Allemagne signe la capitulation. Libération de la France par les armées alliées. La République est rétablie (IVe République, 1946). Les femmes acquièrent le droit de vote (1944) et la Sécurité sociale est créée (1945). Bombardements atomiques d'Hiroshima et Nagasaki par les Américains. Le Japon signe la capitulation, c'est la fin de la guerre en Asie.
• 1961-1989	Le Mur de Berlin symbolise la coupure du monde en deux camps et la Guerre froide. Sa destruction en 1989 marque le début de l'effondrement du communisme en Europe et en URSS.
• 1947-1962	Principale phase de la décolonisation, en Asie puis en Afrique.
• 1957	Les traités de Rome créent la Communauté économique européenne (CEE) et la Communauté européenne de l'énergie atomique (CEEA).
• 1958-1969	Les années De Gaulle et la fondation de la Ve République.
• 1981-1995 – 1992	**Les années Mitterrand** Le traité de Maastricht crée l'Union européenne.
• 1995-2007 – 2002	**Les années Chirac** L'euro, la monnaie commune européenne, entre en circulation.

Repères de géographie

Les régions et les grandes aires urbaines de la France

Les territoires ultramarins et les espaces de la francophonie

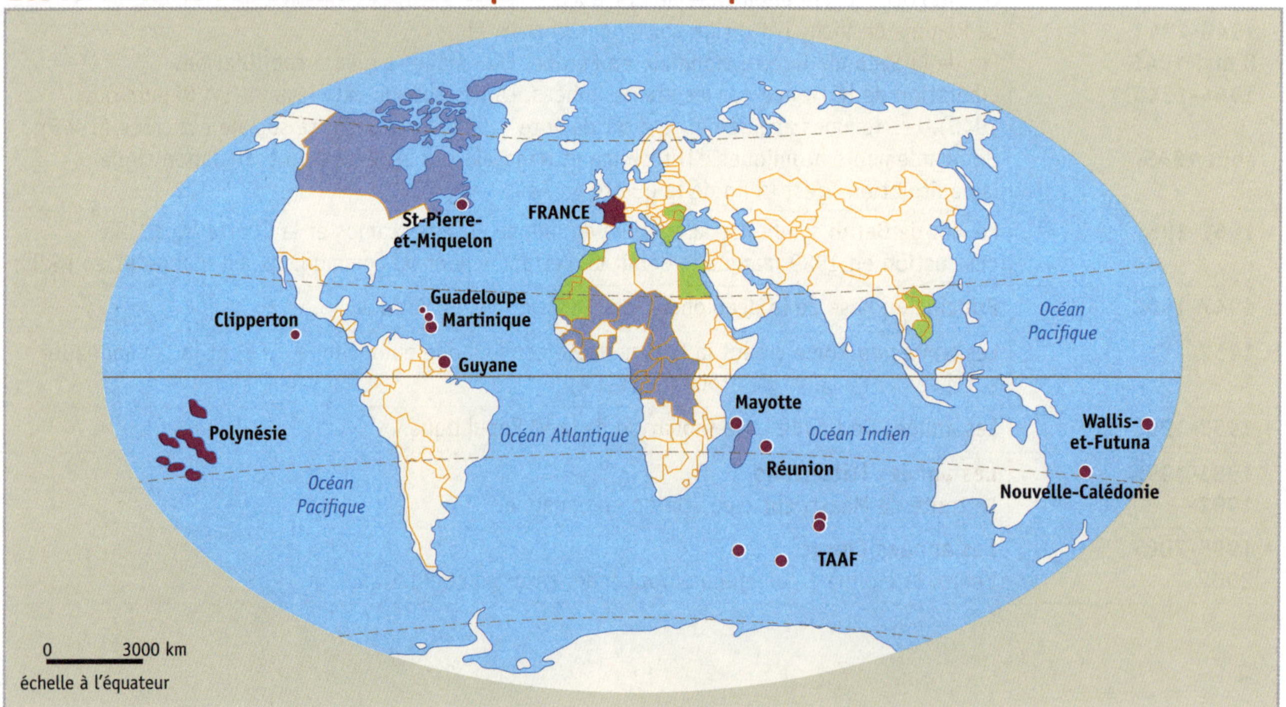

France métropolitaine et territoires ultramarins

Les principaux espaces de la francophonie à l'étranger

Français langue officielle

Français langue en partage

L'Union européenne

Le monde

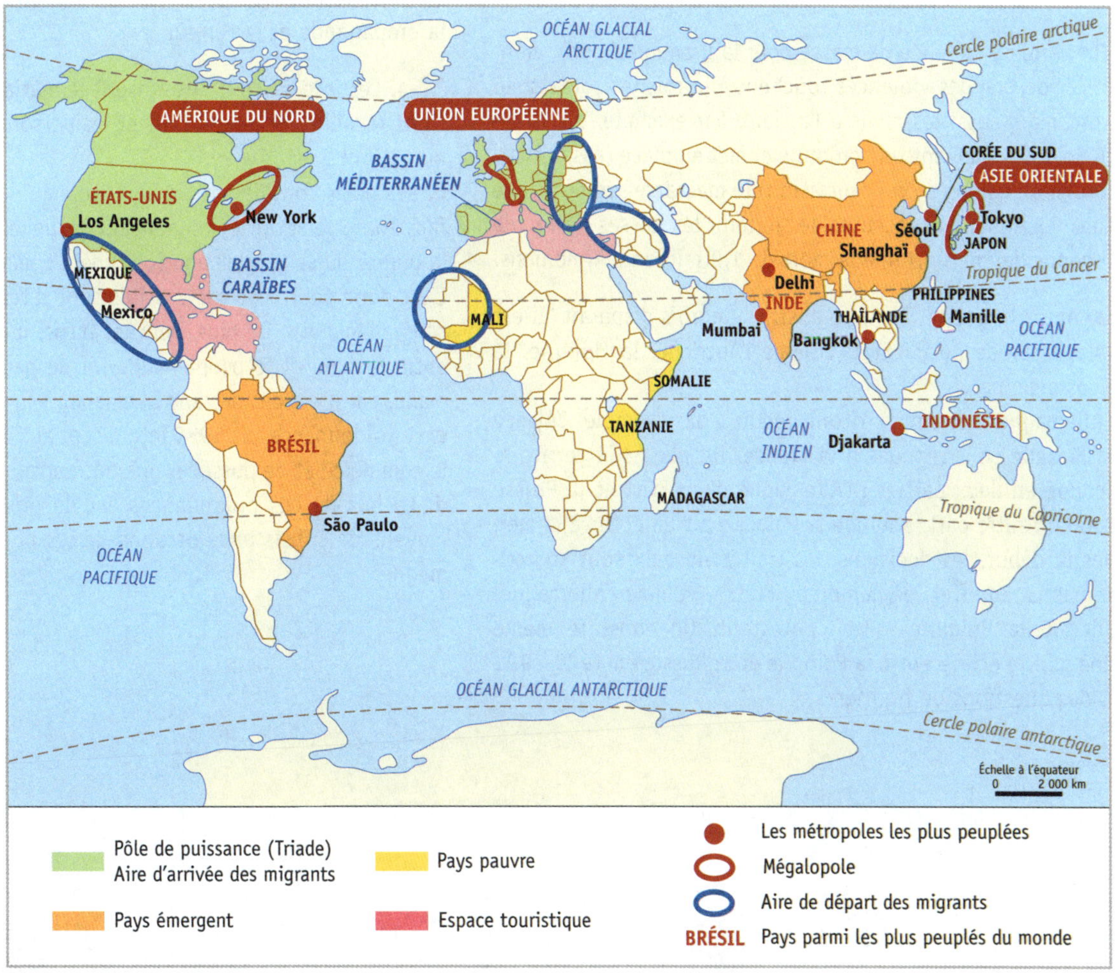

1 Les transformations scientifiques et technologiques au XXe siècle

1 Au cours du XXe siècle, les antibiotiques sont créés. Cette innovation médicale est permise par la découverte d'Alexander Fleming, qui observe, en 1928, que la pénicilline permet de lutter contre les infections dues aux bactéries.

2 **a.** Les deux indicateurs représentés sont la mortalité exprimée en pour mille et l'espérance de vie, c'est-à-dire le nombre moyen d'années de vie d'une personne dans un pays.
b. En dehors des guerres mondiales, la mortalité n'a cessé de baisser en France au cours du XXe siècle, passant de près de 20 ‰ entre 1900 et 1910 à moins de 9 ‰ entre 2000 et 2010. Dans le même temps, l'espérance de vie n'a cessé d'augmenter, passant de moins de 50 ans entre 1900 et 1910 à un peu plus de 80 ans entre 2000 et 2010.
c. La baisse de la mortalité et l'augmentation de l'espérance de vie s'expliquent par les progrès de la médecine. En effet, on constate qu'au cours du XXe siècle, les premiers antibiotiques sont apparus, les maladies sont mieux prises en charge grâce aux greffes, à la thérapie génique...

2 La Première Guerre mondiale : vers une guerre totale (1914-1918)

1 Lénine et les bolcheviques arrivent au pouvoir en Russie en 1917.

2 On parle de violence de masse pour la Première Guerre mondiale car de grandes violences touchent à la fois les soldats sur le front mais aussi les civils à l'arrière. Par exemple, en 1915-1916, le gouvernement turc ordonne et met en place (assassinat, déportation, camps de concentration) le massacre systématique de tous les Arméniens, accusés de soutenir les Russes : on parle d'un génocide, qui entraîne la mort de 1,2 million d'Arméniens.

3 **a.** Après la guerre, l'Empire austro-hongrois disparaît. Il est remplacé par de petits États comme l'Autriche, la Hongrie, la Tchécoslovaquie...
b. L'Allemagne voit son territoire réduit : par exemple, l'Alsace et la Moselle sont rendues à la France. De plus, son territoire est coupé en deux parties : l'Allemagne d'une part et la Prusse orientale d'autre part, afin que la Pologne ait un accès à la mer.
c. Dès le début, les décisions des traités de paix sont sources de tensions. En effet, de nombreux États – comme l'Allemagne, l'Italie ou la Bulgarie – les contestent. On constate même qu'une guerre éclate entre la Pologne et la Russie en 1920-1921 pour des questions de frontières.

3 Les régimes totalitaires dans les années 1930

1 1924-1953 : période durant laquelle Staline exerce le pouvoir en URSS. • 1937-1938 : Grande Terreur, période pendant laquelle une terrible répression s'abat en URSS.

EXPLICATION
Le bilan de la Grande Terreur s'élève à plus de 1,3 million d'arrestations et plus de 680 000 exécutions.

2 Staline arrive au pouvoir en 1924 et met en place un État totalitaire.
Il contrôle, tout d'abord, la vie politique. En effet, seul le parti communiste est autorisé et le pouvoir est exercé par un chef unique. Les libertés fondamentales sont supprimées.
De plus, le régime contrôle l'économie. Pour faire de l'URSS une grande puissance industrielle, Staline met en place la planification de l'économie et impose également la collectivisation.
Le régime contrôle aussi la vie sociale. La population est encadrée à chaque moment de sa vie par des organisations comme les jeunesses communistes. De plus, une intense propagande (affiches, films, grands rassemblements...) est mise en œuvre pour vanter les bienfaits du régime et du chef Staline. Enfin, toute opposition, réelle ou supposée, est sévèrement punie soit d'une exécution, soit d'une peine de travaux forcés dans les camps du Goulag.
Le régime stalinien est donc bien un régime totalitaire. L'État y contrôle tout et la soumission de la population est obtenue par la propagande et la terreur.

3 **a.** Les lois de 1935 interdisent le mariage ainsi que les relations sexuelles entre les Juifs et les personnes de sang allemand ou assimilés.
b. Les nazis considèrent les Juifs comme des « bactéries ». De ce fait, toute relation, et notamment sexuelle, risquerait de nuire à la pureté du sang allemand (considéré comme rare par les nazis). C'est donc pour cela que ces lois sont dites « lois de défense du sang allemand ». De plus, pour les nazis, il existe un lien exclusif entre le sang et le peuple : un Juif ne peut donc pas être allemand, car il n'a pas de sang allemand.
c. Les ordonnances de 1938 interdisent aux Juifs de travailler dans le commerce et de posséder une entreprise.
d. Le but de ces ordonnances est de priver les Juifs de leurs moyens de subsistance et donc de les pousser à quitter l'Allemagne.

4 La Seconde Guerre mondiale : une guerre d'anéantissement (1939-1945)

1 En Europe, la guerre s'achève avec la capitulation allemande, le 8 mai 1945.

2 Les nazis considèrent les Juifs comme une non-humanité et les Tziganes comme une « race inférieure ».
L'armée allemande attaque l'URSS en juin 1941 et occupe rapidement de vastes territoires, peuplés de millions de Juifs. L'armée est suivie des *Einsatzgruppen*, chargés d'éliminer les personnes susceptibles de s'opposer (responsables communistes, Juifs...). Au début, seuls les hommes juifs sont éliminés mais, dès l'été 1941, on bascule dans le génocide avec le massacre de femmes et d'enfants. Les Juifs sont rassemblés et emmenés à l'extérieur des villes et villages. Déshabillés, ils sont exécutés d'une balle dans la tête, au bord d'une fosse qu'ils ont eux-mêmes creusée. Dès le début de la guerre, les Juifs d'Europe de l'Est sont enfermés dans des ghettos. Ils y vivent dans une misère absolue et la mortalité est donc très forte. Les nazis espèrent déporter les Juifs plus vers l'Est après la victoire contre l'URSS. Mais cette victoire tarde et les ghettos sont surpeuplés. Des centres de mise à mort sont alors mis en place comme Belzec, Chelmno ou Treblinka. Les Juifs y arrivent par wagons à bestiaux, dans des conditions épouvantables. À leur arrivée, la quasi-totalité est directement envoyée à la chambre à gaz, les corps sont ensuite brûlés.
À la fin de l'année 1941, les nazis décident puis organisent la mort de millions de personnes à travers toute l'Europe. Le génocide des Juifs entraîne la mort de près de 6 millions d'entre eux : on parle de la Shoah. Les Tziganes subissent le même sort (privations dans les ghettos, extermination dans les centres de mise à mort) : près de 250 000 d'entre eux périssent.

3 **a.** Le document est un discours prononcé par le président des États-Unis, Harry Truman, le 7 août 1945, soit le lendemain l'attaque atomique sur Hiroshima.
b. Dans la première phrase, Truman rappelle l'attaque japonaise sur la base militaire américaine de Pearl Harbor, le 7 décembre 1941, qui a provoqué l'entrée en guerre des États-Unis.
c. La guerre entre Américains et Japonais est une guerre totale car elle a mobilisé toutes les forces des deux pays engagés. En effet, les scientifiques américains ont travaillé sur la mise au point de la bombe atomique. De plus, Truman précise que les cibles à atteindre sont « les entreprises productrices », ainsi que « leurs docks, leurs usines et leurs moyens de communication » : toute l'économie japonaise a été reconvertie pour l'effort de guerre.
d. L'usage de la bombe atomique est révélateur d'une guerre d'anéantissement, une guerre qui vise à détruire l'adversaire par tous les moyens, sans distinction entre militaires et civils. En effet, en larguant la bombe atomique sur Hiroshima, les États-Unis avaient pleinement conscience que celle-ci n'atteindrait pas uniquement des cibles militaires et que donc les civils en seraient aussi victimes.

5 La guerre froide

1 L'ONU est créée par la charte de San Francisco le 26 juin 1945.

2 En 1945, les États européens sortent affaiblis de la guerre. Rapidement, ils doivent aussi faire face à la guerre froide.
Dans les années 1950, les dirigeants des démocraties d'Europe de l'Ouest comprennent qu'il faut que les pays européens se rapprochent et coopèrent pour éviter un nouveau conflit et pour se reconstruire plus rapidement.
Sous l'impulsion des Français Robert Schuman et Jean Monnet, la construction européenne débute par une association économique sur la production et le commerce d'acier et de charbon, bases de la reconstruction industrielle. La France, l'Allemagne, le BeNeLux (Belgique, Pays-Bas, Luxembourg) et l'Italie créent la CECA (Communauté européenne du charbon et de l'acier) en 1951.
Devant le succès de cette première association, les 6 pays membres signent les traités de Rome en mars 1957 et créent la Communauté économique européenne (CEE), ainsi que la CEEA (Communauté européenne de l'énergie atomique). Les traités de Rome créent un marché commun unique. Les échanges commerciaux entre les 6 pays membres sont ainsi favorisés grâce à la libre circulation des capitaux, des hommes et des marchandises et à la mise en place de tarifs douaniers extérieurs communs, alors que les droits de douanes entre les 6 pays membres disparaissent. De plus, les traités mettent en place des politiques communes dans certains domaines, comme les transports ou l'agriculture à partir de 1962 (PAC).

3 **a.** En 1961, le territoire allemand est divisé en deux États : la République fédérale allemande (RFA) à l'Ouest et la République démocratique allemande (RDA) à l'Est.
b. Berlin est située sur le territoire de la RDA. Mais la ville a un statut particulier : elle est divisée en deux parties, la partie Est appartenant à la RDA et la partie Ouest appartenant à la RFA.
c. Certains Allemands de l'Est fuient la RDA. Cela s'explique par les différences économiques et politiques qui existent entre les deux Allemagnes. La RDA est dominée par les communistes qui ont mis en place une économie étatisée dans laquelle les libertés fondamentales ne sont pas respectées (présence d'une police politique, la Stasi, par exemple).
d. Les Allemands de l'Est qui voulaient fuir la RDA passaient par Berlin. Étant donné le statut particulier de la ville, ils se rendaient dans la partie Ouest de la ville et de là passaient en RFA.
e. Pour stopper cette émigration – plus de 3 millions de personnes dans les années 1950 – les dirigeants communistes de RDA décident de construire un mur qui entoure Berlin-Ouest et sépare la ville en deux.

6 Des colonies aux États nouvellement indépendants

1 La principale phase de décolonisation a lieu de 1947 à 1962.

2 Les colonies obtiennent leur indépendance soit par la négociation (Sénégal), soit par la guerre (Indochine).

3 **a.** Deux États naissent de l'ancienne Inde britannique : l'Union indienne et le Pakistan.
b. La partition de l'Inde entraîne le déplacement de très nombreuses populations. Les musulmans migrent vers le Pakistan, alors que les hindous rejoignent l'Union indienne.
c. L'indépendance n'amène pas le calme, car une guerre civile éclate entre les communautés hindoue et musulmane, avec de nombreux massacres. De plus, le découpage est contesté : ainsi, la région du Cachemire est revendiquée par le Pakistan.

7 Géopolitique du monde actuel

1 Le traité de Maastricht est signé en 1992. Il prévoit la création, à terme, d'une monnaie commune ; il crée une citoyenneté européenne et met en place une Politique étrangère et de sécurité commune (PESC) pour renforcer le poids diplomatique de l'UE.

2 Voir carte ci-dessous.

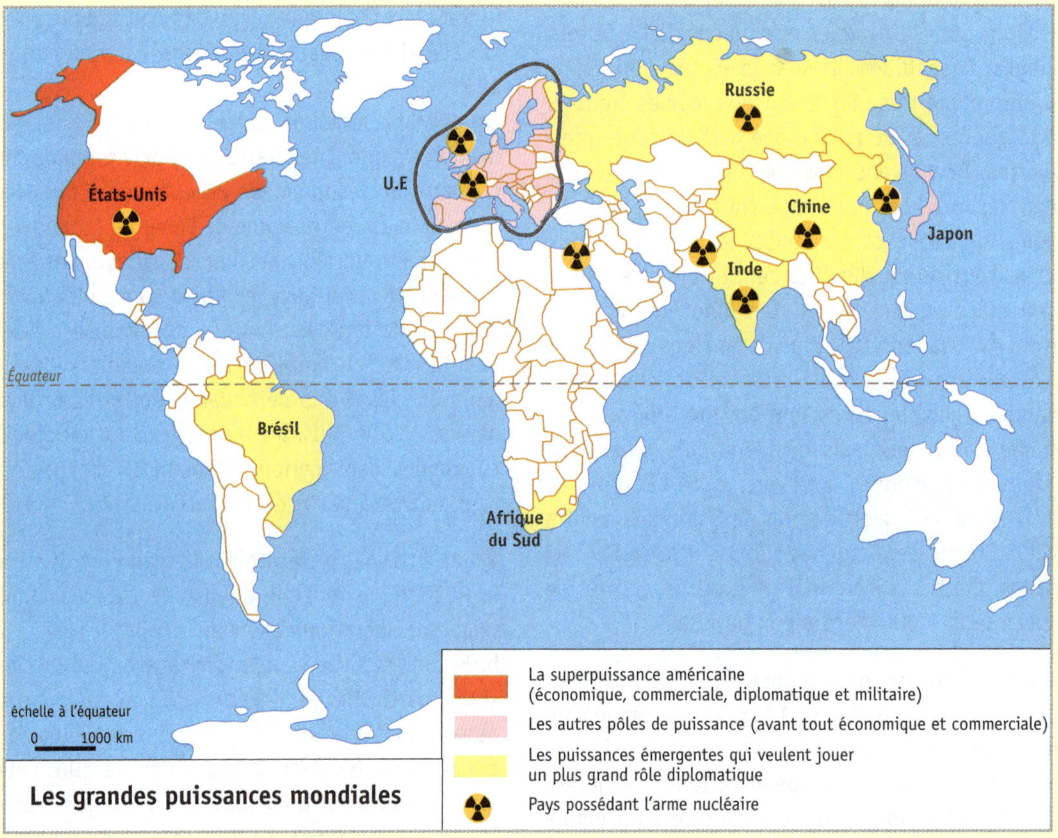

Les grandes puissances mondiales

8 La République de l'entre-deux-guerres : victorieuse et fragilisée

1 La Révolution russe a eu un réel impact en France. Par exemple, elle alimente le climat social agité et des grèves éclatent en 1920.

2 La crise est née aux États-Unis, avec le krach boursier de Wall Street en octobre 1929. Elle s'étend bientôt à l'Europe et touche la France au début des années 1930.
La crise est multiforme. Il s'agit tout d'abord d'une crise économique. En effet, la production (industrielle et agricole) s'effondre. La crise devient alors sociale : les faillites se multiplient et le chômage augmente fortement (près de 500 000 chômeurs en 1935). De plus, les Français sont confrontés à une forte inflation et donc à une baisse de leur pouvoir d'achat.
Enfin, la crise en France est politique. En effet, la IIIe République est confrontée à une forte instabilité ministérielle, ce qui n'aide pas à sortir le pays de la crise. Surtout, elle doit faire face aux attaques extrêmement violentes des ligues qui s'en prennent tant aux institutions républicaines qu'aux hommes politiques. La contestation atteint son apogée lors de la manifestation du 6 février 1934, organisée entre autres par les ligues d'extrême-droite.

EXPLICATION
Pour les partis de gauche, le 6 février correspond à une tentative de coup d'État fasciste. Ils décident par la suite de s'unir dans le Front populaire.

3 **a.** En haut à gauche, on voit un ouvrier (reconnaissable à sa casquette), qui se tient au bord d'une falaise. Il est attiré (il tend les bras) par un soleil qui représente la semaine de 40 heures. Derrière l'ouvrier, on voit un poing rouge, représentant la SFIO et la CGT (un syndicat), qui s'apprête à pousser l'ouvrier dans un précipice. Dans ce précipice, on voit des mots comme «misère», «chômage», «mévente», «vie plus chère»... En bas à gauche, il y a une inscription : «Une fois de plus trompé par l'Internationale, le travailleur français se laissera-t-il prendre au mirage?».
b. Il est ici question de la semaine de 40 heures, mise en place par le gouvernement Blum / gouvernement de Front populaire, dans le but de réduire le chômage.
c. L'auteur est hostile à la semaine de 40 heures. Il la présente comme un «mirage» (l'ouvrier tend les bras vers le soleil), qui n'améliorera en rien la situation des ouvriers mais qui va plutôt les précipiter dans la crise, symbolisée sur l'affiche par le précipice et les mots qui y sont inscrits («misère, vie plus chère, chômage»).

9 Effondrement et refondation républicaine (1940-1946)

1 En juin 1940, les armées françaises sont battues et le pays est envahi. Nouveau Président du Conseil, le maréchal Pétain demande l'armistice dont les conditions sont très dures pour la France.
Au niveau territorial, le pays est coupé en deux par la ligne de démarcation, la moitié Nord et les régions atlantiques étant occupées par l'armée allemande.
De plus, la défaite a des conséquences politiques puisqu'elle va hâter la chute de la République. En effet, le 10 juillet 1940, une grande majorité des parlementaires français votent les pleins pouvoirs au maréchal Pétain qui cumule dès lors les pouvoirs exécutif et législatif. L'État français de Vichy est créé le lendemain par des actes constitutionnels.

2 C'est le général de Gaulle qui appelle à la résistance, depuis Londres sur les ondes de la BBC, le 18 juin 1940.

3 Les résistants impriment des journaux clandestins et des tracts. Mais leur lutte est aussi armée : ils organisent des attentats contre les forces d'occupation et des sabotages (contre le réseau ferré, des dépôts d'armes...).

4 **a.** Le document est une affiche de propagande de la droite nationaliste, créée en 1940 par R. Vachet.
Dans la partie gauche de l'affiche, sur fond rouge, on voit une maison qui s'écroule à cause de la paresse, l'internationalisme, le communisme, l'antimilitarisme. Cette maison est surmontée d'un drapeau rouge et d'une étoile de David.
Dans la partie droite, on voit une maison stable, qui repose sur des bases solides comme l'école, la paysannerie, la discipline, l'ordre... Cette maison est surmontée du drapeau tricolore et de sept étoiles. En bas, figure la devise « Travail, Famille, Patrie ».
En haut de l'affiche, on peut lire « Révolution nationale ».
b. La partie gauche de l'affiche représente la IIIe République, et notamment la période du Front populaire ; en témoignent le drapeau rouge, symbole du communisme, et la couleur rouge liée à la gauche en général. La partie gauche représente donc le passé, la France qui va mal, avant le régime de Vichy. La partie droite représente le régime de Vichy, en témoignent la devise et les sept étoiles rappelant le grade du maréchal Pétain. Elle représente le présent, la France qui va bien.
c. L'affiche montre une image positive du régime. L'ordre y a été rétabli grâce à la Révolution nationale, c'est-à-dire grâce à des mesures qui restituent les principes traditionnels et dénoncent les communistes et les Juifs, responsables – avec le Front populaire – de la défaite française, selon Vichy.

10 La Ve République à l'épreuve de la durée

1 On parle d'alternance politique en 1981, car c'est une nouvelle majorité politique qui arrive au pouvoir. En effet, depuis ses débuts, la Ve République n'a été présidée que par des hommes de droite (de Gaulle, Pompidou, Giscard). Or, en 1981, le Président élu, François Mitterrand, est de gauche.

2 **a.** Depuis 1975, l'immigration a augmenté. Mais cette augmentation est plutôt faible : un peu moins de 2 millions d'immigrés en plus en l'espace de 35 ans (on passe de 3,8 à 5,5 millions d'immigrés en 2010).
b. En 1975, la majorité des immigrés vient des pays de l'UE (63 % du total). Ces immigrés viennent d'Italie ou du Portugal (17 % du total pour chacun de ces deux pays).
c. Ce n'est plus le cas en 2010. En effet, la majorité des immigrés (62,5 %) vient de pays hors de l'UE. Aujourd'hui, les immigrés viennent principalement d'Afrique (42,9 %) et d'Asie (14,3 %).

11 Habiter la France : un territoire sous influence urbaine

1 La France compte 66 millions d'habitants. Si la densité moyenne est de 119 hab./km², le territoire est très inégalement occupé. En effet, les plus fortes densités de population s'observent dans les métropoles des plus grandes aires urbaines, le long des littoraux et des vallées fluviales, le long des frontières du Nord et de l'Est, ainsi que dans certaines possessions ultramarines. Au contraire, une France du vide s'étend des Pyrénées à la Champagne : on parle de diagonale du vide.
Cet inégal peuplement s'explique à la fois par les contraintes naturelles, mais aussi par la répartition des activités. En effet, les régions de montagnes sont les moins peuplées (Alpes, Massif Central, Pyrénées).
Certaines régions françaises sont plus attractives que d'autres : elles présentent donc un solde migratoire positif. Elles sont situées à l'Ouest (Bretagne, Pays de la Loire) et au Sud (Aquitaine, Midi-Pyrénées).

Cette attractivité s'explique par leur dynamisme économique et leur cadre de vie agréable avec la présence d'un climat ensoleillé (héliotropisme) et/ou la proximité des littoraux (haliotropisme).

2 **a.** La population française est majoritairement urbaine, car 82 % de la population vit dans une aire urbaine.
b. Dans les aires urbaines, ce sont les couronnes périurbaines qui ont connu la plus forte croissance démographique.
c. Dans les couronnes périurbaines, de nouvelles populations s'installent. Elles viennent y chercher un pavillon (maison individuelle), pour un loyer inférieur à celui de la ville-centre ou de la banlieue, ainsi qu'un cadre de vie agréable.
d.

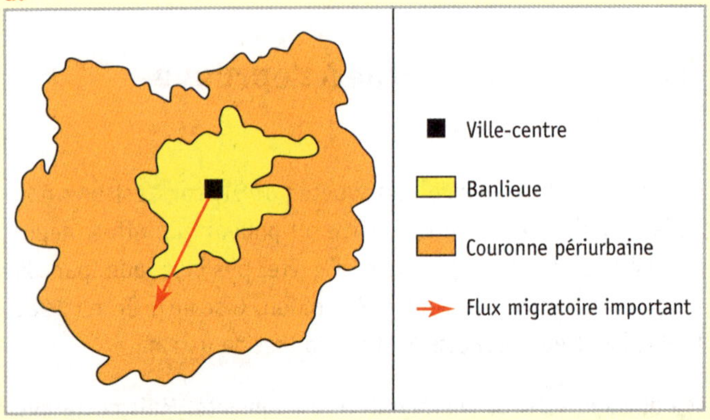

12 La région

1 Les régions sont gérées par un Conseil régional, composé de conseillers régionaux élus tous les six ans au suffrage universel direct.

2 La décentralisation est le transfert des compétences de l'État aux collectivités territoriales. Par exemple, la région gère la construction, l'équipement et l'entretien des collèges.

3 Pour la métropole, voir les repères géographiques page 208. Pour l'outre-mer, on a de haut en bas : Guadeloupe, Martinique, Guyane, la Réunion et Mayotte.

13 Les espaces productifs

1 Les pouvoirs publics encouragent maintenant une agriculture de qualité, avec l'attribution de labels comme le label AB (agriculture biologique). En effet, cette agriculture de qualité permet un meilleur respect de l'environnement, car elle est raisonnée : c'est-à-dire qu'on évite une forte consommation d'eau, l'utilisation d'engrais et de pesticides qui polluent les sols et les eaux…

2 L'Île-de-France est la plus grande région industrielle française, suivie de Rhône-Alpes.

3 **a.** Le document est une photo prise en vue aérienne oblique de la station de La Plagne, située dans les Alpes, donc dans le sud-est de la France. La principale activité représentée est le tourisme, notamment le tourisme de sports d'hiver.
b. Pour rendre cet espace attractif, plusieurs aménagements ont été réalisés. Tout d'abord, les pistes et les infrastructures comme les remontées mécaniques ont été créées pour permettre la pratique du ski. Ensuite, les habitations ont été construites pour héberger les touristes. Enfin, la route a été construite pour rendre l'endroit accessible.
c. Une telle station ne serait plus construite aujourd'hui. En effet, pour la construire, il a fallu couper une bonne partie de la forêt. De plus, ce genre d'installations dégrade le paysage.

EXPLICATION
À partir de la fin des années 1970, les nouvelles stations de ski sont créées à une altitude plus faible, à partir de noyaux villageois existants.

14 L'organisation du territoire français

1 Dans l'organisation du territoire français, l'agglomération parisienne joue un rôle prépondérant. L'agglomération parisienne exerce un poids démographique (région la plus peuplée), politique (siège des institutions politiques), économique, financier (sièges sociaux des grandes entreprises et des banques) et culturel (musées) de premier plan en France. Cette importance de Paris s'explique par la concentration de populations qualifiées et d'activités dynamiques. En effet, Paris est particulièrement bien relié au reste du territoire national, européen et mondial par de nombreuses voies de communication (aéroports, LGV, autoroutes).
En dehors de Paris, il existe d'autres espaces dynamiques sur le territoire français. Ces territoires dynamiques sont les littoraux (tourisme, industries dans les ZIP), les métropoles (industries de haute technologie) et les régions transfrontalières. Le dynamisme de ces territoires s'explique notamment par leur excellente accessibilité : ces espaces sont très bien reliés entre eux et au reste du monde par de nombreuses voies de communication (aéroports, LGV, autoroutes). C'est d'ailleurs souvent sur cette intégration à la mondialisation et à l'Union européenne que ces territoires fondent leur attractivité.
En revanche, les territoires de la « diagonale du vide », qui s'étend des Pyrénées aux Ardennes, en passant par le Massif central sont aujourd'hui en perte de vitesse. Ces espaces sont caractérisés par un nombre peu élevé d'habitants, mais aussi par un manque d'activités dynamiques et un certain isolement par rapport aux grands axes de la mondialisation.

2 **a.**

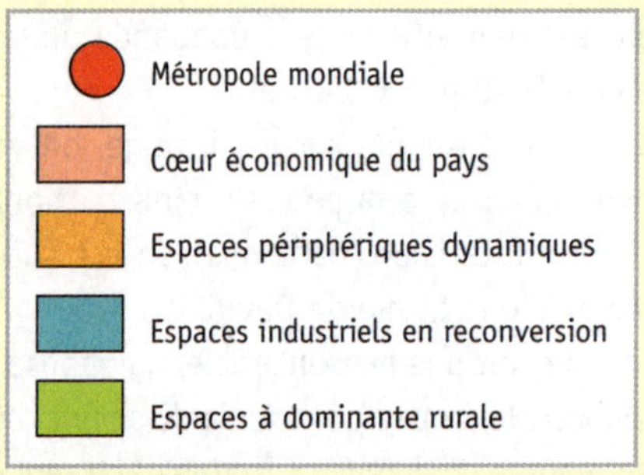

b. L'organisation du territoire français.

15 L'Union européenne, une union d'États

1 Les traités de Rome datent de mars 1957. Ils mettent en place un marché commun, où les hommes, les marchandises et les capitaux circulent librement.

2 L'Europe centrale et orientale est la partie de l'UE la moins développée. En effet, l'IDH de ces pays est inférieur à celui de l'Allemagne ou de la France. De plus, le PIB par habitant et l'espérance de vie y sont plus faibles qu'en Europe du Nord-Ouest, alors que la mortalité infantile y est plus forte.

3 **a.** En 2015, l'UE compte 28 États membres.

EXPLICATION
Le dernier élargissement a eu lieu le 1er juillet 2013 avec l'adhésion de la Croatie.

b. L'espace de libre circulation des hommes s'appelle l'espace Schengen.
c. La coopération économique n'est pas totale car tous les États membres n'appartiennent pas à l'espace Schengen. Par exemple, le Royaume-Uni et Chypre n'en font pas partie.

EXPLICATION
Le Royaume-Uni a refusé de participer en totalité à l'espace Schengen. Pour Chypre, c'est l'UE qui estime qu'elle doit encore améliorer ses contrôles aux frontières.

De plus, la coopération monétaire n'est pas totale car tous les États membres ne font pas partie de la zone euro. Ainsi, le Danemark et la Bulgarie n'ont pas adopté la monnaie commune.

EXPLICATION
Le Danemark a refusé d'adopter l'euro. Pour la Bulgarie, c'est l'UE qui estime qu'elle doit encore remplir certains critères économiques.

16 La France, une influence mondiale

1 Voici trois exemples de possessions ultramarines françaises :
– la Guadeloupe, qui a le statut de département et région d'outre-mer (DROM) ;
– Saint-Pierre-et-Miquelon, qui est une collectivité d'outre-mer (COM) ;
– la Nouvelle-Calédonie, qui est un pays d'outre-mer (POM).

2 La possession de territoires ultramarins offre à la France des avantages économiques. En effet, la France possède une ZEE très vaste, sur laquelle elle est souveraine. Cette ZEE est surtout utilisée pour la pêche, mais des forages sont organisés au large de Saint-Pierre-et-Miquelon pour trouver des hydrocarbures.

3 **a.** Le document est un texte composé d'extraits du discours de Laurent Fabius, ministre des Affaires étrangères, prononcé le 27 mars 2013.
b. Il est ici question de la puissance diplomatique française dans le monde, c'est-à-dire la capacité de la France à faire entendre sa voix sur les grandes questions (paix, développement, environnement…) et à participer aux prises de décisions.
c. La France exerce un important rôle diplomatique. Pour le ministre, cela repose sur plusieurs raisons :
– l'histoire, car la France est le pays des droits de l'Homme ;
– la puissance militaire car la France possède l'arme nucléaire et une armée qui peut intervenir dans le monde, comme le rappellent les dernières interventions (Mali, Centrafrique) ;
– sa place à l'ONU car la France a un siège permanent au Conseil de sécurité et donc, à ce titre, dispose d'un droit de veto ;
– sa contribution importante à l'aide publique au développement qui permet à la France de faire entendre sa voix sans passer par les moyens militaires (*soft power*).

17 Réalités et limites de la puissance de l'Union européenne

1 L'UE est un espace riche et développé, car son PIB/hab. et son IDH sont largement supérieurs à la moyenne mondiale.

2 L'UE joue un rôle plus limité dans les domaines diplomatique et militaire.
Cette faiblesse militaire s'explique par l'absence d'une armée propre et un budget limité.
Dans les domaines diplomatique et militaire, les 28 États membres ont bien des difficultés à adopter une position commune sur les grands problèmes internationaux. Par exemple, la France et le Royaume-Uni sont intervenus en Libye en 2011, alors que l'Allemagne était très sceptique sur l'intervention.
En effet, malgré la mise en place de la PESC (Politique étrangère et de sécurité commune) et de la PSDC (Politique de sécurité et de défense commune), les États membres restent souverains en matière de politique étrangère.
Néanmoins, le rôle diplomatique de l'UE n'est pas nul : elle exerce un *soft power*, en se servant notamment de l'aide publique au développement dont elle est le plus gros contributeur.

3 **a.** Le tableau montre que l'UE est une puissance :
– économique car son PIB est le plus élevé au monde : il représente 30 % du PIB mondial ;
– commerciale car elle occupe la première place pour les exportations et les importations (respectivement 51,2 % et 48,6 % du total mondial) ;
– financière car elle occupe la première place pour le flux d'IDE entrants.
b. C'est avec elle-même que l'UE échange le plus : les échanges intracommunautaires représentent près des trois quarts des échanges réalisés par l'UE. C'est logique puisque l'UE est un espace de libre-échange, où les droits de douane sont supprimés. De plus, certains pays ont la même monnaie, l'euro.
c. L'UE appartient à la Triade, avec l'Amérique du Nord et la façade Asie-Pacifique.

18 La République et la citoyenneté

1 Les principes, les valeurs et les symboles de la République sont énoncés dans la Constitution de 1958.

2 Pour avoir des droits sociaux, il n'est pas nécessaire d'avoir la nationalité française. En France, des conditions de vie décentes sont donc garanties à chacun.

3 Comme toutes les personnes résidant en France, les citoyens français disposent de droits civils, sociaux et économiques. Mais les citoyens français ont en plus des droits politiques. Ils peuvent ainsi participer à la vie politique du pays en votant et/ou en se présentant aux élections.

4 **a.** Le document est un texte composé d'extraits du traité sur l'Union européenne, le traité de Maastricht du 7 février 1992.
b. Pour être citoyen européen, il faut avoir la nationalité d'un des 28 États membres de l'UE.
c. Le traité de Maastricht donne de nouveaux droits civils aux citoyens européens : ceux-ci peuvent circuler et séjourner librement sur le territoire des États membres. Il leur offre également de nouveaux droits économiques, notamment celui de travailler sur le territoire des États membres.
d. Le traité de Maastricht donne également de nouveaux droits politiques aux citoyens européens. Ceux-ci peuvent voter et se présenter aux élections municipales et européennes du pays de l'UE dans lequel il réside, même s'ils n'ont pas la nationalité de ce pays. Par exemple, un(e) Polonais(e) résidant en Roumanie peut voter aux élections municipales et européennes de sa ville roumaine de résidence, même s'il (elle) n'a pas la nationalité roumaine.

19 La vie politique

1 Les collectivités territoriales en France sont les communes, les départements et les régions.

2 **a.** et **b.** Voir document ci-dessous.
c. La France est une démocratie car il existe une souveraineté nationale. En effet, les citoyens élisent régulièrement des représentants qui gouvernent en leur nom (Président, députés...).
La France est aussi une démocratie car les pouvoirs y sont séparés : le pouvoir exécutif appartient au Président et au gouvernement, tandis que le pouvoir législatif appartient au Parlement.

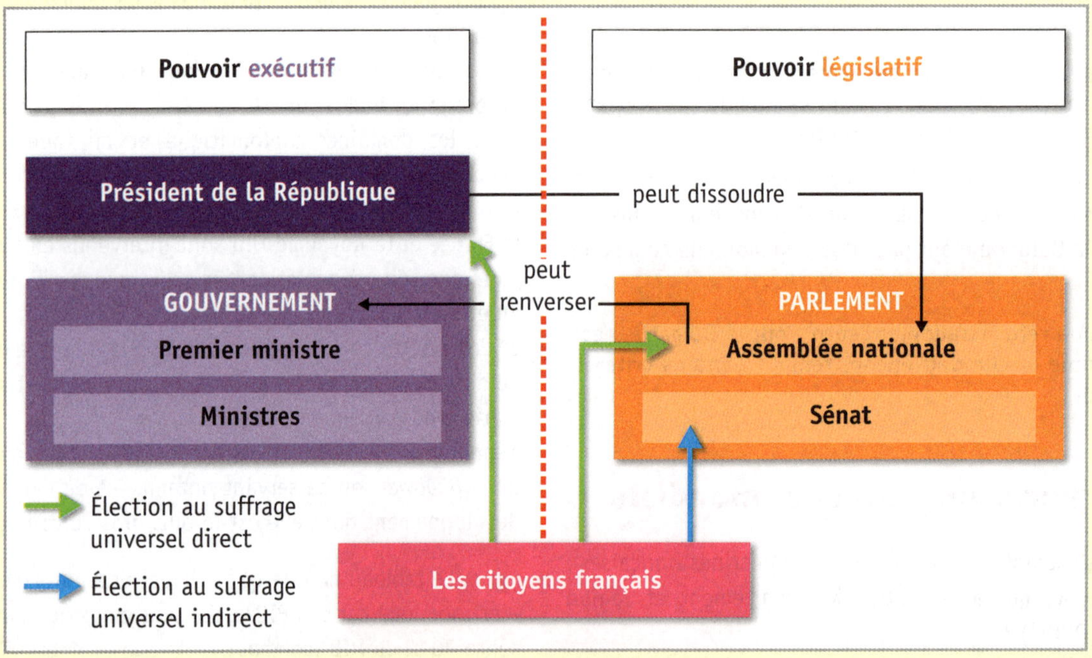

20 La vie démocratique et sociale

1 Pour s'investir dans la vie démocratique, les Français peuvent voter lors des différentes élections régulièrement organisées en France : ils choisissent ainsi des représentants qui gouvernent en leur nom. De plus, les Français peuvent adhérer à un parti politique. C'est une association de personnes qui partagent les mêmes idées, exposées dans un programme, pour améliorer la vie publique.

2 Les médias ont un double rôle : ils informent, mais ils permettent aussi aux Français de s'exprimer par la participation à des interviews, à des sondages d'opinion, à des forums de discussions sur internet...

3 **a.** Le document est une affiche éditée par la CGT.
b. Une famille est dans son salon. Au centre, sur la table, il y a un gâteau d'anniversaire. Sur la gauche, un petit garçon, l'air triste, demande à ses parents : « Hééé vous allez où ? » Les parents, à droite, répondent : « Bosser ! » Ils ont l'air mécontent. En haut de l'affiche, il y a une question écrite en rouge « Ouverture des magasins le dimanche ? ». En bas de l'affiche, il y a un slogan « Défendre le repos dominical : c'est l'affaire de tous ! », ainsi que le logo de la CGT.
c. Cette affiche a été créée contre le travail le dimanche.
d. L'affiche incite les salariés à se syndiquer à la CGT, afin de défendre leurs droits.

21 La défense et la paix

1 La paix et la sécurité mondiales sont menacées par de nombreuses guerres, la majorité d'entre elles sont des guerres civiles.

2 L'armée française peut intervenir à l'extérieur de ses frontières. Elle peut le faire pour assurer la sécurité des ressortissants français dans le monde mais aussi dans le cadre de missions humanitaires et de missions de rétablissement et/ou de maintien de la paix.

3 a. Les trois étapes du parcours de citoyenneté sont :
– l'enseignement des principes de Défense à l'école, en classe de 3e et de 1re ;
– le recensement à la mairie de son lieu de résidence à 16 ans (c'est-à-dire un enregistrement) ;
– la journée défense et citoyenneté avant 18 ans.

EXPLICATION
C'est le Président Chirac qui annonce, en 1996, le passage à l'armée de métier et donc l'abandon du service militaire obligatoire. Il s'agit alors de mettre en place une défense « plus efficace et plus moderne et moins coûteuse ».

b. Ce parcours de citoyenneté s'adresse à tous les jeunes Français, garçons et filles, comme le montre l'affiche représentant un garçon et une fille.

c. Le parcours de citoyenneté est un devoir que doit obligatoirement accomplir le futur citoyen. Comme l'indique l'affiche, avoir effectué les différentes étapes du parcours permet de se présenter aux examens et concours de la fonction publique. En effet, après le recensement et après la JDC, une attestation est fournie qui doit être jointe aux inscriptions aux différents examens et concours.

VERS LE BREVET

1 Brevet blanc 1

Histoire

QUESTIONS

1. En 52 avant J.-C., César bat Vercingétorix à Alésia.
2. L'édit de Nantes est signé en 1598 par le roi Henri IV : il autorise les protestants à pratiquer leur religion en France.
3. Entre 1915 et le début de 1918, la guerre devient une guerre de position : les armées s'enterrent dans les tranchées. Les conditions de vie des soldats y sont très difficiles : ils sont confrontés à la boue, aux rats, au manque d'hygiène, à la fatigue... À cela s'ajoute un danger permanent, lié aux différents assauts qui sont fréquemment lancés dans le but de percer le front.
4. L'idéologie nazie repose sur trois fondements : une vision raciste du monde, l'antisémitisme et la conquête de l'espace vital.
Les nazis pensent qu'il existe une race supérieure, les Aryens, et des races inférieures (Slaves, Asiatiques,...). Selon les nazis, l'existence du peuple allemand serait menacée, notamment par les Juifs considérés comme l'ennemi absolu et comme une non-humanité. Pour la survie du peuple allemand, les nazis doivent conquérir un espace vital, situé en Europe de l'Est.

TRAVAIL SUR DOCUMENT

1. Le discours du général de Gaulle est prononcé le 18 juin 1940, depuis Londres, sur les ondes de la BBC.
2. Au moment du discours, l'armée française a été battue par les armées allemandes : le pays est donc envahi.
Au niveau politique, le maréchal Pétain vient d'être nommé président du Conseil et a demandé l'armistice.
3. De Gaulle refuse cette défaite, car il estime que la France n'est pas seule pour continuer le combat. En effet, selon de Gaulle, la France peut compter :
– sur ses colonies pour lui fournir des matières premières et des hommes (« Elle a un vaste Empire derrière elle ») ;
– sur l'Angleterre à laquelle elle était alliée (« Elle peut faire bloc avec l'Empire britannique qui tient la mer et continue la lutte ») ;
– sur les États-Unis, qui ne sont certes pas en guerre, mais qui peuvent lui fournir du matériel militaire (« utiliser sans limites l'immense industrie des États-Unis »).
4. Le but de l'appel du général de Gaulle est d'inciter les Français à continuer le combat et à lutter contre l'occupation allemande qui commence en France.

Géographie

QUESTIONS

1.

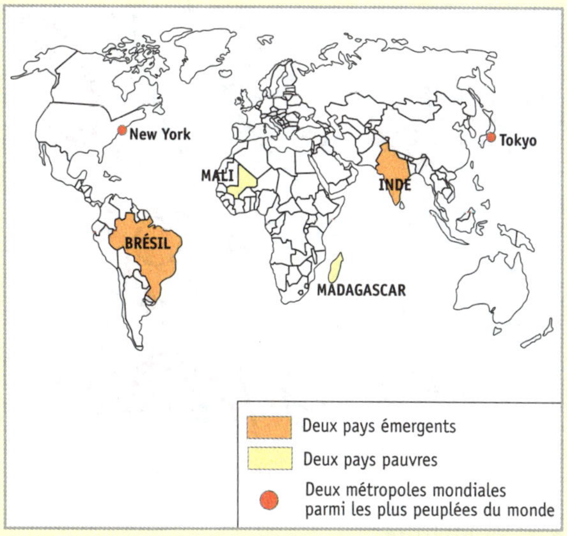

2. L'Union européenne est l'un des pôles de la Triade qui domine l'économie mondiale.
L'UE est tout d'abord une puissance agricole. Grâce à la politique agricole commune, son agriculture est l'une des plus productives au monde, ce qui lui permet d'exporter ses productions.
L'UE est également une puissance industrielle, compétitive tant dans les secteurs de base – comme la chimie avec la firme Shell

– que dans les secteurs de pointe comme l'aéronautique avec la firme Airbus.

En outre, l'UE est une grande puissance financière : elle réalise à elle seule plus de la moitié des investissements directs à l'étranger (IDE) et ses places boursières de Londres, Paris ou Francfort sont parmi les plus importantes au monde.

Enfin, l'UE est la première puissance commerciale du monde. Les pays de l'UE commercent avant tout entre eux grâce à la mise en place du marché commun, mais ils commercent également avec les autres pôles de la Triade.

TRAVAIL SUR DOCUMENT

1. On peut donner comme titre à la carte : « La répartition de la population française ».

2. La population française est inégalement répartie sur le territoire : on constate qu'il y a des régions densément peuplées et d'autres beaucoup moins peuplées.

3. Les frontières du Nord et de l'Est sont des espaces fortement peuplés. Elles correspondent aux anciennes grandes régions industrielles. Même si ces industries ont subi une grave crise, ces régions sont aujourd'hui dynamisées par leur proximité avec la mégalopole européenne.

4. La « diagonale du vide » s'étend des Ardennes aux Pyrénées, en passant par le Massif Central. Ces régions sont peu peuplées. La faiblesse du peuplement s'explique à la fois par les contraintes naturelles (régions de montagne) et par la faible présence d'activités dynamiques et compétitives susceptibles d'attirer ou de maintenir une population importante.

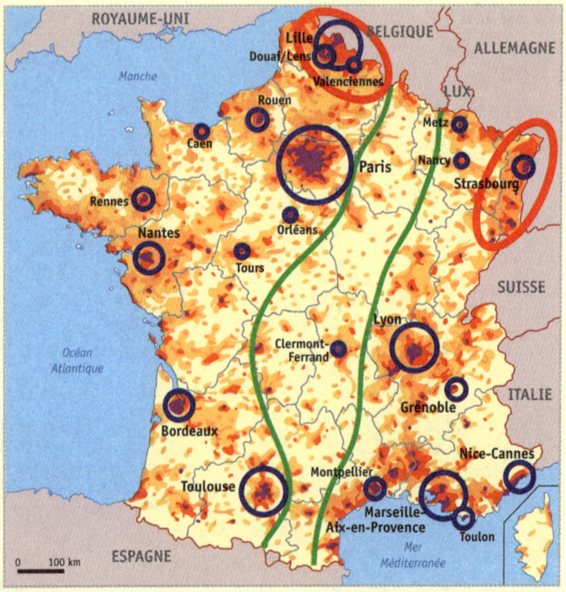

Éducation civique

QUESTIONS

1. Les valeurs de la République française sont la liberté, l'égalité et la fraternité.

2. Les syndicats ont pour vocation de défendre les intérêts des travailleurs en négociant tant au niveau de l'entreprise que de l'État.

3. La France est un État décentralisé. Cela veut dire que l'État a transféré une partie de ses compétences aux collectivités territoriales que sont les régions, les départements et les communes. Par exemple, en matière d'éducation, ce sont les départements qui gèrent la construction, l'équipement et l'entretien des collèges.

TRAVAIL SUR DOCUMENT

1. Voir document ci-dessous.

2. Le débat a été filmé sur un plateau de télévision.

3. Le décor à l'arrière-plan est le palais de l'Élysée, résidence du président de la République.

4. La télévision et internet (réseaux sociaux comme Facebook et Twitter) sont les deux médias présents dans le document.

5. Les médias participent à la vie démocratique en permettant aux citoyens d'être informés. Or, la liberté d'information est l'un des fondements de la démocratie.

Les médias permettent également aux citoyens de connaître les programmes politiques des candidats et donc de voter en toute connaissance de cause.

2 Brevet blanc 2

Histoire

QUESTIONS

1. Louis XIV règne sur la France entre 1661 et 1715.

2. Napoléon III règne sur la France entre 1852 et 1870.

3. François Mitterrand dirige la France entre 1981 et 1995.

4. En 1945, les Alliés décident de partager l'Allemagne et Berlin en quatre zones d'occupation confiées aux puissances victorieuses de la guerre en Europe.

Mais, rapidement, Soviétiques et Occidentaux s'opposent dans la manière de gérer l'Allemagne. Dans le but de contrôler entièrement Berlin, Staline décide, en juin 1948, de mettre en place un blocus de Berlin-Ouest. Les Occidentaux répliquent en organisant un pont aérien pour ravitailler la ville et font céder Staline en mai

1949. La rupture entre les anciens Alliés est alors consommée. En effet, deux États allemands opposés sont créés en 1949 :
- la RFA (République fédérale d'Allemagne) démocratique et capitaliste, alliée aux États-Unis ;
- la RDA (République démocratique d'Allemagne) communiste, alliée à l'URSS.

Les différences de niveau de vie et de régime politique sont de plus en plus criantes entre les deux Allemagnes et en particulier à Berlin. Plusieurs millions d'Allemands de l'Est quittent alors la RDA en se réfugiant à Berlin-Ouest. Pour arrêter cette fuite, les dirigeants communistes décident de construire un mur en août 1961 qui sépare la ville en deux. Les forces occidentales laissent faire pour éviter un affrontement militaire direct entre les deux puissances.

Entre 1948 et 1961, Américains et Soviétiques s'opposent en Allemagne, au nom d'idéologies différentes, sans recourir aux forces militaires. L'Allemagne est donc un symbole de la guerre froide.

TRAVAIL SUR DOCUMENT

1. De 1929 à 1935, la production industrielle baisse de près de 30 %.

Dans le même temps, les salaires diminuent passant de l'indice 100 en 1929 à l'indice 75 en 1935.

Enfin, le nombre de chômeurs secourus explose : il est quasiment multiplié par 400 entre 1929 et 1935.

2. La France est donc confrontée à une crise économique : la production industrielle s'effondre.

Cette crise économique engendre une crise sociale : les salaires diminuent et le chômage explose, car les entreprises ferment.

3. Cette crise économique et sociale a des conséquences politiques. Les gouvernements successifs semblent incapables de sortir le pays de la crise. Ils subissent les violentes attaques des ligues d'extrême-droite, qui s'en prennent tant aux institutions républicaines qu'aux hommes politiques. La contestation atteint son apogée lors de la manifestation du 6 février 1934, au cours de laquelle les ligues ont appelé à manifester.

Géographie

QUESTIONS

1. Voir carte ci-dessous.

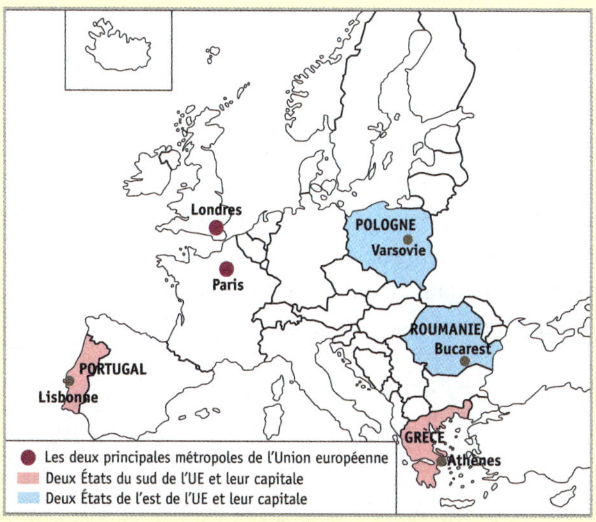

2. Les régions françaises attractives sont situées au Sud et à l'Ouest.

3. Paris a un poids prépondérant dans l'organisation du territoire français.

Ce poids est démographique (près de 20 % de la population), économique et financier (1/3 des richesses produites en France). La domination est politique et culturelle : en effet, Paris concentre les institutions politiques (Élysée, Sénat...), ainsi que de nombreux musées et universités.

4. Il existe de fortes inégalités économiques et de développement au sein de l'Union européenne. En effet, le Nord-Ouest de l'UE – et notamment la mégalopole – est l'espace le plus riche et le plus développé. Le PIB/hab. et l'IDH y sont plus forts qu'ailleurs, notamment comparativement à ceux dans la partie centrale et orientale de l'UE.

TRAVAIL SUR DOCUMENT

1. Le document est une photo aérienne en prise oblique de la station balnéaire de la Grande-Motte. La Grande-Motte se situe dans le département de l'Hérault, dans le Sud de la France, sur les bords de la Méditerranée.

2. L'activité dominante est le tourisme balnéaire.

3. L'activité touristique est favorisée par :
- la présence de la mer ;
- le climat méditerranéen qui offre des températures clémentes toute l'année et un fort ensoleillement.

4. La station a été construite *ex nihilo*, c'est-à-dire que rien n'existait auparavant. Tous les aménagements nécessaires au tourisme et aux touristes ont donc été construits à partir de 1965 :
- des logements sous forme d'habitat collectif (immeubles) pour augmenter la capacité d'accueil ;
- un port de plaisance.

Éducation civique

QUESTIONS

1. La citoyenneté européenne a été créée par le traité de Maastricht, en 1992.

2. On peut acquérir la nationalité française après 4 ans de mariage avec un(e) Français(e).

3. L'Organisation des Nations unies (ONU) a pour mission de maintenir la paix dans le monde. Pour cela, elle dispose d'une force armée, les Casques bleus, qui interviennent sur décision du Conseil de sécurité.

4. La France est une République laïque. Cela veut dire que l'État n'intervient pas dans les affaires religieuses : il n'y a pas de religion officielle, l'État ne subventionne aucun culte. Cela garantit à tous la liberté de conscience. Par exemple, à l'école, les élèves comme les adultes ne peuvent pas porter de signes ostentatoires par lesquels ils montreraient leur appartenance à une religion.

TRAVAIL SUR DOCUMENT

1. Ces extraits sont tirés de la Constitution de 1958.

2. Le président de la République est élu par les citoyens au suffrage universel direct tous les 5 ans.
3. Les membres du Gouvernement (Premier ministre et ministres) sont nommés par le Président. Les ministres sont nommés par le Président, sur proposition du Premier ministre.
4. Le Parlement détient le pouvoir législatif car c'est lui qui « vote la loi ».
5. L'Assemblée nationale contrôle le Gouvernement, car elle peut le renverser par le vote d'une motion de censure.

3 Brevet blanc 3

Histoire

QUESTIONS

1. Le 14 juillet 1789, les Parisiens s'emparent de la Bastille.
2. Les traités de Rome en 1957 et le traité de Maastricht en 1992 sont des traités essentiels pour la construction européenne.
3. Au XXe siècle, les progrès de la médecine entraînent une baisse de la mortalité et un allongement de l'espérance de vie.
4. Dans un régime totalitaire, la population est encadrée tout au long de sa vie. Par exemple, les enfants sont enrôlés dans les Jeunesses communistes en URSS sous Staline. De plus, la population est visée par une intense propagande vantant les mérites de l'État et du chef. Ainsi, les cinéastes Eisenstein en URSS ou Riefenstahl en Allemagne réalisent des films de propagande pour l'État. Enfin, la soumission de la population est assurée par un régime de terreur que fait régner la police politique : la Tcheka en URSS et la Gestapo en Allemagne.
5. Sous la Ve République, la société française change, notamment les femmes. Ainsi, l'interruption volontaire de grossesse (IVG) est légalisée par la loi Veil de 1975.

TRAVAIL SUR DOCUMENT

1. Le lieu représenté est le centre de mise à mort de Treblinka, situé dans le Grand Reich sur le territoire polonais.
2. Les gardiens sont des SS et des auxiliaires ukrainiens.
3. À leur arrivée à Treblinka, les déportés (en grande majorité des Juifs de Pologne) sont séparés : les hommes d'un côté, les femmes et les enfants de l'autre. Ils sont contraints de se déshabiller ; les femmes sont rasées. Ensuite, les déportés doivent courir nus le long de l'« Avenue de la mort ». Ils sont gazés dans les chambres à gaz. Leurs corps sont enterrés dans des fosses, par la suite ils sont incinérés sur des grills. Très peu de Juifs survivent à leur arrivée à Treblinka : seule une petite centaine est utilisée comme main-d'œuvre, l'immense majorité périt dès son arrivée.
4. Le nombre de gardiens est extrêmement faible par rapport au nombre de victimes. Cela veut dire que le système de mise à mort était « efficace », tout en nécessitant peu de main-d'œuvre. Pour les centres de mise à mort comme Treblinka, on parle d'une mise à mort industrielle.

Géographie

QUESTIONS

1.

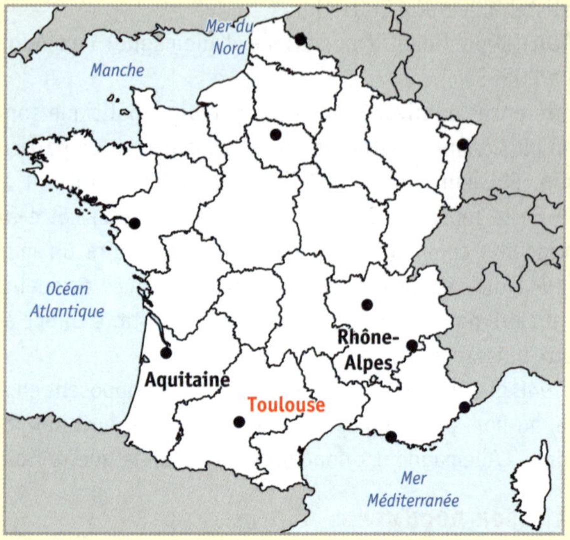

2. La France est une grande puissance politique mondiale. Par exemple, elle est membre permanent du Conseil de sécurité de l'ONU et sa voix compte sur la scène internationale. La France est également une grande puissance culturelle : la langue française est parlée sur tous les continents par plus de 200 millions de personnes.
3. À l'échelle nationale, Paris a un poids démographique puisque Paris et sa région représentent près de 1/5e de la population française. Paris a également un poids économique et financier : la région produit à elle seule près d'un tiers des richesses françaises, elle abrite les sièges sociaux des plus grandes entreprises et banques françaises et étrangères. En outre, Paris a un poids culturel : la ville concentre les plus grands musées, de prestigieuses universités... Enfin, Paris a un poids politique. En tant que capitale, elle accueille tous les lieux du pouvoir : résidence du président de la République, du Premier ministre, siège du Parlement et des ministères.
Le rayonnement de Paris se fait à l'échelle nationale, mais également à l'échelle européenne et mondiale. Paris est l'une des plus grandes métropoles européennes et l'une des quatre villes-monde (avec New York, Londres et Tokyo). Elle concentre donc des pouvoirs économique, financier, politique et culturel à dimension mondiale. Ainsi, Paris est l'une des villes qui accueillent le plus de sièges sociaux d'entreprises étrangères et c'est la ville la plus visitée au monde.
Ce rayonnement de Paris s'explique par la concentration d'activités dynamiques, mais aussi par le fait que Paris soit particulièrement bien reliée au reste de l'espace national, européen et mondial grâce à de nombreuses voies de communication (aéroports internationaux, LGV vers les autres métropoles françaises et européennes...).

TRAVAIL SUR DOCUMENT

1. L'UE occupe la première place dans l'économie mondiale. Ainsi, le texte précise qu'elle est la « première puissance économique et commerciale du monde devant les États-Unis, la Chine et le Japon » et qu'elle « réalise près du quart des échanges mondiaux ».

2.

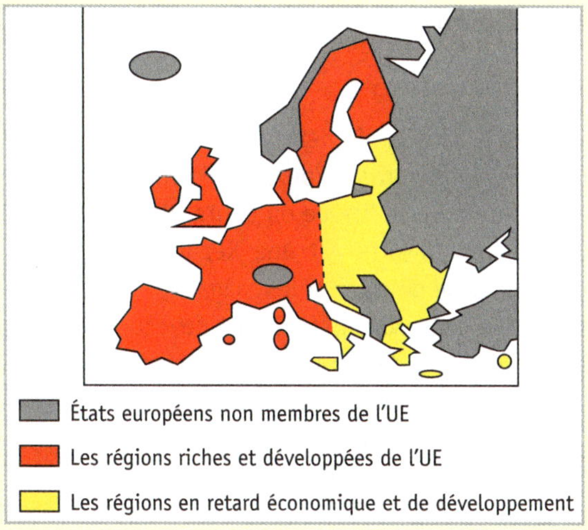

3. Pour réduire les inégalités sur son territoire, l'UE verse des aides financières aux régions les plus en retard et/ou en difficultés par le biais de fonds comme le FEDER ou le FSE.

Éducation civique

QUESTIONS

1. La République française est indivisible, laïque, démocratique et sociale.

Le drapeau tricolore, Marianne, l'hymne *La Marseillaise* et la devise « Liberté, Égalité, Fraternité » sont les symboles de la République.

2. Les médias sont nécessaires dans une démocratie. En effet, ils permettent aux personnes de s'informer et de s'exprimer, garantissant ainsi le respect des libertés fondamentales.

3. Pour être électeur en France aujourd'hui, il faut être majeur, de nationalité française, inscrit sur les listes électorales et ne pas être privé de ses droits civiques.

TRAVAIL SUR DOCUMENT

1. Le Président est le chef des armées. C'est ce pouvoir qui lui permet de commander un nouveau Livre blanc sur la défense et la sécurité nationale.

2. Le terrorisme, la cybermenace, la prolifération nucléaire et les pandémies sont les menaces rappelées dans le texte.

3. La France participe à l'ONU, notamment en tant que membre permanent du Conseil de sécurité. Elle participe également à l'UE et à l'OTAN.

4. En matière de protection, les armées françaises sont amenées à intervenir lors de catastrophes naturelles ou technologiques pour assurer la protection et/ou le secours des populations tant en France qu'à l'étranger dans le cadre de missions humanitaires.

La dissuasion fait référence au fait que la France est dotée de l'arme nucléaire.

Enfin, les armées françaises peuvent intervenir dans le monde, seules ou sous mandat de l'ONU, pour rétablir et/ou maintenir la paix dans une région. Ainsi, l'armée française est récemment intervenue en Libye ou au Mali.

4 Brevet blanc 4

Histoire

QUESTIONS

1. L'âge des cathédrales gothiques s'étend du XIIe au XVe siècle.

2. Le départ de Mahomet de La Mecque vers Médine correspond à l'Hégire. Il a lieu en 622.

3. Territoire français depuis 1830, l'Algérie est une colonie de peuplement et un département français.

Les inégalités sociales et politiques entre Français d'Algérie et Algériens sont importantes. Face à cette situation, les Algériens réclament leur indépendance à la fin de la Seconde Guerre mondiale.

Devant le refus de la France, le Front de libération nationale (FLN) organise, à partir de novembre 1954, des attentats dans les villes et une guérilla dans les montagnes. La France envoie un contingent militaire pour « maintenir l'ordre » en utilisant l'aviation et la torture. La population civile est la première victime des violences du FLN et de l'armée française (usage de la torture, viols...).

La France et les indépendantistes signent les accords d'Évian en mars 1962. L'indépendance de l'Algérie est proclamée le 3 juillet 1962 après l'organisation d'un référendum en France et en Algérie. Les « pieds-noirs » (surnom donné aux Français d'Algérie) et les harkis (Algériens qui ont combattu aux côtés de l'armée française) doivent alors quitter l'Algérie.

TRAVAIL SUR DOCUMENT

1. L'auteur de cette allocution est le général de Gaulle. À cette date, il est le président de la République.

2. De Gaulle prend ses distances vis-à-vis des États-Unis, car il condamne la guerre que ces derniers sont en train de mener au Vietnam (« notre réprobation devant la guerre qui s'étend en Asie de jour en jour »). De plus, la France a reconnu la République populaire de Chine, ce que n'ont pas fait les États-Unis.

3. De Gaulle explique ses choix par sa volonté d'indépendance. En effet, il souhaite faire de la France une grande puissance sur la scène internationale. Il souhaite donc se démarquer de la politique extérieure américaine et pratiquer sa propre diplomatie.

4. Le passage souligné fait référence au fait que, sous de Gaulle, la France lance un programme nucléaire qui lui permet de posséder l'arme atomique dès 1960.

Géographie

QUESTIONS

1.

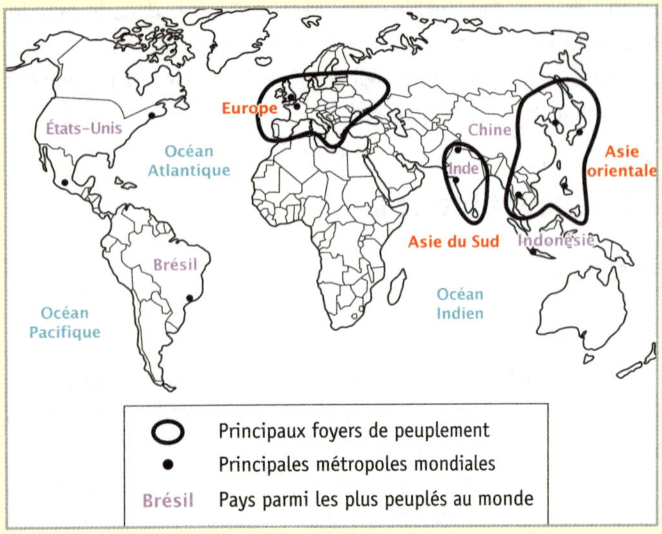

2. La puissance européenne est plus limitée dans le domaine diplomatique. En effet, les 28 pays de l'Union ont souvent du mal à adopter une position commune sur les grands problèmes internationaux. Par exemple, Français et Britanniques ont participé à l'intervention en Libye, alors que l'Allemagne émettait des réserves quant aux objectifs de cette intervention.

TRAVAIL SUR DOCUMENT

1.

Régions de départ	Régions d'arrivée
Nord, Picardie, Champagne-Ardenne, Lorraine, Île-de-France…	Provence-Alpes-Côte d'Azur, Rhône-Alpes, Bretagne, Pays de la Loire, Aquitaine, Midi-Pyrénées, Languedoc-Roussillon

2. Les jeunes adultes sont attirés par l'Île-de-France ; alors que les couples, les retraités et les moins qualifiés la quittent.

3.

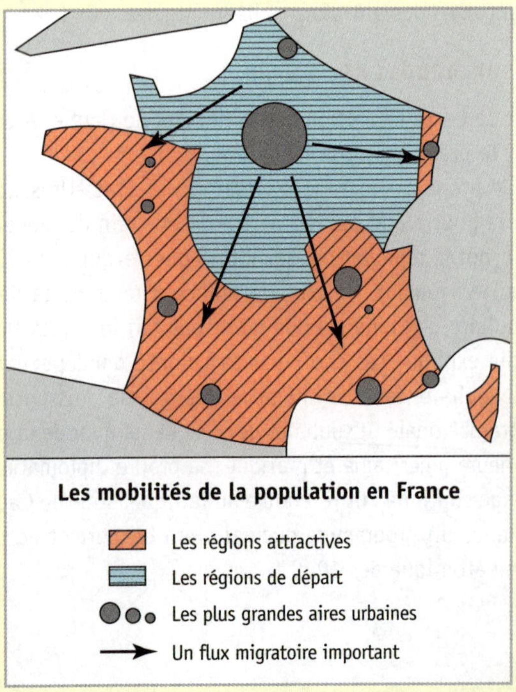

4. L'attractivité des régions du Sud s'explique par le cadre de vie agréable qu'elles offrent, notamment le climat ensoleillé : on parle d'héliotropisme. De plus, ces régions attractives se caractérise par leur dynamisme économique, notamment dans les métropoles du Sud, comme Toulouse spécialisée dans les industries de pointe (aérospatiale).

Éducation civique

QUESTIONS

1. Pour s'investir dans la vie démocratique et sociale du pays, les Français peuvent voter et/ou se présenter aux élections, s'investir dans un parti politique ou militer dans un syndicat.

2. La République française est une République sociale. Cela signifie qu'elle essaie de corriger les inégalités et de donner les mêmes chances à tous. Ainsi, l'école est devenue gratuite pour tous avec les lois Ferry de 1881-1882. De même, une aide juridictionnelle a été mise en place. Les frais d'un procès (avocat, expert…) sont pris en charge, en partie ou en totalité, par l'État, afin que chaque personne puisse se défendre quelles que soient ses conditions de ressources.

3. Selon la Constitution de la Ve République, c'est le Parlement qui détient le pouvoir législatif : il est composé de l'Assemblée nationale et du Sénat.

TRAVAIL SUR DOCUMENT

1. L'Organisation des Nations unies (ONU) a été créée par la charte de San Francisco du 26 juin 1945.

2. L'Assemblée générale de l'ONU a un fonctionnement démocratique car chaque État dispose d'une voix, quel que soit son poids démographique, diplomatique ou économique.

3. La première mission de l'ONU est de maintenir la paix dans le monde.

4. Pour assurer sa mission, l'ONU dispose des casques bleus qui peuvent être envoyés pour rétablir et/ou maintenir la paix dans une région. Les casques bleus sont des militaires de pays membres, mis à la disposition de l'ONU.

5. Le fonctionnement du Conseil de sécurité rend difficile l'action de l'ONU. En effet, pour qu'une résolution soit prise, il faut que les cinq membres permanents se mettent d'accord. Si l'un d'entre eux utilise son droit de veto, la résolution est suspendue.

Cette partie te propose un entraînement, à l'oral et à l'écrit, afin de valider – dans le cadre du brevet, avec les enseignants de ton établissement – le niveau A2 en anglais (si c'est la langue que tu as choisie) pour chacune de ces **cinq compétences** :

La partie comprend aussi :

VERS LE BREVET

1 Écouter et comprendre

Pour écouter les documents audio, rendez-vous sur la page www.hatier-entrainement.com

Ce qu'on attend de toi

- Pour obtenir le brevet, tu dois valider le **niveau A2** en anglais (si c'est la langue que tu as choisie), et ceci pour chacune de ces cinq compétences : compréhension orale (voir ci-dessous), prise de parole en interaction (unité 2), prise de parole en continu (unité 3), compréhension écrite (unité 4) et expression écrite (unité 5).
- À l'**oral**, tu dois être capable de **comprendre** :
  - des informations qu'une personne donne sur elle-même ;
  - des informations relatives à un objet ;
  - des consignes et instructions simples ;
  - une conversation entre deux anglophones qui parlent lentement.

★ 1 Dans une interview donnée à un journaliste, Magenta Grey parle de son actualité artistique. Écoute l'interview et réponds aux questions suivantes.

a. Who is Magenta Grey?

❑ a singer ❑ an actress

b. What is the title of her new album?

❑ *The Future is Back* ❑ *The Future in Colours*

c. What new sound is she using?

❑ electro ❑ hip hop

d. She thinks she is being:

❑ curious ❑ brave

SCORE .... /4

COUP DE POUCE
Dans cette interview imaginaire, la star explique qu'elle change de registre musical.

INFO
- *previous* : précédent
- *brave* : courageuse

★★ 2 Quel est l'objet présenté ? Qu'en dit-on ? Réponds par vrai (*true*) ou faux (*false*).

	true	false
a. This object is a camera.	❑	❑
b. It was launched in 2012.	❑	❑
c. It is heavier than the previous one.	❑	❑
d. It costs between 300 and 500 euros.	❑	❑
e. You can make films with it.	❑	❑
f. You can read newspapers on it.	❑	❑

SCORE .... /6

INFO
- *to launch* : lancer
- *a screen* : un écran
- *a laptop* : un ordinateur portable

★ 3 **Écoute ce débat entre deux interlocuteurs anglais. De quoi parlent-ils ? Réponds aux questions suivantes en entourant les bonnes réponses.**

1. Who is speaking?

a. two men **b.** two women **c.** a man and a woman

2. What are they talking about?

a. the environment **b.** education **c.** the opening of shops on Sundays

3. Do they agree?

a. Yes, they do. **b.** No, they don't.

SCORE ..../3

> **INFO**
> • *to remain* : rester, demeurer
> • *to earn money* : gagner de l'argent
> • *to allow* : permettre

★★ 4 **Dans un message téléphonique, ton ami Lucas te demande de lui rendre service en allant chercher sa cousine à la gare. Écoute attentivement son message puis réponds aux questions au brouillon.**

a. What must you do?

b. Who is this person? a boy or a girl?

c. Where is she coming from?

d. What time is she arriving?

e. Which platform?

f. What is the colour of her hair?

SCORE ..../6

> **COUP DE POUCE**
> • Écoute le message une 1re fois pour en percevoir le sens global, puis lis les questions pour savoir quelles informations tu recherches.
> • *grateful* : reconnaissant

★★ 5 **Quelqu'un dans la rue te donne des indications pour te rendre de Trafalgar Square à Covent Garden. Trace sur le plan ci-contre le chemin correspondant.**

SCORE ..../10

> **INFO**
> • *on the left* : à gauche
> • *on the right* : à droite
> • *straight up to* : tout droit jusqu'à
> • *to cross* : traverser
> • *to go down* : descendre
> • *near* : près de
> • *opposite* : en face de

ANGLAIS

Comment t'entraîner ?

- Regarde des **films** ou des **séries** en version originale (sous-titrés en français puis en anglais). Note les mots nouveaux. Révise tes notes régulièrement.
- Écoute une **radio anglaise** cinq minutes par jour pour essayer de comprendre le contenu et te familiariser avec l'accent.

Corrigés p. 236

Plus d'exercices sur www.hatier-entrainement.com

TOTAL ..../ 23

VERS LE BREVET

2 Prendre part à une conversation

Pour écouter les corrigés audio des exercices, rendez-vous sur la page www.hatier-entrainement.com

Ce qu'on attend de toi

- Tu dois être capable de **te présenter**, de présenter quelqu'un, de demander des nouvelles d'une personne.
- Dans les **situations de la vie courante**, tu dois pouvoir effectuer des achats, commander un plat, réserver une chambre d'hôtel, demander ton chemin.
- Enfin, tu dois être capable de parler à quelqu'un d'une émission, d'un film, d'une sortie, en exprimant ton **point de vue**.

★★ 1 Quelqu'un te pose des questions sur toi, ta famille, tes goûts... Écoute les questions et réponds à chacune en une phrase.

a. When and where were you born? ....

b. Have you got any brothers and sisters? ....

c. Have you got any pets? ....

d. What do you like doing in your spare time? ....

e. What foreign languages can you speak? ....

f. What countries have you visited? ....

g. What would you like to do in the future? ....

SCORE ..../7

COUP DE POUCE

Voici quelques amorces pour tes réponses.
a. *I was born on +* date, *in +* place, year
d. *I like +* V-ing, *I enjoy +* V-ing, *I am fond of +* V-ing
g. *I would like to be a... because...*

★★★ 2 Lors d'un séjour à Londres avec ta mère, tu es le/la seul(e) à savoir parler anglais. Vous êtes au restaurant. Entame l'échange avec le serveur et, à l'aide de la carte ci-dessous, passe commande d'un plat et d'une boisson pour chacun(e) de vous.

Trafalgar Menu

Starters and soups

Salmon and cucumber mousse £4.30
Chestnut and apple soup £4.50

Main courses

Fish and chips £12.25
Fried trout £13.90
Boiled beef and carrots £11.65
Steak £13.40

Desserts

Apple crumble £4.25
Jelly and ice cream £3.80

Drinks

Sparkling water (small bottle) £2
Still water (small bottle) £1.5
Red wine (glass) £3.5
White wine (glass) £3.5

All served with the following side dishes, included in prices: green beans, salad, celery gratin, cooked vegetables

SCORE ..../4

COUP DE POUCE

Tu peux utiliser ces questions ou amorces :
- *Waiter, can we have the menu, please?*
- *What would you recommend?*
- *Well, I would like to order...*

INFO

- *sparkling water* : eau gazeuse
- *still water* : eau plate

3 Tu dois réserver une chambre d'hôtel par téléphone. Réponds aux questions de la réceptionniste. Donne tes dates d'arrivée et de départ, ainsi que d'autres précisions utiles (lits simples ou doubles, petit-déjeuner inclus ou non...).

RECEPTIONIST. – Hello, Sea view Hotel, Brighton.

YOU. – Hello, I'd like ....

....

RECEPTIONIST. – Yes, when would you like to come?

YOU. – ....

....

RECEPTIONIST. – OK, we have availability. There's a room with a bath at £100 per night or one with a shower at only £80. Both have sea views.

YOU. – ....

RECEPTIONIST. – Yes, that includes full English breakfast.

YOU. – ....

RECEPTIONIST. – OK, so that's a twin room with shower, for two nights from Saturday the fourth.

SCORE ..../4

INFO
- *to book a room* : réserver une chambre
- *twin beds* : lits jumeaux
- *a shower* : une douche
- *a bath* : une baignoire
- *availability* : disponibilités

4 Tu as regardé le programme *Survivor* (qui correspond à l'émission française *Koh Lanta*) et tu échanges ton point de vue sur ce type d'émission avec un ami.

YOU. – ....

YOUR FRIEND. – I don't agree at all. The activities are challenging, not risky.

YOU. – ....

YOUR FRIEND. – I agree. They should choose very different people.

SCORE ..../2

COUP DE POUCE
Voici des expressions qui peuvent t'être utiles :
- *I like / I don't like this programme, because I think it is ...*
- *It's dangerous, risky, challenging* (qui représente un défi).
- *It's interesting / boring.*

ANGLAIS

Comment t'entraîner

- À la suite d'un **exposé en classe**, dialogue avec tes camarades, pose-leur des questions relatives à ton exposé et réponds aux leurs.
- À la **maison**, entraîne-toi avec un membre de ta famille ou avec un camarade. Dialoguez en anglais de façon informelle au sujet de votre vie quotidienne.
- Converse avec ton **correspondant** par l'intermédiaire de **Skype**. Tu pourras aborder des thèmes aussi variés que les vacances, la famille, les études, les loisirs, etc.
- En **voyage à l'étranger**, parle anglais au restaurant, à l'hôtel, dans les magasins.
- Fais bien attention à l'**intonation**.

Corrigés p. 236-237

Plus d'exercices sur www.hatier-entrainement.com

TOTAL ..../ 17

VERS LE BREVET

3 Parler en continu

Pour écouter les corrigés audio des exercices, rendez-vous sur la page www.hatier-entrainement.com

Ce qu'on attend de toi

- Tu dois être capable :
  - de raconter un **événement** ;
  - de présenter et décrire un **objet** ou un **projet** ;
  - d'exposer tes réactions et tes **opinions**.
- Pour cela, tu dois utiliser un vocabulaire simple et précis, maîtriser les **temps** du présent et du passé, savoir t'exprimer au futur et utiliser des **mots de liaison**.

1 **Regarde ce document. Présente-le à tes camarades aussi précisément que possible à l'aide du texte introductif et des questions.**

Pirates of the Caribbean 1: The Curse of the Black Pearl is a film directed by G. Verbinski and released in 2003. The main actors are Johnny Depp (Captain Jack Sparrow), Keira Knightley (Elizabeth Swann), Orlando Bloom (Will Turner) and Geoffrey Rush (Hector Barbossa).

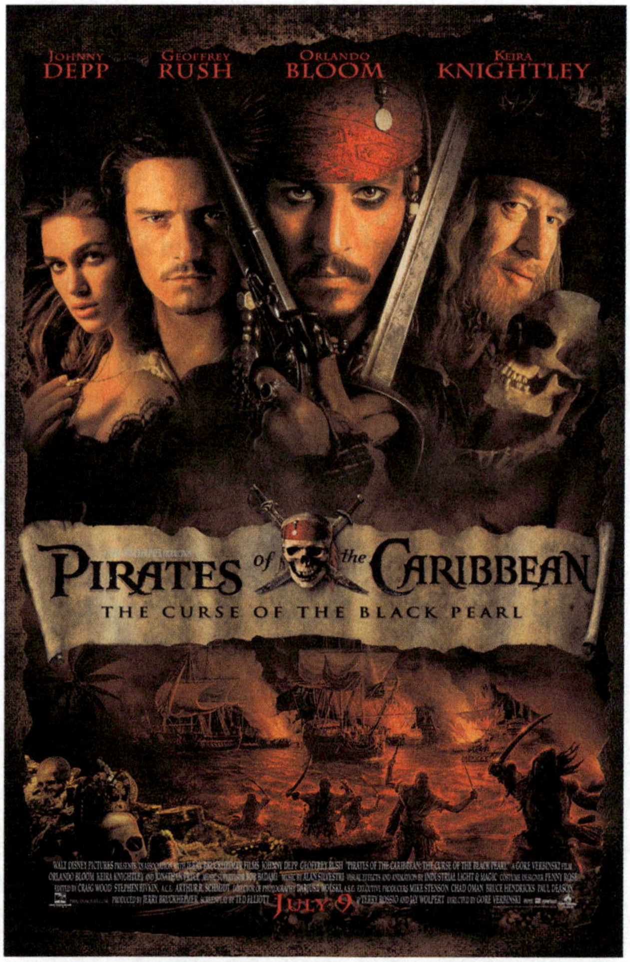

a. What type of document is it?

b. What is the title of the film?

c. What are the names of the main actors?

d. What is the name of the actor who plays the role of Jack Sparrow?

e. Describe the document: characters, colours...

f. Do you like this kind of films? Why?

SCORE ..../6

INFO

- *a film poster* : une affiche de film
- *in the foreground* : au 1er plan
- *in the background* : en arrière-plan
- *below* : en dessous
- *parchment* : parchemin
- *dagger* : poignard
- *weapon* : arme
- *skull* : crâne

2 Tu souhaites partager avec tes camarades un film (ou un livre) qui t'a profondément marqué(e). Raconte l'histoire, décris les personnages puis explique pourquoi ce film (ou ce livre) t'a ému(e).

SCORE ..../6

COUP DE POUCE

Voici quelques amorces qui pourront t'être utiles :
- *I would like to tell you about a film I have seen recently, a book I have read.*
- *The film was captivating / fascinating* : captivant
- *It was about...*
- *The main characters ...*
- *What happened was...*
- *The reason why I liked it so much was...What I enjoyed about it...*

3 Observe bien ces titres d'articles de journaux concernant des événements. Grâce à ces titres et à ton imagination, raconte à tes camarades de quoi il s'agit. Fais-en un récit en construisant des phrases au passé.

a. Bank robbery: gang escaped. £300,000 stolen in 15 minutes!

b. City Centre: gas explosion. 5 buildings evacuated.

c. New fast food restaurant opened June 27th: organic hamburgers. Healthy desserts!

d. Martha Wilson published her first novel at 83! Better late than never...

e. March to the City Hall. 3,000 people to protest plans to build a new airport.

f. Reg Dwight's concert: big success, thousands of fans, last concert.

SCORE ..../6

INFO
- *to escape* : s'enfuir
- *to steal, stole, stolen* : voler
- *a gas pipe* : une conduite de gaz
- *faulty* : défectueux
- *a shelter* : un abri
- *organic* : bio
- *healthy* : sain
- *a novel* : un roman
- *to retire* : prendre sa retraite
- *to achieve* : réaliser
- *City Hall* : mairie

Pour mieux maîtriser l'intonation

L'intonation est essentielle car elle aide à te faire comprendre.

- Intonation **descendante** (la voix descend ↘) : dans les questions en WH, les ordres, les exclamations, les **tags** qui ne sont pas de vraies questions et les énoncés neutres.
- Intonation **ascendante** (la voix monte ↗) : dans les questions fermées (on répond par **yes** ou **no**), les **question tags**, l'expression de la surprise et les phrases incomplètes.

4 Écoute et coche l'intonation des phrases suivantes, puis répète-les.

a. The movie was inspired by Walt Disney theme park. ☐ ↘ ☐ ↗

b. Jack is such an eccentric pirate! ☐ ↘ ☐ ↗

c. Did you enjoy the film? ☐ ↘ ☐ ↗

d. I also liked the other films. ☐ ↘ ☐ ↗

e. The success of the film was unexpected, wasn't it? ☐ ↘ ☐ ↗

f. Why did Jack Sparrow escape? ☐ ↘ ☐ ↗

SCORE ..../6

ATTENTION

e. Ce tag n'est pas une vraie question mais une affirmation.

ANGLAIS

Corrigés p. 237

Plus d'exercices sur www.hatier-entrainement.com

TOTAL ..../ 24

VERS LE BREVET

4 Lire et comprendre

Ce qu'on attend de toi

- À l'**écrit**, tu dois être capable :
  - de reconnaître les différents types de documents écrits ;
  - de **comprendre** globalement un texte traitant de sujets tels que la famille, l'école, les loisirs... ; une lettre ou un e-mail traitant de sujets familiers ;
  - de **prélever des informations** dans un document simple (publicité, brochure touristique, petite annonce, court article...).

★ 1 Observe l'affiche, lis le questionnaire et coche les bonnes réponses.

a. What sort of document is it?
❑ a film poster ❑ a book cover

b. Who is the main character?
❑ a woman ❑ a boy
❑ a little girl

c. What animals are attacking the main character?
❑ spiders ❑ birds
❑ bats

d. The main character looks:
❑ happy ❑ relaxed
❑ terrified

e. This film is:
❑ a comedy
❑ a love story
❑ a suspense story

f. It is based on a story written by:
❑ Daphne du Maurier
❑ Lewis Carroll
❑ Charles Dickens

g. The film director is called:
❑ Tim Burton ❑ Alfred Hitchcock ❑ Woody Allen

SCORE ..../7

ATTENTION
La question **a** porte sur le type de document : observe sa mise en page.

INFO
Ce grand classique du cinéma est sorti aux États-Unis en 1963.
Il est considéré comme l'un des derniers grands films de la carrière de Hitchcock, et a contribué à relancer le genre des films à suspense.

2 **a. Lis l'e-mail adressé par Joan à son amie Mandy.**

Hello Mandy!
There are parades everywhere today because it is the Fourth of July, Independence Day. I'm writing from New York! From my hotel room I have a fantastic view on the Empire State Building.
Yesterday morning, I went to Fifth Avenue and I spent the afternoon in Central Park. In the evening my parents took me to a musical in Broadway. That was a surprise! Two days ago, we were in Washington where I saw the Capitol and the White House. The day after tomorrow, we're taking a plane to Los Angeles, California. We're going to have a guided tour of Universal Studios and we'll visit a friend who's a student at UCLA. I can't wait! I've got plenty of photos.
See you soon. Love, Joan

INFO

• Le 4 juillet 1776, les 13 colonies britanniques d'Amérique du Nord ont proclamé leur indépendance et ont ainsi fondé les États-Unis d'Amérique. Pour commémorer cet événement, des parades et des feux d'artifice sont organisés tous les 4 juillet.
• UCLA : *University of California Los Angeles* est la grande université de Los Angeles.

b. Précise les différentes activités de Joan en complétant le tableau.

	Lieu précis	Ville	Date
Sortie pour un spectacle			
Promenade dans un parc			
Promenade près d'une résidence officielle			
Visite de studios de cinéma			
Visite d'une université			

SCORE ..../15

Comment t'entraîner

- Cherche les paroles d'une **chanson anglaise ou américaine** que tu aimes et essaie de les comprendre.
- Lance-toi dans la lecture d'un **court récit** en anglais : tu seras étonné(e) de constater que tu peux comprendre les histoires même si tu ne connais pas tous les mots.
- Quand tu dois faire une **recherche sur Internet** (*webquest, websearch*), si le sujet s'y prête, fais-la sur un site anglais.

3 **Sur le site www.johnnydeppfan.com, retrouve les informations demandées.**

a. Date et lieu de naissance : ....

b. Sa première passion : ....

c. Sa partenaire féminine dans *Pirates des Caraïbes* : ....

d. L'année de sortie de *Charlie et la Chocolaterie* : ....

e. La récompense obtenue en 1999 : ....

SCORE ..../5

COUP DE POUCE

Sur le site, clique sur *information*, puis sur *bio* qui est l'abréviation de *biography*.
Pour une information précise sur un film, clique sur *filmography*.

Corrigés p. 238

Plus d'exercices sur www.hatier-entrainement.com

TOTAL ..../ 27

VERS LE BREVET

5 Écrire

Ce qu'on attend de toi

- Au niveau A2, tu dois être capable :
  - de remplir un **questionnaire** simple ;
  - d'écrire une **lettre** à un correspondant pour te présenter, parler de ta famille, de tes activités, pour l'inviter ;
  - de rédiger un **texte court** pour parler d'une expérience personnelle (un voyage, un stage...), de t'exprimer au passé pour en parler.

★ 1 À partir des éléments biographiques qui te sont donnés, rédige quelques phrases sur la vie et l'œuvre de Shakespeare. Utilise le prétérit.

- 1564: birth in Stratford-upon-Avon
- 1582: marriage with Anne Hathaway
- 1587: goes to London to become an actor
- 1595: *Romeo and Juliet*
- 1599: "The Globe" is built for Shakespeare's company
- 1600: *Hamlet*
- 1610: goes back to Stratford-upon-Avon
- 1613: "The Globe" is destroyed by a fire
- 1616: death in Stratford-upon-Avon

William Shakespeare was born in ....

....

....

....

....

....

SCORE .... /9

INFO
The Globe est le nom du théâtre construit à Londres pour Shakespeare et sa compagnie. Il a été reconstruit en 1996.

INFO
- *a play* : une pièce de théâtre
- *a playwright* : un auteur dramatique
- *to perform a play* : jouer une pièce

★★ 2 Construis quatre autres questions que l'on aurait pu poser pour obtenir ces éléments biographiques.

a. When was Shakespeare born?

b. ....

c. ....

d. ....

e. ....

SCORE .... /4

ATTENTION
- Pense à utiliser les mots interrogatifs *when, who, why, where...*
- N'oublie pas que, dans une question, l'auxiliaire *did* est suivi du verbe à la base verbale.

3 Aimes-tu surfer sur Internet ou « chatter » sur Facebook ?
Explique pourquoi dans un court paragraphe.

....

....

....

....

....

....

....

....

....

....

....

....

....

SCORE .... /8

COUP DE POUCE

• Construis des phrases simples à partir de mots clés que tu auras listés avant de commencer à rédiger.
• Pense à utiliser le gérondif (terminaison en *-ing*) après les verbes de goûts comme enjoy ou après les prépositions comme of.

INFO

• *on the net* : sur Internet
• *free time* : temps libre
• *to feel lonely* : se sentir seul
• *to get bored* : s'ennuyer
• *to keep in touch* : rester en contact
• *to live abroad* : vivre à l'étranger
• *quick answer* : réponse rapide
• *it's free* : c'est gratuit

Pour mieux écrire

Deux conseils clés

• **Lis le plus possible des textes en anglais.** Efforce-toi de mémoriser les mots et les constructions de base, en les écrivant dans un carnet, par exemple.

• **Ne cherche pas à traduire mot à mot** une phrase française, mais « pense en anglais », en utilisant les mots que tu connais.

Attention à ces difficultés classiques !

• N'oublie pas la terminaison en *s* de la 3e personne du singulier au présent simple.

• Pense à utiliser un auxiliaire pour construire les formes interrogative et négative.

• Ne confonds pas les pronoms personnels compléments et les déterminants possessifs (*him/his, them/their*...).

• Réfléchis bien à la manière d'écrire les mots qui ont la même prononciation, mais pas le même sens. Par exemple, *his* et *he's* ; *there*, *their* et *they're*.

4 **Entraîne-toi à construire des phrases complexes. Choisis pour chaque phrase le mot de liaison qui convient :** whereas – since – without – instead of – although – until

a. His parents don't want him to chat on the net .... he is nearly 16 years old.

b. She spends her time playing computer games .... doing her homework.

c. My brother enjoys writing long messages .... my sister doesn't.

d. He took some photos .... telling us.

SCORE .... /4

Corrigés p. 238

TOTAL .... / 25

Tableaux de conjugaison

N.B. : Seules les formes pleines figurent dans les tableaux ci-dessous.

Be

	Présent	Prétérit
Forme affirmative	I am you are he, she, it is we are you are they are	I was you were he, she, it was we were you were they were
Forme interrogative	am I…? are you…? is he, she, it…? are we…? are you…? are they…?	was I…? were you…? was he, she, it… ? were we…? were you…? were they…?
Forme négative	I am not you are not he, she, it is not we are not you are not they are not	I was not you were not he, she, it was not we were not you were not they were not

Have got

	Présent
Forme affirmative	I have got you have got he, she, it has got we have got you have got they have got
Forme interrogative	have I got…? have you got…? has he, she, it got…? have we got…? have you got…? have they got…?
Forme négative	I have not got you have not got he, she, it has not got we have not got you have not got they have not got

Can

Présent	Prétérit
I can you can he, she, it can we can you can they can	I could you could he, she, it could we could you could they could
can I…? can you…? can he, she, it…? can we…? can you…? can they…?	could I…? could you…? could he, she, it…? could we…? could you…? could they…?
I cannot you cannot he, she, it cannot we cannot you cannot they cannot	I could not you could not he, she, it could not we could not you could not they could not

Verbe régulier : play

	Présent simple	Présent en *be* + *V-ing*	Prétérit
Forme affirmative	I play you play he, she, it plays we play you play they play	I am playing you are playing he, she, it is playing we are playing you are playing they are playing	I played you played he, she, it played we played you played they played
Forme interrogative	do I play? do you play? does he, she, it play? do we play? do you play? do they play?	am I playing? are you playing? is he, she, it playing? are we playing? are you playing? are they playing?	did I play? did you play? did he, she, it play? did we play? did you play? did they play?
Forme négative	I do not play you do not play he, she, it does not play we do not play you do not play they do not play	I am not playing you are not playing he, she, it is not playing we are not playing you are not playing they are not playing	I did not play you did not play he, she, it did not play we did not play you did not play they did not play

Verbe irrégulier : come

	Présent simple	Présent en *be* + *V-ing*	Prétérit
Forme affirmative	I come you come he, she, it comes we come you come they come	I am coming you are coming he, she, it is coming we are coming you are coming they are coming	I came you came he, she, it came we came you came they came
Forme interrogative	do I come? do you come? does he, she, it come? do we come? do you come? do they come?	am I coming? are you coming? is he, she, it coming? are we coming? are you coming? are they coming?	did I come? did you come? did he, she, it come? did we come? did you come? did they come?
Forme négative	I do not come you do not come he, she, it does not come we do not come you do not come they do not come	I am not coming you are not coming he, she, it is not coming we are not coming you are not coming they are not coming	I did not come you did not come he, she, it did not come we did not come you did not come they did not come

1 Écouter et comprendre

1 SCRIPT DE L'ENREGISTREMENT AUDIO

INTERVIEWER. – Good morning Magenta, and thanks for coming on the show this evening.
MAGENTA GREY. – It's a pleasure.
INTERVIEWER. – You have a new album coming out this week.
MAGENTA GREY. – Yes, it's called The Future in Colours. It's a new sound for me, I'm using electro music. I know that my fans liked my previous CD and I hope they will like this one too.
INTERVIEWER. – It's very different from your last CD. Do you think you are being brave with your new sound?
MAGENTA GREY. – Yes, it is brave of me but I think it is important to try new things in life.

a. a singer. **b.** The Future in Colours. **c.** electro. **d.** brave.

2 SCRIPT DE L'ENREGISTREMENT AUDIO

The iPad 3 was launched in early 2012. The main improvements are a better camera and a much higher screen resolution. It is also slightly thinner, and therefore lighter than the iPad 2. It costs from about 490 to 810 euros, depending on memory size and whether you choose one with wifi only, or with 3 or 4G. You can do amazing things with an iPad 3: make films, take photos, play music, read newspapers and books... and use it like a laptop.

a. false. **b.** true. **c.** false. **d.** false. **e.** true. **f.** true.

3 SCRIPT DE L'ENREGISTREMENT AUDIO

MRS SMITH. – Good morning, I'm Margery Smith of Keep Sunday Special. We believe that shops and businesses should remain closed on Sundays.
MR BROWN. – Hello, I'm Arthur Brown and I speak for the Confederation of Small Businesses. Our members believe that they will earn less money if they are not able to open on Sundays.
MRS SMITH. – Sunday is and has always been a special day in this country. It is important for us all, in our busy lives, to rest and to spend time with our families.
MR BROWN. – But life has changed! We are busy: one more reason to allow those that cannot shop on weekdays to do so on Sundays...

1. c. **2.** c. **3.** b.

4 SCRIPT DE L'ENREGISTREMENT AUDIO

I'm not here right now but if you leave me a message I'll get back to you as soon as I can.
Hi, it's Lucas. Listen, can you do me a favour? My cousin Susie's coming down from Manchester on the train next week, and I won't be able to pick her up at the station. I have to work.
Would you be able to do it? I'd be really grateful.
It's next Tuesday, the eighth, the train arriving at half past seven. Manchester trains normally come in at platform seven. You've never seen Susie, have you? She's about your height, with blonde hair, quite slim.
Let me know if you can meet her. Thanks so much! Speak to you soon, bye.

a. I must pick up Lucas's cousin at the station. **b.** She's a girl. **c.** She is coming from Manchester. **d.** She is arriving at half past seven. **e.** Platform seven. **f.** Her hair is blonde.

5 SCRIPT DE L'ENREGISTREMENT AUDIO

YOU. – Excuse me, how do you get to Covent Garden from here?
LONDONER. – You're in Trafalgar Square now. Go north, straight up to St Martin's Place. After a few minutes' walk, St Martin's Place turns into Charing Cross Road. Keep going up Charing Cross Road until you get to Leicester Square tube station on your left, then cross the street and go down a road called Long Acre. Covent Garden tube station is about five streets down on your right. Covent Garden is near the station, opposite the Opera House.
YOU. – Thanks very much.

Tracé de l'itinéraire sur le plan

2 Prendre part à une conversation

1 **a.** I was born in Lyon, France, in 1995.
b. I have one older brother but no sisters.
c. We have a dog called Pedro.
d. In my spare time, I play Minecraft, a computer game, and compose electronic music with a Moog synthesizer.
e. I study English at school but I don't think it's my best subject.
f. I've visited Spain and the USA and would like to travel more.
g. In the future, I'd like to either compose music or be a research scientist.

2

YOU. – Waiter, can we have the menu, please?
WAITER. – Of course, here it is.
YOU. – Thank you. What would you recommend?

WAITER. You are tourists here, so I recommend our traditional Fish and chips!
YOU. – Well, I would like to order Fish and chips for me and the steak for my mother.
WAITER. – What vegetables would your mother like with the steak? Salad or cooked vegetables?
YOU. – Salad, please.
WAITER. – And what would you like to drink?
YOU. – Still water, please, and a glass of red wine for my mother.
WAITER. – OK, I'll get the drinks straight away.

3 RECEPTIONIST. – Hello, Sea view Hotel, Brighton.
YOU. – Hello, I'd like to book a room, please.
RECEPTIONIST. – Yes, when would you like to come?
YOU. – Saturday the fourth, for two nights. I'd like a room with twin beds, please.
RECEPTIONIST. – OK, we have availability. There's a room with a bath at £100 per night or one with a shower at only £80. Both have sea views.
YOU. – Great. Does that include breakfast?
RECEPTIONIST. – Yes, that includes full English breakfast.
YOU. – Thanks. I'll take the room with the shower, please.
RECEPTIONIST. – OK, so that's a twin room with shower, for two nights from Saturday the fourth.

4 YOU. – I don't like this programme, because I think it is dangerous. Some of the contestants get too thin from not eating properly and the activities are very risky.
YOUR FRIEND. – I don't agree at all. The activities are challenging, not risky.
YOU. – Don't you think it's boring, though? They have the same type of contestants all the time.
YOUR FRIEND. – I agree. They should choose very different people.

3 Parler en continu

1 **a.** This document is a film poster.
b. The title of the film is *Pirates of the Caribbean*.
c. The names of the main actors are: Johnny Depp, Orlando Bloom, Keira Knightley and Geoffrey Rush.
d. The actor who plays the role of Jack Sparrow is Johnny Depp.
e. At the top of the poster, we can see the faces of the four main characters: Captain Jack Sparrow, Will Turner, Elizabeth Swann and Hector Barbossa. Captain Jack's face is at the centre. He is wearing a red scarf and he is holding a pistol on one side of his face and a dagger on the other. In the middle, below the row of faces is the title of the film "Pirates of the Caribbean, The Curse of the Black Pearl" written on a piece of parchment. In the lower part of the poster, under the title, there is a scene with ships in the background on a dark sea. In the foreground, there is some land, and pirates are running onto it holding their weapons. On the left-hand side, there is some treasure surrounding two human skulls. At the bottom, we can notice a date written in red: "July 9", probably the date of the release. The colours are dark and menacing. This scene, although dark, is lit from the right-hand side by fires burning behind the ships.
f. I like this kind of film: it's not serious, it's just good fun. There are lots of adventures and supernatural characters. The setting is very exotic and often quite beautiful.

2 I would like to tell you about a book I have read recently, called *Noughts and Crosses* by Malorie Blackman. It was a great read, about racism. In a world where white people (called Noughts) are seen as inferior to black people (called Crosses), the two main characters are a Cross girl called Sephy and a Nought boy called Callum. Sephy and Callum have been friends for years but it becomes more difficult to stay friends as they grow up. Callum's brother, Jude, is a terrorist in the Liberation Militia, a group that fights for the rights of white people. I liked this book very much because it makes you think about racism in a different way. Another reason why I liked it so much is because of its plot (*intrigue*): the story is very exciting.

3 **a.** There was a bank robbery, last night, at the Cheshire Bank in London. The gang stole £300,000 in only 15 minutes, then they escaped in a stolen car.
b. In the centre of Leeds, last week, there was a gas explosion. The fire service said that the gas pipes were old and faulty. Five buildings had to be evacuated, with the residents being sent to local schools and gymnasiums for shelter. Luckily, no one was hurt and the residents returned home later.
c. Yesterday, June 27th, a new fast food restaurant opened in town. I ate there and had an organic hamburger. It was delicious. They also serve healthy desserts: I had strawberry sorbet.
d. Last month Martha Wilson published her first novel at the age of 83. Mrs Wilson used to work as a teacher. When she retired, at the age of 60, she started a creative writing course. This led to several magazine articles over the years, but now she has achieved her ambition of writing a novel called *The Poppy Fields of Summer*.
e. Yesterday 3,000 people marched to the City Hall. They protested plans to build a new airport. People feared the consequences of this decision: pollution and noise. The organizers of the march met the mayor. The mayor promised he would reconsider his decision.
f. Thousands of enthusiastic fans attended Reg Dwight's concert last night. The artist announced that it would be his last concert. The show was absolutely amazing. The song selection was excellent. Fans hope he will change his mind and offer some more fantastic shows.

4

a. ☒ ↘	**c.** ☒ ↗	**e.** ☒ ↘
b. ☒ ↘	**d.** ☒ ↘	**f.** ☒ ↘

4 Lire et comprendre

1 a. a film poster. **b.** a woman. **c.** birds. **d.** terrified. **e.** a suspense story. **f.** Daphne du Maurier. **g.** Alfred Hitchcock.

2 b.

	Lieu précis	Ville	Date
Sortie pour un spectacle	Broadway	New York	le 3 juillet
Promenade dans un parc	Central Park	New York	le 3 juillet
Promenade près d'une résidence officielle	The White House	Washington	le 2 juillet
Visite de studios de cinéma	Universal Studios	Los Angeles	le 6 juillet
Visite d'une université	UCLA	Los Angeles	le 6 juillet

3 a. Le 9 juin 1963, à Owensboro dans le Kentucky (États-Unis). **b.** La musique. **c.** Keira Knightley. **d.** 2005. **e.** Le César d'honneur.

5 Écrire

1 William Shakespeare was born in Stratford-upon-Avon in 1564. He married Anne Hathaway, when he was 18, in 1582. In 1587, he went to London because he wanted to become an actor and a playwright. In 1595, Shakespeare's famous play, *Romeo and Juliet*, was performed in London. A theatre called "The Globe" was built in London in 1599 for Shakespeare's company. It was destroyed by a fire in 1613. *Hamlet* was created in 1600. In 1610, Shakespeare went back to his native city, Stratford-upon-Avon. He died there in 1616.

2 b. Who did he marry? **c.** Why did he go to London? **d.** When was *Romeo and Juliet* performed for the first time? **e.** Where did Shakespeare die?

3 I enjoy chatting on the Internet. Whenever (*à chaque fois*) I feel lonely, I can always find someone to talk to on the net. So I never get bored in my free time if I can use a computer or a smart phone. Chatting on the net is much easier than writing letters. You get a quick answer. And it is free! It is also a very good way of keeping in touch with my friends even if (*même si*) they live abroad, far away from France.

Si tes parents ne sont pas d'accord avec toi, ils pourraient te dire :

We don't agree with you. You just spend your time in front of a screen (*écran*). You have no real contact with your friends. You'd better go out and really meet friends. You could play sports together and share (*partager*) other activities.

4 a. although. **b.** instead of. **c.** whereas. **d.** without.

HISTOIRE DES ARTS

Pour t'aider à préparer l'épreuve orale d'histoire des arts, nous te proposons un travail approfondi sur **cinq œuvres**. Les questionnaires qui s'y rapportent sont autant de matériaux que tu peux réexploiter dans ton dossier. Chaque œuvre s'inscrit plus particulièrement dans une thématique du programme :

La partie comprend aussi :

CINQ ŒUVRES

1 Adrien Barrère, *L'Homme au couteau entre les dents*

La fiche d'identité de l'œuvre

- Auteur : Adrien Baneux, dit Barrère (1874-1931), peintre et caricaturiste français
- Titre et date : *L'Homme au couteau entre les dents* (1919)
- Technique : affiche (lithographie)
- Domaines artistiques : arts du quotidien / arts visuels
- Thématiques du programme : arts, techniques, expressions / arts, États et pouvoir

★ 1 DÉFINIR LE CONTEXTE DE L'ŒUVRE

Complète ce texte qui présente les circonstances de la réalisation de l'affiche.

En 1919, la France est traumatisée par le bilan humain et matériel de la .... En novembre, la campagne pour les .... s'organise autour de deux thèmes.

– Le **patriotisme**

Le Bloc national, alliance des partis de droite réunie autour de Clemenceau, se présente comme la continuation patriotique de l'.................... .... qui a rassemblé toutes les tendances politiques au début de la guerre.

– La **peur du bolchevisme**

À la suite de la révolution .... de 1917, le tsar et sa famille sont assassinés en 1918. En France, les idées communistes défendues par les bolcheviks se diffusent parmi les .... qui multiplient les grèves et au sein de la SFIO qui se radicalise.

Les .... perçoivent ce mouvement comme une menace. C'est dans ce contexte que le patronat des villes de Sceaux et Saint-Denis commande une affiche anti-bolchevique à Adrien Barrère, peintre et .... qui réalise des affiches pour le cinéma et le théâtre du Grand-Guignol.

« Comment voter contre le bolchevisme »,
Adrien Barrère, 1919.
Musée d'Histoire contemporaine, Paris.

SCORE .... /7

COUP DE POUCE

Utilise ces indices : *bolchevique, Grande Guerre, caricaturiste, élections législatives, riches, ouvriers, Union sacrée.*

INFO

Pour aller plus loin, cherche sur internet « Georges Clemenceau » et « bolchevisme ».

2 OBSERVER L'ŒUVRE

Décris les caractéristiques principales de l'affiche.

a. L'illustration

....

....

b. Le texte

....

....

c. La signature

....

SCORE .... /6

3 INTERPRÉTER L'ŒUVRE

Réponds aux questions ci-dessous.

a. À qui l'affiche s'adresse-t-elle ?

....

....

b. Quel est son but ?

....

....

....

c. Quels sont les moyens utilisés pour renforcer son effet ?

....

....

....

....

SCORE .... /6

ATTENTION

Fais attention aux couleurs et au trait pour déterminer de quel type de dessin il s'agit.

COUP DE POUCE

Interroge-toi sur la part donnée à l'image par rapport à celle donnée au texte.

INFO

Pour ouvrir ta réflexion, consulte les détournements dont cette affiche a fait l'objet :
- http://www.histoire-image.org/site/etude_comp/etude_comp_detail.php?i=681
- http://www.histoire-image.org/site/oeuvre/analyse.php?i=738

Les idées clés de ton exposé

- Cette affiche, commande d'un groupe d'industriels de la banlieue parisienne, est réalisée par **Adrien Barrère** en **1919** dans un **contexte d'élections**.
- Dans cette affiche qui représente un bolchevik, tout est fait pour **effrayer** le citoyen : l'expression de folie terrifiante du visage, le couteau qui dégouline de sang, la couleur rouge sang dominante. C'est une **caricature**.
- Cette affiche de **propagande** a pour but de convaincre les électeurs de voter **contre le bolchevisme**, assimilé à la violence et au meurtre, et donc de voter pour les partis conservateurs.

Corrigés p. 252

TOTAL .... / 19

CINQ ŒUVRES

2 Pablo Picasso, *Guernica*

La fiche d'identité de l'œuvre

- Auteur : Pablo Picasso (1881-1973), peintre espagnol
- Titre et date : *Guernica* (1937)
- Technique : tableau (huile sur toile) – Dimensions : 3,51 x 7,52 m (H x L)
- Domaine artistique : arts visuels
- Thématiques du programme : arts, mythes et religions / arts, ruptures, continuités

Guernica, Pablo Picasso, 1937. Musée Reina Sofia, Madrid.

★ 1 DÉFINIR LE CONTEXTE DE L'ŒUVRE

Réponds aux questions suivantes.

a. Qui est Pablo Picasso ? À quelle époque a-t-il vécu ? ....

b. Dans quels arts s'est-il illustré ? ....

c. À quel mouvement artistique son nom est-il associé en particulier ?

....

d. Quand et à quelle occasion Picasso a-t-il peint Guernica ? Quel événement historique l'a inspiré ? ....

....

INFO

Cherche « Picasso » sur internet et consulte les sites : http://picasso-paris.videomuseum.fr/ http://www.centrepompidou.fr/

SCORE .... /4

★★ 2 OBSERVER L'ŒUVRE

a. Retrouve les principaux motifs de ce tableau en reportant sur la reproduction ci-dessus le numéro correspondant.

- 1 Un homme décapité
- 2 Une femme tenant un enfant mort dans ses bras
- 3 Un taureau
- 4 Un cheval agonisant
- 5 Une colombe blessée à mort
- 6 Une femme tendant les bras vers le ciel
- 7 Des figures féminines regardant la scène

b. Mets en évidence les caractéristiques formelles de l'œuvre, en complétant le tableau avec les mots suivants :
ampoule – contrastes – géométriques – œil – noir – blanc – chaotique.

Couleurs	Formes	Lumière
Couleurs dominantes : gris, ... et	• Formes simplifiées et .... • Composition	• Forts .... • Lumière blanche issue d'une .... électrique en forme d'..............

SCORE .... /14

3 INTERPRÉTER L'ŒUVRE

En quoi *Guernica* exprime-t-il une vision infernale de la guerre ?
Complète le texte suivant.

Ce tableau évoque le .... de Guernica mais exprime de manière plus universelle l'.................. et le désespoir liés à la guerre. La composition, chaotique, donne à voir des personnages morts ou en pleine détresse.

La charge émotionnelle de l'œuvre est renforcée par différentes .... symboliques :

– la pietà (motif de la Vierge Marie pleurant son fils Jésus mort) exprime le .... ;

– le taureau incarne la .... brutale dans la mythologie espagnole, ici celle de l'adversaire ;

– le cheval agonisant symbolise la .... mise à mort ;

– la colombe, blessée à mort, évoque la .... impossible entre les républicains et les nationalistes espagnols ;

– les femmes sur la droite peuvent faire penser à un chœur de tragédie.

Les couleurs gris, noir et blanc, les forts contrastes de lumière, le traitement cubiste qui aplatit la perspective, accentuent la violence tragique de la scène.

SCORE .... /7

COUP DE POUCE
Utilise ces indices : *désespoir, liberté, force, horreur, massacre, paix, références.*

INFO
Ouvre ton exposé : cherche sur internet une reproduction du tableau *Tres de Mayo* de Francisco de Goya (1814) et note les points communs avec *Guernica*.

Les idées clés de ton exposé

- *Guernica* est un tableau monumental réalisé par **Pablo Picasso** à la suite d'un bombardement nazi sur la ville basque de Guernica, pendant **la guerre civile espagnole**, le 26 avril **1937**.
- La composition du tableau, ensemble chaotique de formes symboliques, correspond à l'**esthétique cubiste**. L'œuvre est un véritable **manifeste contre les horreurs de la guerre**.

Corrigés p. 252

TOTAL .... / 25

3 Le Chant des partisans

La fiche d'identité de l'œuvre

- Auteurs : paroles de Joseph Kessel (1898-1979) et Maurice Druon (1918-2009), écrivains français ; musique d'Anna Marly (1917-2006), compositrice française d'origine russe
- Titre et date : *Le Chant des partisans* ou *Le Chant de la libération* (1943)
- Domaines artistiques : arts du son / arts du langage
- Thématique du programme : arts, États et pouvoir

Ami, entends-tu le vol noir des corbeaux
Sur nos plaines ?
Ami, entends-tu
Les cris sourds du pays
Qu'on enchaîne ?
Ohé ! partisans,
Ouvriers et paysans
C'est l'alarme !
Ce soir l'ennemi
Connaîtra le prix du sang
Et des larmes !

Montez de la mine,
Descendez des collines,
Camarades,
Sortez de la paille
Les fusils, la mitraille,
Les grenades…
Ohé ! les tueurs
À la balle ou au couteau
Tuez vite !
Ohé ! saboteur,
Attention à ton fardeau…
Dynamite !

C'est nous qui brisons
Les barreaux des prisons
Pour nos frères,
La haine à nos trousses
Et la faim qui nous pousse,
La misère…
Il y a des pays
Où les gens au creux du lit
Font des rêves ;
Ici, nous, vois-tu,
Nous on marche et nous on tue,
Nous on crève.

Ici chacun sait
Ce qu'il veut, ce qu'il fait
Quand il passe…

Ami, si tu tombes
Un ami sort de l'ombre
À ta place.
Demain, du sang noir
Sèchera au grand soleil
Sur les routes.

Sifflez compagnons,
Dans la nuit la liberté
Nous écoute…

★ 1 DÉFINIR LE CONTEXTE DE L'ŒUVRE

Réponds aux questions suivantes.

a. Dans quel contexte ce chant a-t-il été écrit ? ....

b. Qui en sont les auteurs ? ....

SCORE .... /4

COUP DE POUCE

Ce chant a été créé pour servir de générique à une émission de la France libre, « Honneur et Patrie », diffusée sur la BBC. Il devient un signe de reconnaissance dans les maquis de la Résistance française.

2 ÉCOUTER LE CHANT

Comment caractériser la mélodie et la tonalité du chant ? Complète le texte avec les mots suivants : strophe – deux – mélodie – tonalité.

Le Chant des partisans se caractérise :

– par une .... simple, facilement mémorisable : seulement .... phrases musicales, qui font chacune l'objet d'une reprise dans chaque .... ;

– par sa .... grave et déterminée.

SCORE .... /4

3 OBSERVER LES PAROLES

a. Ce chant est un appel au rassemblement : souligne, dans le texte de la page précédente, les mots ou groupes de mots qui désignent les destinataires de cet appel.

b. Entoure les mots ou groupes de mots qui évoquent l'oppression exercée par les nazis.

c. Quel risque les résistants prennent-ils au nom de la liberté ? Quel champ lexical le montre ?

....

....

d. Quel sentiment est exprimé dans le dernier couplet ? Quel temps verbal le souligne ?

....

....

SCORE .... /8

4 INTERPRÉTER L'ŒUVRE

Montre, en t'appuyant sur la mélodie et sur les paroles, que ce chant est à la fois un texte engagé qui invite à l'action collective et un texte lyrique qui exprime la force de l'espérance.

....

....

....

....

SCORE .... /6

INFO
Tu peux écouter l'interprétation d'Yves Montand (1958) sur *YouTube*.

INFO
Pour ouvrir ton analyse :
– cherche sur internet les différentes versions du chant, et commente la manière dont les chanteurs l'ont interprété (rythme, mélodie...) ;
– compare-le avec d'autres poèmes écrits par des résistants comme Desnos ou Éluard : http://www.cndp.fr/poetes-en-resistance/accueil.html

Les idées clés de ton exposé

- *Le Chant des partisans* a été écrit à Londres en 1943, au plus fort de l'**Occupation**, par Joseph Kessel et Maurice Druon.
- Il se caractérise par une **mélodie simple**, des effets de répétition, une **tonalité grave**, qui facilitent la mémorisation et la diffusion du message contenu dans les paroles.
- Ce chant est un hommage au courage des résistants, un appel à l'action collective ; il exprime la foi en la victoire du camp de la liberté. C'est un **hymne à la résistance contre l'oppression**.

Corrigés p. 252-253

TOTAL .... / 22

4 Jean-Pierre Melville, L'Armée des ombres

La fiche d'identité de l'œuvre

- Auteur : Jean-Pierre Melville (1917-1973), réalisateur français
- Titre et date : *L'Armée des ombres* (1969) ; adaptation du roman éponyme de Joseph Kessel (1943)
- Technique : film (couleur)
- Domaine artistique : arts visuels
- Thématiques du programme : arts, ruptures, continuités / arts, techniques, expressions

Photogramme extrait de *L'Armée des ombres* de Jean-Pierre Melville (1969).

INFO

- Le film *L'Armée des ombres* est édité en DVD chez Studio Canal. Lors de ton épreuve orale, tu auras le temps de n'étudier qu'un extrait, mais il est préférable de voir le film en entier. Tu peux louer le DVD ou le trouver en bibliothèque.
- Il est recommandé également de lire le roman de Kessel.

★ 1 DÉFINIR LE CONTEXTE DE L'ŒUVRE

Complète ce texte qui présente les circonstances de la réalisation du film.

Le film *L'Armée des ombres* est l'adaptation cinématographique d'un roman de .... (1898-1979), publié en 1943, au plus fort de l'...................... . Comme cet auteur, Jean-Pierre Melville (1917-1973) est un ancien .... C'est à .... , où il a rejoint la France libre, qu'il prend le .... de Melville. Après la guerre, il réalise trois films évoquant celle-ci : *Le Silence de la mer* (1947, adaptation de la nouvelle du résistant ....), *Léon Morin, prêtre* (1961) et *L'Armée des ombres* (1969).

SCORE .... **/6**

COUP DE POUCE

Indices : *Occupation, pseudonyme, Vercors, Londres, Joseph Kessel, résistant.*

2 OBSERVER L'ŒUVRE

1. **Le film est un film historique, fidèle adaptation du roman de Joseph Kessel. As-tu bien compris l'histoire ? Souligne les affirmations justes.**
   a. Gerbier, le héros du film, est ingénieur dans la vie civile.
   b. Gerbier est emprisonné parce qu'il a trahi son réseau.
   c. Dounat est exécuté froidement par les membres du réseau parce qu'il est un membre de la Milice.
   d. La famille de Mathilde ne connaît pas son rôle dans la Résistance.
   e. Jean-François ne sait pas que le « grand patron » du réseau est son propre frère.
   f. Jean-François fait exprès de se faire arrêter par la Gestapo pour sauver Félix, et l'aide à mourir.
   g. Gerbier est le seul survivant du groupe.

2. **Un film sur la Résistance : pour chaque proposition, donne des exemples tirés du film.**
   a. Un réseau organisé : ....
   b. Des personnages accomplissant des actions héroïques : ....
   c. Des personnages solidaires : ....
   d. Des personnages solitaires : ....
   e. Mais aussi des héros « humains, trop humains » : ....

SCORE .... /12

3 INTERPRÉTER L'ŒUVRE

Remplis le tableau ci-dessous en observant les caractéristiques du film, puis l'effet qu'elles produisent.

	Décris	Quel est l'effet produit ?
Le décor		
Les actions des personnages		
Les mouvements de caméra		
Les dialogues		
Les effets sonores		

SCORE .... /10

COUP DE POUCE

Pour t'aider, prends appui sur un extrait précis. Nous analysons ici l'arrestation de Gerbier et son exécution manquée (chapitre 10 : « Courir pour survivre » de 1 h 44 min à 1 h 52 min).

Les idées clés de ton exposé

- Ce film, sorti en **1969**, est l'**adaptation fidèle du roman** de Joseph Kessel (1943). Le cinéaste et l'écrivain sont d'anciens résistants qui restituent la mémoire des événements.
- Dans des dégradés de gris, avec une économie de musique, de plans et de dialogues, il présente le **quotidien des résistants et des Français** sous l'Occupation.
- Son but n'est pas de glorifier la Résistance mais de montrer le quotidien des résistants, leur **force héroïque** mais aussi leurs difficultés, leur **solitude**, leur peur.

Corrigés p. 253

TOTAL .... / 28

CINQ ŒUVRES

5 Josef Koudelka, *Invasion Prague 1968*

La fiche d'identité de l'œuvre

- Auteur : Josef Koudelka (né en 1938), photographe tchèque
- Titre et date : cette photographie fait partie d'une série de photos intitulée *Invasion Prague 1968*, réalisée en 1968
- Technique : photographie (noir et blanc)
- Domaine artistique : arts visuels
- Thématiques du programme : arts, espace, temps / arts, États et pouvoir / arts, techniques, expressions

Invasion Prague 1968, Josef Koudelka, 1968.

★ 1 DÉFINIR LE CONTEXTE DE L'ŒUVRE

a. Complète ce texte qui présente les circonstances de la prise de vue.

En ...., l'Europe est encore divisée en deux blocs par la .... : la Tchécoslovaquie fait partie du bloc de l'Est, qui réunit les pays placés après la Seconde Guerre mondiale sous le contrôle de l'................. . Arrivé au pouvoir en janvier, Dubcek entreprend de réformer le pays : c'est le « .... ». Mais ce mouvement de libéralisation se solde par l'invasion des troupes du pacte de Varsovie.

La .... doit se soumettre : elle ne connaîtra la .... que 20 ans plus tard en ....

COUP DE POUCE

Utilise ces indices : *Tchécoslovaquie, URSS, guerre froide, printemps de Prague, démocratie, 1968, 1989.*

INFO

Pour aller plus loin, cherche sur internet « printemps de Prague » et « pacte de Varsovie ».

b. Dans la biographie ci-dessous, souligne la phrase qui fait le lien avec ton exposé.

Né en 1938, Josef Koudelka fait ses premières photos au cours de ses études d'ingénieur en aéronautique dans les années 1950. En août 1968, il photographie l'invasion des troupes du pacte de Varsovie dans les rues de la capitale tchèque. Ce reportage obtient le prix Robert Capa en 1969. Il quitte la Tchécoslovaquie en 1970 comme réfugié politique et photographie ses errances. Il est considéré comme l'un des plus grands photographes contemporains.

SCORE .... /10

2 OBSERVER L'ŒUVRE

Mets en évidence la composition de cette photo en associant à chaque légende le numéro correspondant.

- ...... Boulevard bordé d'arbres
- ...... Effet de profondeur créé par les rails et les câbles du tramway
- ...... À gauche, un étudiant vêtu de noir
- ...... À droite, des soldats assis sur un char, leurs bottes au premier plan
- ...... Au milieu, le bras de l'étudiant tendu vers les soldats
- ...... À l'arrière-plan, manifestants avec un drapeau, fumées de cocktail Molotov

SCORE .... /6

3 INTERPRÉTER L'ŒUVRE

Que nous raconte cette photo ? Quel message porte-t-elle ? Rédige un court paragraphe.

....

....

....

....

SCORE .... /6

COUP DE POUCE

Tu dois notamment interpréter le geste de l'étudiant au premier plan.

Les idées clés de ton exposé

- **Josef Koudelka** prend cette photographie lors de l'invasion de Prague par les chars du pacte de Varsovie, en 1968. Les événements sont captés sur le vif.
- On assiste au **face-à-face d'un étudiant pragois avec des soldats soviétiques** assis sur un char. L'étudiant tend le bras en direction des soldats comme pour les inviter à rejoindre les rangs de la rébellion pacifique.
- Cette image est devenue très célèbre : elle symbolise un moment de l'histoire de la Tchécoslovaquie et, de manière plus universelle, un **appel à la liberté et à la paix**.

Corrigés p. 254

TOTAL .... / 22

Préparer un dossier

L'épreuve d'histoire des arts est une épreuve orale, mais au cours de laquelle tu peux t'aider d'un support écrit : le « dossier » que tu auras préparé.

Pourquoi faire un dossier ?

- D'après les textes qui définissent l'épreuve, ce dossier n'a rien d'obligatoire. Cependant, il s'avère difficile pour un élève de 3e de parler d'une œuvre sans aucun support écrit.
- C'est pourquoi nous te conseillons vivement de constituer un dossier comprenant pour chaque œuvre :
  – **une reproduction** de l'œuvre ;
  – **trois fiches** (voir ci-dessous) qui te permettront de décrire et d'analyser l'œuvre selon les étapes attendues.

Comment le construire ?

Pour chaque œuvre, le plan des trois fiches reprend celui de ton exposé.
Ne note que les idées clés.

Fiche 1 : Présentation générale de l'œuvre	
Nommer l'œuvre, indiquer le type d'œuvre	*Cette œuvre s'intitule* … (titre). *Il s'agit d'un/d'une* … (genre).
Présenter l'artiste	*Elle a été réalisée par* … (nom de l'artiste) *en* … (date). Présenter brièvement l'artiste.
Présenter le contexte	Caractériser le contexte historique (l'époque) et esthétique (mouvement dans lequel s'inscrit l'artiste).
Fiche 2 : Description de l'œuvre	
Décrire de manière globale	Préciser la technique, les dimensions, le thème général. Éventuellement le lieu où l'œuvre se trouve.
Puis faire une description détaillée	Décrire la composition, les différents motifs, les couleurs, la lumière…
Fiche 3 : Interprétation de l'œuvre	
Expliquer la signification de l'œuvre	Dégager l'intention de l'artiste, analyser l'effet produit.
Comparer avec une autre œuvre	Citer si possible une œuvre proche par son thème ou sa technique (du même artiste ou d'un autre artiste).
Exprimer ton sentiment personnel	Conclure en expliquant pourquoi tu as choisi cette œuvre.

Sous quelle forme le présenter au jury ?

- Lors de ton oral, tu ne présenteras que le plan, les illustrations et les idées clés de ton dossier.
- Si la salle est équipée d'un vidéoprojecteur, tu as intérêt à créer un diaporama (sous Impress ou Powerpoint). Prévois :
  – maximum **10 diapositives** par œuvre ;
  – une 1re diapositive avec la **reproduction de l'œuvre** et son titre ;
  – maximum **trois idées clés par diapositive** ;
  – d'autres **visuels** (portrait de l'artiste, zooms sur des détails de l'œuvre, œuvre permettant un rapprochement).
- En l'absence de vidéoprojecteur, conçois tout de même ton dossier sur le modèle d'un diaporama : sur chaque feuille, peu de texte et des **phrases courtes**.

Réussir l'épreuve

L'oral d'histoire des arts se déroule en deux temps : un exposé (5 minutes) suivi d'un entretien avec le jury (10 minutes). Tout au long de l'épreuve est évaluée la qualité de ta prestation orale, tant du point de vue du contenu que de l'expression.

Te préparer à l'exposé

Relire tes diapositives

- En premier lieu, relis tes diapositives à voix haute. Cela te permet de vérifier :
  – que ton exposé **s'enchaîne bien** et que tu pourras le mémoriser facilement ;
  – que tes **phrases** ne sont **pas trop compliquées** et que tu pourras les énoncer à l'oral de manière naturelle.
- N'hésite pas alors à réduire encore ton texte et à ajouter des mots de liaison.

Organiser un « oral blanc »

- Quand tu penses avoir mémorisé l'essentiel de ton dossier, demande à un ami ou à un membre de ta famille de **t'interroger sur une ou plusieurs œuvres.**
- Tiens compte alors de ces **deux conseils** qui valent aussi pour le jour de l'épreuve :
  1. Tu dois te tenir droit, regarder ton interlocuteur, articuler et parler assez fort.
  2. Évite de lire tes diapositives. Tu dois avoir ton exposé en tête.

Réussir l'entretien

Les questions du jury

L'entretien prend appui sur ton exposé et la liste de tes cinq objets d'étude.

- Le jury va donc te poser des questions te permettant :
  – de **préciser certains points** de ton exposé ;
  – d'expliquer rapidement tes autres choix d'œuvres.
- Plus rarement, il peut **te faire réagir à une œuvre** qui ne fait pas partie de ta liste mais en lien avec les objets d'étude choisis.

Tes réponses

- **Ne te laisse pas désarçonner** par les questions du jury. Si tu ne connais pas immédiatement une réponse, tu peux reformuler la question posée avec une formule du type : « Vous me demandez donc si… » puis enchaîner avec ta réponse.
  Si tu ne sais pas répondre, dis-le poliment.
- Préfère des **réponses courtes mais précises et argumentées.** Si les questions du jury portent sur l'œuvre, projette-la à nouveau (première diapositive) et complète ta démonstration en t'appuyant sur le visuel.
- Dans le cas de questions assez ouvertes sur tes pratiques culturelles, n'hésite pas à faire valoir une **expérience personnelle** récente (concert, exposition, lecture), quelle qu'elle soit du moment qu'elle est en lien avec la question.

1 Adrien Barrère, *L'Homme au couteau entre les dents*

1 En 1919, la France est traumatisée par le bilan humain et matériel de la Grande Guerre. En novembre, la campagne pour les élections législatives s'organise autour de deux thèmes.

– Le **patriotisme**

Le Bloc national, alliance des partis de droite réunie autour de Clemenceau, se présente comme la continuation patriotique de l'Union sacrée qui a rassemblé toutes les tendances politiques au début de la guerre.

– La **peur du bolchevisme**

À la suite de la révolution bolchevique de 1917, le tsar et sa famille sont assassinés en 1918. En France, les idées communistes défendues par les bolcheviks se diffusent parmi les ouvriers qui multiplient les grèves et au sein de la SFIO qui se radicalise.

Les riches perçoivent ce mouvement comme une menace. C'est dans ce contexte que le patronat des villes de Sceaux et Saint-Denis commande une affiche anti-bolchevique à Adrien Barrère, peintre et caricaturiste qui réalise des affiches pour le cinéma et le théâtre du Grand-Guignol.

2 **a.** L'affiche montre uniquement la tête d'un personnage effrayant. Il a les cheveux noirs en bataille, des sourcils épais, il est mal rasé. Ses yeux sont exorbités. Il tient entre ses dents un couteau acéré, dégoulinant de sang. Les traits sont grossiers et forcés. Les seules couleurs utilisées sont le rouge et le noir. C'est une caricature.

b. Le texte occupe presque la moitié de l'affiche, avec le mot « bolchevisme » écrit en gros ; il semble être écrit d'une main tremblante ; le sang du couteau s'y écoule. Il s'agit d'une question, « Comment voter contre le bolchevisme ? » ; la réponse n'est pas donnée mais, dans le contexte de l'époque, elle va de soi : il faut voter pour les partis conservateurs (le Bloc national).

c. L'affiche a été éditée par le « Groupement économique des arrondissements de Sceaux et Saint-Denis » : il s'agit d'un groupement de patrons dans deux villes de la « banlieue rouge » de Paris.

3 **a.** L'affiche s'adresse aux électeurs, en particulier à tous ceux qui peuvent être effrayés par les retombées en France de la révolution bolchevique, le risque de contagion révolutionnaire.

b. Son but est de susciter la peur à l'égard de ceux qu'on appelle alors les « rouges », à savoir les socialistes, les syndicalistes, la classe ouvrière dans son ensemble. L'affiche a donc pour objectif de provoquer un vote massif en faveur des partis conservateurs.

c. Les moyens utilisés sont :

– en premier lieu, la façon caricaturale de représenter un bolchevik comme un fou furieux assassin (référence à l'assassinat du tsar et de sa famille) ;

– la prédominance du rouge, couleur de la révolution mais aussi couleur du sang ;

– la mise en avant du « slogan ».

2 Pablo Picasso, *Guernica*

1 **a.** Pablo Picasso est un peintre espagnol né en 1881 et mort en 1973.

b. Il s'est illustré dans la peinture, la sculpture, la céramique, les terres cuites…

c. Il est un des fondateurs du cubisme, avec Georges Braque.

d. Il a peint *Guernica* en 1937, en réaction au bombardement de la ville basque de Guernica, le 26 avril 1937, par la légion nazie Condor, qui soutenait le camp franquiste (plus de 1 800 victimes). L'œuvre est présentée à l'Exposition universelle de 1937 à Paris, dans le pavillon républicain espagnol.

2 **a.**

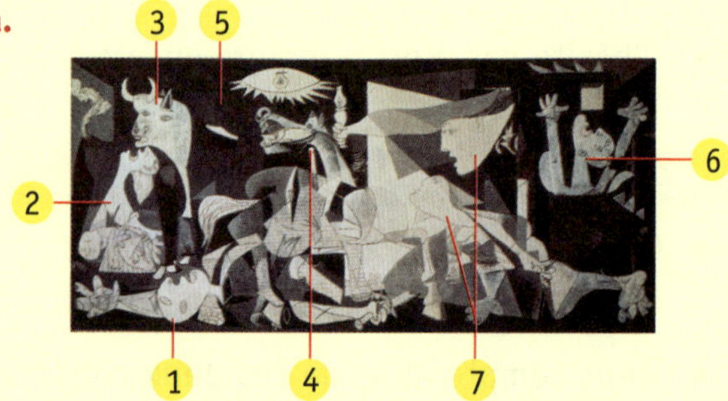

b. Couleurs dominantes : gris, noir et blanc.

Formes simplifiées et géométriques. Composition chaotique.

Lumière : forts contrastes. Lumière blanche issue d'une ampoule électrique en forme d'œil.

3 Ce tableau évoque le massacre de Guernica mais exprime de manière plus universelle l'horreur et le désespoir liés à la guerre. La composition, chaotique, donne à voir des personnages morts ou en pleine détresse.

La charge émotionnelle de l'œuvre est renforcée par différentes références symboliques :

– la *pietà* (motif de la Vierge Marie pleurant son fils Jésus mort) exprime le désespoir ;

– le taureau incarne la force brutale dans la mythologie espagnole, ici celle de l'adversaire ;

– le cheval agonisant symbolise la liberté mise à mort ;

– la colombe, blessée à mort, évoque la paix impossible entre les républicains et les nationalistes espagnols ;

– les femmes sur la droite peuvent faire penser à un chœur de tragédie.

Les couleurs gris, noir et blanc, les forts contrastes de lumière, le traitement cubiste qui aplatit la perspective, accentuent la violence tragique de la scène.

3 *Le Chant des partisans*

1 **a.** Le chant a été écrit en 1943, durant la Seconde Guerre mondiale, sous l'Occupation.

b. Le texte est de J. Kessel et de M. Druon (son neveu) ; ils ont écrit le chant à Londres, où ils ont rejoint les Forces françaises libres (FFL) du général de Gaulle. La musique est d'Anna Marly.

2 *Le Chant des partisans* se caractérise :
– par une mélodie simple, facilement mémorisable : seulement deux phrases musicales, qui font chacune l'objet d'une reprise dans chaque strophe ;
– par sa tonalité grave et déterminée.

3 **a.** Les destinataires du chant sont :
• ami répété trois fois en début de vers (anaphore) • partisans (les combattants volontaires) • ouvriers (qui travaillent dans les usines réquisitionnées par les Allemands) • paysans (qui voient leur bétail et leurs cultures réquisitionnés également) • camarades • les tueurs à la balle et au couteau (militants armés, dans les maquis) • saboteur (qui détruit des chemins de fer ou du matériel allemand, à l'aide d'explosifs) • compagnons.
Les interjections (« Ohé ! ») associées au tutoiement (« entends-tu », « vois-tu », « si tu tombes ») renforcent cet appel à tous les « frères ».
b. Mots qui expriment l'oppression nazie :
– « le vol noir des corbeaux » (métaphore faisant référence aux bombardements des nazis, ceux-ci étant comparés implicitement à des oiseaux charognards) ;
– « les cris sourds du pays » (ceux des prisonniers torturés) ;
– « pays qu'on enchaîne » (la France occupée) ;
– « sang » et « larmes » (liés aux arrestations, à la torture) ;
– « la faim qui nous pousse, la misère » (liées aux restrictions alimentaires, aux différentes privations).
c. Les résistants risquent leur vie au nom de la liberté. Le champ lexical de la mort le montre : sang, tueurs, tuez, on crève, on tue, si tu tombes, sang noir.
d. La dernière strophe exprime l'espoir ; l'emploi du futur simple, qui présente l'action comme certaine : « demain, du sang noir séchera... », souligne cet espoir.

4 Ce chant fait référence aux actions des résistants et exhorte à agir. Par les répétitions, les effets de refrain, les images fortes, la représentation des résistants en action, il constitue un appel à la lutte. Les partisans s'adressent au peuple français opprimé par les nazis (« le vol noir » : les avions allemands ; « les corbeaux » : les soldats). Sur un rythme de marche militaire et une mélodie simple, le chant évoque le tragique de la situation (« pays qu'on enchaîne ») et appelle à la révolte de tous (« tu, nous, ouvriers, paysans ») et de partout (« plaine, mine, collines »). La 3e strophe décrit la situation désespérée dans laquelle se trouve la population française (« haine », « faim », « misère ») et annonce la lutte des maquisards (« on marche », « on tue », « on crève »). Tous les moyens sont mis en œuvre par les résistants (« balle », « couteau », « dynamite ») pour combattre l'oppresseur.
Ce chant est aussi une expression lyrique de l'espoir et de la fraternité. Il invite à l'unité (« ami », « camarades », « frères », « compagnons ») pour se sentir plus fort face à l'ennemi. La 4e strophe résume les risques encourus (« tombes », « sang noir ») mais insiste sur l'amitié et la solidarité des résistants (« un ami sort de l'ombre à ta place »), l'espoir et la victoire (« grand soleil », « Liberté ») au bout de la lutte.

4 Jean-Pierre Melville, *L'Armée des ombres*

1 Le film *L'Armée des ombres* est l'adaptation cinématographique d'un roman de Joseph Kessel (1898-1979), publié en 1943, au plus fort de l'Occupation. Comme cet auteur, Jean-Pierre Melville (1917-1973) est un ancien résistant. C'est à Londres, où il a rejoint la France libre, qu'il prend le pseudonyme de Melville. Après la guerre, il réalise trois films évoquant celle-ci : *Le Silence de la mer* (1947, adaptation de la nouvelle du résistant Vercors), *Léon Morin, prêtre* (1961) et *L'Armée des ombres* (1969).

2 **1.** Les phrases à souligner sont a, d, e, f.
2. a. Un « grand patron » (inspiré de Jean Moulin) reçoit les ordres de Londres (le général de Gaulle le décore) ; un chef (Gerbier, aidé de Mathilde, inspirée de Lucie Aubrac) ; chacun a sa fonction (Félix, Jean-François, Le Bison, Le Masque), etc.
b. Jean-François se sacrifie pour Félix.
c. Gerbier quitte Londres dès l'arrestation de Félix ; Mathilde organise l'évasion de Félix et Gerbier.
d. Ils n'ont plus leur vraie identité (au risque de mourir dans l'anonymat) et ne peuvent parler de leurs activités à personne.
e. Ils sont montrés avec leurs failles et leur fragilité. Mathilde refuse de se séparer de la photo de sa fille. Gerbier court lors de son exécution, obéissant à son instinct de survie.

3

	Description	L'effet produit
Le décor	Lieux hostiles (caves). Tout est sombre, presque noir.	Décor angoissant.
Les actions des personnages	Les prisonniers attendent leur exécution. Lorsque le moment vient, on leur demande de se livrer à un jeu cruel : essayer d'échapper aux balles du peloton d'exécution.	Humanité des personnages : Gerbier se soucie des autres jusqu'à la fin mais ne peut s'empêcher d'avoir peur face à la mort.
Les mouvements de caméra	• Prisonniers montrés un par un, succession de plans rapides. • Deux longs plans pour la marche des condamnés. • Zoom avant permettant de découvrir le peloton d'exécution, à travers les yeux de Gerbier.	• Chacun attend la mort dans la solitude. • Le suspense est insoutenable. • On ressent la peur de Gerbier.
Les dialogues	• Silence dans la cellule. Rares paroles (« Cette fois, c'est la bonne »). • Importance de la voix off.	• Seules les paroles nécessaires à la dramatisation de l'action sont prononcées. • Solitude du résistant face à la mort.
Les effets sonores	Musique absente puis stridente, allant crescendo. Stoppe net à la découverte des mitraillettes braquées.	Musique qui accompagne la montée du suspense puis silence au moment fatidique : comme dans un thriller.

5 Josef Koudelka, *Invasion Prague 1968*

1 **a.** En 1968, l'Europe est encore divisée en deux blocs par la guerre froide : la Tchécoslovaquie fait partie du bloc de l'Est qui réunit les pays placés après la Seconde Guerre mondiale sous le contrôle de l'URSS. Arrivé au pouvoir en janvier, Dubcek entreprend de réformer le pays : c'est le « printemps de Prague ». Mais ce mouvement de libéralisation se solde par l'invasion des troupes du pacte de Varsovie. La Tchécoslovaquie doit se soumettre : elle ne connaîtra la démocratie que 20 ans plus tard en 1989.

b. En août 1968, il photographie l'invasion des troupes du pacte de Varsovie dans les rues de la capitale tchèque.

2

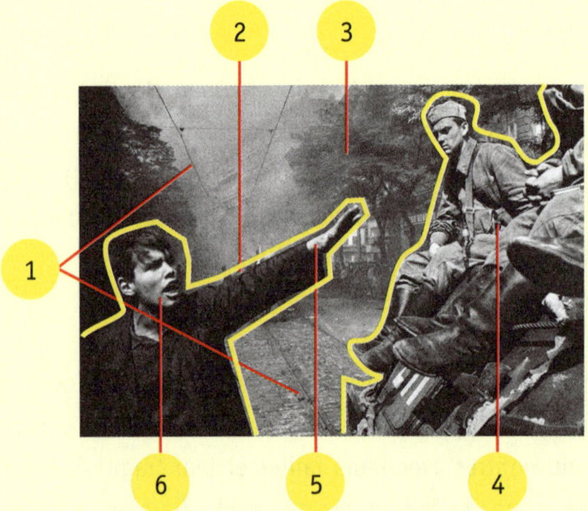

1. Effet de profondeur créé par les rails et les câbles du tramway
2. À l'arrière-plan, manifestants avec un drapeau, fumées de cocktail Molotov
3. Boulevard bordé d'arbres
4. À droite, des soldats assis sur un char, leurs bottes au premier plan
5. Au milieu, le bras de l'étudiant tendu vers les soldats
6. À gauche, un étudiant vêtu de noir

3 La photo raconte l'arrivée des chars soviétiques dans la capitale de la Tchécoslovaquie, la surprise et l'indignation qu'elle suscite parmi les Pragois. Leur rébellion pacifique est symbolisée par ce face-à-face entre un étudiant et des soldats assis sur leur char. L'étudiant, isolé du reste des manifestants figurant à l'arrière-plan, s'adresse aux soldats. Son bras tendu peut être interprété comme un appel (« Rejoignez-nous ! ») ou une supplique (« Arrêtez ! »).
Le message de la photo est pacifique.

Table des illustrations

Achevé d'imprimer en France par Loire Offset Titoulet - Saint-Etienne
Dépôt légal : 97635-3/03 - janvier 2016

PAPIER À BASE DE FIBRES CERTIFIÉES

Hatier s'engage pour l'environnement en réduisant l'empreinte carbone de ses livres. Celle de cet exemplaire est de : 1.7 kg éq. CO_2
Rendez-vous sur www.hatier-durable.fr